臺灣政治體系運作的發展與分析

王英津 著

崧燁文化

目　　錄

第一章 臺灣地區政治體制的變遷
第一節 孫中山關於「五權憲法」的制度設計
第二節 「中華民國」對「五權憲法」的踐行與偏離
第三節 臺灣地區「憲政改革」對「五權憲法」的破除

第二章 臺灣地區「國民大會」體制
第一節 「國民大會」的性質與地位
第二節 「國民大會代表」
第三節 「國民大會」的組織
第四節 「國民大會」的職權
第五節 「國民大會」的會議制度
第六節 「憲政改革」與「國民大會」的終結
第七節 「國民大會」體制評議

第三章 臺灣地區「總統」體制
第一節 「總統」的地位
第二節 「總統」的產生與任期
第三節 「總統」缺位的繼任、代理與補選
第四節 「總統府」的組織
第五節 「總統」的職權與特權
第六節 「總統」的罷免與彈劾
第七節 「總統」體制評議

第四章 臺灣地區「行政院」體制
第一節 「行政院」的性質與地位
第二節 「行政院」的組織
第三節 「行政院」的職權
第四節 「行政院」的領導體制與會議制度
第五節 「行政院」的責任
第六節 「行政院」體制評議

第五章 臺灣地區「立法院」體制
第一節 「立法院」的性質與地位
第二節 「立法院」的組織
第三節 「立法院」的職權
第四節 「立法院」的會議制度及議事原則
第五節 「立法院」的立法程序
第六節 「國會」體制的演變：從「三國會」到「單一國會」
第七節 「立法院」與「總統」、「行政院」之間的制衡機制

第六章 臺灣地區「司法院」體制
第一節 「司法院」的性質和地位
第二節 「司法院」的組織
第三節 「司法院」的職權
第四節 一般司法官的資格與任免
第五節 司法獨立及其保障
第六節 「司法院」體制評議

第七章 臺灣地區「考試院」體制
第一節 「考試院」的性質與地位
第二節 「考試院」的組織
第三節 「考試院」的職權
第四節 「考試院」體制評議

第八章 臺灣地區「監察院」體制
第一節 「監察院」的性質和地位
第二節 「監察院」的組織
第三節 「監察院」的職權
第四節 「監察院」體制評議

第九章 臺灣地區地方自治制度
第一節 臺灣地區地方自治的歷程
第二節 地方自治的權限和層級
第三節 省自治制度
第四節 直轄市自治制度
第五節 縣（市）自治制度
第六節 鄉（鎮、市）自治制度
第七節 地方自治制度評議

第十章 臺灣地區「中央」與地方關係
第一節 處理「中央」與地方關係的原則
第二節 「中央」與地方的事權劃分

第三節 「中央」對地方自治的監督
第四節 「中央」與地方爭議的解決機制

第十一章 臺灣地區檢察體制
第一節 檢察機關的性質和地位
第二節 檢察機關的設置和組織
第三節 檢察機關的職權
第四節 檢察官制度
第五節 檢察機關的領導體制

第十二章 臺灣地區公務員制度
第一節 公務員的分類和特點
第二節 公務員的考試
第三節 公務員的任免
第四節 公務員的考績
第五節 公務員的懲戒
第六節 公務員的俸給、福利、退休和撫卹
第七節 公務員制度評議

第十三章 臺灣地區選舉制度
第一節 選舉制度的基本內容
第二節 主要選舉方式
第三節 公職人員選舉制度
第四節 「總統」選舉制度
第五節 選舉制度評議

第十四章 臺灣地區政黨與政黨體制
第一節 政黨體制的變遷
第二節 主要政黨及其組織體系
第三節 政黨提名候選人制度
第四節 政黨體制評議

第十五章 臺灣地區政治體制綜合分析
第一節 臺灣地區政權組織形式之解析
第二節 臺灣地區政治體制總體評價

參考文獻
一、著作類（按照文獻作者的姓氏音序排列）
二、法規類

第一章　臺灣地區政治體制的變遷

　　當代臺灣地區政治體制源自於被推翻的中華民國政治體制，而中華民國政治體制最早是根據孫中山先生的「五權憲法」學說而設計的，所以在研究臺灣地區的政治體制之前，我們首先研究一下孫中山先生關於「五權憲法」的構想。

第一節　孫中山關於「五權憲法」的制度設計

　　為克服西方國家「三權分立」的弊端，同時繼承中國古代政治制度中的精華，孫中山提出了「五權分立」體制的構想。他認為西方的三權分立體制有兩方面的弊端：一方面是立法權兼有彈劾權，造成議會專制、議會萬能；另一方面是行政權兼有考試權，造成行政機構濫用私人，政黨分贓。同時，他非常欣賞和推崇中國古代的考試制度與監察制度。於是，孫中山先生在吸收西方國家「三權分立」經驗的基礎上，結合中國歷史上的考試制度和監察制度，創立了「五權憲法」學說。

一、「五權憲法」構想的基本內容

　　按照孫中山先生的設計，「五權憲法」的權力安排，是以「權能分開」為基礎的。所謂的「權能分開」，就是指「人民有權，政府有能」的權能區分理論，其基本思想是主張把國家的大權（即統治的權力）分成兩種，一為「政權」，另一為「治權」。「政權」簡稱「權」，是「管理政治」或「管理政府」的力量，這個「權」交由人民掌握；「治權」簡稱「能」，即職能或管理權，是「政府自身的力量」或者為人民服務的力量，這個「能」歸於

「有能力的人」組成的政府來掌握。政權分為四權，包括選舉權、罷免權、創制權、複決權；治權分為五權，包括立法權、行政權、司法權、考試權、監察權。政權屬於人民，治權屬於政府，旨在人民有其權，政府有其能。人民能充分行使其政權，而政府也能充分行使其治權。前者的目的在於實行「全民政治」，後者的目的在於實現「萬能政府」。

按照孫中山先生的構想，國家統治大權中的「政權」應交到人民手中，使「人民有充分的政權可以直接去管理國事」。在中央，人民行使「政權」的機關是由全國已經完全自治的縣各選出一名代表所組成的國民大會。國民大會是國家的最高權力機關，行使中央統治權，中央政府各機關均由國民大會產生，並對國民大會負責，國民大會對於中央政府官員有選舉權和罷免權，對於中央法律有創制權和複決權。在地方，凡是完全自治之縣，人民即有完全的直接民權，正所謂「其國民有直接選舉官員之權，有直接罷免官員之權，有直接創制法律之權，有直接複決法律之權」。在這四項政權中，選舉權和罷免權是管官吏的，即「選之在民，罷之亦在民」；創制權和複決權是管法律的，即符合人民利益的法律則創制之，違背人民利益的法律則捨棄之。所以，孫中山先生認為，只要人民擁有了以上四項政權，就能「管理政治」、「管理政府」，使人民真正成為「政府的原動力」，使政府的工作「隨時受人民指揮」。在「人民有權」的前提下，可以大膽地把國家統治大權中的治權完全交到政府機關手中。這樣，人民有「權」，政府有「能」，用人民的「權」來控制政府的「能」，既可以防止政府權力的濫用，又可以產生一個高效率的「萬能政府」。如圖1-1。

根據以上介紹，我們可以將孫中山先生的「五權憲法」思想概括為以下幾個要點：其一，「五權憲法」思想以「權能區分」理論為基礎，「權」是政權，「能」是治權；其二，政權包括選舉、罷免、創制、複決四權，由人民透過國民大會行使，國民大會為政權機關；其三，治權包括立法、行政、司法、考試、監察五權，分別由立法院、行政院、司法院、考試院和監察院

五院行使，五院是治權機關，向國民大會負責。

```
                        國 民 大 會
        ┌──────┬──────┬──────┬──────┐
       選舉   罷免   創制   複決
        └──────┴──┬───┴──────┘
                        政        府
        ┌──────┬──────┬──────┬──────┐
       考試院 立法院 行政院 司法院 監察院
                ┌──────┼──────┐
               外交部 內政部 軍政部
                        省        治
                縣自治行直接民權
        ┌──────┬──────┬──────┐
       選舉   罷免   創制   複決
                每縣代表一人
```

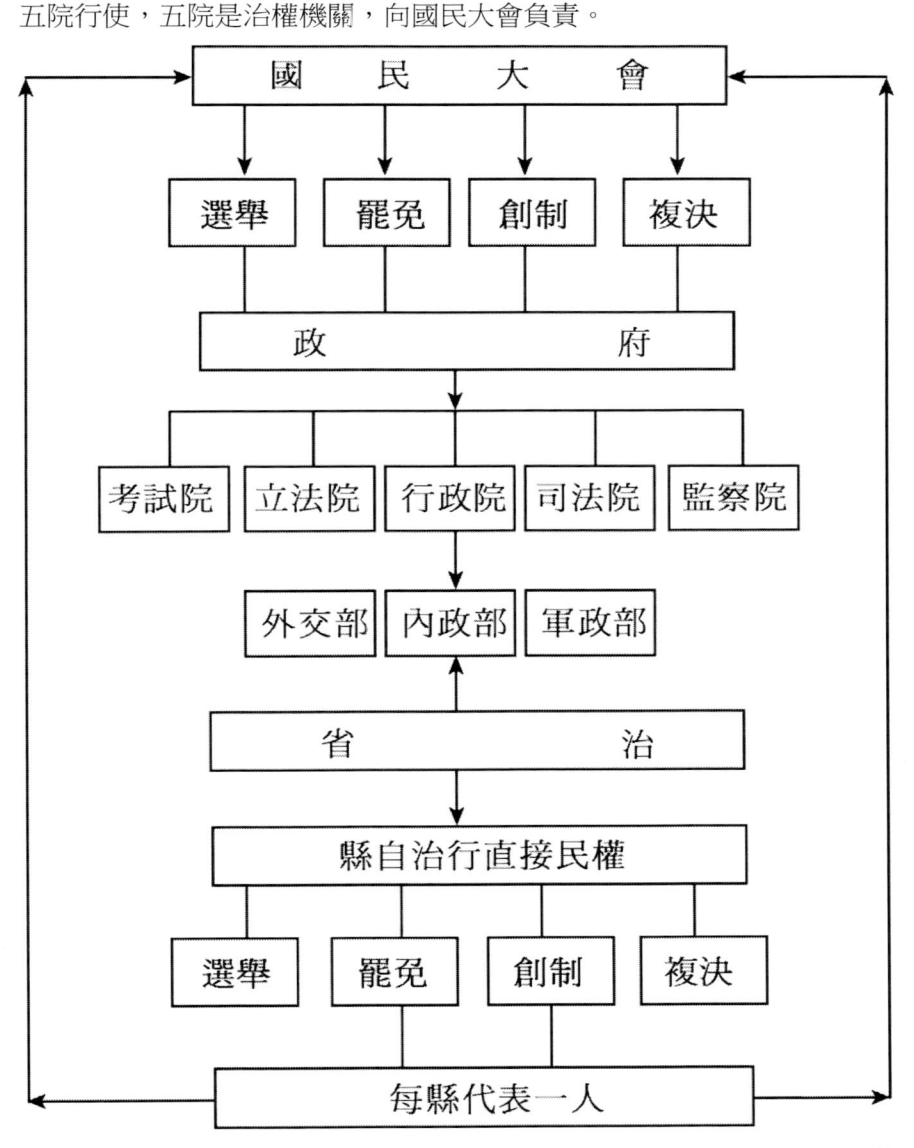

圖1-1：孫中山先生「五權憲法」思想示意圖（資料來源：王永祥著：《中國現代憲政運動史》。）

二、「五權體制」與「三權體制」的比較

孫中山先生的「五權憲法」思想與西方國家的「三權分立」思想既有聯繫，又有區別，兩者均強調權力分立與權力制約，但兩者所賴以建立的理論基礎和具體制度設計卻有著重大的差異。

從表面上看，「五權分立」與「三權分立」沒有多大的不同，前者比後者無非多添置了兩權——考試權和監察權。但在實質上，孫中山的「五權分立」與西方國家的「三權分立」存在著原則上的區別。

（一）分權目的不同

「三權分立」思想是以對國家權力及其行使者持懷疑的、不信任的態度為出發點的，是一種限制政府權力的「猜疑的體系」；它是消極地防止濫用權力的原理，而不是積極地增進效率的原理，其目的不是為了避免權力之間的摩擦，而是試圖透過不可避免的權力摩擦使三權「協調地前進」。所以，「三權分立」講求制衡牽制，以權力限制權力為著眼點，最好政府，最少管理，以確保人民自由為目的。總之，西方的「三權分立」的目的在於透過權力之間彼此分立和相互制衡而達到防止權力濫用的目的。而「五權分立」思想是以充實人民權利，擴大政府權力為著眼點的，其追求的是一個「萬能政府」。所以，其分權的目的不在於五權之間的相互牽制，而在於五權之間的相互合作，即透過五權合作以實現「有能」政府。根據孫中山先生的「權能區分」理論，政府權力是集中的，則五個治權只是政府內部五種不同的分工，是不能相互制衡的。就政府內部組織而言，五權的相互關係及其功能，並不在於政府權力的分立，而在於政府職能的分配，即不在分權而在分工，不在於政府權力的相互制衡，而是在於政府服務的統一與合作。所以，「五權分立」一方面強調五權各自獨立，各有權限，另一方面強調相互配合、相互合作。對此，學者薩孟武分析道：「五權憲法並非使五種治權分立，以收制衡之效，乃使五種治權分工，以收合作之果。五種治權既然分工，則不能

不設五個機關。五種治權既然合作,則不能不有一個總樞紐,統制五權,使五權機關向同一目標活動,這個總樞紐就是總統。所以,總統是總攬五權的。由此可知在五權憲法之下,國家最高機關只有兩個,一是行使政權的國民大會,二是行使治權的總統,五院不過輔佐總統行使治權而已。」「三權憲法的精神在於使權力分立,以收到制衡之效,五權憲法的精神在於謀權力統一,以造成萬能政府。」

(二)所分之「權」不同

首先,「五權分立」以「權能區分」為基礎,其所稱之「權」為治權,而非政權。而「三權分立」的權力安排,乃是權能不分,其將政治權力一分為三,即分為立法權、行政權與司法權,其根本不區分何者為政權,何者為治權。也就是說,「三權分立」之「權」既包括政權,也包括治權。

其次,「五權分立」的分權結果不僅是權的「量的增加」,而且也是權的「質的改變」。所謂「量的增加」,就是人民權增為「四」,政府權增為「五」;所謂「質的改變」,就是政權是人民權,而非政府權,是以治權來分權,治權不包括政權,即把政府權與人民權截然分開。「三權分立」是以傳統的國家政治權力(不區分政府權和人民權)來分權。

再次,政府的「五權」實際上是政府的五種職權。就行使五權的機關來說,五院間的關係實則為職責分工,五院具有的權是政府辦事的權。用孫中山自己的話說,「治權」機關內的五個權,「就是要有五種工作」。這表明,五權的配置與劃分是國家機構內的職權分工,即國家權力可以由不同的國家機關分別來行使。很顯然,「五權分立」中的職權劃分與西方「三權分立」中所講的「分權」是兩碼事。

(三)制度安排不同

首先,「五權憲法」是把國家政治權力做「權」與「能」的分割,國家不但設立政府機關,而且也設立民權機關。而在「三權分立」中,國家只設立政府機關,而不設獨立的民權機關,把國家政治權力分為三部分,分別交由三個不同的機關來行使,是權能不分的。就具體機關設置來說,「五權分立」思想中的立法院、行政院、司法院、考試院和監察院是治權機關,國民大會是政權機關。而「三權分立」思想中的議會,既有立法權,也包括選舉、罷免、監督等權力,是「治權」和「政權」的混合體,與「五權分立」中的立法院有很大的差別。

其次,在「三權分立」思想中,最高權力被一分為三之後,在這三權之上再沒有比這三權更高的權力來對它們進行統領。而在「五權分立」思想中,「治權」被一分為五之後,五權之上仍有更高的權力來對它們進行統領。(1)就治權而言,治權機關——分立的五院統屬政府,在政府首腦的領導下分工進行各司其職的工作。五院的設置成了政府屬下幾個不同的辦事機構或技術操作部門。(2)就治權與政權的關係而言,國民大會是國家的最高權力機關,它行使中央統治權,中央政府的五院均由國民大會產生,並對國民大會負責。國民大會對於中央政府官員有選舉權和罷免權,對於中央法律有創制權和複決權。孫中山先生認為國民大會是民主政治得以維持的關鍵,因此,國民大會必須能自由行使其正當職權。而西方國家的議會儘管權力很大,但根據三權分立的原則,其還要受到行政權、司法權的牽制,它所決定的東西或它本身都有可能遭到合法的否定,因而西方議會不可能成為真正的最高權力機關。綜上所述,無論是單就治權而言,還是就治權與政權的關係而言,五權之上都有一個最高權力存在。

(四)權力關係不同

「五權分立」思想中,五權之間雖然分立,但強調彼此之間的相互合

作，以實現「萬能政府」。所以，「五權分立」思想不強調「三權分立」中的那種「制衡」關係。當然，這並不是說，「五權分立」思想中不存在任何制約因素，只不過是五權之間的制約成分很零星、很微弱而已。例如，監察院可以依法彈劾各院職員，但這種制約更準確地說它是監察院的職權。真正可以稱得上是制衡關係的應是人民的政權對政府的治權所產生的制約，從二者的關係來看，國民大會對政府的制約是單向的主權者對執行者的制約，只有執行者對主權者的負責，不存在執行者對主權者的干預，即只存在縱向的政權對治權的單向制約關係。而「三權分立」思想視政府為「必要的惡」，主張在賦予政府權力的同時，也要對政府權力進行必要的限制。所以，「三權分立」思想的核心不僅僅在於「分權」，更重要的在於「制衡」。為此，權力在一定程度上是混合或聯合的，即各部門是「部分參與或支配彼此的行動的。」所以，「三權分立」側重於強調權力之間的制約，而不重視權力之間的合作；並且立法、行政和司法之間的制約關係是平行的、雙向的。

（五）權力作用不同

「五權分立」的分權是以權力的積極作用為著眼點的，而「三權分立」是以權力的消極作用為出發點的。「五權分立」與「三權分立」的權力作用，有其重要的差別。具體表現在：

首先，就立法權作用而言，「三權分立」的立法權屬於國會，代表人民立法，以限制行政。「五權分立」的立法權脫離國會，透過政府專家立法，以支援行政。如果所立之法，不合人民的需要，屬於人的錯誤，則可以罷免人；屬於法的錯誤，則可以複決法。這是國會立法與政府立法的不同。

其次，就政府權作用而言，「三權分立」是行政對立法負責，決策權在立法機關，立法規範行政，目的是實現「最好政府，最少管理」。而「五權分立」的行政擁有決策權，其所謂立法，是由專家完成立法程序，旨在配合

行政，目的是實現「最好政府，最多管理」。

再次，就司法權作用而言，「三權分立」的司法權，都強調審判獨立。至於司法行政的歸屬，以及法律提案的有無，各國規定不盡相同。「五權分立」的司法權，除審判獨立與「三權分立」的司法權相同外，還設有司法院，總攬司法行政決策與法律提案權。司法院為遏制社會犯罪增加的趨勢，可以制定司法政策，或起草新法案，或修改法律。「五權分立」的司法權，有消極的一面，也有積極的一面。這也是治權機關須對政權機關負責的由來。

第四，就考試權作用而言，「三權分立」體制中的考試權屬於行政權，其考試範圍僅限於文官考試。「五權分立」的考試權是脫離行政權而獨立的，其考試範圍，並非僅僅侷限於文官考試，而且還包括公職候選人考試（此為一種政治性考試，而非行政性考試）。

第五，就監察權作用而言，「三權分立」的監察權屬於國會，名為彈劾權，其彈劾對象通常為總統和國務要員。「五權分立」的監察權，是脫離國會而獨立的，是一種獨立的治官權。從中央至地方，凡是從事國家公務的人員，一旦有違法失職的現象，均列為被彈劾的對象。

第二節　中華民國對「五權憲法」的踐行與偏離

1949年國民黨政權從大陸敗退到臺灣後，在臺灣所建立的政治體制實際上是原中華民國政治體制在臺灣地區的移植。儘管後來的七次「憲政改革」對原中華民國延續下來的政治體制進行了大幅度的改革與調整，甚至這種改革與調整還引發了政治體制的根本轉型；但是，從總體架構上說，目前臺灣地區的政治體制（至少在形式上）仍是以原中華民國政治體制的基本架構為

基礎的。

一、「訓政」時期對「五權憲法」的實踐

1928年，國民政府在南京成立，中國國民黨在形式上完成了中國的統一。按照已故孫中山先生軍政、訓政、憲政的建國程序理論，「軍政時期」已經結束，「訓政時期」即將來臨。為此，國民黨中央常務委員會透過「訓政綱領」和「國民政府組織法」。「訓政綱領」的中心內容，是把國家權力分為政權和治權兩部分。政權由選舉、罷免、創制、複決權所組成，在國民大會召開以前，「由中國國民黨全國代表大會代表國民大會領導國民行使政權」，「中國國民黨全國代表大會閉會時，以政權付託中國國民黨中央執行委員會執行」。治權是由行政、立法、司法、考試、監察所組成，由國民政府在中國國民黨中央執行委員會政治會議的指導和監督下，「總攬而執行」。這樣就把國民黨法定為最高訓政者，把國民黨全國代表大會及其中央執行委員會定為最高權力的決策機構，把國民黨中央政治會議定為指導全國訓政、監督指導國民政府重大政務施行的機構。蔣介石以黨政軍首腦的身分，直接控制了國民黨和國民政府。

依據「國民政府組織法」，國民政府採行五院制。國民政府為總統總攬治權之機關，下設行政院、立法院、司法院、考試院及監察院；除此之外，還有輔助機構、直屬機構以及由主席、委員組成的國民政府委員會。（１）國民政府主席是國家元首和最高代表，擁有公布法令、任免五院正副院長及各部會首長的權力。（２）國民政府委員會由主席1人，委員12至16人組成，後來增加到以40人為限。國民政府以國務會議的形式處理全國事務，為合議制的組織。（３）立法院的職權不僅涉及立法，也涉及對行政的監督，立法委員由院長提請國民政府任命；司法院的職權不僅涉及司法審判，也辦理司法行政；考試院兼管銓敘；監察院兼及審計。（４）輔助機構，有文官、主

計、參軍三處。文官、參軍兩處由原祕會（後改為全國經濟建設委員會）、黃河水利委員會、導淮委員會、建設委員會、總理陵園管理委員會、中央研究院、故宮博物院等組成。從以上內容可以看出，國民政府雖然採行五院制，但五權分立的精神並非十分完整。

1931年6月，國民政府頒布了「中華民國訓政時期約法」，按照該「約法」，國民政府設立五院，統攬治權，但五院院長均由國民政府主席提請任命，在政權組織形式上採行總統制，五院地位並不突出。同時，根據該「約法」第30條規定，「在訓政時期，由中國國民黨全國代表大會代表國民大會行使政權。中國國民黨全國代表大會閉會時，其職權由中國國民黨中央執行委員會行使之。」此一規定被認為是該「約法」全部精神所寄。從形式上看，這一規定符合孫中山先生關於訓政時期的構想，即人民必須經過訓練才能實施民主政治的構想。但在實踐中，這一規定卻經常被濫用，成為國民黨實行專制獨裁的「理論根據」。1931年蔣介石辭去國民政府主席的職務，由林森擔任。1931年12月，國民政府對「國民政府組織法」進行了修正，根據修正後的「國民政府組織法」，主席不負實際政治責任，實行委員制；五院不再對國民政府負責，「各自對中國國民黨中央執行委員會負責」，正副院長「由中國國民黨中央執行委員會選任」。1943年8月國民政府主席林森去世後，中國國民黨總裁蔣介石代理主席，於是又於9月10日修改「組織法」，五院院長向國民政府主席負責，主席向中國國民黨中央執行委員會負責，將主席地位大大提高。蔣介石於9月13日正式當選為國民政府主席兼行政院院長，此時又偏向總統制。總之，訓政時期的國民政府，原為中國國民黨以黨建國之黨治政府，故「中華民國訓政時期臨時約法」並未改變，但政府組織法卻隨著中國國民黨內部權力的轉變而修改，尤其根據蔣介石之職位的變化而改變。這樣一來，就曲解了孫中山先生的「訓政學說」和「以黨領政」理論。

1936年5月5日，國民政府明令公布「中華民國憲法草案」（簡稱「五五

憲草」），該「草案」按照「權能區分」和「五權分立」設計中央政府體制。「五五憲草」將國民大會設計為有形之政權機關，行使選舉、罷免、創制、複決和修改憲法等權力；設置行政、立法、司法、考試和監察五院分掌「治權」。行政院院長、副院長、政務委員及各部部長，均由總統任免，並分別對總統負責，總統則對國民大會負責；至於其他四院，司法院、考試院之正副院長由總統任命，但對國民大會負責（國民大會對其有罷免權）；立法院與監察院的院長、副院長及委員，則均由國民大會選舉並罷免之，並對國民大會負責。簡言之，除了行政院對總統負責外，其餘中央政府主要領導人均對國民大會負責。顯然，「五五憲草」關於中央政府體制的設計，與孫中山先生關於「權能區分」理論及「五權憲法」政制的設計，頗為接近。只是「五五憲草」後來經1946年1月10日於重慶舉行的政治協商會議，採取了西方民主憲政體制所提倡的「憲草」修正原則而被大幅修正。

二、1946年「憲法」對「五權憲法」的偏離

1946年的「中華民國憲法」（以下簡稱1946年「憲法」）雖然聲稱是依照孫中山先生的「五權憲法」思想而制定，但實際上它對孫中山先生的「五權憲法」架構做了較大幅度的改動和調整。

就其與「五五憲草」的不同來說，「五五憲草」設計的政體為總統制，總統不是虛位的元首，而是擁有實權的元首，行政院的正副院長、各部會首長均由總統任命，並對總統負責。而1946年「憲法」設計的政權組織形式雖然也帶有一些總統制的色彩，但總體上偏向於內閣制。綜觀1946年「憲法」規定的總統職權，大部分為總統作為虛位元首享有的職權。

司法院由掌理審判和司法行政事務的司法機關，變為僅掌憲法解釋和統一解釋的解釋機關；司法院之外另設一套包括最高法院、行政法院、公務員懲戒委員會在內的審判體系。考試院由可以考選包括民意機關代表在內的官

吏的考試權機關，退化為僅掌考試、任用、銓敘、考績等普通行政人事事務的人事行政機關。

1946年「憲法」對監察院的性質、地位、成員的產生、監察對象和權限等作了新的規定。按照規定，監察院仍為最高國家監察機關，同時又規定，監察院正、副院長由原來的委任制變為選舉制，即由監察委員互相推選產生。監察委員的產生也由任命制改為選舉制。按照「憲法」規定，監察院在原有的彈劾、審計、糾舉和調查等權力之外，又被賦予了三項職權，即同意權、糾正權和立法提案權。這表明，監察院已不再是單純的準司法機關，而是增添了代表選民對政府機關及其所屬人員進行監督的民意機關的性質，成為國會的一個組成部分。也就是說，監察院已演變為法定的準司法機關和民意代表機關。

1946年「憲法」設計的五院制結構，其實包括一個半行政院（行政院和分掌行政人事權的考試院）、半個司法院和兩個立法院（立法院和相當於立法機關的監察院），實質上為三權分立結構，再加上性質、職權和組織頗難定位的國民大會，1946年「憲法」所設計的政府權力結構與孫中山先生所主張的「五權憲法」有較大的差異。可以說，1946年「憲法」並無孫中山先生所主張的「五權憲法」之實，只是留有「五權憲法」之名以及「五權憲法」的各個憲政機關。故有臺灣學者認為，1946年「憲法」以權能區分為形骸，以權力分立為實質。

三、1949年退臺後對「五權憲法」的進一步扭曲

1949年國民黨政權敗退臺灣，將南京國民黨政府所確立的「中央政府體制」和「中央政府機構」全部移植到了臺灣，維持所謂的「中華民國法統」。其中「動員戡亂時期臨時條款」（以下簡稱「臨時條款」）成為國民黨政權維繫「法統」的重要依據。為了適應國民黨政權的需要，第一屆「國

民大會」先後四次對「臨時條款」進行修訂。每次修訂都對「中華民國憲法」的大量條文加以凍結。「臨時條款」的實施，使得「中華民國憲法」成為一紙空文。「臨時條款」特別授權於「總統」，使得1946年「憲法」規定的「修正式內閣制」變為「總統制」，甚至是「超級總統制」，並對「國民大會」進行了治權機關化改造，「五權憲法」結構被進一步打亂。主要表現在：

第一，「國民大會」治權機關化。按照孫中山先生的設計，國民大會是代行國民選舉、罷免、創制和複決的政權機關。1946年「憲法」亦規定，「國民大會」代表國民行使政權，包括選舉「總統」與「副總統」、罷免「總統」與「副總統」、修改「憲法」、複決「立法院」所提之「憲法」修正案等。在「動員戰亂時期」，「國民大會」的政權機關色彩便開始淡化，表現為四點：其一，「國民大會」更多的成為無限制地延續蔣介石「總統」任期的選舉人團。其二，「國民大會」在臺灣民意基礎十分薄弱，難以代表臺灣人民行使政權，僅作為「中華民國法統」象徵存在。其三，「臨時條款」解除了「國民大會」行使創制、複決權的限制。其四，根據釋字第76號解釋，「國民大會」的地位相當於「民主國家之國會」。

第二，「總統」實權化。1946年「憲法」設置的總統，大體上相當於採行虛位元首制的國家元首。「臨時條款」將「總統」由虛位元首轉變為實位元首，「總統」的權力大大擴增。主要表現在：其一，「總統」、「副總統」可連選連任，不受「憲法」第47條「總統、副總統任期為6年，連選得連任一次」的限制。其二，解除了「總統」緊急命令權的種種限制。其三，「總統」得設置動員戡亂機構，決定動員戡亂的有關大政方針，並處理戰地政務。蔣介石借此規定，設立「國家安全會議」和「國家安全局」，建立「國安體制」，將黨政軍特大權攬於「總統」一人之手。其四，1966年，「臨時條款」又授予「總統」「為適應動員戰亂需要，得調整中央政府的政府機構、人事機構及其組織」的職權。其五，「總統」得頒定「中央民意代

表」的增補辦法。

　　第三,「行政院」附庸化。伴隨著「總統」逐步地實權化,「行政院」逐步地變為「總統」的附庸機構。在「臨時條款」的相關規定和實際運作上,可以發現整個「行政院」在政府體制上從屬於「總統」,而「總統」又是執政黨的黨魁,因此,「行政院」院長只是「總統」的幕僚長,而不是「最高行政首長」。建立「國安體制」後,「行政院」主要成員均成為以「總統」為主席的「國安會」成員,不僅在實際政治運作中,而且在體制上也緊緊依附著「總統」。在此期間,可以說整個行政權力掌握在「總統」的手中,「總統」才是「最高行政首長」。

　　第四,「立法院」形式化。根據「憲法」規定,「行政院」院長鬚向「立法院」負責,但按照「動員戡亂時期國家安全會議組織綱領」的規定,「行政院」院長及有關部會首長為「國安會」成員,其必須遵循主席,亦即「總統」的決定,但「總統」卻無須向「立法院」負責,這樣的政治結構嚴重影響到了體制內部的制衡制度,使得立法權無從發揮其監督的功能,而「行政院」院長亦無法真正向「立法院」負責,「立法院」的職權在此情況下大大縮減。另外,「中央民意代表」在動員戡亂時期,只作增額補選,而無法全面改選,新民意無法產生。在動員戡亂時期,沒有任何一任國民黨提名的「行政院」院長不為「立法院」所接受,也沒有任何一個由「行政院」所提的法案不為「立法院」所接受。可見,「立法院」在當時已淪為國民黨政府的一個橡皮圖章,其功能僅僅是為國民黨政府的政策合法化而進行背書的工具。

　　第五,「司法院」工具化。在「動員戰亂時期」,「司法院」作的解釋多以維護「憲政體制」為目的,如大法官釋字第31號解釋,成為「萬年國大」的法源。除維護「憲政體制」的努力外,大法官都著重於「憲法」疑義的解釋,替政府機關在法律上所發生的疑義加以闡明。「立法院」制定「司

法院大法官會議法」後,「司法院」的「憲法」解釋權被限制,「司法院」大法官「釋憲」萎縮,大法官的解釋工作大多圍繞統一解釋展開,不多的幾個「憲法」解釋,如釋字第85號解釋等,也為延續釋字第31號解釋所設定的「法統」而為。所以,「司法院」工具化是「五權憲法」架構被破壞的另一個重要表現。

以上分析表明,儘管臺灣一再聲稱,他們遷臺後一直遵從的是1946年制定的「中華民國憲法」。但從實際運作來看,且不說1946年「憲法」本身已經偏離了孫中山先生的「五權憲法」構想,即使是這部已偏離了的1946年「憲法」也未在臺灣地區真正實施過。

第三節　臺灣地區「憲政改革」對「五權憲法」的破除

根據「憲法」規定,「中央民意代表」任期屆滿時須進行改選,然而遷臺的「國大代表」的人數不足一半,因而改選無從談起,「國民大會」被譏為「萬年國會」。「萬年國會」因長年缺乏民意監督而可能引發島內的政治危機。在世界民主化浪潮的不斷推動以及民眾的強烈訴求下,1986年3月,蔣經國領導下的臺灣決定進行政治改革,解除戒嚴,開放黨禁,由此揭開了臺灣地區政治體制轉型的序幕。1988年蔣經國去世,威權體制解體,臺灣地區人民對民主的渴望更加強烈。

1990年3月,蔣經國去世後第一次「總統」換屆選舉前夕,臺灣地區發生了社會各界十幾萬人廣泛參與的「憲改」請願運動,在野的民進黨也不斷發動以「憲改」為訴求的街頭抗議運動,政治情勢空前緊張。在這種情勢壓力下,臺灣為解決政權的「憲政危機」,鞏固自己的統治基礎,於1990年6月28日至7月4日召集了「國是會議」。這是國民黨政權遷臺40年來第一次召集的有反對黨、無黨籍人士、海外「異議」人士及其他知名人士參加的重要

政治協商會議。會議圍繞著「國會改革」、「中央政府體制」、「憲法修訂」、「地方自治」、「大陸政策與兩岸關係」等五大議題展開了激烈的爭論。這五大議題，幾乎都涉及「憲改」。這次爭論雖然在具體問題上很難達成共識，但在對「憲政改革」的緊迫性這一問題的認識上卻達到了空前的一致。因此，「國是會議」被視為臺灣「憲政改革」的肇因或開端。此後，臺灣開啟了「憲政改革」的進程。

臺灣在朝野政黨的合作之下，先後進行了七次「修憲」。在「憲法」本文不變的情況下，透過增修條文就「合理調整國會結構」、「省市長民選」、「總統直選」、「確立雙首長制」、「推動精省」、「國大虛級化與建立單一國會」、「公投入憲」、「立法院改革」等重大議題進行改革。這七次「修憲」，進一步奠定了臺灣地區政治民主化的基礎，但是幾經「修憲」也使得臺灣的政權日趨本土化。

一、「憲政改革」的過程與內容

1990年代以來，臺灣總共進行了七次「修憲」。其結果與核心內容被概括為「一機關兩階段修憲」，一機關即「國民大會」，兩階段即第一階段進行「程序性修憲」，第二階段進行「實質性修憲」。具體如下：

（一）第一次「修憲」

1991年4月22日，第一屆「國民大會」第二次臨時會議以國民黨提出的「一機關兩階段」構思為基礎的「修憲」建議案為藍本，透過了10條「憲法」增修條文。主要內容是：

（1）規定「中央民意代表」選舉的方式。規定「國大代表」、「立法委員」、「監察委員」均以「自由地區」人口為主按一定比例選出，配以少

量名額的「全國」不分區代表或委員以代表「全國」。「憲法」原定的選舉辦法停止適用。第二屆「國大代表」任期為1992年1月1日至1996年第三屆「國大代表」選出並召集開會時止，特定其任期為4年多，不受「憲法」第28條任期6年規定的限制。

（2）由新選出的第二屆「國民大會」行使「修憲」權。

（3）宣告「動員戡亂時期」終止後，一切與「動員戡亂」相關的法律即行廢止，不得超過1992年7月31日。

（4）「臨時條款」賦予「總統」的緊急處分權和「國家安全會議」等戡亂機構變相保留下來，獲得了新的「憲法」依據。

（5）授權立法機關制定「兩岸關係法」。

與此次「修憲」相配合，「司法院」大法官會議也作出了釋字第261號解釋：「第一屆未定期改選之中央民意代表……應於1991年12月31日以前終止行使職權。並由中央政府……適時辦理全國性次屆中央民意代表之選舉，以確保憲政體制之運作」。這為「逼退」那些「資深民代」提供了法律依據。

此次「修憲」重在程序「修憲」，修改內容基本上不涉及「憲法」內權力架構的變動。第一次「憲政改革」的核心是解決了「國會」改選；同時，把「修憲」權交給了新產生的第二屆「國民大會」。這次「修憲」除賦予第二屆「中央民意代表」產生的法源之外，還制定法律來規範兩岸人民的權利義務關係，將原本屬於「違章建築」的「國家安全會議」、「國家安全局」和人事行政局明文「入憲」，使其成為法定機關，也因而開創了日後「挖東牆補西牆」的「修憲」模式。

（二）第二次「修憲」

1992年5月27日，第二屆「國民大會」第一次臨時會三讀透過了「憲法」增修條文第11條至第18條，此為第二次「修憲」。主要修改的內容是：

（1）擴大「國民大會」的權力。除「憲法」第27條原定選舉罷免「總統」、「副總統」等四權外，「國民大會」增加了人事同意權，即對「總統」提名的「司法院」正副院長和「大法官」、「考試院」正副院長和「考試委員」等的人事任命擁有同意權。還可集會聽取「總統」報告，提供「國是」建言；同時規定自第三屆「國大代表」起，其任期改為4年。

（2）「總統」、「副總統」由「自由地區」全體人民直接選舉，任期4年。但對於委任直選或公民直選沒有達成共識。「副總統」缺位時，由「總統」提名召集「國民大會」臨時會補選，任期至原任期屆滿為止；「總統」、「副總統」均缺位時，由「立法院」院長通告「國民大會」臨時會集會補選「總統」、「副總統」，繼任至原任期屆滿為止。

（3）「司法院」大法官會議可以組成「憲法法庭」審理政黨「違憲」案件。

（4）「監察院」由準民意機關改為準司法機關。「監察委員」由原來的「自由地區」各省市議會選舉改為由「總統」提名，「國民大會」同意後任命，其「中央民意機關」的性質宣告終止。

（5）關於省、縣地方制度，規定省、縣地方不受「憲法」關於只有在「中央」制定「省縣自治通則」後方可召集省、縣民代表大會，以及根據「省縣自治通則」制定省、縣自治法等規定的限制，可以直接選舉省、縣議會，行使省、縣立法權，又規定省長、縣長均透過直接民選產生，「行政院」僅為省級以下地方自治的監督機關。

第二次「修憲」，是由新選出的第二屆「國大代表」進行的實質「修憲」。此次「修憲」的重要結果是「國民大會」的職權得到了擴增。這被認

為是對其「總統」選舉權削去後的一種政治補償。「總統」直選、「監察院」民意機關性質取消（其部分權力轉移至「國民大會」和「立法院」），省自治和省長直接選舉確立，也是此次「修憲」的關鍵內容。此外，以省市長直選換取「國民大會」每年集會，「國民大會」自此朝著成為常設機構的方向邁進了一步。

（三）第三次「修憲」

由於第二次「修憲」未能確認「總統」、「副總統」選舉方式是採取公民直選或委任直選，於是國民黨成立「修憲策劃小組」，以進一步「修憲」。1994年7月28日，臺灣地區「國民大會」再次透過「修憲」案，將第一、二兩次「修憲」形成的「憲法」增修條文18條修訂為10條。這次「修憲」主要內容是：

（1）「總統」、「副總統」由選民直接選舉產生，採行相對多數當選制；並且「正副總統」搭檔競選。

（2）由「總統」提名並經「國民大會」或「立法院」同意任命的人員，無須經「行政院」院長副署，使得「總統」人事任命副署義務的範圍縮小。

（3）對「總統」、「副總統」的罷免須由選民投票過半數同意。

（4）「國民大會」自第三屆起增設「議長」、「副議長」，對外代表「國民大會」，使「國民大會」正式成為常設機構。

（5）僑民「返國」具有投票權。

這次「修憲」進一步強化了「總統」直選制，保證了「總統」候選人在僅僅獲得相對多數贊成票的情況下當選。同時，透過取消多種情形下「行政院」院長的副署權，擴大了「總統」的權力，使政體進一步由「憲法」規定

的「雙首長制」向「總統制」傾斜。這對臺灣地區的政治體制產生了重要影響。

（四）第四次「修憲」

隨著島內政黨政治的發展，國民黨在立法院和國民大會所占的席位開始下降，國民黨的執政地位受到民進黨和新黨的挑戰。由於在野黨的抵制，李登輝無法在國民大會作「國情報告」，「副總統兼行政院長」連戰無法進入立法院作施政報告，行政與立法之間的朝野關係陷入政治僵局。為了化解政治僵局，1996年底李登輝召集朝野各界代表召開「國家發展會議」，國民黨與民進黨經過討價還價，達成取消立法院的「閣揆」同意權、凍結省長與省議員選舉、停止鄉（鎮、市）級選舉等「修憲」共識。1997年5月5日臺灣國民大會正式召集會議舉行第四次「修憲」，在國民黨和民進黨的合作下，歷經2個多月，7月18日三讀透過11條「憲法」增修條文，其主要內容是：

（1）凍結省長、省議員選舉。省設省政府，置委員若干人，其中1人為主席，均由行政院院長提請「總統」任命；省設諮議會，置省諮議會議員若干人，均由行政院院長提請「總統」任命；第十屆臺灣省議會議員及第一屆臺灣省長的任期至1998年12月20日止，臺灣省議會議員及臺灣省長的選舉自第十屆臺灣省議會議員及第一屆臺灣省長任期屆滿日起停止辦理。

（2）取消立法院的閣揆同意權，即總統任命行政院院長無須再經過立法院同意。

（3）建立立法院倒閣制度，即立法院得經立法委員總額1/3以上連署對行政院院長提出不信任案……經立法委員1/2以上贊成，行政院院長於決議後10日內應提出辭職。

（4）建立行政院院長提請解散立法院的制度。立法院透過對行政院院

長的不信任案時,行政院院長應提出辭職,並得同時呈請總統解散立法院。

(5)凍結憲法中關於教科文預算不得低於總預算的15%的下限規定。

(6)司法院大法官的任期縮短為8年,不得連任;大法官的數額由過去的19人調整為15人,司法院正、副院長均由大法官出任。

(7)確立立法院就總統犯內亂、外患罪向國民大會提出彈劾案的制度。

這次「修憲」,實際上已經徹底打破了「五權憲法」的架構。憲法規定上的「內閣制」(事實上為「修正式內閣制」),已經蛻變為「準總統制」;行政院院長僅僅由總統任命,而無須經立法院同意,使得行政院院長蛻變為總統的幕僚長或政策執行長;總統可以解散立法院,無須經行政院院長的副署。相比之下,總統權力大增,而行政院院長的權力大減。同時,立法院與行政院之間倒閣與解散機制的建立,使「五權分立」儼然轉變成為「三權分立」。當然,「凍省」也是此次「修憲」關鍵之一,「凍省」改革使臺灣省由剛剛確定的一個最高級地方自治單位重新回歸為「中央政府」的派出機構,一切省自治選舉停辦,由「中央」官派省主席、省府委員和省諮議員。這一改變,使臺灣省的建制名存實亡。另外,在「修憲」的內容上,「中央政府體制」究竟是「總統制」,「超級總統制」,抑或「雙首長制」?也定位不清,這為日後體制的混亂埋下了種子。

(五)第五次「修憲」

1999年7月李登輝拋出「兩國論」,同時暗中策劃透過國民大會制定「臺灣基本法」。由於「兩國論」在海峽兩岸引起了軒然大波,更引起海內外中國人的警惕,所以該年9月國民大會進行第五次「修憲」時,原擬透過國民大會制定「臺灣基本法」的計劃沒有被提上日程。這次憲法增修條文的

主要內容是：

（1）立法委員任期由3年改為4年，第四屆立法委員（1998年4月當選）任期延長至2002年6月30日止。

（2）國大代表與立法委員任期延長。第三屆國大代表任期（應為4年，至2000年5月底屆滿）延長至第四屆立法委員任期屆滿之日（2002年6月30日）止，使其與立法委員的任期一致。任期中如遇立法委員改選，國大代表也同時改造。

（3）變更國大代表的產生方式。國大代表自第四屆起改為按政黨比例代表制（依立法委員選舉票數分配當選名額）方式選出，並必須有婦女保障名額。

從理論上說，這次「修憲」是為了使國民大會、立法院這兩個國會的選舉時程一致，同時也與總統選舉時程一致，但「國大延任案」透過後，遭到臺灣社會各界的強烈指責和批判，認為「延任案」是「國代自肥」行為，是「違憲」行為。部分立法委員隨即申請司法院大法官作出解釋。2000年3月24日，司法院大法官會議作出釋字第499號解釋，認為國大第五次的「修憲」行為及其透過的「延任案」是「違憲」的，不具有法律效力。這次「修憲」是最引起臺灣民眾反感的一次「修憲」。這也為下一次「修憲」使國大虛級化埋下了伏筆。

（六）第六次「修憲」

第五次「修憲」被認定為「違憲」無效之後，國民大會面臨必須改選的局面。為此，臺灣國民大會於2000年4月24日又通了新一階段的憲法修正案，最後把憲法增修條文定為11條。這次「修憲」的主要內容是：

（1）國民大會非常設化，改為按政黨比例產生的任務型國大。自此以

後，國大代表只因任務需要而依據政黨比例產生，任務結束即辭職。

（2）國民大會的職權大幅縮減，除保留複決立法院所提的憲法修正案，議決「領土」變更案，議決總統、「副總統」彈劾案之外，其餘原有職權，包括補選「副總統」，提出總統、「副總統」罷免案，修改憲法，對總統提名任命人員行使同意權等各項職權，均改由立法院行使。同時原由總統向國民大會所作的「國情報告」，也改為立法院於每年集會時得聽取總統的「國情報告」。

（3）取消憲法關於司法院大法官終身職待遇的規定。

（4）立法院權力再次擴大，除獲得三院人事任命同意權之外，其彈劾總統、「副總統」的權力進一步擴大。原憲法增修條文規定僅在有內亂、外患罪嫌時彈劾，新修正案取消了這一範圍限定，即表明立法院彈劾總統、「副總統」不受罪名限制。

（5）原屬國民大會的（總統、「副總統」均缺位時）補選總統、「副總統」之權，現改為由行政院院長代理總統，並同時按照直選方式補選總統、「副總統」繼任至原任期屆滿時為止。

（6）將軍人權益、社會福利救助等及金、馬、澎特殊地區保障條款載入憲法。

此次「修憲」的最大影響是迅速完成了國民大會的虛化，形成了所謂任務型國大，即當有立法院提出的「修憲」案、「領土」變更案、總統與副總統之彈劾案需要複決或表決時，才召集國民大會。如無此類任務，則國民大會無須召開。國民大會只有被動的複決權，沒有原始的發動權，平時根本不存在；另外，原屬國民大會職權大部分轉移給了立法院。雖然此時的國民大會並未在法律上被廢除，但在事實上近似取消了國民大會，使國會體制轉變為只有立法院扮演的「單一國會」。至此，「五權憲法」或「五權體制」名

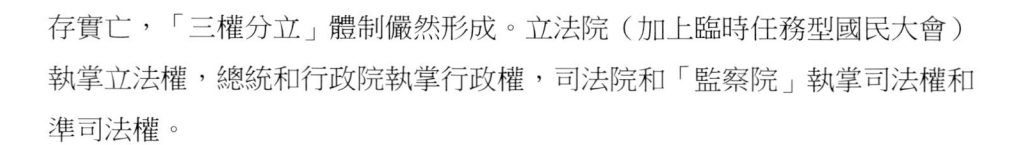

存實亡,「三權分立」體制儼然形成。立法院(加上臨時任務型國民大會)執掌立法權,總統和行政院執掌行政權,司法院和「監察院」執掌司法權和準司法權。

(七)第七次「修憲」

2004年8月23日,在立法院臨時會議中,由國民黨極力推動,立法院透過了第七次的「修憲」提案。2005年6月7日,依政黨比例選舉產生的任務型國大透過第七次的憲法修正案,這次「修憲」的主要內容是:

(1)增加了以「公民投票」複決「國土」變更案的規定。憲法增修條文第4條規定,「中華民國領土」,依其固有疆域,非經全體立法委員1/4提議,全體立法委員3/4出席,及出席立法委員3/4決議,提出「領土」變更案,並於公告半年後,經「中華民國自由地區」選舉人投票複決,有效同意票過選舉人總額的半數,不得變更。

(2)增加了以「公民投票」複決「修憲」案的規定。憲法增修條文第12條規定,憲法的修改,須經立法院之立法委員1/4提議,3/4出席,及出席立法委員3/4決議,提出憲法修正案。並於公告半年後經「中華民國自由地區」選舉人投票複決,有效同意票過選舉人總額的半數,即為透過。

(3)增加了以「公民投票」複決總統、副總統罷免案的規定。憲法增修條文第2條規定,總統、副總統罷免案,經全體立法委員1/4提議,全體立法委員2/3同意後提出,並經「中華民國自由地區」選舉人總額過半數投票,有效票過半數同意罷免時,即為透過。

(4)立法委員選舉制度改為「單一選區兩票制」,即每一選區既按區域投票,又按政黨投票。

(5)立法委員席次由225席減為113席,立法委員的任期由3年改為4

年。

（6）總統、副總統之彈劾案改由司法院大法官會議審理。憲法增修條文第2條規定，立法院提出總統、副總統之彈劾案，聲請司法院大法官審理，經「憲法法庭」判決成立時，被彈劾人即應解職。立法院對於總統、副總統之彈劾案，須全體立法委員1/2以上提議，全體立法委員2/3以上決議，聲請司法院大法官審理。

透過這次「修憲」，「公民投票」被載入了憲法。透過「全民公投」複決「領土」變更案、「修憲」案、總統、副總統之罷免案，實際上廢除了國民大會。因為這一改變使原增修條文規定的只能因複決「修憲」案、「領土」變更案、總統、副總統之彈劾案三大任務而召集的任務型國大已經無任何法定任務，故永遠無需召集。

表1-1：臺灣歷次「修憲」要點彙總表

「修憲」次別	修改要旨	影響
第一次「修憲」（1991.4）	（1）決定第二屆「中央民意代表」應選出日期，「中央民意代表」應含」全國不分區代表； （2）重新規範「總統」緊急命令權的行使； （3）廢止「動員戡亂時期臨時條款」。	「中央民意代表」定期改選，落實人民主權思想。

續表

「修憲」次別	修改要旨	影響
第二次「修憲」 （1992.5）	（1）明訂總統、副總統由中華民國全體人民選舉的原則； （2）主要賦予國民大會對總統提名的「監察委員，司法院正副院長、大法官，考試院正副院長、考試委員等」人事任命擁有「同意權」； （3）總統與國民大會代表任期4年； （4）司法院設置「憲法法庭」； （5）調整考試院職權； （6）重新定位「監察院」為最高監察機關，而非民意機關； （7）明訂直轄市市長及台灣省省長，改由人民直接選舉； （8）保障殘障者與原住民權益。	「憲政」機構的功能及互動精緻化。
第三次「修憲」 （1994.7）	（1）明訂總統選舉產生方式，改由中華民國全體人民直接選舉產生，自第九任總統、副總統選舉開始實施； （2）縮限行政院院長副署權的範圍； （3）國民大會設置議長，行使職權的程序不由法律規定，改為「國民大會」自行決定； （4）總統、副總統搭檔競選； （5）僑民返國具有投票權。	憲政典範傾向「總統制」。
第四次「修憲」 （1997.7）	（1）總統任命行政院院長，無須經「立法院」同意； （2）總統經諮詢立法院院長後，得宣告「解散」立法院； （3）立法院得對行政院院長提出「不信任案」； （4）司法院院長、副院長改由大法官兼任； （5）司法預算獨立； （6）凍結省級選舉，省政府為行政院的「派出機關」，省非自治團體。	政府體制在「內閣制」與「總統制」之間擺盪；省回歸了其原本的歷史地位。
第五次「修憲」 （1999.9）	（1）國大代表選舉依附於立法委員選舉，以「政黨比例代表制」產生； （2）延長第三屆國大代表及第四屆立委任期； （3）立法委員的任期改為4年； （4）加強社會救助，以及對軍人、原住民的保障。	司法院釋字第499號解釋宣告本次「修憲」無效。

續表

修憲次別	修改要旨	影響
第六次修憲 （2000.4）	（1）國民大會職權大幅縮減，職權以「立法院」發動為前提； （2）國大虛級化改採300名任務型國代； （3）立法院職權擴增，掌握修憲主動地位； （4）「總統」向「立法院」作「國情報告」 （5）取消大法官享有終身職待遇。	國民大會功能減退；五權憲法基礎改變；單一國會浮現。
第七次修憲 （2005.6）	（1）立法委員人數由225減至113人； （2）立法委員任期由3年改為4年； （3）立法委員以「單一選區兩票制」選舉產生，分別選出區域代表與不分區域代表； （4）修憲案、領土變更案，須由「立法院」提案，經公民投票複決； （5）廢除「國民大會」； （6）總統、副總統之彈劾案，改由「司法院大法官」審理。	「一院制國會」確立，直接民主進一步落實。「憲法法庭」功能擴大。

（資料來源：作者自制。）

二、「憲政改革」對臺灣「中央政府體制」的影響

（一）國民大會虛化與廢止

根據第七個憲法增修條文，國民大會被徹底廢止，原屬國民大會的權力部分轉交立法院行使，部分歸還人民行使，人民可直接對立法院所提的憲法修正案和「領土」變更案進行複決，加上人民早已享有的總統、副總統之選舉權和總統、副總統罷免案之複決權，人民已經享有大部分「政權」，成為行使「政權」的直接主體。自此，臺灣的政治權力架構進入新時期。關於國民大會的虛級化和被廢止的原因、過程之分析，詳見本書第二章國民大會中的第六節、第七節，此不贅述。這裡需要強調的是，我們不可忽視國民大會的廢止對於臺灣政治體制所產生的影響。儘管以前國民大會在臺灣的政治體制運行中始終沒有處於權力中心的地位，但它的存在至少表明孫中山先生所

主張的「權能區分」的政治架構仍然存在。現在國民大會被廢止，表明所謂的「政權機關」已不復存在，沒有了「政權機關」，與「政權機關」對應而稱的「治權機關」也就不再是當初意義上的「治權機關」。沒有了「政權機關」節制的「治權機關」在實質上已與西方國家的政府機關（廣義上的）沒有什麼實質性的區別。因此，我們說，如果說早期孫中山先生主張的「五權憲法」體制與西方的「三權分立」體制有著本質的區別的話，那麼，「憲政改革」後，特別是國民大會被廢止後，「五權體制」與西方的「三權體制」已沒有什麼實質性的差別了，只不過是形式上的「五權」與「三權」的不同而已。

（二）總統重心化

在臺灣的所進行的七次「修憲」改革中，每一次都使總統直接或間接地向政治權力中心靠移。第一次「修憲」在廢除「臨時條款」的同時，保留了「臨時條款」關於總統在緊急狀態下的特權。第三次「修憲」不僅正式確立了總統直選的產生方式，擴大了總統的民意基礎，而且在總統和行政院的關係方面作出了調整，行政院院長的副署權被大幅縮限。第四次「修憲」取消了立法院對總統任命行政院院長的人事同意權，行政院院長在事實上淪為總統的幕僚長。根據第四個憲法增修條文的規定，總統和行政院院長同為行政首長，同掌行政權，且行政院名義上仍為「最高行政機關」，但總統在事實上掌握著「最高行政權」。譬如，總統依憲法增修條文享有緊急處分權並得決定「國家安全」大政方針，可組織「國安會議」和「國家安全局」；行政院院長僅僅為「國家安全會議」的成員之一，行政院成為總統主導的「國家安全會議」的執行機構；此外，依據憲法增修條文，經立法院覆議的議案，行政院院長僅有接受義務，而無辭職義務，行政院院長向立法院負責的規定被架空，行政院院長實際上轉而對總統負責。從表面上，第四次「憲政改

革」也進行了偏向「內閣制」的制度調整，如在行政院院長和立法院的關係上，立法院可以對行政院院長進行不信任投票，而行政院院長也可聲請總統解散立法院。但事實上，此規定的目的在於使行政院院長負行政責任，而使總統處於相對超然的地位。這種「總統有權無責」、「行政院院長有責無權」的制度設計，其最終目的還是強化總統的地位和權力。第五次「修憲」基本沒有涉及總統的內容，並且後來被司法院釋字第499號解釋宣告無效。第六次「修憲」時雖規定總統向國民大會提「國情報告」，但因國民大會被這次「修憲」虛級化，使得這一負責形式徒有其表。第七次「修憲」後，國民大會被廢止。作為與「治權機關」相對應的「政權機關」不復存在，總統成為統合政府「五院」的「最高機關」。總之，經過七次「修憲」，總統日益成為臺灣政治權力結構的重心和政治生活的中心。

（三）行政院幕僚化

按照憲法規定，行政院本為「最高」行政機關，但經過七次「修憲」，行政院在事實上卻變成了總統的幕僚機關，行政院院長成為總統的幕僚長。主要表現在：（1）總統掌控行政院的人事權。具體包括兩個方面：首先，總統擁有對行政院院長的任命權。憲法第55條第1款的規定，是與第57條的規定相配套的。行政院院長的人選經立法院同意，意味著行政院院長取得立法院多數的信任，從而使行政院向立法院負責有一個較紮實的基礎。經過「修憲」，斷然取消立法院對行政院院長人選的人事同意權，而由總統直接任命行政院院長。在總統直接掌握行政院院長任命權的情況下，在政治上極可能出現：行政院只對總統負責，而不對立法院負責的情況。其次，總統在事實上掌握行政院的組閣權。憲法第56條規定，行政院副院長、各部會首長及不管部會的政務委員，均由行政院院長提請總統任命。依此規定，組閣權應當在行政院院長手中，行政院院長被稱為閣揆。但是，從臺灣政治體制的

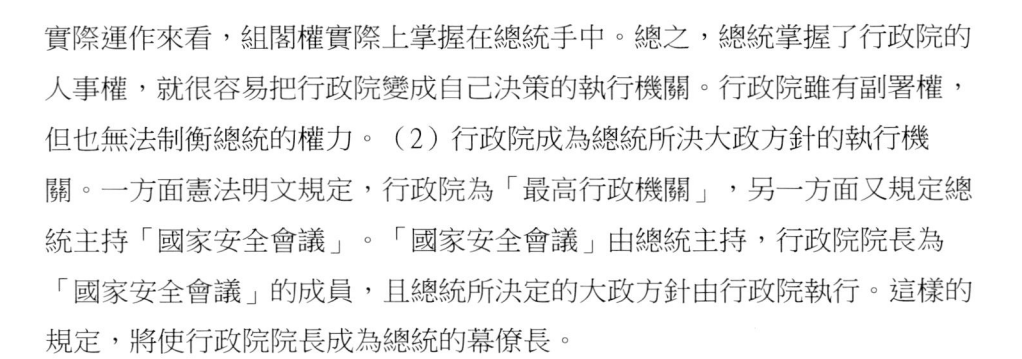

實際運作來看，組閣權實際上掌握在總統手中。總之，總統掌握了行政院的人事權，就很容易把行政院變成自己決策的執行機關。行政院雖有副署權，但也無法制衡總統的權力。（2）行政院成為總統所決大政方針的執行機關。一方面憲法明文規定，行政院為「最高行政機關」，另一方面又規定總統主持「國家安全會議」。「國家安全會議」由總統主持，行政院院長為「國家安全會議」的成員，且總統所決定的大政方針由行政院執行。這樣的規定，將使行政院院長成為總統的幕僚長。

（四）立法院實權化

「憲政改革」以來，臺灣立法院的「最高立法機關」地位沒變，但由於「中央政府體制」出現一些變化，立法院的實際地位、職權卻發生了明顯的變化。此外，在產生方式、組織架構等方面也出現一些變化。這些變化使得立法院在臺灣政治生活中的地位和作用日益重要，成為擁有實權的民意機關和立法機關。

在臺灣已進行的七次「修憲」中，第四次和第六次「修憲」對立法院體制的影響最大。首先，第四次「修憲」可以說是對臺灣「中央政府體制」修正幅度最大的。立法權向立法院集中的跡象逐漸顯現。在這次「修憲」過程中，立法院新增對行政院院長提出不信任案的權力以及彈劾總統、副總統等權力，跟國大對峙的籌碼漸漸增多，同時也擴大了與行政權相抗衡的範圍，行政與立法關係問題擺上臺面。其次，第六次「修憲」後，國民大會的絕大多數權力劃歸立法院，立法院得享有對司法院、「考試院」和「監察院」三院的人事同意權，並可聽取總統的「國情報告」，提出「國土」變更案、憲法修正案和總統、副總統之彈劾案，啟動任務型國大複決重要事項等，以立法院為唯一立法機關的「單一國會」體制初步呈現。

第七次「修憲」後，國民大會正式走入歷史。國民大會的職權除了一小

部分轉歸人民直接行使以外，大部分職權由立法院接管行使，從而結束了立法權分散的狀態，「單一國會」體制正式確立。另外，還值得關注的是立法院在「修憲」過程中的地位。雖然經立法院透過的「修憲」提案尚需人民複決，但人民的複決權僅具有價值性意義，「修憲」內容由立法院掌控，可以說立法院實質上享有「修憲」權，為實質上的「修憲」機關。隨著「修憲」的逐步推進，立法院逐步凝聚了所有立法權，雖然未能掌握行政院院長的任命同意權，但總的來說，它已經在最大程度上完備了類似西方民主國家「議會」的權力。從以上「憲政改革」以來的體制變遷可以看出，立法院不論是在職權、功能、角色以及地位上都有逐漸轉強的趨勢，尤其在國民大會被廢止後，立法院獨大的態勢更加明顯。不過，對立法院的「修憲」權暫無相應的制度加以有效約束，立法院是否會成為下一個國民大會，需要進一步觀察。

（五）司法院獨立化

在戒嚴時期，司法院政黨化、行政化的現象特別明顯，它幾乎成為國民黨政權的御用工具。但自1990年代開啟「憲政改革」以來，臺灣司法院的地位和角色發生了巨大的變化，其一改過去「御用工具」的身分和地位，而成為臺灣「正義力量」的化身。司法院大法官透過「釋憲」機制儼然成為臺灣政壇的最終裁判者。其透過自身的行動，在民眾中樹立了較好的「司法公正」形象。

在「憲政改革」的過程中，司法院的地位逐漸上升，儼然成為憲法的守護神。首先，司法院有權組成「憲法法庭」審理總統、副總統彈劾案和政黨「違憲」解散案；其次，有權解釋憲法，大法官作成的解釋具有普遍的拘束力。截至2007年1月底，司法院大法官已經作成623個解釋，其中相當部分為憲法解釋。這些解釋對臺灣「憲政改革」造成了至關重要的作用。

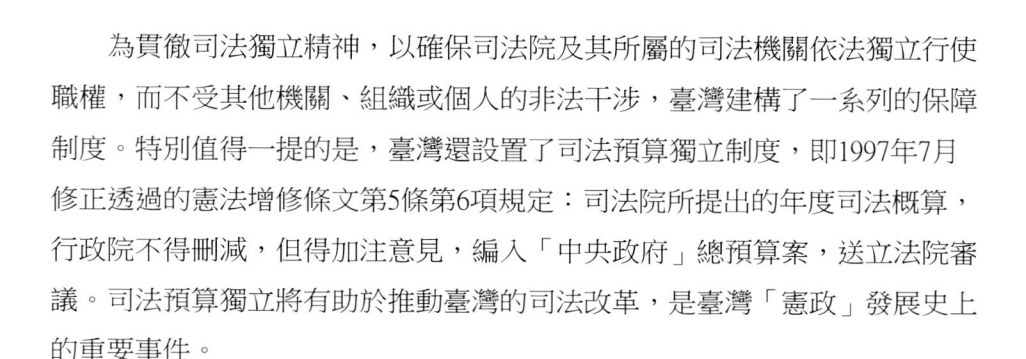

為貫徹司法獨立精神，以確保司法院及其所屬的司法機關依法獨立行使職權，而不受其他機關、組織或個人的非法干涉，臺灣建構了一系列的保障制度。特別值得一提的是，臺灣還設置了司法預算獨立制度，即1997年7月修正透過的憲法增修條文第5條第6項規定：司法院所提出的年度司法概算，行政院不得刪減，但得加注意見，編入「中央政府」總預算案，送立法院審議。司法預算獨立將有助於推動臺灣的司法改革，是臺灣「憲政」發展史上的重要事件。

（六）「考試院」邊緣化

在「憲政改革」過程中，涉及「考試院」的改革措施較其他四院為少。從總體上看，「考試院」在「憲政改革」的過程中不僅沒有「獲益」，反而有所「利益減損」，從而逐步走向邊緣化。具體表現在：根據憲法的規定，「考試院」為「最高考試機關」，掌有考試權和人事行政權，負責考試、任用、銓敘、考績、級俸、升遷、保障、褒獎、撫卹、退休、養老等事項。考試權在第一次「憲政改革」中已被動搖。第一個憲法增修條文第9條規定，行政院設人事行政局，該機構實際上延續了「動員戡亂時期」行政院所設的人事行政局，將「考試院」所屬的「銓敘部」的大量職權切割至行政院。第二次「憲政改革」中則出現兩種弱化「考試院」的改革方案：一是將考試權和人事行政權徹底分開，「考試院」仍為「最高考試機關」，但僅負有考試權，人事行政權完全由行政機關掌有；第二個方案則是將人事權分為法制權和執行權兩部分，前者為對人事事項訂立法律的權力，為「考試院」享有，後者是指就人事立法具體操辦人事事項的權力，由行政院享有。當時作為執政黨的國民黨原本傾向於採用第一個改革方案，但是在「考試院」的強烈反對下則採用了第二個方案。根據該方案，「考試院」仍為「國家最高考試機關」。考試和公務人員的銓敘、保障、撫卹、退休等事項由「考試院」掌

理，任免、考績、級俸、升遷、褒獎等事項則劃分為法制事項和執行事項，前者繼續由「考試院」掌理，後者則由行政院人事行政局掌理。以上表明，第二次「憲政改革」後，「考試院」職權弱化，從享有考試權和完整人事行政權的「最高考試機關」，蛻變為僅享有考試權和部分人事行政權的「最高考試機關」。在「考試院」弱化的同時，行政院卻因此而擴權，人事行政局取得了憲法地位，並受行政院院長的領導，掌理人事行政的執行事項；行政院院長和「考試院」院長，均是人事行政事務的最高首長，臺灣學者稱之為「人事行政雙重首長制」。以上表明，在臺灣「憲政改革」的過程中，「考試院」的地位和角色逐漸被邊緣化。至於其被邊緣化的原因，也是多重的，其中有一個原因不可忽視，那就是部分「臺獨」學者對「考試院」體制的批評和攻擊。

（七）「監察院」準司法化

憲法對「監察院」的規定，與孫中山先生設置監察院的目的有所背離，根據憲法的有關規定以及釋字第3號和第76號解釋，「監察院」在臺灣政治體制中相當於國會的一部分，與國民大會、立法院共同構成所謂的「三國會」體制，特別是其依據憲法賦予的同意權，在臺灣島內的政治生活中扮演著極其重要的角色。也有臺灣學者認為，「監察院」相當於兩院制國家中的上議院。1992年第二個憲法增修條文將「監察院」從性質上進行了完全的改變，從準民意機關兼司法機關轉變為準司法機關。首先，「監察院」的民選性質發生改變。依據憲法，「監察委員」由各省市議會、蒙古西藏地方議會及華僑團體選舉，屬間接選舉產生，具有一定的民意基礎。但根據第二個憲法增修條文第15條，「監察委員」由總統提名，經國民大會同意任命產生，不再具有民選性質。其次，憲法增修條文第15條，取消了「監察院」的人事同意權，「監察院」對司法院院長、副院長、大法官和「考試院」院長、副

院長、「考試委員」的產生，不再行使同意權。再次，「監察委員」的立法機關議員屬性喪失。為配合「監察院」的國會性質，「監察委員」享有言論免責權且不必超脫黨派，但憲法增修條文明確終止「監察委員」的言論免責權，同時規定「監察委員」必須超脫黨派，依法律獨立行使職權。1993年7月，司法院大法官作成釋字第325號解釋，確認「監察院」已非「中央民意機關」，釋字第76號解釋不再適用於「監察院」。第四，「監察委員」彈劾對象擴及監察人員。根據憲法增修條文第15條第4項的規定：「監察院對於監察院人員失職違法之彈劾，適用憲法第95條、第97條第2項及前款之規定。」這是因為在增修條文制定之後，「監察委員」已不再具有民意代表的身分，所以不再享有言論免責權和人身特別保障權，而受「公務員服務法」的約束。所以，「監察委員」本身也成為彈劾權行使的對象。因此，不論依憲法增修條文的內容，還是從「監察院」本身的職權來看，臺灣的「監察院」已與孫中山先生「五權憲法」構想中所主張的「監察院」有了很大的差異。

綜合以上（一）至（七）的分析，倘若我們將1946年憲法和七個憲法增修條文作一對照分析，可以清晰地發現，憲法關於政治權力配置的章節幾乎全被修改，各個政治部門的修改情況如表1-2。

表1-2：七次「修憲」對臺灣政治體制的影響簡表

	初始狀態	一	二	三	四	五	六	七	目前狀態
國民大會	萬年國大	+	+	+	+	+	+	+	廢除
總統	國民大會選舉	+	+	+	-	-	-	-	直選
立法院	萬年立委	+	-	-	+	+	+	+	形成單一立法機構
行政院	「修正式內閣制」下的內閣	+	-	+	-	-	-	-	雙首長制下的內閣
司法院	無憲法法庭	-	+	-	-	+	+	+	增設憲法法庭
監察院	準民意機構	+	+	-	-	-	-	-	準司法機關
考試院	掌握考試和完整人事行政事項	-	+	-	-	-	-	-	掌握考試權和部分人事行政權
省	省長委任	-	+	-	+	-	-	-	精簡

（資料來源：周葉中、祝捷著：《臺灣「憲政改革」研究》。）

說明：「+」表示對該部門進行了修改；「-」表示未對該部門進行修改。

由上表可知，臺灣所進行七次「憲政改革」，其主要涉及領域是國民大會、總統、立法院、行政院和司法院；對「監察院」和「考試院」的改革，除第一、二次有所涉及外，此後的幾次「修憲」幾乎沒有再涉及這兩個領域；省級權力配置雖僅涉及兩次（即第二次和第四次），其中，第二次涉及的是將省規定為地方自治團體，規定省長和省議員直選，實現了省自治法制化，但第四次則是對省級建制的精簡，其變化速度之快和幅度之大，實非憲法的穩定性特徵所能承受。

三、「憲政改革」對「五權憲法」的破除

由以上分析可知，經過臺灣的七次「修憲」，1946年憲法的大量條文遭到凍結，使1946年憲法徒具形式，也使得臺灣的政治體制發生了根本性的變化。修改憲法本是憲政改革的正常方式，但臺灣憲法增修條文對憲法本文的修改，卻是借「修憲」之名，行「廢憲」或「制憲」之實。就憲法增修條文

與「臨時條款」相比較而言，兩者表面上最大的不同在於，「臨時條款」所凍結的憲法條文僅7條，而憲法增修條文所凍結的憲法條文則多達40多條。從實際的政治運作來看，憲法增修條文不論就表面所凍結的憲法條文數目或是對憲法實質運作的條文規範，都可稱得上是「量變」加「質變」的變相「制憲」工程，只差沒有公開承認「修憲為名、制憲為實」的事實罷了。七次「修憲」後，臺灣的「中央政府體制」發生了很大的變化，甚至可以說，它已經脫離了原來「權能分立」的政治架構。

（一）「五權體制」變為實質上的「三權體制」

臺灣的政治體制，是所謂「權能區分」、「五權分立」的體制，是從國民黨在大陸執政時期即開始按照孫中山先生的構思而實行的一種體制。即使在「動員戡亂時期」，大法官也曾以「五權平等」為由作成多個司法解釋。但經過1991年以來的七次「修憲」，已經從根本上動搖了「五權憲法」的基本架構。具體說來，曾經扮演「雙國會」角色之一的國民大會的角色地位波瀾起伏，最後被虛級化而淪於無形；總統的產生方式和職責規定、五院之間的權責關係也都多次改變；總統超越於行政院成為行政權的主導；「考試院」和「監察院」被邊緣化；司法院也發生了重大改革，並建立了「憲法法庭」。可見，當代臺灣「中央政府」結構的變化，無論在形式上還是在內涵上都是相當顯著的，總統及行政院與立法院、司法院之間逐漸呈現出三權分立的基本態勢。這些變化表明，目前臺灣雖然在形式上仍然保留「五權憲法」的架構，但在實際內容上已經接近於「三權分立」體制了。正如有的學者對臺灣政治體制所描述的：立法院行使立法權，總統和行政院、「考試院」行使行政權，司法院（下轄「最高法院」）和「監察院」行使司法權和準司法權。其權力分配與相互制約的構思，正是「三權分立」的思路，只不過保留了「五權」框架中的「考試、監察」二「院」名義上的高位階而已。

（二）五院的性質及權力關係已發生變異

　　現行臺灣的「中央政府」體制，雖設立行政、立法、司法、考試、監察五院，但五院人員的產生及權力關係，與孫中山先生「五權憲法」的構思，已截然不同。首先，立法委員由人民直接選舉產生，對人民負責，且擁有西方國家國會的絕大部分職權，已形同「西方國家的國會」，尤其是第七次「修憲」後，隨著國民大會走入歷史，立法院成為名副其實的「單一國會」，與孫中山先生對立法院的定位，即由國民大會選舉產生，對國民大會負責，屬於治權機關的主張大異其趣；其次，「監察院」也發生了重大變化。孫中山先生主張的監察院院長、副院長、監察委員都由國民大會選舉產生，與立法院相同，都對國民大會負責，也屬於純粹的治權機關。而根據1946年憲法規定，「監察院」的組成人員系由地方議會選舉產生，擁有一部分類似於西方國家國會的職權，其組織結構與西方國家的國會也有類似之處。經過歷次「修憲」，雖將「監察院」院長、副院長、監察委員改由總統提名經立法院同意後任命，將「監察院」改為「準司法機關」，但與孫中山先生主張監察院必須對國民大會負責的理念仍有不同。另外，目前臺灣的其他機關如行政院與「考試院」情況亦與孫中山先生五權制度的政制設計有很大的不同。總之，現行「五權憲法」，雖仍維持著孫中山先生「五權憲法」的中央政府機關名稱，但機關間的權力關係已完全不同。

（三）五院之間的關係由合作趨向制衡

　　學界一般認為，「三權分立」體制有兩個核心的指標：一是不存在一個最高的權力機關，因為最高權力已被一分為三；二是三權之間相互制衡，並且這種制衡是相互的、平行的。而孫中山先生的「五權分立」體制與此很不相同，首先，它有最高權力機關——國民大會的存在；其次，它基於追求「萬能政府」的理想，強調五權之間的相互配合，反對五權之間的相互制

衡。僅有的制衡也是「政權機關」對「治權機關」那種單向的、垂直的制衡。但經過七次「修憲」後，「五院」之間的合作關係被打破，不僅五院之間相互制衡的成分大大增加，而且這種制衡還變成了雙向的、平行的，即不再是原來「政權機關」對「治權機關」的單向的、垂直的制約關係。如果按照「三權分立」體制的上述兩個核心指標來觀察目前臺灣的「五權分立」體制，其事實上已經變成了「三權分立」體制了，只是仍保留著「五權分立」體制的外觀而已。如圖1-2：

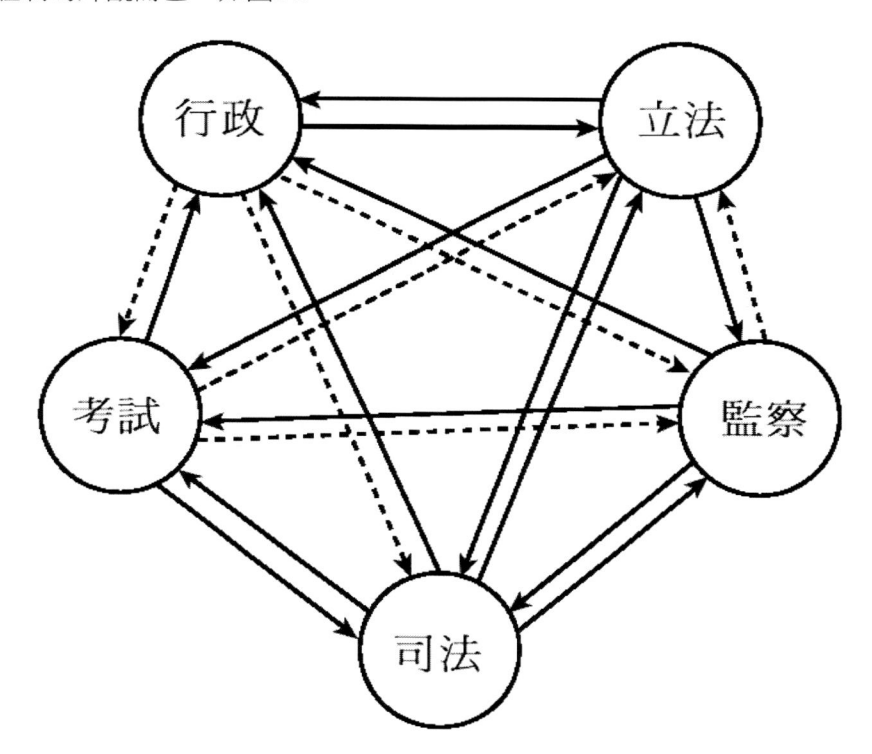

圖1-2：臺灣五權分立制衡示意圖（資料來源：湯德宗著：《權力分立新論》（卷一），臺北，元照出版有限公司。）

說明：（1）虛線表示憲法未有明文規定且大法官迄今未作有解釋，因而權力間制衡關係尚待釐清者；（2）1997年「修憲」後，因為總統可任免

行政院院長,而指揮行政,圖中的「行政」與其他諸權之間的關係已有所不同。

　　分析至此,需要強調的一個基本事實是,透過「憲政改革」,臺灣原有的「憲政」架構儘管已經被打破,但新的「憲政」架構目前尚未形成。因此說,目前臺灣的政治體制還沒有最後趨於定型。對於其發展的方向,島內民眾存有很大的爭議。其今後到底如何發展,有待於我們進一步觀察。

第二章　臺灣國民大會體制

　　國民大會是依據孫中山先生「權能分立」理論所建構的「代表國民行使政權的機關」。孫中山先生所設計的國民大會制度在世界上是獨一無二的，具有其特殊性。它不同於立法機關，並不直接行使日常的立法權；它不同於制憲機關，因為它還有選舉和罷免權；它不同於美國的「選舉人團」，因為它還擁有「修憲權」。依據憲法第25條的規定，它「代表全國之國民行使政權」。因此，從性質上看，國民大會是所謂「代表國民在中央行使政權的機關」，也就是政權機關，而且是最高政權機關。政權包括選舉、罷免、創制、複決四權，在各縣市由人民直接行使，在中央由人民選舉的代表組成國民大會代為行使。但是，不論是憲法所規定的國民大會制度，還是1990年代後經過了幾次「修憲」的國民大會制度，都與孫中山先生在「五權憲法」的理論框架中所設計的國民大會制度在性質和地位方面都有很大的差距。由於國民大會自身定位不明，且在「動員戡亂時期」長期不改選，國民大會的形象大大減損，與民眾日漸疏離，尤其是國民大會透過「憲政改革」一而再、再而三地擴權，引發了臺灣各界的高度不滿，終於在第六次「憲政改革」時被一舉虛級化，成為接受人民「具體指示」的任務型機關，並最終在第七次「憲政改革」中走向終結。

第一節　國民大會的性質與地位

一、國民大會的性質

　　國民大會在臺灣的政治體制中占有重要地位，它是一個很特殊的機關，也是一個備受爭議的機關。就其性質而言，理論上和實踐中的國民大會並非

完全一致；從時間上看，其先後的性質也是有變化的。下面分兩個層面來分析：

（一）憲法規範中的國民大會之性質

依憲法精神及其規定，國民大會具有以下性質：

1.國民大會為人民的代表組織

依憲法第2條規定：「中華民國之主權屬於國民全體。」主權在民，國民大會僅為主權者的代表。所以，人民的一部分中央政權由國民大會行使，而有關領土的變更也由國民大會議決。可見，國民大會具有代表主權者的「中介」性質。

2.國民大會是政權機關，而非主權機關

憲法第25條規定：「國民大會依本憲法之規定，代表全國國民行使政權。」這一規定表明，國民大會只是代表人民行使政權的機關，並非「主權機關」。由於人口眾多，人民不能對「中央政府」的人事及法令行使政權，故由國民大會代表人民來行使，亦即由國民大會行使選舉、罷免、創制與複決四權。另外，國民大會代表系經人民選舉產生，理當反映並代表人民行使政權。人民可以依法對國大代表提議罷免。可見，國民大會作為政權機關，具有「中介」性質，政權仍歸屬於「全體國民」。

（二）「憲政改革」後的國民大會之性質

考察「憲政改革」後國民大會的實際政治運作，可以發現，國民大會的性質並非一成不變，而是純粹的「政權」機關向「政權」與「治權」機關相混合的方向發展。

第二次「憲政改革」後，國民大會的政權性質不斷萎縮，而其治權性質則不斷加強。國民大會的治權性質可以從人事同意權、組織設置、國大自治三個方面予以概括。

第一，取代「監察院」，獲得人事同意權。根據1946年憲法的設計和司法院釋字第76號解釋，「監察院」與國民大會、立法院同為國會，掌彈劾、審計及對司法院院長、副院長、大法官和「考試院」院長、副院長、「考試委員」的人事同意權。「憲政改革」後，「監察院」被改組為準司法機關，其人事同意權劃歸國民大會，國民大會因此享有對司法院院長、副院長、大法官和「考試院」院長、副院長、「考試委員」的人事同意權。

第二，得設有形的常設機構。1946年憲法規定，國民大會不設常任機構，不設正、副議長，也不召集年會。第二個憲法增修條文第11條規定，國民大會每年至少集會一次，建立起常會機制，集會期間國大代表可以聽取總統的「國情報告」，並檢討「國是」，提供建言。第三次「修憲」後，國大代表任期由6年改為4年，還得以設立議長和副議長，國大代表可獲得類同於「國會議員」的薪金。

第三，得依「議會自律」享有「國會自治權」。據司法院釋字第381號解釋，國民大會得在憲法未作規定的情況下，就程序性事項自行規定，只需符合自由民主憲政秩序即可。

以上三點表明，自第二次「修憲」開始，國民大會所謂「政權」機關的性質已趨模糊，而其被治權機關化的性質則日益明顯。這種趨勢與臺灣政治發展大方向背道而馳，因此，一直遭到臺灣主流民意的反對，最終難逃被廢除的命運。

（三）國民大會的性質之界定：另一種視角

就選民與民意代表的關係性質而言，臺灣學界流行著兩種學說：

一是「委託說」。即「命令委任」或「授權命令」，該學說認為民意代表是根據選民的「命令」所委任的，其在議會內的作為，應當以選民以「命令」的形式所委任的事項為限度。

二是「代表說」。該學說認為民意代表系選民的「自由委任」，受全民的委託，其在議會的作為，不受選民命令的拘束，視代表的意見為選民的意見。

國大代表與選民之間應該是一種什麼樣的關係呢？根據孫中山先生的主張和憲法所賦予選民的罷免權來看，應該屬於「委任說」，但「行憲」以來的實際情況所表現出來的卻是「代表說」，更有甚者，國大代表不顧全民的反對而透過「延任自肥案」，也表明其「不受選民拘束」。

二、國民大會的地位

國民大會在臺灣的「憲政」體制中，以及與域外的體制比較中，其地位如何？此為關於臺灣「五權憲法」體制的重要研究課題之一。簡要分析如下：

（一）國民大會居於治權機關之上

按照「權能區分」理論，政權控制治權，國民大會為政權機關，對於「五院」所組成的政府體系掌有控制權，地位應居於「中央政府」之上。現行憲法，雖然不像「五五憲草」那樣明確規定「五院」對國民大會負責，但現行憲法明確規定國民大會為政權機關，而其他各機關均不能凌駕於其之上。這一體制成為臺灣「憲政」體制的重要特色。但國民大會作為政權機關，代表人民行使政權，又非常設議會，僅依憲法規定集會，行使職權。尤

其是國民大會地位超越於「中央政府」之上，不屬於「中央政府」但能控制「中央政府」。「中央政府」系由總統及「五院」所建構形成，在國民大會監控下，分別運行其職權，而與國民大會所行使的政權性質不同。所以，國民大會與政治學說上一般的國會屬於政府部門或議會兩院地位平等，有很大不同。當然，「憲政改革」後，隨著國民大會的性質和職權的不斷變化，其地位也幾經變革；並且這些變革也對於臺灣「憲政」體制產生了重要的影響。

（二）國民大會相當於「民主國家的國會」之一部分

在部分臺灣學者看來，國民大會由人民選舉產生的代表所組成，雖與一般「民主國家的國會」同為人民的代表機關，但從憲法賦予國民大會的職權來看，它與民主國家的國會所擁有的職權，實有較大的差異，因此，國民大會是否與國會同一性質，「行憲」不久即發生疑義。於是，司法院大法官會議於1957年5月3日作成釋字第76號解釋，認為國民大會、立法院、「監察院」，共同相當於「民主國家之國會」。該釋文具體如下：「憲法系依據孫中山先生之遺教而制定，於國民大會外，並建立五院，與三權分立制度，本難比擬。國民大會代表全國國民行使政權，立法院為國家立法機關，監察院為國家最高監察機關，均由人民直接間接選舉之代表或委員所組成，其所分別行使之職權，亦為民主國家國會重要之職權，雖其職權行使之方式，如每年定期集會，多數開議，多數決等不盡與民主國家國會相同，但就憲法上之地位及職權之性質而言，應認國民大會、立法院、監察院共同相當於民主國家之國會。」

第二節　「國民大會代表」

一、國大代表的選舉

（一）憲法規定及實踐

依憲法第26條和第135條原來的規定，國民大會包括以下幾種不同類別：縣市區域代表、蒙古西藏少數民族代表、僑民代表、職業團體代表、婦女團體代表、內地生活習慣特殊國民代表。

國大代表種類繁多，固然有代表多方民意的優點，也能符合代表「全國國民」行使政權的機關的特質；然而依照「國民大會選舉罷免法」所定的各類代表名額而論，仍以區域代表為中心，而輔以各種其他代表，以集思廣益，表達「全國」人民的公意，因此，各類代表均由直接選舉產生。

根據憲法的規定，第一屆國大代表於1948年選出，1954年任期屆滿。由於國民黨當局在內戰中失敗，退到臺灣的國大代表人數不足召集開會的法定數額，而且事實上也無法改選，中華民國的合法性問題面臨著危機和挑戰。為瞭解決這一「憲政危機」，國民黨當局根據「臨時條款」第6條「動員戡亂時期，總統得依下列規定，訂頒辦法，充實中央民意代表機構，不受憲法第26條、第64條及第91條之限制」的規定，分別於1950年1月11日以修正「臨時條款」的方式，賦予國民大會在臺灣繼續行使職權的「法源」。1953年9月25日，立法院透過「第一屆國民大會代表出缺遞補條例」，讓原落選者得以依得票多寡順序遞補，湊足「法定」集會人數。同月27日，蔣介石又以總統名義批準第一屆國大代表繼續行使職權到下一屆「國民大會依法召集開會之日止」。

臺灣曾於1966年2月7日、1966年3月19日、1972年3月23日分別三次修改「臨時條款」，賦予國民大會在臺灣繼續行使職權和出缺遞補、增選的「法源」。所修改條款的主要內容是：第一屆國大代表在第二屆國大代表選出之前得繼續行使職權，另外在「自由地區」定期增加選舉國大代表，任期6年，與第一屆國大代表共同行使職權。

（二）憲法增修條文的規定

1.第一次「修憲」的規定

根據1991年第一次憲法增修條文規定：（1）「自由地區」每直轄市、縣市各2人，但其人口逾10人者，每增加10萬人增1人。（2）「自由地區」平地原住民及山地原住民各3人。（3）「僑居國外國民」20人。（4）「全國」不分區80人。在上述規定中，每直轄市、縣市選出的名額，在5人以上10人以下者，應有婦女當選名額1人，超過10人者，應增婦女當選名額1人。僑民代表和「全國」不分區名額代表，依政黨比例方式選出，各政黨當選的名額，每滿4人，應有婦女當選名額1人。此次「修憲」後，憲法原定的職業代表和婦女代表已廢除。另外，按照增修條文規定，此後國大代表的選舉，僅僅限定由「自由地區」的直轄市、縣市及原住民選出，表明政權機關僅由「自由地區」的代表組成。同時設定「全國」不分區名額，並規定透過政黨比例代表制選出。

2.第五次「修憲」的規定

根據1999年9月第五次憲法增修條文的規定，從第四屆起，國大代表全部的名額由依附於立法委員選舉的各政黨所推薦及獨立參選的候選人得票數的比例分配當選名額；換言之，自此以後，區域國大代表將成為歷史名詞，而完全由各政黨立法委員的選票計算產生。這次「修憲」還規定，第四屆國大代表為300人，席次分配如下：（1）「自由地區」直轄市、縣市194人，每縣市至少當選1人。（2）「自由地區」原住民6人。（3）「僑居國外國民」18人。（4）「全國」不分區82人。第五屆國大代表為150人，席次分配如下：（1）「自由地區」直轄市、縣市100人，每縣市至少當選1人。（2）「自由地區」原住民4人。（3）「僑居國外國民」4人。（4）「全國」不分區40人。這次「修憲」還規定，國大代表任期為4年，但在任期中遇到立法委員改選時同時改選，連選得連任，第三屆國大代表任期至第四屆立法委員

任滿之日止。

這次「修憲」,使得國民大會失去自主地位。一方面,國大代表勢必以各政黨所推薦者為主,政黨將主宰國民大會。另一方面,國大代表依立法委員選舉中各政黨及獨立參選人得票的比例分配席次,國民大會依附於立法院已成定局,如此,立法院先行提出「修憲」案,複決的國民大會不過是橡皮圖章而已。因此,國民大會複決的第二道程序已失去意義,不如交由公民複決更具民意基礎。

3.第六次「修憲」的規定

2000年4月24日,國民大會透過第六次憲法增修條文,其第1條第1項規定:國大代表300人,於立法院提出憲法修正案、「領土」變更案,經公告半年,或提出總統、副總統彈劾案時,應於3個月內採用比例代表制選出。2004年8月26日,立法院透過「修憲」案,經公告半年,在3個月內根據比例代表制選出國大代表。「中央選舉委員會」決定於2005年5月14日舉行國民大會代表選舉。按照憲法增修條文的規定,此時的國民大會已系任務型組織,故有任務型國大之稱;從其代表選舉系依附立法委員選舉,其職權僅為立法院的提案背書等方面來審視,國民大會與憲法當初為其所規定的政權機關的性質相比,現在已「面目全非」。

二、國大代表的兼職限制

依司法院釋字第15號、30號、74號解釋,有關國大代表的兼職,主要有以下限制:

第一,國民大會代表不得兼任「監察委員」。「監察委員」依法得提出對總統、副總統之彈劾案,在彈劾案透過後,移請國民大會表決是否罷免。如「監察委員」得兼任國大代表,則難免會出現由同一人行使彈劾權與罷免

權的現象,這與憲法劃分其職權的原意相違背,如同「既當運動員又當裁判員」、檢察官兼法官,不符合職權劃分的原理。故國大代表不得兼任「監察委員」。

第二,國民大會代表不得兼任立法委員。依據憲法,立法院得向國民大會提出憲法修正案,由國民大會複決,而國民大會亦得創制、複決法律。所以如果立法委員得兼任國大代表,則為一個人同時兼具提案與複決兩種性質不相容的職務;且立法委員既行使立法權,又參與「中央」法律的創制與複決,這與憲法第25條和第62條規定的精神明顯不相符合,所以國大代表不得兼任立法委員。

第三,國民大會代表不得兼任省縣議會議員。國大代表系代表「全國國民」行使政權,而省、縣議會則行使省、縣的立法權。為貫徹憲法分別設置各級民意機關,賦予不同職權的本旨,國大代表不得兼任省、縣議會議員。

在國大代表的兼職限制中,還有一項比較特殊的規定,那就是憲法第28條第3項的規定:「現任官吏不得於其任所所在地之選舉區,當選為國民大會代表」。該規定的出臺,是因為有「制憲代表」反對國大代表得兼任官吏,經妥協所致。畢竟從「權能區分」原理來看,國民大會為政權機關,官吏則屬治權機關,所以國大代表得兼任官吏,無異於同一個人兼有政權與治權兩種性質不相容的職能。

三、國大代表的任期

(一)憲法規定的任期

依憲法規定,國大代表每6年改選一次。每屆國大代表的任期,至次屆國民大會開會之日為止。需要注意的是,國大代表的任期,是「每6年改選一次」,並未明確規定其任期一定為6年。憲法之所以進而做詳細規定,是

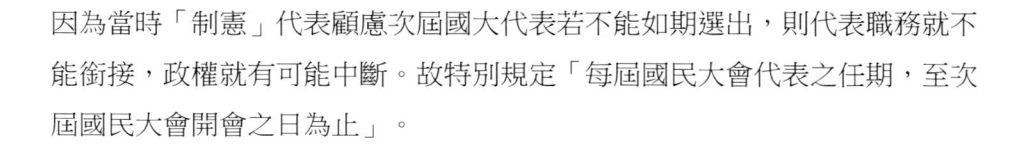

因為當時「制憲」代表顧慮次屆國大代表若不能如期選出，則代表職務就不能銜接，政權就有可能中斷。故特別規定「每屆國民大會代表之任期，至次屆國民大會開會之日為止」。

（二）司法院釋字第261號解釋

憲法對於「中央民意代表」的任期，原有一定的限制，如第一屆國大代表應於1954年改選，但第一屆國大代表當選就任後，由於內戰及後來臺灣實行「戒嚴」體制，因而未能改選而繼續行使職權。但民意代表的定期改選，是反映民意、貫徹民主憲政的重要途徑，憲法有關國民大會任期的規定，及司法院釋字第31號解釋：「在第二屆（立法院與監察院）委員未能依法選出集會與召集以前，自應仍由第一屆立法委員、監察委員繼續行使其職權」，並沒有使第一屆「中央民意代表」無限期行使職權或變更其任期的意思。為此，司法院釋字第261號解釋指出：「為適應當前情勢，第一屆未定期改選之中央民意代表除事實上已不能行使職權或經常不行使職權者，應即查明解職外，其餘應於1991年12月31日以前終止行使職權」。此項解釋為第二屆「中央民意代表」選舉設定法源，並開啟1991年起「憲政改革」的契機。

（三）憲法增修條文的規定

1992年第二次憲法增修條文第11條第4項規定：「國民大會代表自第三屆國民大會代表起，每4年改選一次。」也就是說，國大代表的任期，自第三屆起由原來的6年縮短為4年，以配合總統任期的改變。

1999年第五次憲法增修條文規定，自國大代表第四屆起改為依附於立法委員選舉，都是政黨比例代表。原初國大代表配合總統任期的用意不復存在。如立法委員在4年任期中因被解散而改選，國大代表亦同時改選，連選得連任。此次「修憲」，第三屆國民大會自行決定將本屆國大代表的任期延

至2002年6月30日,較其原任期屆滿日期2000年5月20日延長了2年零1個月。眾所周知,該「延任自肥案」後來被司法院大法官釋字第499號解釋宣布為無效。

2000年第六次「修憲」時透過的憲法增修條文規定,國大代表在行使職權時,始按照比例代表制選舉代表,且集會行使職權的期間為1個月。國民大會因之而成為任務型組織,此時的國大代表已無屆期或任期可言。

四、國大代表的保障

國大代表、立法院的立法委員以及各級地方民意代表機關的代表,均享有言論免責及不被逮捕的自由權利,此為民意代表的特別保障。分述如下:

(一)言論免責權

依臺灣的有關法制,各種民意代表均享有言論免責的特殊保障,如:(1)國大代表在參加會議時所發表的言論及表決,對會外不負責任;(2)立法委員在院內所發表的言論及表決,對院外不負責任;(3)省議會議員在會議時,就有關會議事項所發表的言論及表決,對會外不負責任。

此處的「對會外不負責任」,是指不受行政或司法機關干涉、限制、審問或處罰,即不被追訴、處罰。但是,議員對其所屬的議會,仍應負責,並受議會內部的有關規定所拘束。此外,臺灣設有罷免制度,議員還須對選民負政治責任,議員若辜負選民的託付,選民可提議將其罷免。

從臺灣的有關法制來看,此項言論免責保障制度,應以代表在會議期間所發表的言論為限,也就是說,代表在「議會」大會、各種委員會、小組會議等各種會議上所發表的言論及表決,均受保障。若在會議之外所發表的言論,則屬個人行為,應自行負責;若將會議時所發表的言論,對社會散布、

出版，此與會議時行使職權無關，也不受保障。例如行政院曾於1984年3月，針對言論免責權問題召集協調會議，並達成以下決議：（1）民意代表言論免責權應依憲法規定予以保障；（2）民意代表在參加會議時所發表的言論如涉及違法，其擴散者應負法律責任；（3）民意代表本人利用書報、雜誌、錄音、錄影擴散會議時所發表的言論，視言論內容個案處理。

典型案例：2000年3月司法院釋字第499號解釋認為，1999年國大代表透過「修憲」而延長任期的作法無效，從而引發兩位國大代表辱罵司法院大法官。臺北地檢署於2001年1月以「侮辱公務員及公署罪」，將二人提起公訴。2001年6月21日，臺灣高等法院判決駁回該兩位國大代表的上訴，維持一審的拘役50天得易科罰金的判決。此為「中央民意代表」因言論不當而引發法律責任的典型案例。需要注意的是，此案所涉及的事項並非民意代表在參加會議時所發表的言論，所以，不受「中央民意代表」的言論免責的保障。

另外，就臺灣民意代表的言論免責保障制度而言，也存在著一些問題，主要是對「中央民意代表」和對地方民意代表的言論免責保障，採取了雙重標準。但就臺灣的有關規定來看，其過於偏重對「中央民意代表」的保障，而忽視對地方民意代表的保障，此不免為明顯的制度缺失。依「省議會組織規程」的規定，須「就有關會議事項所為之言論及表決」，方可享有言論免責的保障，顯然與「中央民意代表」的相關規定不盡相同。雖經司法院釋字第165號指出，地方議會議員在會議時「就有關會議事項所為之言論，應受保障」，允許其就有關會議事項充分發言，但地方民意代表的言論免責，仍然與「中央民意代表」的保障不同，這不合乎公平原則。在臺灣的現實生活中，曾發生過因地方民意代表在參加會議時所發表的言論而遭受起訴、判刑的案例，而從未發生過「中央民意代表」因參加會議時所發表的言論而遭受判刑的案例。

根據憲法精神，對於民意代表的言論免責的保障，應無分「中央」或地方之分，這是因為：（1）雖然地方自治法規在公法上的地位及效力不及憲法，但這兩種法規對民意代表言論免責的保障，在精神上具有完整性和一貫性，故不容割裂，應當無分軒輊。（2）「中央」與地方是不可分的一個整體，地方是構成「憲政」架構的基礎，「中央」與地方的民意代表同樣重要。（3）「中央」與地方民意代表，在社會地位與職權範圍上，雖有高低形式之分，但在民意代表的本質、任務以及言論免責保障的需要方面，二者並無不同。所以，二者的言論保障不應有差別待遇。

（二）不被逮捕權

　　憲法第33條規定，國大代表，除現行犯外，在會期中，非經國民大會許可，不得逮捕或拘禁。此即國大代表的不受逮捕權，或身體自由保障權。此項規定的理由，在於防止政府藉口民意代表有犯罪嫌疑，擅自將其逮捕，以排除異己，致使民意代表為權勢所威脅，不能履行職務，甚至根本喪失自由，而影響國會開會和表決。對於該規定的具體含義，需要把握有以下兩點：（1）現行犯不受保障。所謂現行犯，與憲法第8條所指的現行犯同義，即犯罪在實施中或實施後即時發覺者，為現行犯。（2）僅限於會期中。所謂會期中，指各種會議開會期間，不論是常會或臨時會，只須自通告集會之日起，包括整個開會期間在內。在會期中，須經國民大會同意許可，方可予以逮捕拘禁。如在會期前後，應當依一般法定程序逮捕拘禁，與普通民眾所享有的待遇相同。

第三節　國民大會的組織

一、議長、副議長

國民大會由國大代表所組成，過去設主席團掌理議事之進行，1994年憲法增修條文規定，自第三屆國民大會起設議長。可見，國民大會主要由代表構成其主體，主席團以及後來設置的議長也是國民大會的重要組織。

國民大會的主席團，由出席代表互選產生的33人組成（原規定為85人），其主要職掌為：（1）關於議事程序事項；（2）關於國民大會行政事項；（3）擬訂各種委員會的組織法；（4）就祕書處祕書長、副祕書長的人選提請大會決定等。每次開會，由主席團互推1人為主席主持會議。

1994年第三次「修憲」時透過的憲法增修條文規定，國民大會自第三屆起設議長、副議長各1人，由國民大會代表互選產生，議長對外代表國民大會，並於開會時主持會議。國民大會為合議制機關，原憲法本無國民大會設置議長的規定，按照「國民政府組織法」，以主席團主持議事，然而每次集會選舉主席團頗為費時，且常因主席團輪流主持會議而影響議事效率。考慮設置議長以提升議事效能，此次「修憲」作出了設置議長的規定。國民大會設置議長後，表明其已演化為一個常設機構。

2000年4月第六次「修憲」後，國民大會成為任務型組織，國民大會代表因需要集會行使職權而選舉，議長、副議長便不再有常設的必要。

二、內部委員會及祕書處

國民大會為了便於運作，內部設各種委員會，主要包括：（1）代表資格審查委員會；（2）提案審查委員會；（3）紀律委員會；（4）其他特種委員會。

國民大會設祕書處，置祕書長1人、副祕書長2人，其人選由主席團提請大會決定。祕書長承主席團之命，處理全會事務。祕書處的組織及處務規程，由國民大會主席團規定。2000年4月第六次「修憲」後，國民大會任務

僅限於複決立法院所提的憲法修正案、複決立法院所提的「領土」變更案，及議決立法院所提的總統、副總統之彈劾案，集會期間限定為1個月，國民大會內部組織也得以簡化。國民大會祕書處業務，自2003年5月20日起，移交立法院承接。2004年4月13日，「立法院修憲委員會」審查透過憲法修正草案，廢止任務型國民大會。

第四節　國民大會的職權

　　按照孫中山先生「權能分立」的思想，國民大會享有選舉、罷免、創制、複決四項職權。1946年憲法也基本上貫徹和落實了這一思想。但是，自1990年代「憲政改革」以來，國民大會的職權一直處於不斷變化之中，直至最後走向終結。具體分析如下：

一、憲法規定的職權

　　依憲法第27條第1項的規定，國民大會的職權包括：（1）選舉總統、副總統；（2）罷免總統、副總統；（3）修改憲法；（4）複決立法院所提的憲法修正案。

　　此外，憲法第4條規定：「中華民國之領土，依其固有之疆域，非經國民大會之決議，不得變更之。」因此，決議「領土」變更案，亦屬於國民大會的職權。而其決議則依一般提案的議事規則來進行，以超過半數的多數作出決定。

　　綜合上述各項規定可知，憲法所規定的國民大會職權有以下六項：（1）選舉總統、副總統；（2）罷免總統、副總統；（3）修改憲法；（4）複決立法院所提的憲法修正案；（5）創制、複決一般法案；（6）決議「領土」變更案。

二、憲法增修條文規定的職權

1.2000 年4月以前的職權

2000年4月第六次「修憲」前，依憲法增修條文第1條第3項的規定，國民大會的職權如下：

（1）補選副總統。1992年第二次憲法增修條文規定，副總統缺位時，由總統在3個月內提名候選人，召集國民大會補選，繼任至原任期屆滿為止。原憲法對於補選副總統並無任何規定，故1992年第二次「修憲」時增加了這一規定。後來，總統、副總統改由人民直接選出，國民大會僅在特殊情況下，有補選副總統的機會，其選舉的範圍，已大為縮減。

（2）提出總統、副總統之罷免案。1997年第四次「修憲」時規定，總統、副總統之罷免案，須經國民大會代表總額1/4提議，2/3同意後提出，並經選舉人總額過半數投票，有效票過半數同意罷免時即為透過。第四次憲法增修條文將國民大會原有的「罷免總統、副總統之權」改為「罷免提案權」，而將最後的決定權交給人民，既是對總統由人民直選的對應設計，也是對國民大會職權的削弱。

（3）議決立法院提出的總統、副總統之彈劾案。1997年第四次憲法增修條文規定，立法院向國民大會提出的總統、副總統之彈劾案，經國民大會代表總額2/3同意時，被彈劾人應即解職。

（4）「修憲」權。1997年第四次憲法增修條文規定，由國大代表總額的1/5提議，2/3出席，出席代表3/4決議，修改憲法。此為憲法原定國民大會的「修憲」權，增修條文未加變動。

（5）複決立法院所提的憲法修正案。1997年第四次憲法增修條文規定，國民大會有權複決立法院經立法委員1/4提議，3/4出席，出席委員3/4決議向國民大會提出的憲法修正案。此項憲法修正案的複決權，亦為憲法原定

國民大會的職權,增修條文未加變動。但需要說明的是,國民大會對於立法院所提出的憲法修正案議決所須程序,是依國民大會代表2/3出席、出席代表3/4決議的「修憲」程序,或是依一般議事的普通程序,憲法中並無明文規定。修改憲法堪稱是憲法上的重大變革,其複決程序應該詳細地規定於憲法之中,但憲法未對此作詳細規定,不能不說是一種疏漏。

(6)人事同意權。1997年第四次憲法增修條文規定,國民大會對總統提名任命的司法院院長、副院長、大法官,「考試院」院長、副院長、「考試委員」,「監察院」院長、副院長、「監察委員」行使同意權。按原憲法規定,「考試院」和司法院人事案,均交由具有國會性質的「監察院」行使同意權;然而1992年第二次「修憲」後,「監察院」的性質已從具有國會性質的機關變成非民意機關,而與司法、考試兩院的性質相近,因此,一併將三院的人事同意權交由國民大會行使。這是憲法增修後國民大會增加的重要職權。

(7)提供「國是」建言權。此為憲法增修後賦予國民大會的重要職權。依1997年第四次憲法增修條文規定,國民大會每年集會時,得聽取總統「國情」報告,並檢討「國是」,提供建言。但這項規定僅為總統須對國民大會作宣示性文告,國民大會得檢討「國是」、提出建議而已。此並無任何民主政治權利與責任的實質意義,也非行政與立法之間的互動關係,僅為國民大會代表一種形式上參與「國政」的象徵。

(8)制定國民大會行使職權的程序。憲法增修條文第1條規定,國民大會行使職權的程序,由國民大會自行規定。故國民大會之行使職權,如同一般機關,得自行制定內部程序規則,不必透過法律來規定。

(9)創制複決權。此為國民大會備受爭議的職權。憲法中原規定國民大會欲行使此兩權,須待「全國」有半數的縣市曾經行使過,方能由國民大會行使。但「動員戡亂時期」無形中將該兩項權力凍結。1991年廢除「臨時

條款」後,該兩項權力應該回歸國民大會。在2000年以前的幾次增修條文中,雖均未提及創制、複決兩權,決議領土變更等,而增修條文也未明示排除不予適用,所以,該兩項職權應仍屬於國民大會的職權。

倘若從整體上來考察,國民大會的職權已大幅縮小。雖然孫中山先生未明確指出國民大會行使政權的對象究竟為何,但憲法第27條規定的有限職權,畢竟還包括選舉、罷免、創制、複決四權的形式,而選舉總統、副總統至少能定期行使。在經過幾次「修憲」後,總統、副總統改由人民直接選舉,國民大會固有的選舉功能消除,僅對副總統有補選之權。國民大會以修改憲法,行使對司法、考試、監察三院首長等重要成員的任命同意權等為主要職掌,其權限與孫中山先生的設想及憲法初始的規定相比較,已大為削減。

2.2000　年4月以後的職權

2000年第六次「修憲」後,國民大會成為任務型組織,只有三項職權,即:(1)複決立法院所提的憲法修正案;(2)複決立法院所提的「領土」變更案;(3)議決立法院提出的總統、副總統之彈劾案。國民大會的職能大幅縮減。如此改變,應能適應「行憲」在時空上的變化,國民大會的主要職權或回歸全民行使,或交由立法院行使,顯然國民大會在朝著「無形化」的方向發展,最終在2005年第七次「修憲」時走入了歷史。

第五節　國民大會的會議制度

國民大會為合議制機關,集會開議,是國民大會行使職權的方式。國民大會的集會原包括常會與臨時會。即依憲法規定,國民大會因選舉總統、副總統而必須定期集會(即常會),另因特殊事由而需要召集臨時會。但在總統、副總統由人民直接選舉產生後,國民大會已無須透過定期集會來解決經

常性事務,因此,憲法增修條文不再明定國民大會應定期召開會議,而僅規定其集會及臨時會。下面分述之:

一、憲法有關規定

憲法有關國民大會的集會,規定有常會與臨時會兩種。前者行使經常性職權,後者則決定臨時性事務。

(一)常會

國民大會的常會,亦即定期會。依憲法第29條規定:「國民大會於每屆總統任滿前90日集會,由總統召集之。」總統的任期原為6年,因此,國民大會的常會,每6年由總統召集一次,其主要目的為選舉總統、副總統,但亦得行使國民大會臨時會的職權,討論臨時會所討論的事項。

(二)臨時會

國民大會的臨時會,依憲法第30條第2項的規定,國民大會遇有下列情形之一者,得召集臨時會:(1)依憲法第49條的規定,應補選總統、副總統時;(2)依「監察院」的決議,對於總統、副總統提出彈劾時;(3)依立法院的決議,提出憲法修正案時;(4)國大代表2/5以上請求召集時。

二、憲法增修條文的有關規定

(一)2000年4月「修憲」前的規定

2000年4月第六次「修憲」前,國民大會的集會有以下兩種類型:

1.普通集會

憲法增修條文第1條第3項規定：「國民大會集會時，得聽取總統國情報告，並檢討國是，提供建言；如一年內未集會，由總統召集會議為之，不受憲法第30條之限制。」依此規定，國民大會得每年集會，以聽取總統的「國情」報告，並檢討「國是」，提供建言。但其間如國民大會有特別集會時，得將每年召集的普通集會合併舉行，否則得單獨召集。

2.特別集會

國民大會遇有下列情形之一，可召集特別集會：（1）補選副總統，在副總統缺位時，由總統在3個月內提名候選人，並召集國民大會補選。（2）修改憲法，由總統召集。（3）複決立法院所提憲法修正案，由總統召集。（4）行使人事任命同意權，對總統提名的「司法」、「考試」、「監察」三院院長、副院長、大法官、「考試委員」、「監察委員」，行使同意權，由總統召集。（5）國大代表2/5以上請求集會，由總統召集。（6）總統、副總統之罷免案，須經「國民大會代表」總額1/4提議，2/3同意後提出，由國民大會議長通告集會；國民大會設議長前，由立法院院長通告集會。（7）「監察院」向國民大會提出的總統、副總統之彈劾案，經「國民大會代表」總額2/3同意時，被彈劾人應即解職。此項集會，由國民大會議長通告集會，於國民大會設議長前，由立法院院長通告集會。

（二）2000年4月「修憲」後的規定

2000年第六次憲法增修條文第1條第3項規定，國民大會代表在選舉結果確認後10日內集會，國民大會集會以1個月為限。

有關國民大會的集會，不論是憲法或是其增修條文的規定，均與立法院的體制不同，例如欠缺會期制、政策辯論程序等。國民大會為臺灣的「政權機關」，因此未具備一般「議會」的要件。

第六節 「憲政改革」與國民大會的終結

一、「憲政改革」與國民大會制度的演變

國民大會可謂臺灣「憲政改革」的焦點之一。一是因為「憲政改革」實因廢除「萬年國代」問題而觸發；二是因為國民大會是主要的「修憲」機關，直到第七次「憲改」，所有的憲法增修條文均由國民大會透過；三是因為前五次「憲政改革」中，國民大會均從「修憲」中獲取極大利益，成為臺灣「憲政改革」中最為人詬病的問題之一；四是因為國民大會的存廢問題一直伴隨著七次「憲政改革」的始終。

（一）第一次「修憲」

第一次憲法增修條文涉及國民大會的內容，主要包括：（1）國大代表的選舉方式。第一個憲法增修條文第1條規定，國大代表在所謂「中華民國自由地區」選舉產生，增修條文第4條規定，僑選代表和「全國」不分區的代表由政黨按比例選出。（2）規定資深民意代表的去職日期和兩屆「中央民意代表」的銜接。

（二）第二次「修憲」

1992年第二個憲法增修條文涉及國民大會的主要內容如下：（1）增加賦予國民大會以司法院正副院長、司法院大法官，「考試院」正副院長、「考試委員」，「監察院」正副院長、「監察委員」的人事同意權。（2）國民大會還取得了聽取總統的「國情報告」、檢討「國是」、提供建言的權力。（3）原國民大會只是為完成特定職權的非常設機構，除選舉總統、副總統時定期集會外，只能經總統召集召開臨時會，但根據第二次憲法增修條

文第11條的規定，國民大會每年至少集會一次。（4）國大代表任期由6年改為4年。

（三）第三次「修憲」

這次「修憲」擴大了國民大會的職權，使「中央民意機關」朝向「雙國會」的體制發展。第三個憲法增修條文對國民大會的修改，主要如下：（1）國民大會的職權重新規定。具體包括：補選副總統；提出總統、副總統之罷免案；議決「監察院」提出的總統、副總統之彈劾案；修改憲法；複決立法院所提的憲法修正案。（2）對總統提名任命的人員行使同意權。（3）從第三屆國民大會起，設正、副議長各1人，由國民大會代表互選產生。（4）國民大會行使職權的程序，由國民大會自行規定。

在臺灣民眾要求「單一國會」及「廢除國大」的呼聲與日俱增之際，國民黨主導下的「修憲」反其道而行之，製造違反民意的「雙國會」體制，為日後「中央政府體制」的運作埋下了障礙因子。

（四）第四次「修憲」

1997年第四次「修憲」對國民大會的職權作了大幅的更動：（1）議決立法院提出的總統、副總統之彈劾案（原為「監察院」提出）。（2）國民大會設議長、副議長各1人，由國大代表互選產生；議長對外代表國民大會，並在開會時主持會議；國大議長有權依法主動召集開會。（3）將國民大會的「罷免總統、副總統之權」改為「提罷免案權」，而將最後決定權交給人民。

從政治現實來看，雖有總統改由民選而導致國民大會職權被取代，故有廢除國民大會或將其無形化的意見，然而為了維持「五權憲法」的形式架

構，在具有同樣民意基礎的國民大會代表不願意自廢武功的情況下，國民大會不但沒有被廢除，反而還成了「常設機關」。

（五）第五次「修憲」

第五次「修憲」涉及國民大會的主要內容有：（1）國大代表人數大幅縮減。第三屆國大代表人數為334人，第四屆國大代表人數為300人，從第五屆起大幅度縮減為150人。（2）國大代表不再由人民直接選舉產生，而是依附於立法委員的選舉結果、按政黨比例代表制產生。（3）國大代表任期為4年，但在任期中遇立法委員改選時同時改選，可連選連任。（4）延長第三屆國大代表和第四屆立法委員的任期。

國民大會代表透過「修憲」延長任期的作法，引發臺灣全島一片嘩然，紛紛指責國民大會此舉乃「自肥」舉動，部分民間團體舉行「廢國大」遊行。隨後「延任案」被送進司法院，提請大法官對此「修憲」結果進行解釋，2000年3月24日，司法院大法官會議做出釋字第499號解釋，認為國民大會第五次「修憲」行為及其透過的「延任案」是「違憲」的，不具有法律效力。由此可見，在「修憲」過程中，國民大會日漸脫離其「民意代表機構」的性質，成為各黨、各派之間爭權奪利的工具。

（六）第六次「修憲」

第六次「修憲」的核心議題是國民大會的定位。根據本次「修憲」的結果，國民大會被改造成為僅享有複決權的任務型機關，實現了國大虛級化的目的，國大成為非常設、功能性的複決機構，國大代表則根據議題需求臨時性選舉產生。在第三屆國大代表任期結束後不再辦理新一屆選舉。未來的國民大會將以任務編組方式視需要選舉產生，「國民大會代表」的任期與任務期限相同，最長不超過1個月。第六次「修憲」較為徹底地凍結了國大的職

權，把國大複決議題限制在由立法院提出的憲法修正案，「領土」變更案，總統、副總統之彈劾案三項，其餘原有權力均劃歸立法院行使。與此相配合，國民大會任期4年的規定被同時取消。

第六次「修憲」的重要意義被臺灣學者所高度肯定。有臺灣學者認為，第六次「修憲」將國民大會虛級化，結束了國民大會長期把持「憲政改革」的局面，使立法院擁有近乎完整國會的主要權限，實現了建構完整國會體制的理想，從這一意義而言，民主機制的理順，將有利於強化臺灣的所謂代表性。

（七）第七次「修憲」

2005年第七次「修憲」的核心議題是廢除國民大會。第七個憲法增修條文第1條明確規定，1946年憲法第25條至第34條停止適用，即將憲法中國民大會整章的效力予以廢止。2005第七次「修憲」廢除國民大會後，國民大會原有的三項複決權除「彈劾權」劃歸司法院組成的「憲法法庭」審理外，其餘兩項均改由公民投票複決。

二、國民大會存廢之爭

2000年總統大選後，分立政府所帶來的紛擾政局，使得「國會改革」的議題仍然甚囂塵上，除了國會議員選舉制度外，「單一國會」也是「國會改革」主要的議題之一。尤其是2003年代表直接民權的「公民投票法」頒布以後，比例代表制任務型「國代」是否有存在的必要，更成為民眾所關切的議題。為了更好地理解國民大會最終「被廢止」的結局，現將當時主張存立者和主張廢除者的正反意見概括如下：

（一）主張廢除國民大會者的理由

1.「權能區分」體制不可行

國民大會是基於孫中山先生的權能區分理論而建立起來的政權機關。依孫中山先生的設想，為防止政府無能，治權機關彼此之間只宜分工、合作，而非相互制衡；但另一方面，人民又擔心政府權力異化，無法對它直接控制，於是設計出代表整體民意的所謂政權機關（即國民大會），以借其達到控制治權機關（即政府）的目的。然而，經驗證明，欲對政府權力加以控制，只能依靠政府權力內部的分立與相互制衡才能達到目的，政權機關（即國民大會）根本無法對政府權力發揮有效的控制功能。

2.是落實直接民權的需要

國民大會所擁有的選舉、罷免、創制及複決四項職權，本來就是人民參與政治管理的基本權利（相當於一般所謂的參政權）。其既然是人民的基本權利，在具備條件的情況下，應由人民自己直接行使，而非由代議機關代為行使，才不至於喪失基本權利的本質，也才能彌補代議制不能充分反映民意的不足。就此而論，國民大會代表全體「國民」行使政權，及所謂國民大會的選舉、罷免、創制及複決四項職權，實為對民主與人民基本權利兩概念的誤解，為直接民主與間接民主之間的矛盾。既然如此，何不將國民大會廢除，以落實真正「還政於民」的民主精神。

3.任務型國大流於形式

所謂的任務型國大，其職權僅限於複決立法院所提的憲法修正案、「領土」變更案和議決總統、副總統之彈劾案三項，且其比例代表制的選舉方式另以法律規定。可見，「修憲」提案發動權既屬立法院，其比例代表制的選舉方式又需透過立法院所訂的法律，這置人民權利於何地？且亦可以預見，將來法律所規定的比例代表選舉方式，其比例將不免與立法院各政黨結構相符合，在政黨政治的運作下，比例代表制下任務型國大所能做的決定，想當然只不過是為立法院背書，既然結果都是一樣，何必大費周章，浪費錢財又

延宕議事效率。若廢除國民大會,將來只要在「公民投票法」中規定,由人民直接公投複決立法院所提的憲法修正案或「領土」變更案即可,如此不但可以彌補代議制的不足,而且還更好地落實直接民權的精神。至於對於立法院所提總統、副總統之彈劾案的議決,更不需要另組任務型國大,只要經由制度的調整設計,即可交由現存機關行使。例如可交由司法院大法官會議行使等。

4.「雙國會」易引發政治紛爭

臺灣並非多種族地區,根本沒有必要去東施效顰,實行「兩院制」。何況以臺灣的複雜政治環境,如將立法程序分由兩院,不僅無助於立法效率的提升,恐怕更增加日後政治紛爭的變數。目前「修憲」提案權已屬立法院,國民大會只以比例代表制任務型國大代表組成,承擔為立法院背書的任務,國民大會實在已無存在的必要。

(二) 主張存立國民大會者的理由

1.提升「修憲」品質的需要

修憲對於任何一個國家和地區的政治發展,都具有重大的意義,所以先進民主國家或地區對於修憲程序均相當慎重,很少由單一國會負責修憲的;況且,由單一國會負責修憲,缺乏制衡與冷卻的效果。基於臺灣提升「修憲」品質的考量,國民大會不宜廢除。

2.議會制實踐的經驗啟示

各國政治體制固然因各國的背景不同而有所差異。然而,參考域外的例證,目前世界上的先進民主國家或地區中,實行兩院制的國家或地區顯然多於實行一院制的國家或地區;而且全球經濟強國G8當中全屬兩院制國家。反之,採行單一國會制度的國家除少數之外,大都不屬民主先進國家的行列,

故國民大會不應輕易廢除。

第七節　國民大會體制評議

　　孫中山先生鑒於以往專制政權統治下權力完全集中於政府，以及近代西方議會政治中，政府行動處處受到議會牽制，人民只有選舉權，沒有罷免官員與議員的權力，也沒有創制法律與複決法律的權力這一弊端，提出了「權能區分」理論。該理論賦予政府以行政、立法、司法、考試、監察五項治權，人民保留選舉、罷免、創制、複決等四項權力，使人民得以有效控制政府，而政府又能服務於人民。但是，國民黨政權從未賦予國民大會上述權力。國民大會除了每6年選舉一次總統、副總統以及奉命修訂所謂「臨時條款」外，實際上別無所事，其民意代表性備受質疑。1948年，第一屆國大代表選出，原本1954年任期屆滿。國民黨政府退臺後，為使這屆國民大會延續下去，以維持其所謂「正統」形象，經過幾次「修憲」，使得這屆國民大會一直延續到1991年第二屆國民大會產生為止。

　　進入1980年代末以後，幾十年不曾改選的國民大會已隨著「資深國代」的「凋謝」而難以為繼，臺灣民眾快速增長的政治參與需求更使「萬年國會」的法理性與道德性喪失殆盡，國民大會不得不進行改革。「憲政改革」開始後，國民大會藉著「憲改」而擴權「自肥」。自第二次「憲改」開始，國民大會獲取了對司法院、「考試院」和「監察院」的人事同意權，繼而又得以設立議長、副議長，得以每年集會，聽取總統的「國情報告」，並得檢討「國是」，提供建言。國民大會在「憲改」過程中逐漸向具有完整形態的國會邁進，除不斷擴權外，國民大會臨時會的會期也日漸延長，1992年會期為80天，1993年為52天，1994年竟達111天幾乎成為年會和常會，對臺灣的政治生活產生了消極影響。第五次「修憲」把「國代」改為全部均由比例代表制產生，依附立法委員選舉各政黨及獨立候選人的得票率進行分配，但由於

「延任案」而引發島內「廢國大」狂潮,最終由司法院釋字第499號解釋宣布此次「修憲」無效,同時此次解釋文中的第3條指出依比例代表制方式產生的代表「僅屬各黨派按其在立法院席次比例指派之代表」、「與自由民主之憲政秩序自屬有違」。但第六次「修憲」的結果並未從本質上改變國大代表為政黨指派代表的性質,國大代表的代表性降低,其「修憲」複決權的合法性也必將受到質疑。透過第六次「修憲」,國民大會的職權僅剩餘三項,即複決總統、副總統之彈劾案、「領土」變更案和「修憲」案。其中,由於複決總統、副總統彈劾案和「領土」變更案的權力都是絕少行使的「非常權力」,因此,「修憲」案複決權便成為國民大會的在事實上僅能行使的權力。況且,國民大會對於「修憲」案和「領土」變更案複決權的行使牽涉到兩岸關係中敏感的「統」、「獨」神經,國民大會在被虛化的同時也被賦予了難以承受的責任,但是隨著「公投立法」議題在島內的興起,國民大會的複決權已經為「公民投票」所取代,國民大會走向終結是必然趨勢。

　　縱觀1990年代以來國民大會的發展路徑,可以發現:隨著臺灣「憲政改革」的逐步推進,國民大會的職權經歷了一個從主動強化到被動弱化,直至被取消的過程。所謂「主動強化」是指國民大會在第五次「修憲」前靠自身的優勢不斷地擴充其職權。所謂的「被動弱化」是指由於「延任案」引起人們的反感,在第六次、第七次「憲政改革」中逐步廢止了它的職權。但從總體上看,臺灣的國民大會制度無論從組織,還是從職權上看還是處於不斷弱化的趨勢。平心而論,國民大會走入歷史,問題並非出在國民大會的體制設計,而是出在操縱國民大會的政黨及國大代表身上。1990年代以來的七次「修憲」,總是政治權謀過多而制度理念太少,造成「憲政」主義幾近破產。每次「修憲」倉促,思慮不深,缺乏完整配套的措施,結果一修再修,讓憲法應有的穩定性難以在人民的心理上萌芽生根,導致人民希望廢除國民大會。終於在第七次「憲政改革」中自廢武功,結束了國民大會的生命。

第三章　臺灣總統體制

　　總統體制是臺灣政治體制的重要組成部分。該體制直接導源於國民黨在大陸執政時期的總統體制。後經過「動員戡亂時期」和「憲政改革」後，臺灣的總統體制不論是在政權組織形式方面，還是在選舉方式方面，均已發生了重大的變化；特別是在「憲政改革」後，總統在臺灣的政治生活中扮演著日益重要的角色，成為臺灣政治運行的關鍵環節。

第一節　總統的地位

一、總統的地位

　　依照「五權憲法」體制，總統超然於「五院」之上，並與行政、立法、司法、考試、監察五院構成臺灣所謂的「中央政府」。依照憲法規定，總統的職權繁多，涉及「外交」、行政、軍事、立法、司法、考試、監察等方面，表明總統居於統合政府的重要地位。

　　從政權組織形式的角度來看，1946年憲法規定的總統地位較傾向於「總統制」，而職權方面則較傾向於「內閣制」。但從「臨時條款」制定後，總統的地位沒有太大的變化，但其職權卻在持續擴張。經過1990年代初期以來的七次「修憲」後，總統的職權更是不斷增加，一直在朝著「總統制」的方向發展。尤其是總統改由人民直接選舉產生，成為影響臺灣「中央政府」體制走向的一個重要因素。雖然總統是否由人民選舉產生，不是區分「內閣制」與「總統制」的唯一指標，但這必將推動或助益於朝著「總統制」的發展方向，從而影響和改變臺灣的政權組織形式。

　　按照臺灣學者的觀點，臺灣總統的地位，因憲法及憲法增修條文的不同

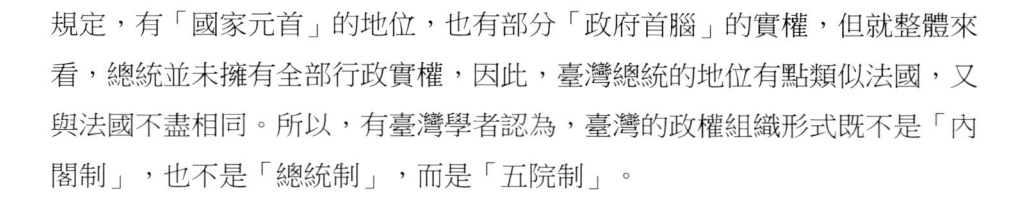

規定，有「國家元首」的地位，也有部分「政府首腦」的實權，但就整體來看，總統並未擁有全部行政實權，因此，臺灣總統的地位有點類似法國，又與法國不盡相同。所以，有臺灣學者認為，臺灣的政權組織形式既不是「內閣制」，也不是「總統制」，而是「五院制」。

二、理論爭議

（一）總統是否為治權機關的一部分？

總統與政府「五院」共同組成臺灣的「中央政府」，但總統的地位超然於「五院」之上。對於總統的這一地位，臺灣學界不存在爭議。但總統是否屬於「治權」機關的一部分，臺灣學者則看法不一。有的學者認為，總統為統合政府的象徵，不屬於治權機關或政府機關的一部分；但另有一些學者則認為，按照孫中山先生所主張「權能區分」理論，總統屬於「能」這一治權系統，該治權系統即以總統為首。筆者認為，這一爭議已無意義，因為目前臺灣的「中央政府」體制已不再像當初，按照「政權」與「治權」的劃分來設置。第七次「修憲」後，國民大會已被廢止，已不存在所謂的「政權機關」，所以，也就無所謂「治權機關」，因為「治權機關」與「政權機關」是相對應而稱謂的。所以，關於總統是否為「治權機關」的一部分的爭論，也應該隨著「政權機關」和「治權機關」劃分的實際取消而停止。

（二）總統是否應兼任黨主席？

按照「五權體制」的設計，總統地位超然，居於「五院」之上，統合政府，凝聚社會。所以，總統應否兼任政黨（執政黨）主席，歷來備受關注。而從政治實踐看，主要是關於這一體制的規定不明確，這是導致總統角色難以定位的主要原因。以陳水扁為例，2000年5月，為實現「全民」政府，主

張總統應免兼任黨主席。至2002年，為達到黨政同步，則力主總統兼任黨主席。然而，2004年6月，陳水扁卻堅信總統應免兼黨主席，如此方可以超然的地位推動「憲政改革」。其決定之所以前後不一致，主要是因為制度上缺乏規定，所以其總是在不同的「憲政」體制環境下，選擇對其有利的主張。

第二節　總統的產生與任期

一、總統的產生方式

1992年透過的憲法增修條文第12條規定，總統、副總統由「中華民國自由地區」的全體人民選舉產生，自1996年第九任總統、副總統選舉開始實施。總統、副總統的任期，自第九任總統、副總統開始為4年，連選得連任一次，不再適用憲法第47條的規定。總統、副總統由「中華民國自由地區」全體人民選舉產生的規定和總統任期由6年縮短為4年的規定是這次「修憲」的最大特色。1994年透過的憲法增修條文重新整合修正了前兩次「修憲」的條文，較重要的變化是在第2條明確規定總統、副總統由「中華民國自由地區」的全體人民直接選舉產生。此次「修憲」最大的特色在於明確規定總統、副總統以公民直選的方式選舉產生，而非以委任選舉方式間接選舉產生。

簡言之，1996年以前，總統由國民大會選舉產生。自1996年起，總統由「中華民國自由地區」全體人民直接選舉產生，而不再以委任選舉方式間接選舉產生。1996年李登輝當選為臺灣第一任所謂的民選總統。

二、總統的選舉

（一）總統、副總統候選人的資格

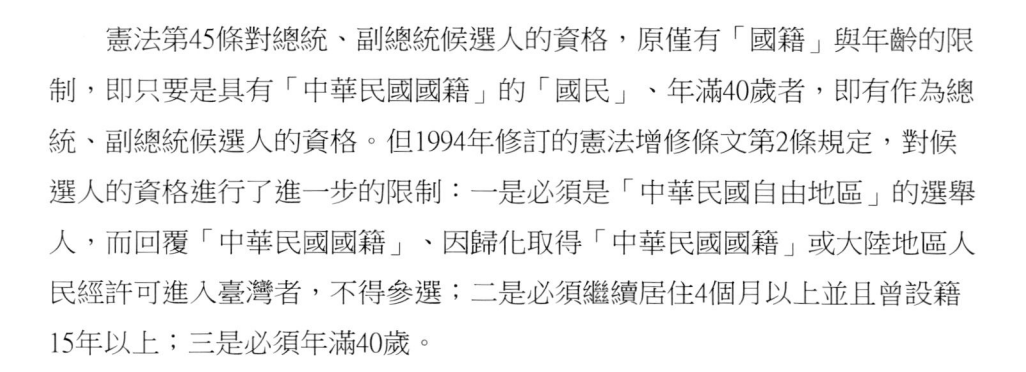

憲法第45條對總統、副總統候選人的資格，原僅有「國籍」與年齡的限制，即只要是具有「中華民國國籍」的「國民」、年滿40歲者，即有作為總統、副總統候選人的資格。但1994年修訂的憲法增修條文第2條規定，對候選人的資格進行了進一步的限制：一是必須是「中華民國自由地區」的選舉人，而回覆「中華民國國籍」、因歸化取得「中華民國國籍」或大陸地區人民經許可進入臺灣者，不得參選；二是必須繼續居住4個月以上並且曾設籍15年以上；三是必須年滿40歲。

（二）總統、副總統候選人的登記

憲法增修條文第2條第1項規定，總統、副總統候選人應聯名登記。其方式有兩種：

1.政黨推薦

依政黨推薦方式向「中央選舉委員會」申請登記為總統、副總統候選人者，應附政黨推薦書，同一政黨只能推薦一組候選人，且該政黨必須在最近任何一次省（市）以上的選舉中，其所推薦候選人得票數之總和，應達該次選舉有效票總和的5%以上（約60萬票），否則不得採用政黨推薦方式。

另外，兩個以上政黨也可共同推薦聯名登記，在選票上同列一組圈選。「總統副總統選舉罷免法」對候選人登記後發生的一些狀況，明文規定處理方式，即候選人於登記後至投票前，若一組有總統候選人死亡，則即公告停止選舉，並定期重新選舉。

2.連署人連署

依連署方式申請登記為候選人者，應於選舉公告發布5日內，向「中央選舉委員」會申請為被連署人，申領連署人名冊格式，並交納連署保證金臺幣100萬元。連署人數於規定期限內（45日），應達最近一次「中央民意代

表」選舉人總數（約1500萬人）1.5%以上（約22萬人）時，「中央選舉委員會」發給連署人完成連署證明書，並發還保證金。若於規定期限內連署人數不足規定人數1/2以上者（約11萬人），100萬元連署保證金不予發還。

3.保證金

登記為總統、副總統候選人時，各組候選人須交納保證金。其金額約為新臺幣1500萬元。此一規定曾經引發「違憲」爭議，於是司法院大法官作出釋字第468號解釋，認為參選總統、副總統連署人數暨提供保證金的規定沒有「違憲」。

（三）總統、副總統候選人的選舉

總統、副總統是由公民直選產生。所謂公民直選產生，即聯名登記的總統、副總統候選人，由「中華民國自由地區」全體人民及在「國外」的「中華民國自由地區」人民「返國」，行使選舉權，以得票最多的一組候選人為當選者。哪些海外僑民有可以「返國」行使選舉權的資格呢？「總統副總統選舉罷免法」規定，海外僑民以現在「中華民國自由地區」連續居住4個月以上，或曾在「中華民國自由地區」連續居住4個月以上，在「國外」持有「中華民國護照」，並在規定期間內向其最後遷出「國外」時的原戶籍機關辦理選舉人登記者，才有投票資格。

總統、副總統候選人競選活動期為28天，從投票日的前一日往前推算。在投票日，政黨及任何人不得從事競選活動；在投票日前10日內，政黨及任何人或法人代表不得發布有關候選人或選舉的民意調查資料。選舉結果實行相對多數當選制，以候選人得票最多的一組為當選，得票相同時，應定期重新投票。如果只有一組候選人時，得票數必須達到選舉人總數20%以上，才算當選。

選舉總統、副總統時，實行相對多數原則，而非絕對多數原則。二者的差異在於採行絕對多數原則必須過半數方可當選，而相對多數者則以得票最多者當選，無須考量是否過半數。此兩種方式各有利弊。以絕對多數而言，有利於產生更具民意基礎的總統，但不利於社會成本，尤其當參選總統、副總統的組數過多，在第一輪投票未能產生絕對多數總統時，須進行第二輪投票，這勢必將增加社會成本，而且也將使選舉激情時間延長，甚而使少數政黨成為關鍵少數的決定性因素。就相對多數而言，雖然產生方便，避免了社會成本過高，免於社會激情持續過久，但其缺點在於容易形成少數總統。尤其當總統得票低於省長時，則難免產生「葉利欽效應」，進而導致政局不穩定或政治危機。臺灣總統直選採行相對多數當選制的設計乃是基於政黨政治未臻成熟、社會動員的成本，以及因過度社會動員可能產生的政治危機，尤其各黨派權謀勝選第一的優先考量等因素而造成的。有臺灣學者認為，從長遠的政治發展來看，未來的臺灣的總統選舉制度應該改行「絕對多數制」。

三、總統的任期

根據憲法第47條的規定，總統、副總統的任期原為6年，連選得連任一次。但自1996年第九任總統、副總統起為4年，連選得連任一次。縮短其任期，使與民意的更新不致太過脫節，且兼顧政治安定。總統的任期未屆滿前，及任期屆滿後，如發生總統缺位、總統不能視事和總統未就職等情形時，則依憲法及增修條文的有關規定處理（詳見下節的分析）。

第三節　總統缺位的繼任、代理與補選

一、總統缺位時的繼任

所謂「缺位」是指總統在任期內，因死亡、辭職、被罷免或被彈劾解

職，而不能再行使其職務。繼任通常因總統的「缺位」而發生。

總統的任期尚未屆滿而缺位時，由副總統繼任，至總統任期屆滿為止；總統、副總統均缺位時，由行政院院長代行其職權，並依憲法增修條文第2條第1項規定，補選總統、副總統，繼任至原任期屆滿為止。

至於副總統若因繼任總統而造成缺位時，其所空職位應該任其虛懸，還是由立法院依照規定補選新的副總統，憲法及增修條文均未有明確規定。但從臺灣的政治實踐來看，有兩次副總統在任期內繼任為總統，但均未再補選的案例：一次是嚴家淦副總統於1975年4月5日繼任總統，另一次是1988年1月13日李登輝副總統繼任總統。

副總統雖屬備位，且無實權，但如果在副總統缺位期間，倘若再出現缺位或不能視事的情形，則容易引發政治動盪。為了彌補這一制度空隙，現行憲法增修條文第2條第7項規定，副總統缺位時，由總統提名候選人，於3個月內召集立法院補選，繼任至原任期屆滿為止。這一補充規定，彌補了憲法規定的不足，同時規定副總統缺位時由總統提名其繼任人選，不僅有利於政治和諧，也符合政黨政治原理。

由副總統繼任為總統者，或因總統、副總統均缺位而補選的當選人，其任期均至原任期屆滿為止。那麼，關於「連選得連任一次」的規定，是否也適用於繼任者？即副總統因繼任而為總統，是否也計算為一屆任期？臺灣學者認為，關於連任限制的規定，無非是借此以更新行政首長的民主合法性。總統一職，如果不是連任，並沒有次數的限制。所以，連選只能連任一次的限制，是在「連選」這一意義上來說的。以總統完整任期的職位為競選目標的選舉，不論是直接選舉還是間接選舉，均屬「連選」，應受到僅能連任一次的限制。然而，在總統、副總統均缺位的情況下，透過「補選」繼任為總統的行為，不屬於「連選」意義上的選舉，所以不應該計算為一屆任期。

二、總統不能視事時的代理

總統的任期尚未屆滿，而總統因故不能視事時，由副總統代行其職權；總統、副總統均不能視事時，由行政院院長代行其職權。此項代理，應屬法定代理，因為代行總統職務的原因及代理人均為憲法所明文規定。需要注意的是，行政院院長代行總統職權期間不宜過久，尤其在總統、副總統改為公民直選時，無民意基礎的行政院院長，自不宜代行總統職權過久。所以，憲法第51條規定，行政院院長代行總統職權時，其期限不得超過3個月。

所謂的「不能視事」，即因事故而不能履行職務。至於是否「不能視事」，則由總統自行決定，並無法律規定。「因故不能視事」與「缺位」不同，「缺位」是指人與職務分離而言，如死亡、辭職、解職；而「因故不能視事」則是指人與職務尚未分離，但總統在客觀上無法處理政務而言，如重病昏迷臥床、被挾持等。

待「不能視事」的客觀原因消失後，總統可以「復行視事」，那麼，哪一個機關有權判斷「能否視事」，「復行視事」的程序如何，這些問題均會涉及政治權力運作的合法性與正當性，但憲法並未明確規定，為此也產生瞭解釋上的各種爭議。為此，臺灣學者建議，今後應從立法上加以明文規定。在未有明文立法之前，應由司法院大法官會議先行對此作統一解釋，因為這些問題雖有政治性，但仍不失為「憲法解釋」問題。

三、總統任滿解職、次任總統尚未選出或未就職時的代理

總統於任滿之日解職，如屆期次任總統尚未選出，或選出後總統、副總統均未就職時，由行政院院長代行總統職權，期限不能超過3個月。依通常情形而言，總統與副總統均同日就職，故總統任滿之日解職，副總統也必於同日任滿解職，所以沒有代行總統職權的可能，但此時倘若次任總統、副總

統尚未選出,則由行政院院長代行總統職權;倘若總統、副總統選出後均未就職時,也由行政院院長代行總統職權。事實上。這種情形出現的可能性很小,只有在戰爭、叛亂、政變等非常情況下,方有可能。有臺灣學者認為,憲法第50條的這一規定,旨在於防止總統職權中斷,實為權宜之計;也有學者認為此條規定為世界各國或地區所僅見,為何不由原任總統或副總統繼續行使職權?但從法理上看,這一規定能說得通,因為時值非常狀態,總統既已任期屆滿,理應解職,而行政院院長尚在職,比照前述代行總統職權的做法,規定由行政院院長代行總統職權,不失為合理的推論。

第四節　總統府的組織

依照臺灣「總統府組織法」的規定,總統可設總統府。其內部單位及所屬機關如下:

一、幕僚單位

總統府的主要幕僚為祕書長與參軍長。祕書長承總統之命,綜理府內一切事務,並指揮監督府內所屬職員。依1996年1月24日修正公布的「總統府組織法」,總統府設三局,第一局掌理公布法令、發布命令的擬議、文武官員的任免、國民大會及立法院行使任命同意權的提名作業等事項;第二局掌理授予榮典、璽印典守、印信勳章製發等事項;第三局掌理典禮、交際、事務管理等事項。此外,還置機要室、侍衛室、公共事務室,以及人事、會計、政風三處。總統府仍置祕書長1人,副祕書長增置為2人,其中1人特任,另1人職務比照簡任第十四職等。至於參軍長則裁撤。

二、顧問組織

總統府可設置資政、「國策顧問」及戰略顧問。（1）資政，由總統就德高望重者遴選聘任，就大政方針，得向總統提供意見，並備諮詢。（2）「國策顧問」，設「國策顧問委員會」。由總統從有勳勞於「國家」者、富有政治經驗或學術研究者，以及對於「建國」事業有重大貢獻者中遴聘。「國策顧問」也可以轉任資政。1990年4月，為控制員額，總統府有意就資政、「國策顧問」的聘任實行任期制。依現行規定，資政有給職者，不得超過15人；無給職者，不得超過15人。「國策顧問」有給職者，不得超過30人；無給職者，不得超過60人。他們都由總統選聘，聘期不超過總統任期。（3）戰略顧問，設戰略顧問委員會。由總統從軍事將領中遴選聘任，對戰略及有關「國防」事項提供意見，並備諮詢。依現行規定，員額為15人，均為上將，由總統任命。此外，尚有任務編組的諮詢組織。這類臨時性任務編組，其功能固以諮詢溝通及研究為主，但這些臨時性的諮詢組織如何與行政院及主管部會劃分權責，始終是備受臺灣學界和政界所質疑的問題。

三、所屬機關

（一）「國家安全會議」

1956年2月16日，蔣介石依據「臨時條款」，設立「動員戡亂時期國家安全會議」，簡稱「國安會」。1991年4月，臺灣國民大會廢止「臨時條款」，完成第一次「修憲」，其中規定「總統為決定國家安全有關大政方針，得設國家安全會議及所屬國家安全局」，1993年3月立法院透過「國家安全會議組織法」，完成了所謂「國安會」的法制化過程。「國安會」是總統的諮詢機關，以總統為主席。「國安會」設祕書長1人，副祕書長1到3人，諮詢委員5到7人。「國家安全會議」及其所屬「國家安全局」應受立法院監督。幕僚之軍職人員的任用，不得超過編制員額的1/3。而「國家安全局」則綜理「國家安全」情報工作及特種勤務的策劃與執行，並支援政府相關機構

的有關「國家安全」情報事項。

（二）「國家統一委員會」

該委員會設立於1991年，主要研究並諮詢有關「國家統一」大政方針，系一任務編組的諮詢機構。設主任委員1人，由總統兼任，副主任委員3人，分別由副總統、行政院院長及社會人士擔任。委員25至31人，涵蓋各界人士、政黨代表，頗具整合性及溝通性質，就「國家統一綱領」的進程提供建言。但該機構與行政院大陸委員會制定並執行政府政策，對立法院負責的功能設置有所區別。

（三）「中央研究院」

「中央研究院」為臺灣學術研究的最高機關，成立於1928年。依「中央研究院組織法」規定，「中央研究院」的任務有二：（1）人文及科學研究；（2）指導、聯絡及獎勵學術研究。「中央研究院」設院長1人，特任；院士為終身榮譽職。院內設各類研究所，實際從事研究工作，與大學裡從事教學者有所不同。此外，「中央研究院」設立評議會，具有學術評議的職責，除以院長、總幹事、各研究所所長為當然評議員外，其餘評議員則由院士選舉產生。1995年1月接任院長的李遠哲先生，即由評議會推選出3位候選人，經總統遴選特任。

（四）「國史館」

「國史館」掌理纂修「國史」事宜，也是臺灣的史料總庫，成立於1946年。「國史館」設館長1人，主持館務，並設纂修、協修及助修人員，以負責史料的審查和「國史」的編纂。2003年12月30日立法院透過「總統副總統

文物管理條例」，規定總統、副總統的文物，在任職期間，為「國家」所有，交由「國史館」管理。

（五）稽勳委員會

稽勳委員會掌理勳績的審核事項，設立於1947年7月。該委員會置委員11至15人，原以內政、「外交」、銓敘各部部長、僑務委員會委員長為當然委員。從業務性質來看，稽勳委員會也屬於行政機關。

第五節　總統的職權與特權

一、總統的主要職權

臺灣總統的職權有一個變化發展的過程，憲法上有明文規定，但是「臨時條款」進行了無限制的擴大；七次「憲政改革」之後，總統的職權又有所調整。根據憲法及其增修條文的規定，總統享有「外交」、軍事、行政、立法、司法等方面的廣泛職權。

（一）「外交」方面的職權

1.代表權

臺灣憲法第35條規定：「總統為國家元首，對外代表中華民國。」所謂代表中華民國乃是以中華民國的名義派遣駐外使節、接受外國使節或參與外國元首的就職典禮、喪禮，或參與國際組織的有關典禮，或為國際間的禮儀交往等。

2.締結條約權

臺灣憲法第38條規定：「總統依本憲法之規定，行使締結條約……之權。」此處所謂「依本憲法之規定」，是指條約的締結須先依憲法第58條的規定，經行政院會議議決後，再依憲法第63條的規定，送請立法院同意後，方可締結。倘若條約內容涉及領土變更，依憲法增修條文第4條第5項的規定，還須經公民總額的半數投票同意才行。

3.宣戰媾和權

臺灣憲法第38條規定：「總統依本憲法之規定，行使……宣戰、媾和之權」，而依本憲法規定，乃是依憲法第58、63條的規定，先經行政院會議議決後，再交由立法院議決。

（二）行政方面的職權

1.任免文武官員權

（1）無須立法院同意，任命行政院院長。依憲法增修條文第3條第1項規定，行政院院長由總統任命。此項修訂，排除了憲法第55條行政院院長的任命須經立法院同意的程序限制。

（2）須經立法院同意，方可任命的官員。依第六次憲法增修條文規定，下列官員須由總統提名，經立法院同意，始得任命：司法院院長、副院長、大法官，「考試院」院長、副院長、「考試委員」，「監察院」院長、副院長、「監察委員」及審計長。這些主要官員，行使憲法規定的職權，與行政院並無隸屬關係，其任命程序既然經過立法院同意，倘若再須行政院院長副署，不僅形式上多餘，且恐實質上引起人事否決權的爭論。所以，總統任免這些文武官員，經立法院同意後，無須再經行政院院長的副署。可見，在「五院」當中，除了立法院的組成人員即立法委員是由選民選舉產生之外，其餘四院的人事權實際上都掌握在總統手中。

（3）須經其他機關提請，方可任命的官員。首先，依憲法第56條的規定，行政院副院長、各部會首長及不管部會的政務委員，由行政院院長提請總統任命。其次，憲法增修條文第9條第1款中規定，臺灣省政府由委員7人組成，以其中1人為主席，均由行政院院長提請總統任命。臺灣省設省諮議會，其議員也由行政院院長提請總統任命。再次，依「公務人員任用法」第25條的規定，各機關初任、簡任以及薦任的公務人員，經銓敘機關審查合格後，呈請總統任命。

（4）必須具備法定資格，方可任命的官員。如總統任命大法官、「考試委員」、「監察委員」、行政法院評事，須分別具有「司法院組織法」第4條、「考試院組織法」第4條、「監察院組織法」第3條之一、「行政法院組織法」第6條所規定的資格，始得加以任命，以符合所謂依法任命的意旨。

（5）法律未限定資格，可自由選擇任命的官員。如總統依「總統府組織法」第3條、第4條的規定，可自由選擇任命總統府祕書長、參軍長。同樣的，總統依「國家安全會議組織法」第6條及「國家安全局組織法」第4條的規定，也可自由選擇任命「國家安全會議」祕書長、「國家安全局」局長。

（6）總統免職文武官員的限制。首先，除了行政院院長或經立法院同意後任命的官員的免職令，無須經行政院院長副署以外，其餘一般文武官員的免職令，須經行政院院長的副署，或行政院院長及有關部會首長的副署。其次，凡受憲法保障為終身職者，如法官，除非受到刑事處分、懲戒處分或被宣告為禁治產者，不得被免職。再次，凡在法律上有任期規定的職務，如大法官任期為8年，「考試院」院長、副院長、「考試委員」的任期為6年，「監察院」院長、副院長、「監察委員」的任期為6年，除了任期屆滿解職，或因違法受處分等法定原因外，不得被免職。第四，依法任命的事務官，其身分受到法律的保障，除因違法失職而受到撤職處分以外，總統不得

任意予以免職。

2.發布命令權

依臺灣憲法第37條的規定,總統有發布命令的權力。那麼,何為「命令」?依「行政程序法」第150條、第159條規定,為行政機關行使公權力而制定的具有抽象及一般性拘束力的法規命令或行政規則。「中央法規標準法」第3條對命令的名稱也加以明定,該條規定,各機關發布的命令,得依其性質稱為規程、規則、細則、辦法、綱要、標準或準則等七種名稱。

3.發布緊急命令權

依臺灣憲法第43條規定,遇有天然災害,瘟疫,或「國家」財政經濟上有重大變故,需要急速處理時,總統在立法院休會期間,可以經行政院會議決議,依緊急命令法,發布緊急命令,作出必要的處置,但必須於發布命令後1個月內提交立法院追認。如立法院不同意時,該緊急命令立即失效。緊急命令可以中止法律或法律部分條文的實施。但緊急命令法從未制定,因此,總統無從依據該法以發布緊急命令。以往,非常時期有「臨時條款」所規定的緊急處分權,作為總統應變的權力。「解嚴」後,依憲法增修條文第2條第3項:「總統為避免國家或人民遭遇緊急危難或應付財政經濟上重大變故,得經行政院會議之決議發布緊急命令,為必要之處置,不受憲法第43條的限制。但須於發布命令後10日內提交立法院追認,如立法院不同意時,該緊急命令立即失效。」值得注意的是,總統有權解散立法院。在立法院解散後,緊急命令應如何追認,就成為一個問題而不能沒有規範。於是,憲法增修條文第4條第6項規定:「總統於立法院解散後發布緊急命令,立法院應於3日內自行集會,並於開議7日內追認之。但於新任立法委員選舉投票日後發布者,應由新任立法委員於就職後追認之。如立法院不同意時,該緊急命令立即失效」。

（三）軍事方面的職權

1.統率軍隊權

臺灣憲法第36條規定：「總統統率全國陸海空軍」。根據原「國防法」的規定，總統在「國防」體制中居首要地位，總統透過「國家安全會議」，決定有關「國家安全」的「國防大政」方針以及處理「國防」重大緊急情況；並可以透過緊急命令實施戰時動員。根據現行「國防法」的規定，臺灣的軍隊分為軍政、軍令、軍備三個系統，統一隸屬於「國防部」，掌管軍令的「參謀總長」也成為「國防部」部長的下屬，由「國防部」部長向總統負責。

2.宣布戒嚴權

戒嚴是指發生戰爭或發生叛亂時，為維持治安，於「全國」或特定地區，施以軍事戒嚴的行為。戒嚴時期不僅可以大幅度地限制人民的自由和權利，必要時並可將行政、立法、司法隸屬於「軍事管制」的一種非常措施。臺灣憲法第39條規定：「總統依法宣布戒嚴，但須經立法院之透過或追認。立法院認為必要時，得決議移請總統解嚴。」這裡所謂的「依法宣布戒嚴」，即戒嚴案依憲法第58條規定先由行政院會議議決，提請立法院議決後，由總統宣布。

（四）立法方面的職權

1.公布法律權

總統在法律的頒布過程中，扮演重要的角色。憲法第37條規定，總統有依法公布法律、發布命令的權力。另外依照「中央法規標準法」的規定，所有立法院透過的法律、均必須經總統發布。憲法第37條還規定了副署制度，即總統公布法律、發布命令時，應經行政院院長或行政院院長及有關部會首

長的副署。憲法中這樣的設計，一是企圖對總統的公布法律、發布命令權加以制衡；二是因為法律、命令大都必須由行政院執行，應當尊重行政院的意願，與憲法第57條第3款規定的行政院提請覆議權相配套。

2.覆議核可權

臺灣憲法第57條第2款、第3款規定，立法院不贊同行政院重要決策或行政院認為立法院透過的法律案、預算案、條約案難以執行時，行政院可以經過總統核可後移請立法院覆議。因而總統擁有覆議核可權。是否提起立法院覆議程序，由總統決定。1997年憲法增修條文第3條第2項規定，行政院對於立法院決議的法律案、預算案、條約案，如認為有窒礙難行時，得經總統核可，於該決議案送達行政院10日內，移請立法院覆議。

（五）司法方面的職權

臺灣憲法第40條規定：「總統依法行使大赦、特赦、減刑及復權之權」。

1.大赦

大赦是對特定時期及特定種類的刑事犯罪，加以赦免的意思。依「赦免法」第2條規定，大赦可使犯罪人的罪刑宣告無效。如所犯之罪，尚未受罪刑之宣告時，因大赦，主管機關不可再對其所犯之罪，行使追訴權。

即主管機關對於該犯罪的追訴權歸於消滅。由此可知，大赦的效力甚大，可使犯罪者的罪和刑完全消滅，可恢復公權，且不管是在法院罪刑宣告前或宣告後。因為大赦為罪刑的全部免除，所以再次犯罪時，不以累犯論處。總統行使大赦權，不能自由任意做主，而是依憲法第58條、第63條的規定，須經行政院會議決議後，提交立法院議決透過後，由總統宣告。

2.特赦

特赦是對特定的刑事罪犯,於其受刑宣告後免除其刑罰執行的意思。依「赦免法」第3條的規定,特赦只是使犯罪人不再受刑罰執行,但被宣告的罪行並未消滅,所以犯罪人如再有犯罪時,仍以累犯論處。由此可知,特赦的效力已比大赦為小。不過,總統對情節特殊者,依「赦免法」第3條,也可以作出使罪、刑宣告均歸無效的特赦,這與一般的特赦不同,可稱為特別的特赦。特赦與大赦有以下不同:(1)特赦是針對特定個人所作的赦免,而大赦是針對某類犯罪行為所作的赦免。(2)特赦只能在判決之前施行,而大赦既可以在判決之後施行,也可以在判決之前施行。(3)特赦通常不消滅罪行,而大赦則消滅罪行;故前者再犯罪時,構成累犯,而後者再犯罪時,不構成累犯。(4)特赦不須經行政院會議議決,也無須由立法院審議透過;而大赦則須經過行政院會議議決,並由立法院審議透過。

3.減刑

減刑是對於已受罪刑宣告的特定罪犯,減輕其所宣告之刑。至於所受宣告之罪與刑,則未被免除。被褫奪的公權也未因減刑而被恢復,如再犯罪,也會被以累犯計論。此為消滅「部分刑」的措施。總統行使減刑權的程序與行使特赦權的程序相同,無須行政院會議議決及立法院議決,只須由總統命令行政院轉令主管機關研議辦理。但是,如果為「全國性」減刑,則仍須依照大赦的程序辦理。

4.復權

復權是對於被褫奪公權者恢復其公權。而所謂公權,「乃可為公務員、公職候選人及行使選舉、罷免、創制、複決之權」。復權是四種赦免權中效力最小的一種。其行使程序,與行使特赦權、減刑權的程序相同,而與行使大赦權的程序不同。為了維持法律秩序的安定,及依法執行而產生的既成效果,特赦對於已執行的刑罰,不生溯及既往的效力,即不赦免的意思。而經宣告褫奪公權者,僅自赦免之日起,恢復其公權。

（六）其他方面的職權

1.被動解散立法院權

憲法增修條文第2條第5項規定了總統對於立法院解散權，即總統於立法院透過對行政院院長的不信任案後10日內，經諮詢立法院院長後，得宣告解散立法院。但總統在戒嚴或緊急命令生效期間，不得解散立法院。立法院解散後，應於60日內舉行立法委員選舉，並在選舉結果確認後10日內自行集會，其任期重新起算。這就是所謂的「被動解散議會權」。總統的該項職權是配合立法院的倒閣權而設計的。

2.授予榮典權

臺灣憲法第42條規定，總統依法授予榮典。即由總統以「元首」身分，代表「國家」頒授勳章、獎狀、褒令。所謂依法，除依憲法第42條的規定外，另依「勳章條例」、「褒揚條例」等法律的規定，頒發勳章、褒狀、獎章、獎狀等。此為總統對內代表「國家」所實施的行政處分。總統行使此項職權的依據為「褒揚條例」和「勳章條例」，其行使須經行政院院長的副署。

3.咨請立法院召開臨時會議權

依臺灣憲法第69條第1項規定，立法院遇有總統的咨請時，得開臨時會。在何種情形下，總統會咨請立法院開會呢？如依憲法增修條文第2條第3項規定，總統發布緊急命令後10日內，應提交立法院追認。故在此情形下，立法院如在休會期中，則有咨請立法院召開臨時會的必要。

4.決定「國家安全」大政方針權

憲法增修條文第2條第5項規定，總統為決定「國家安全」有關大政方針權，得設「國家安全會議」及所屬「國家安全局」。「國家安全會議」為備

供決策的諮詢與幕僚機關，無執行的權責。故「國家安全會議」的決議，仍應遵循政治體制，依其性質，交由主管機關依法處理。「國家安全會議」的決議，僅作為總統決策的參考。

5.院際爭執調解權

臺灣憲法第44條規定：「總統對於院與院間之爭執，除本憲法有規定外，得召集有關各院院長會商解決之。」此所謂院與院間的爭執，應限於政治性爭議，而非法律性爭議。若憲法已有規定解決者，如涉及適用憲法、法律和命令等發生疑義時，則發生解釋憲法及統一解釋法令問題，應由司法院的大法官會議解決，或行政院與立法院因重要政策或法律案、預算案、條約案發生爭執時，則依憲法增修條文第3條第2項規定來加以解決，不必總統出面解決。

6.聲請「釋憲」權

依「司法院大法官審理案件法」第5條第1項第1款規定，「中央」或地方機關，在其行使職權適用憲法時發生疑義，或因行政職權與其他機關的職權，發生適用憲法的爭議，或適用法律與命令發生有牴觸憲法的疑義時，可聲請解釋憲法。總統為憲法上所規定的「中央機關」，自可依此規定，享有聲請大法官「解釋憲法」的權力。

7.副總統缺位時的提名權

依憲法增修條文第2條第7項規定，副總統缺位時，總統應在3個月內提名候選人，由立法院補選，繼任至原任期屆滿為止。該規定為總統職權，因法條規定有「應」字，所以總統於副總統缺位時，有義務在3個月內提名副總統候選人，以供立法院補選，避免副總統職位虛懸，影響憲法所定總統缺位或不能視事時的繼任、代行事宜。

二、總統的特權

（一）刑事豁免權

臺灣憲法第52條規定，總統除內亂罪、外患罪外，非經罷免或解職不受刑事訴究。所謂內亂罪是指臺灣「刑法」第100條和第101條所規定的普通內亂罪、暴動內亂罪及其預備犯。所謂外患罪，是否意指臺灣「刑法」第103條至第115條所定各種類型的外患罪，不甚清楚。因為「刑法」規定早於憲法，所以外患罪的許多規定皆無法適用於總統。

現職總統競選連任時，其競選活動固應受「總統副總統選舉罷免法」有關規定的規範，但其現任總統身分並未因參選而變更，非經罷免或解職，仍有憲法第52條之適用。此一刑事豁免特權並不及於副總統。但總統因民事關係受人民的訴訟請求，則不在豁免的範圍之內，例如因譏謗他人造成名譽上的傷害、性騷擾所引起的侵權行為案件、買賣房屋尾款尚未付清的債務不履行案件等，不在豁免範圍之內。

此種刑事豁免權的存在目的，司法院釋字第627號解釋認為：「此系憲法基於總統為國家元首，對內肩負統率全國陸海空軍、依法公布法律、任免文武官員等重要職責，對外代表中華民國之特殊身分所為的尊崇與保障。藉以確保其職權之行使，並維護政局之安定，以及對外關係之正常發展。」

至於刑事豁免權的範圍，依司法院釋字第627號解釋，總統不受刑事上的訴究，是一種暫時性的程序障礙，而不是犯罪免責權。具體說來，是指刑事偵查及審判機關在總統任職期間，就總統涉犯內亂或外患罪以外的罪行，暫時不得以總統為犯罪嫌疑人或被告而進行偵查、起訴與審判程序。發現總統有犯罪嫌疑時，仍得作必要的證據保全，但不得限制總統的人身自由，例如，拘提或對其身體的搜索、勘驗與鑑定等，也不得妨礙總統正常行使職權。但不及於因他人刑事案件而對總統所作的證據調查與證據保全，也不豁免總統於他人刑事案件做證人的義務。豁免權是針對總統這一職位而設的，所以只有擔任總統這一職位的人，才享有這一特權；擔任總統職位的個人，

不得事先拋棄這一特權。

（二）機密特權

司法院釋字第627號進一步認為，總統在行政權範圍內，認為其公開可能影響「國家安全」與「國家利益」而應屬「國家機密」者，有決定不予公開的權力，此為總統的「國家機密」特權。總統依其「國家機密」特權，就「國家機密」事項在刑事訴訟程序應享有拒絕證言權，並在拒絕證言權範圍內，有拒絕提交相關證物的權力。是否屬「國家機密」，由總統釋明即可。總統如以書面合理釋明，相關證言的陳述或證物的提交，有妨害「國家利益」之嫌者，檢察官及法院應予以尊重。總統陳述相關證言或提交相關證物是否有妨害「國家利益」之虞，應僅由承辦檢察官或審判庭法官依保密程序進行。亦即總統對於「己案」有拒絕接受訊問權，而對於「他案」並無拒絕證言權，但如果涉及總統職權範圍內的「國家機密」事務，則對「他案」也有拒絕證言權。

但總統如何行使此種機密特權，則尚未有立法規定。為彌補這一法律空缺，司法院釋字第627號解釋宣稱：「立法機關應就搜索處所之限制、總統得拒絕搜索或扣押之事由，及特別之司法審查與聲明不服等程序，增訂適用於總統之特別規定。於該法律公布施行前，除經總統同意者外，無論特定處所、物件或電磁紀錄是否涉及國家機密，均應由該管檢察官聲請高等法院或其分院以資深庭長為審判長之法官5人組成特別合議庭審查相關搜索、扣押之適當性與必要性，非經該特別合議庭裁定準許，不得為之，但搜索之處所應避免總統執行職務及居住之處所。其抗告程序，適用刑事訴訟法相關規定。」

第六節　總統的罷免與彈劾

總統屬於公職人員,應依據憲法任職,也應依據憲法承擔責任。總統負有政治責任與法律責任,如違反責任,得予罷免或彈劾。

一、罷免

罷免是擁有選舉權的人民對於所選出的公職人員,在任期尚未屆滿前舉行投票,使其去職的制度。

(一)罷免機關與程序

對總統的罷免,系基於直接民主的理論,對總統政治責任的追究,所以總統不必有具體違法的事由,即可對其提出罷免案。為此,憲法和「總統副總統選舉罷免法」均未規定提起罷免案的原因,而只規定了提起罷免案的機關與程序。現行憲法增修條文第2條第9項規定,總統、副總統罷免案,須經全體立法委員1/4提議,全體立法委員2/3同意後提出,並經「中華民國自由地區」選舉人總額過半數的投票,有效票過半數同意罷免時,即為透過。「總統副總統選舉罷免法」第70條第1項規定,總統、副總統罷免案,經全體立法委員1/4提議,全體立法委員2/3同意提出後,立法院應作出罷免案成立的宣告。罷免案透過後,被罷免人應自公告之日起,解除職務;並且被罷免人自解除職務之日起的4年內,不得再為總統、副總統的候選人。

(二)罷免的限制

為了防止罷免權的濫用,臺灣有關立法在賦予罷免主體罷免權的同時,也對罷免案的提起進行了限制,主要有:(1)對就職未滿1年的總統,不得提起罷免案。2000年,因行政院宣布停止執行「核四」預算,引發朝野對立,在野「立委」提案罷免時任總統陳水扁。後來以陳水扁就職未滿1年而

作罷。（2）罷免案如經否決，對於同一總統，原聲請（提議）人不得再為此提起罷免聲請。換言之，對於總統的罷免案，其任期內只有一次。

（三）理論爭議

1.現有制度是否有剝奪公民的罷免權之嫌？

既然總統、副總統由人民直接選舉產生，也應由人民直接罷免他們，至少應該規定人民擁有罷免總統、副總統的提案權。但從現行憲法增修條文第2條第9項規定來看，總統、副總統的罷免，由立法院提出、透過後，始得由全體公民行使罷免投票權決定。若立法院不予提出罷免案，或提出罷免案未達到規定的「須經全體立法委員1/4提議，全體立法委員2/3同意」，則選民無從罷免總統、副總統。為此，有臺灣學者對該規定頗有微詞，認為在公民可以直選總統的情況下，該規定在事實上剝奪了公民的罷免權。那麼，公民罷免總統為何還要透過立法委員去提案才交由公民行使罷免投票權呢？有臺灣學者認為，總統、副總統既然由人民直接選舉，理應由人民來行使對總統、副總統的罷免權。選舉與罷免均屬於人民的參與權，基於直接民權理論，應由人民親自行使罷免權。為此，建議將來透過立法規定由公民直接連署提出總統、副總統罷免案並直接投票行使罷免權，以避免總統、副總統透過對政黨比例代表產生立法委員的控制，而使對總統、副總統罷免案無法提出。也有臺灣學者認為，總統、副總統罷免案的程序，既然最後須經公民決定，那麼其在本質上具有一次重新選舉的意義，為避免立法院提案罷免成為政治鬥爭的工具，建議將來在「總統副總統選罷法」中增加「立法院提案罷免，經人民投票不同意罷免時，立法院即應解散，且總統任期重新起算」的規定。

2.總統被罷免，副總統是否一併被罷免？

一般說來，如果總統、副總統是分別選舉產生的，選出來的結果，

「正、副總統」有可能隸屬於不同的政黨，各有自己的民意基礎，則罷免總統，即不能連同副總統一起罷免，反而應該在總統被罷免後，由副總統繼任為總統。但是總統由人民直選後，依憲法增修條文第2條第9項及新的「總統副總統選舉罷免法」第21條的規定，總統、副總統候選人應聯名登記，在選票上同列一組圈選，以得票最多的一組為當選者。在總統與副總統須聯名搭檔競選的情形下，此種政治責任具有連帶關係，那麼，對總統罷免是否也應將副總統一起連帶罷免？2001年初對陳水扁總統醞釀罷免案時，曾發生過是否應該連同罷免呂秀蓮副總統的爭議。對此，有臺灣學者依據政治學理論對此作了深入的分析：人民的罷免權既然是與選舉權相對應的權利，是人民召回當選人的權利，那麼副總統是否應該與總統一併罷免，應視選舉時，是否一起搭檔競選而定。總統改由人民直選後，依憲法增修條文第2條第9項及新「總統副總統選舉罷免法」第21條的規定，總統、副總統候選人應聯名登記，在選票上同列一組圈選，以得票最多的一組為當選者。因此，對總統有罷免提案，應理解為有一併罷免副總統的含義，即使不聯名罷免，則總統一旦遭到罷免，副總統一職也將失去依託，而有一併罷免的效果。

3.記名投票，抑或無記名投票？

立法院對總統的罷免提案，是否適用「對人祕密，對事公開」這一議事法則？既然罷免係政治責任的追究，且屬政治好惡的表示，不必總統、副總統有特定的具體的違法事實；且其本質上常用以檢證朝野勢力的向度，故有臺灣學者認為，立法委員應以祕密投票的方式作出提案較為妥當，一則避免人情困擾，二則避免政治不當交易。為此，立法院特別於2000年11月7日三讀透過修正「立法院職權行使法」第44條規定：「……罷免總統或副總統案……全院委員會審查前，立法院應通知被提議罷免人於審查前7日內提出答辯書。前項答辯書，立法院於收到後，應即分送全體立法委員。被提議罷免人不提出答辯書時，全院委員會仍得逕行審查。全院委員會審查後，即提出院會以記名投票表決，經全體立法委員2/3同意，罷免案成立，當即宣告並

咨復被提議罷免人。」

二、彈劾

彈劾是對政府官員的違法或失職行為加以制裁,甚至去職的制度。

(一)彈劾機關與程序

臺灣的憲法和有關法律規定了對總統、副總統的彈劾機關和程序。(1)依憲法增修條文第2條第10項規定,立法院提出總統、副總統彈劾案,聲請司法院大法官審理,經「憲法法庭」判決成立時,被彈劾人應即解職。依據該規定,彈劾案不再由原國民大會議決,而改由「憲法法庭」審理判決。(2)依憲法增修條文的規定,立法院對於總統、副總統之彈劾案,須經全體立法委員1/2以上提議,全體立法委員2/3以上決議,聲請司法院大法官審理。過去系由「監察院」行使總統、副總統之彈劾權,如今改由作為民意代表機關的立法院行使此項職權,只是立法院透過此項彈劾案,仍須向司法院大法官提出,以判決是否成立及解職。(3)憲法增修條文第5條第4項規定,司法院大法官,除依憲法第78條的規定外,並組成「憲法法庭」審理總統、副總統之彈劾及政黨「違憲」之解散事項。

彈劾案透過後,被彈劾人即應解職。總統的彈劾,由於是基於總統的個人行為,因此不發生「聯名」彈劾的問題,副總統不因總統的個人行為而同進退。故總統解職後,發生總統缺位的情形,應由副總統繼任。

(二)彈劾的事由

彈劾繫法律責任的追究,所以彈劾案必須有具體的案由。也就是說,總統、副總統必須有具體違法失職的事實,方可對其進行彈劾。彈劾責任系屬

個別責任,應對總統或副總統分別進行。而法律責任的追究,系屬法律問題。法律問題本質上系屬於是非對錯的判斷,必須依照證據認定,不是憑好惡可以決定的,必須遵守一定法律程序,包括起訴事由、對辯過程、證據法則、審理程序、判決等程序。

當然,總統、副總統的彈劾事由,與一般公務人員犯罪有本質上的不同。總統、副總統的職權,不僅具有政治性,也具有法律性;不僅具有名譽性,也具有實力性。憲法第48條有關總統誓詞的規定,應可援引可以作為彈劾事由的依據,總統誓詞為:「余謹以至誠,向全國人民宣誓,余必遵守憲法,盡忠職務,增進人民福利,保衛國家,無負國民付託。如違誓言,願受國家嚴厲之制裁。謹誓。」其中「增進人民福利,保衛國家」系屬政治義務的問題;「遵守憲法,盡忠職務」則屬法律義務的問題。總統彈劾的事由應限於「違反憲法」與「未盡忠職守」兩項。如果總統行為與憲法無關,或與其職務無關,例如職務外發生緋聞事件,則不應提出彈劾案,而系屬罷免的問題。所謂違反憲法,例如個案干預司法獨立、濫用緊急命令權或違反民主原則等。所謂「未盡忠職守」,須與職權的行使或不行使有關聯,例如犯與職務有關的罪行、或利用職務的犯罪、挪用公款、縱容部屬利用職權犯罪等。至於政策失誤,則不宜採用彈劾制度來追究其責任。

(三)理論爭議

1.副總統繼任後的任期如何計算?

總統彈劾案成立後,副總統繼任總統,其任期如何計算?因為總統彈劾並不發生「一年條款」的問題,只要總統任職期間,有前述事由,皆可予以彈劾。若任期即將屆滿(例如已滿3年6個月)而彈劾總統案成立,副總統任期僅有半年,是否可視為一任?若總統剛上任(例如剛就任6個月)即被彈劾成立,副總統繼任期間即長達3年半,是否應視為一任?對此,有臺灣學

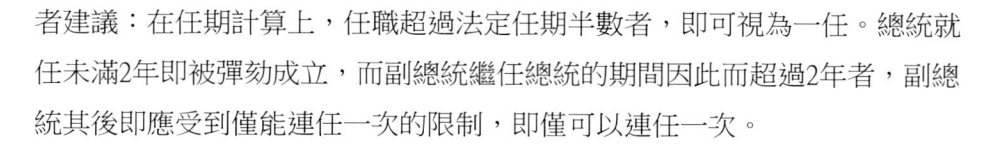

者建議：在任期計算上，任職超過法定任期半數者，即可視為一任。總統就任未滿2年即被彈劾成立，而副總統繼任總統的期間因此而超過2年者，副總統其後即應受到僅能連任一次的限制，即僅可以連任一次。

2.彈劾事由以何為準？

總統被彈劾的原因，憲法和有關法律法均未明確規定。只是憲法籠統地規定，總統如犯內亂、外患罪，危害「國家安全」，則不應再予保障，應受刑事上的追訴。有臺灣學者認為，2000年4月第六次「修憲」後，總統、副總統彈劾案的提出，並不限於犯內亂、外患罪，還包括刑事上的重罪。如果該觀點成立的話，總統、副總統受彈劾的原因較憲法本文所規定的更加寬廣。到底哪些事由可以構成彈劾案，目前尚不明確。有臺灣學者認為，今後應結合學界的觀點將彈劾的具體事由，在「立法院職權行使法」中加以明確規定，並且也將彈劾應遵循的程序，在「司法院大法官審理案件法」中加以明確規定。

三、罷免與彈劾制度之比較

為了更好地理解罷免與彈劾制度，現將兩者加以對比，透過發現兩者的區別，以更好地運用這兩種制度。兩者的主要區別如下：

（一）理論基礎不同

罷免總統的理論基礎是直接民主理論，由人民選出的總統，如果其失去了人民的信任，人民自然可以行使「召回」性的罷免權。而彈劾總統，系基於權力分立與制衡理論，由國會對擁有行政權的總統發揮制衡的力量。而彈劾案之決定帶有準司法行為的性質，實質上應有國會擔任原告角色，另一個「憲法機關」擔任審判角色，因此在程序上與訴訟程序較為類似。

（二）權力性質不同

彈劾權是監察機關或民意機關代表人民對違法或失職的政府官員，所行使的一種控訴權。在西方國家，彈劾權一般是議會機關的司法權，「以濟司法之窮」。而罷免權與彈劾權不同的是，罷免權與選舉權相對應，兩者均為公民權之一，均是人民直接控制議員及官員的重要武器。人民有選舉權才能選擇他們認為理想的政治人物參與政事，有罷免權則能除去不稱職的人員。因此，彈劾權具有司法性，罷免權則具有政治性。民主政治是法治政治，也是民意政治；彈劾權是為了達到法治政治，罷免權則是為了達到民意政治。官員違法須負法律責任，應受法院的制裁或民意機關的彈劾；官員言行違反民意，則由人民將其罷免。

（三）發動權不同

依憲法增修條文的規定，罷免總統的提案權屬於立法院，人民本身「似」無罷免提案權。彈劾總統的提案權也屬於立法院。因此，立法院同時擁有罷免與彈劾總統的雙重提案權。在立法院中占有多數席位的政黨與總統同屬於一個政黨時，透過罷免或彈劾總統提案的可能性很小，反之，如果立法院中占有多數席位的政黨與總統屬於不同黨派時，則透過罷免或彈劾總統提案的可能性較大。

（四）決定權不同

依照憲法增修條文的規定，總統罷免案經立法院透過提出後，即交付公民投票表決。罷免是人民的權力，不宜委任其他機關代為行使。總統彈劾案經立法院透過提出後，交由司法院，由司法院大法官組成「憲法法庭」審理。因此說，彈劾案的最終決定權掌握在司法院的手中。

（五）發動事由不同

罷免系對政治責任的追究，而政治責任基本上系總體考察，不需要有特定的事件，特別是現行制度規範下，總統在職權上，對於行政事務確有相當程度的介入權，此時行政院總體施政的成敗，總統也應有責任，所以提起罷免案不須有特定的失職事由。罷免案既然系政治責任的追究，交由全民複決也就合乎民主法理。而彈劾繫對法律責任的追究，所以彈劾必須有明確而具體的事由。為避免法律責任泛政治化，立法院提案彈劾總統、副總統，應提出總統或副總統違法失職的證據。

（六）對副總統的處置不同

由於總統、副總統系聯名競選，他們的政治責任連為一體，所以罷免案應將總統、副總統一起聯名罷免。而彈劾的事由，單純是總統個人的違法失職行為，與副總統無關，因此，副總統並非與總統一併成為被彈劾的對象。

（七）效果不同

罷免總統的結果，總統與副總統一併去職，由行政院院長代行職權，並且依照憲法增修條文規定，補選總統、副總統。總統彈劾案若經過司法院大法官組成的「憲法法庭」透過，總統即應解職，由副總統繼任。

為了更清晰地展示總統罷免與彈劾制度的上述主要區分，列表如下：

表3-1：罷免與彈劾制度比較彙總表

	總統「罷免」	總統「彈劾」
理論基礎	直接民主	權力分立與制衡
權力性質	政治性質	準司法性質
發動權	立法院	立法院
決定權	全民投票	司法院大法官組成的「憲法法庭」
發動事由	追究政治責任	追究法律責任
副總統的去向	一併處理	個別追究
效果	行政院院長代行職權，重新補選正副總統	由副總統繼任

（資料來源：林昱梅：《總統之罷免與彈劾》，載《憲政時代》第29卷第1期，2003年7月，第62頁。但本書作者根據客觀情況的變化，略作修改。）

第七節　總統體制評議

一、總統與「五院」的職權對應關係

按照臺灣的憲法所規定的「五權體制」架構，總統為「國家元首」，統合「中央政府」，與政府「五院」均有職權上的對應關係。現分述如下：

（一）總統與行政院的職權對應關係主要表現在：

第一，在任命閣員方面，行政院副院長、各部會首長及不管部會的政務委員，由行政院院長提請總統任命。

第二，在行政副署方面，總統依法公布法律、發布命令，除依照憲法經國民大會或立法院同意任命人員的任免命令外，須經行政院院長的副署，或行政院院長及有關部會首長的副署。

第三，在覆議方面，行政院對於立法院決議的法律案、預算案、條約案，認為窒礙難行時，得經總統核可，移請立法院覆議。

第四，在提議發動職權方面，總統行使締結條約及宣戰媾和之權、宣布戒嚴、發布緊急命令、行使大赦及「全國性」減刑等，均須先經行政院會議議決，提請總統作出決定。

第五，在代行職權方面，總統、副總統均缺位，或因故不能視事，由行政院院長代行其職權。總統於任滿之日解職，如屆期次任總統尚未選出，或選出後總統、副總統均未就職，由行政院院長代行總統職權。

第六，在預算和決算方面，總統府及其所屬機關的預算及決算，須由行政院彙整編入「中央政府」的總預算及總決算。

第七，在提出法案方面，總統府的有關組織及職權法案，通常由行政院代總統府向立法院提出。

（二）總統與立法院的職權對應關係

主要表現在：

第一，在補選副總統方面，副總統缺位時，總統應於3個月內提名候選人，由立法院補選，繼任至原任期屆滿為止。

第二，在人事提名任命方面，「監察院」審計長，由總統提名，經立法院同意任命。

第三，在公布法律方面，立法院議決透過的法律，由總統公布。除經行政院移請覆議外，總統應於收到法律案10日內予以公布，以完成立法程序。

第四，在覆議方面，行政院對於立法院的決議，移請立法院覆議，須經總統的核可。

第五，在宣布戒嚴和緊急命令方面，總統依法宣布戒嚴，須經立法院的同意或追認；總統發布的緊急命令，須經立法院的追認。

第六，在解嚴方面，總統依法宣布戒嚴，但須經立法院的透過或追認。立法院認為必要時，得決議移請總統解嚴。

第七，在召集會議方面，總統於必要時，得咨請立法院召開臨時會。

第八，在彈劾方面，立法委員對於總統、副總統得提出彈劾案經議決後，聲請司法院大法官審議。

（三）總統與司法院的職權對應關係

主要表現在：

第一，在提名任命方面，司法院院長、副院長、大法官由總統提名，經立法院同意任命。

第二，在解決爭議方面，司法院院長應參與為解決院際爭議，由總統召集的有關各院院長的會商。

第三，在法令解釋方面，總統公布法律、發布命令，司法院得經解釋宣布「違憲」的法令無效。

（四）總統與「考試院」的職權對應關係

主要表現在：

第一，在提名任命方面，「考試院」院長、副院長、「考試委員」由總統提名，經立法院同意任命。

第二，在解決爭議方面，「考試院」院長應參與為解決院際爭議，由總統召集的有關各院院長的會商。

（五）總統與「監察院」的職權對應關係

主要表現在：

第一，在人事任命方面，「監察院」院長、副院長、「監察委員」由總統提名，經立法院同意任命。

第二，解決爭議方面，「監察院」院長應參與為解決院際爭議，由總統召集的有關各院長的會商。

二、總統權力的擴張與監督機制的失衡

（一）權力擴張及其表現

「憲政改革」後，總統權力一直處於擴張的狀態，主要表現在：

1.總統擁有更多更大的「中央」人事權

首先，總統直接任命行政院院長，無須再經過立法院的同意。其次，總統對司法院、「考試院」、及「監察院」組成人員有提名權，其中包括司法院院長、副院長及大法官，「考試院」院長、副院長及「考試委員」，「監察院」院長、副院長及「監察委員」，而且無須經過行政院院長的副署，只須經立法院的同意任命。這些規定擴大了總統的權力，加深了「總統制」的色彩。

2.總統發布緊急命令權的限制減少

憲法增修條文第2條第3款規定：「總統為避免國家或人民遭遇緊急危難或應付財政經濟上重大變故，得經行政院會議之決議發布緊急命令，為必要之處置，不受憲法第43條之限制。但須於發布命令後10日內提交立法院追認，如立法院不同意，該緊急命令立即失效。」這項規定與「臨時條款」第

1條的規定大同小異，但與憲法第43條總統緊急命令權的規定差異較大，主要不同是：第一，總統的緊急命令權可以預先發動行使，不必等待「自然災害」或其他危難發生時才採取行動。第二，總統的緊急命令權可以於立法院會期內行使，但提交立法院追認的期限由「1個月內」縮短為「10日內」。第三，總統行使緊急命令權，不必等待立法院制定「緊急命令法」即可先行實施。

3.「國安體制」的設置權

「國安體制」的建立是總統權力擴張的又一明顯標誌。在「戒嚴時期」，依照「臨時條款」所設立的「國家安全會議」及「國家安全局」，成為當時臺灣的實際決策機構，行政院不過是「國家安全會議」的執行機關。本來這兩個機構是戒嚴時期的特殊產物，理應隨著戒嚴時期的終止而予以廢除。但在「憲政改革」中，「國家安全會議」不但沒有被廢除，反而為憲法增修條文所確認。由於「國家安全會議」和「國家安全局」是總統在體制內唯一能參與行政決策的機制，總統十分重視「國家安全會議」和「國家安全局」，極力推動建立所謂「國安體制」，促進「國安體制」的「法制化」。

4.透過「決定國家安全大政方針」權，直接決定行政院的施政

首先，憲法增修條文賦予總統決定「國家安全」大政方針權。雖然「國家安全會議組織法」規定「國家安全會議」的決議不再交各主管機關實施，而僅僅是總統決策的參考。但總統決策可以不受「國家安全會議」決議的約束。在實踐中，總統的決策已超過「國家安全大政方針」，甚至涉及具體的實施措施。凡總統決策涉及行政院職權範圍的，均由行政院忠實執行。其次，雖然憲法規定，行政院是「最高行政機關」；然而，「國家安全會議組織法」卻又規定該會有權掌理「關於國家安全之國防、外交，及國家統一等重大政策之研議事項」，及「總統核交研議之其他有關國家安全之重大事項」。換言之，新的憲法增修條文沿用戒嚴時期的「國家安全會議組織

法」，瓜分掉了行政院院長在「國防」、「外交」，及大陸事務方面的最高事權，使總統權力進一步擴大；可是，行政院院長必須對立法院負責，而總統卻不必擔負類似的責任。

5.對立法院的解散權

與總統直接任命行政院院長的制度相配套，總統還獲得了經行政院院長呈請對立法院的解散權。第四次「憲政改革」將1946年憲法規定的「修正式內閣制」調整為「雙首長制」，行政院院長在一定條件下可提請總統解散立法院，總統遂取得對立法院的解散權。根據第四個憲法增修條文第2條的規定，總統於立法院透過對行政院院長的不信任案後10日內，經諮詢立法院院長後，得宣告解散立法院。不過，總統解散立法院的權力不能獨立行使，不僅需行政院院長呈請，還需要諮詢立法院院長。

6.行政院院長副署權的縮限

第三次「憲政改革」後，行政院副署權被大大限縮，依照第三個憲法增修條文第7條的規定，「總統發布依憲法經國民大會或立法院同意任命人員之任免命令，無須行政院院長之副署，不適用憲法第37條之規定」。第四次「修憲」將該條文修改為「總統發布行政院院長與依憲法經國民大會或立法院同意任命人員之任免命令及解散立法院之命令，無須行政院院長之副署，不適用憲法第37條之規定」，將副署權的適用範圍繼續限縮。為配合以「國大虛級化」和「廢國大」為目的的第六次、第七次「修憲」，對上述條文做了相應的調整，國民大會字樣被刪除，其他均無變化。概括以上規定，總統發布命令時，免於副署的情形有：（1）總統對行政院院長的任免令。（2）經立法院同意任命人員的任免令。（3）解散立法院的命令。

（二）監督機制的失衡及其表現

臺灣的總統擁有極大的權力，從法理上說，應當有一套切實可行而富有實效的責任機制與監督機制與之相對應，才能防止總統權力的濫用。但目前臺灣已有的對總統進行監督和制衡的機制並不能真正發揮其應有的監督作用。

1.權力的擴增與監督的弱化

　　在臺灣的七次「修憲」中，涉及總統權力增加的主要是前四次，第五、六、七次基本上維持了前四次「修憲」後的總統職權狀況及其制約機制，故我們主要考察前四次「修憲」中涉及總統職權增加和制約機制弱化的情形。參見下表：

　　表3-2：總統權力的增加與監督機制的減少之對比表

	「總統」權力的擴增	對「總統」監督制衡的弱化	
		彈劾「總統」的規定	罷免「總統」的規定
第一次「修憲」（1991）	1.「總統」緊急命令權行使條件的放寬：總統為避免「國家」或「人民」遭遇緊急危難或應付財政經濟上重大變故，得經「行政院」會議議決發布緊急命令，做出必要的處置，但須於發布緊急命令後10日內提交「立法院」追認，如「立法院」不同意，該緊急命令立即失效。（增修7） 2.「總統」享有「國安會」設置權：「總統」為決定「國家」安全有關大政方針，得設「國家安全會議」及所屬「國家安全局」。（增修9）	未作修改，維持「憲法」本文規定：彈劾案由全體「監察委員」1/4以上提議，過半數決議向「國大」提出。「憲法」未規定「國大」表決程序。	未作修改，維持「憲法」本文規定：「憲法」僅規定罷免「總統」為「國大」的職權，罷免程序則未規定。
第二次「修憲」（1992）	1.「總統」有召集「國大」、檢討「國是」的權利（增修11.3） 2.「總統」對「監察院」正、副院長及「監察委員」的提名權（增修15.20）	明文規範「國大」表決程序：「監察院」提出的彈劾案，經「國大代表」總額1/4提議，總額2/3同意始為通過。（增修12.4）	明文規範「國大」表決程序：「國大代表」提出的罷免案，經代表總額1/4提議，總額2/3同意始為通過。（增修12.4）

續表

	「總統」權力的擴增	對「總統」監督制衡的弱化	
		彈劾「總統」的規定	「罷免「總統」的規定
第三次「修憲」（1994）	1.「總統」由人民直接選舉產生。（增修2） 2.縮減「行政院」院長對「總統」發布命令副署的範圍：「總統」發布依「憲法」經「國民大會」或「立法院」同意任命人員的任免令，無須「行政院」院長副署。（增修2.2）	維持第二次「修憲」後的規定。	「國大」表決程序變更為提案程序，表決權由人民行使：「國大代表」提出的罷免案，經代表總額1/4提議，總額2/3同意後提出；並經選舉人員總額過半數的投票，有效票過半數同意始為通過。（增修2.9）
第四次「修憲」（1997）	1.「總統」直接任命「行政院」院長。（增修3.1） 2.「總統」於若干條件下得解散「立法院」；「立法院」倒閣案通過後，「行政院」院長得呈請「總統」解散「立法院」；「總統」於「立法院」倒閣案通過後，10日內經諮詢「立法院」院長後，得宣告解散「立法院」。（增修3.2，增修25）	彈劾提案權移轉至「立法院」，並將提案事由限縮為「總統」犯內亂或外患罪；「立法院」對「總統」犯內亂或外患罪的彈劾案，由全體「立法委員」1/2以上提議，2/3以上決議向「國大」提出，並由「國大代表」總額2/3同意通過。（增修2.10，增修4.5）	維持第三次「修憲」後的規定。

（資料來源：蘇子喬：《臺灣當前憲政體制中總統、行政院院長與立法院之三角關係——應然面與實然面之探討》，載《憲政時代》第27卷第3期，2002年1月，第99-100頁。）說明：（1）文字後括號中數字為憲法條文的條項，例如（增修2.5）即代表憲法增修條文第2條第5項；（2）由於歷次「修憲」增修條文皆作整體翻修，文字內容即使不作更動，條項仍可能有所調整。本括號中所標列的「增修」條文條項則為各次「修憲」增修條文條項；（3）本書在引用該列表時，根據大陸文字表述的習慣，對原表中的文言文表述略作修改。

透過以上列表的內容可以發現，在前四次「修憲」中，在總統職權不斷擴增的同時，理應強化對總統權力的監督和責任追究，但事實卻恰恰相反，

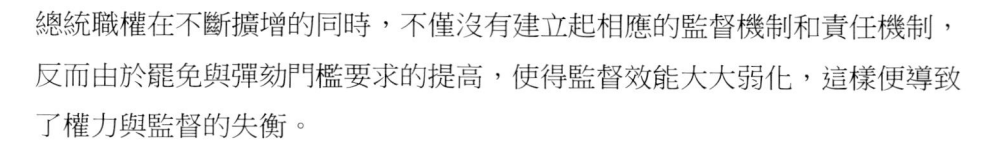

總統職權在不斷擴增的同時，不僅沒有建立起相應的監督機制和責任機制，反而由於罷免與彈劾門檻要求的提高，使得監督效能大大弱化，這樣便導致了權力與監督的失衡。

2.已有的罷免與彈劾制度難以啟用

七次「修憲」後，不論是彈劾總統的程序還是罷免總統的程序，由於兩者都要經過兩階段不同機關的決定，以及兩階段表決的高門檻要求，因此要成功彈劾或罷免總統的可行性並不大。這主要表現在：（1）對總統的罷免案或彈劾案的提出，有很高的門檻要求，即兩者都需要全體立法委員2/3同意。（2）就罷免案來說，即使其能夠在立法院獲得透過，還要經選民總數過半數的投票，有效票過半數同意罷免時，即為透過。而如果選民參與投票未過半數，或者選民參與投票而贊同罷免的未超過半數有效票，罷免案就不能透過；就彈劾案來說，即使經過全體立法委員2/3以上決議同意提出後，還要聲請司法院大法官審理。（3）在立法院中，任何政黨或政黨聯盟尤其是反對黨，都不可能取得2/3的席位，所以罷免案或彈劾案就不太可能提出。實際上，臺灣普遍存在一個現象，即對選舉產生的「公職人員」的罷免，都規定了非常複雜煩瑣的程序。有時即使選民很不滿意，但罷免程序的複雜，使得選民難以啟動。選民只能無奈地選擇「下次不選」的處理辦法。因此，由於對總統進行罷免或彈劾的機制在事實上難以啟動，因而也就影響了其對總統應有的監督功能。總統成為一個擁有極大權力，卻不承擔實際責任，也不接受實際監督的政治角色。如此「權責不相符」的制度設計，必將威脅民主本身。當然，需要說明的是，臺灣之所以透過「修憲」提高罷免與彈劾總統的門檻，主要是為了與總統直選制度相呼應。單從法理上分析，這也說得通。

除此之外，雖然早在1994年已明確規定總統領導下的「國家安全會議」及其所屬「國家安全局」應受立法院監督，但所謂「受立法院監督」，僅指

事後的備詢,而非事前的政策報告,總統依然超越於「五院」之上,不對立法院負責。另外,總統還享有不受司法管轄,免於刑事追訴的權力。諸如此類的制度設計,便使得總統成為「有權無責」的特殊政治角色。在這樣的情形下,如何加強對總統權力的制衡,成為一個迫切需要研究和解決的問題。

第四章　臺灣行政院體制

　　依臺灣的政治體制，行政院位列「五院」之首。憲法中所稱的「行政」，係指五權中除去立法、司法、考試與監察以外者而言。雖然這四權不乏行政作用，但它們均非憲法上所說的「行政」。在臺灣關於行政院的概念使用中，行政院有狹義與廣義之分。臺灣憲法第53條規定，行政院為「最高行政機關」，是指狹義上的行政院。而憲法第54條所規定的「行政院設院長、副院長各1人，各部會首長若干人，及不管部會政務委員若干人」，則為廣義上的行政院。現行臺灣憲法及憲法增修條文在「元首權」與行政權分立的觀念下，將「元首權」賦予總統，但將行政權交予行政院。故行政院在憲法規範上，是「最高行政機關」。雖然在權限的分配上，這裡的行政院是指狹義上的行政院，但在組織法上，行政院則是指廣義的行政院。

第一節　行政院的性質與地位

　　根據臺灣憲法第53條的規定，行政院為臺灣的「最高行政機關」。此處的「最高」，是相對於其他行政機關而言的；此處的「行政機關」，是有別於其他性質的機關而言的。

一、行政院的性質

　　從臺灣憲法的相關條文來看，臺灣的「中央政府體制」帶有「總統制」的色彩，也帶有「內閣制」的色彩，因此，行政院在某些方面，類似於西方國家的「內閣」。但在另一些方面，卻又不像西方國家的「內閣」，而是「五權憲法」體系中的治權機關，且為治權機關的核心中樞，這一點與西方國家的「內閣」有所不同。

憲法掺揉西方國家的內閣制與總統制的特徵，又設有政權不完備的國民大會，如此「對五權制、內閣制、總統制均東拼西湊，任意取捨，結果就成了個大拼盤。五權憲法的盤子盛入內閣制與總統制各一部分的菜餚。亦算是中外政治制度史及法制史上之一奇。」所以，臺灣的政制深受歷史環境背景的影響，行政院成為「五權憲法」的特殊產物。

依臺灣憲法第53條的規定，行政院為「最高行政機關」。行政院對立法院負責；行政院院長及各部會副署總統公布的法律及發布的命令，以建構為政府施政與對人民負責的根本機制。行政院的性質略似內閣制國家的「內閣」。

另外，從政務官的範圍來看，政務官應指行政官中政務職人員，即以行政院院長、副院長、各部會首長、政務委員及政務次長為主體。目前臺灣依「政務官退職酬勞金給予條例」第2條所訂的「政務官」範圍過於寬廣，與學理上概念差距甚大。如政務官指上述行政官之政務職人員，則行政院相當於內閣制國家的「內閣」，決定政策，向國會負責。

即使依1997年的憲法增修條文，總統任命行政院院長，不必經立法院同意，總統此項提名猶須考量政黨形勢、民意趨向，所任命的閣揆至少應為立法院所支持的人。而行政、立法兩院間的負責關係，更因倒閣權與解散權的引進而更加完整週延，並且接近「內閣制」形態。簡言之，行政院相當於西方國家的「內閣」。

二、行政院的地位

憲法第53條規定：「行政院為國家最高行政機關」。但行政院是不是「最高行政機關」，即使在臺灣學者中也是看法不一。這主要是因為臺灣實行的是「雙首長制」，在「中央政府」中有兩個行政中心，一是總統，二是行政院院長。一方面，總統的行政權力極大，既有人事任免權，又有直接指

揮權,但另一方面,施政的政治責任又必須由行政院院長來承擔。對於憲法第53條規定的行政院為「最高行政機關」,存在著兩種不同的解釋:

(一)「行政中樞」說

按照臺灣學者林紀東先生的觀點,臺灣的總統非內閣制國家虛位元首所能比擬,總統除了為「國家元首」外,「既具行政首長之地位,對於行政院有相當之指揮權,則所謂行政院為最高行政機關云云,即不能僅由文字表面上意義解釋,而應解為行政中樞機關之意。因從憲法上的整個規定來看,行政院固非最高行政機關,然其為行政中樞機關。」

秉持「行政中樞」觀點的臺灣學者,多從五權應分工合作,不宜相互制衡的角度來論證,並主張「五五憲草」上「總統率同五院對國民大會負責」,「總統系偏重於行政權之性質並以元首兼全國行政首長之地位,一望而明,則行政院亦非最高行政機關,而為承上啟下的行政中樞地位,十分明顯。」更認為總統的統帥權、任免官員權、赦免權、戒嚴權等均為「實權」,加以「總統之核可覆議權,足以左右行政院長之處境,及行政院與立法院之關係。」

(二)「最高行政機關」說

秉持這一觀點的學者認為,憲法第53條「最高行政機關」中的「最高」,不宜再另作其他涵義的解釋。其理由是:(1)行政院系掌理治權中的行政權,不同於掌理其他治權的機關,即行政院為「最高行政機關」,如同立法院、司法院、「考試院」及「監察院」,在各自所掌治權的系統內,為「最高」權責機關。作為「最高行政機關」,凡非屬總統以及「立法院、司法院、監察院、考試院」等四「院」的職權,都可歸由行政院負責。(2)行政院為「最高行政機關」,亦即為「中央政府」的「最高行政機

關」。因此,一方面行政院下屬的各部會以行政院為上級機關,行政院對其各部會有監督指揮權責;另一方面行政院代表「中央」對地方自治實體擁有監督權,如1994年憲法增修條文第8條第5款即明確規定:「省自治之監督機關為行政院,縣自治之監督機關為省政府」。(3)行政院為行使行政權的「最高」權責機關。行政院各部會的重要決策皆須經行政院會議討論議決;行政機關向立法院提出的各種法案,皆須經由行政院提出;行政院及所屬部會皆以行政院名義,向立法院提出預算案,向「監察院」提出決算案;行政院各部會的政策或處分,不得與行政院的政策或處分牴觸,否則行政院得經院會或訴原委員會的決定予以撤銷或變更。這些均表明,行政院與其各部會間,具有權限劃分與指揮監督關係。(4)行政院與其他機關之間的互動關係,並不影響其為「最高行政機關」的地位。總統依憲法行使職權,就如同立法院、司法院、「考試院」與「監察院」各自行使職權,皆與行政院行使職權有所不同,其相互之間的關係,係為使政府功能得以發揮,權力得以節制,行政院作為「最高行政機關」的地位不受影響。

第二節　行政院的組織

一、行政院院長

(一)行政院院長的產生方式與任期

臺灣憲法第55條規定,行政院院長,由總統提名,經立法院同意後任命。但這一規定已被憲法增修條文第3條第1項修正為:「行政院院長由總統任命之。行政院院長辭職或出缺時,在總統未任命行政院院長前,由行政院副院長暫行代理。憲法第55條之規定,停止適用。」故現制行政院院長不須再經立法院的同意即可產生。且更值得注意的是,不只是任命行政院院長不須經立法院同意,即使免除行政院院長之令,也不須經立法院同意,更不需

要行政院院長本人副署。如此一來，臺灣的「中央政府體制」將趨向於「總統制」，行政院院長將成為總統的部屬。但只要在制度上，憲法第37條未完全廢止，行政院院長即有可能以去職為代價，而對其認為不妥的總統命令，不予副署。

近些年來，有關行政院院長的任期，常成為重要議題。以往因憲法、「行政院組織法」等相關法規皆未明文規定，臺灣學界曾就「行政院院長是否有任期問題」產生過爭論。經司法院釋字第387號解釋予以闡釋後，已建立起行政院院長隨立法院改選的政治慣例。但在第四次憲法增修條文之後，行政院院長不必經過立法院同意而直接任命，但只要行政院對立法院負責的規定與精神沒有改變，行政院院長就應遵循這一政治慣例。此外，行政院院長也須隨總統的改選而相應地辭職。由此看來，行政院院長應無任期的問題。

新任總統就職時，行政院院長要不要請辭？依1996年司法院大法官會議所作的釋字第419號解釋，行政院院長於新任總統就職時提出總辭，系基於尊重總統而作的「禮貌性總辭」，並非其憲法上的義務，對於行政院院長非憲法上義務性的辭職應如何處理，屬於總統的裁量權，不屬於司法院大法官會議作「合憲性」審查的事項。換言之，新任總統選出後，行政院院長要不要辭職，是由總統決定的。

（二）行政院院長的職權

行政院院長個人具有如下職權：

1.代行總統職權

依臺灣憲法增修條文第2條第8項的規定，總統、副總統均缺位時，由行政院院長代行其職權。另依憲法第50條的規定，總統於任滿之日解職，如屆

期次任總統尚未選出，或選出後總統、副總統均未就職時，亦由行政院院長代行總統職權。

2.提請任命「內閣」首長權

行政院院長依憲法第56條的規定，有組織內閣權，即提出行政院副院長、各部會首長及不管部會之政務委員人選，請總統加以任命。

3.副署權

依臺灣憲法第37條的規定，行政院院長對總統依法公布法律、發布命令有副署權。但因憲法增修條文的修正，現在總統發布行政院院長與依憲法經國民大會或立法院同意任命人員的任免命令及解散立法院的命令，行政院院長無副署權。

4.主持行政院會議權

依臺灣憲法第58條第1項的規定，行政院召開行政院會議，以行政院院長為主席。而依「行政院會議議事規則」第5條的規定，行政院院會的決議，行政院院長擁有最後決定權。

5.綜理院務、監督所屬機關權

依臺灣「行政院組織法」第7條的規定，行政院院長有綜理行政院全院院務並監督所屬機關處理各項行政事務的權力。

6.參與解決院際間爭執權

依憲法第44條的規定，行政院院長有應總統召集的參與解決「中央政府」五院之間所發生的爭執的權力。

7.參與省自治法重大障礙的解決權

依憲法第115條規定，行政院與立法、司法、考試、監察四院院長組織委員會，以會商解決省自治法實施中所發生的重大障礙問題。

（三）行政院院長的缺位代理

　　憲法第55條第2項規定，立法院休會期間，行政院院長辭職或出缺時，由行政院副院長代理其職務，但總統須於40日內咨請立法院召集會議，提出行政院院長人選，徵求同意。行政院院長職務，在總統所提出的行政院院長人選未經立法院同意前，由行政院副院長暫行代理。

　　憲法增修條文第3條規定，行政院院長辭職或出缺時，在總統未任命行政院院長前，由行政院副院長暫行代理。

　　由上可見，無論是依憲法還是其增修條文，行政院院長辭職或出缺，在新任行政院院長產生之前，均規定由行政院副院長暫行代理其職權。所謂的「暫行代理」，是指有期間限制的代理。依憲法規定，總統須於40日內咨請立法院召集會議，提出行政院院長人選，徵求同意。但是，依憲法增修條文的規定，總統有新任行政院院長的直接任命權，無須經立法院同意，而且行政院副院長暫行代理期間，也缺乏明確規定，完全聽憑總統決定。

　　行政院院長除因健康原因而辭職或出缺外，尚有以下幾種情況：（1）因總統改選而辭職。依照憲法增修條文第2條、第3條的規定，行政院院長由總統直接任免，既無須經立法院同意，也無須經行政院院長副署。行政院院長有總統幕僚長的性質，自應隨總統改選而提出總辭，尊重新任總統的任命權。（2）因不信任案而辭職。根據憲法增修條文第3條第2項的規定，立法院可對行政院院長提出不信任案，如獲透過，行政院院長應於10日內提出辭職。（3）因覆議案未獲總統核可而辭職。憲法增修後，行政院院長由總統直接任命，故當行政院與立法院發生重大政策歧見，行政院院長向總統提出發動覆議案的請求，而未能獲得總統核可時，憲法增修條文雖然未明確規定行政院院長此時應即請辭，但行政院院長可以選擇辭職。當然，倘若行政院院長不願意辭職，即可不辭。

（四）行政院院長與總統的關係

1.有無職務從屬關係？

以往行政院院長須經立法院同意，總統才能任命，故行政院院長能否出任，基本上取決於立法院的同意，故行政院院長在職務上難以說與總統有從屬關係。依憲法增修條文，行政院院長的任免皆不須經立法院同意，則理論上，總統任何時候皆可任免行政院院長，故很難再認為，行政院院長非總統的屬下。但行政院院長如果屬總統的下屬，即不該繼續保留憲法第37條的副署權。此制雖有人稱之為「雙首長制」，行政院院長在此制下，必須變得非常謙虛，方能續任該職。也就是說，個案上或許行政院院長不至冒被免職的風險，而不副署，但只要該副署規定未凍結適用，行政院院長不謙虛而與總統產生政治紛爭的導火線即可存在。另外，1997年憲法增修條文引進「倒閣」與解散國會的制衡模式，且解散立法院以「倒閣」為前提，則行政院院長如同總統的代罪羔羊。作為民意代表的立法委員，對總統的作為無法施以監督，只能對其馬前卒的行政院院長表示不滿，主要權力之間沒有形成監督制衡的關係，此種制度設計，有違反權力分立的基本原理之嫌。

2.代行職權關係

憲法第49條規定，總統缺位時，由副總統繼任，至總統任期屆滿為止。總統、副總統均缺位時，由行政院院長代行其職權，並依憲法第30條的規定召集國民大會臨時會，補選總統、副總統，其任期以補足原任總統未滿的任期為止。總統因故不能視事時，由副總統代行其職權。總統、副總統均不能視事時，由行政院院長代行其職權。但憲法增修條文第2條第8項將其修正為：「總統、副總統均缺位時，由行政院院長代行其職權，並依本條第一項規定補選總統、副總統，繼任至原任期屆滿為止，不適用憲法第49條之有關規定。」

總統於任滿之日解職,如屆期次任總統尚未選出,或選出後總統、副總統均未就職時,由行政院院長代行總統職權。行政院院長代行總統職權時,其期限不得超過3個月。

(五)行政院院長可否由副總統兼任?

行政院院長能否由副總統兼任的問題,在臺灣的憲法上並無明文規定。1996年3月23日,時任行政院院長的連戰當選副總統,5月16日請辭行政院院長一職,然總統卻讓其留任。於是引發了1996年司法院大法官會議所作的釋字第419號解釋,該解釋認為:「副總統與行政院院長二者職務性質亦明顯不相容,惟此項兼任如遇總統缺位或不能視事時,將影響憲法所規定繼任或代行職權之設計,與憲法設置副總統及行政院院長職位分由不同之人擔任之本旨位盡相符。」根據本解釋,連戰於1997年8月21日辭去行政院院長職務,單純擔任副總統一職。

二、行政院副院長

(一)行政院副院長的設置依據

憲法第54條規定:「行政院設院長、副院長各1人,各部會首長若干人,及不管部會之政務委員若干人。」因此,臺灣行政院副院長的法定名額僅為1名,如欲增加其名額,即必須透過憲法修正程序,修正這項規定。

(二)行政院副院長的產生方式

依憲法第56條規定,行政院副院長、各部會首長及不管部會的政務委員,由行政院院長提請總統任命。另依憲法增修條文第3條規定,行政院院長由總統任命。因此,臺灣行政院副院長的任命程序是,先由總統任命行政

院院長,再由行政院院長提請總統任命行政院副院長。需要指出的是,行政院副院長的任命,不須經立法院同意。

在政府「五院」中,行政院副院長的任命,與行政院院長分開,頗為獨特。因為行政院的體制,不同於其他四院,如立法院、「考試院」為合議機關,司法院、「監察院」也以各種合議方式行使職權,而行政院則為獨任機關,政務人員由院長提請總統任命,並對院長負責,行政院院長角色倚重,而副院長則為其從屬。

（三）行政院副院長的主要職權

行政院副院長的職權主要有:(1)輔佐行政院院長,以處理院務,若干事項由副院長決定。(2)出席行政院會議,並於院長因事不能出席時,代理會議主席。(3)出席立法院院會,但依慣例不是立法委員的質詢對象,如接受質詢系以其兼職身分為主。(4)代理院長職務,於行政院院長因故不能視事時,為法定代理人。(5)主持院內小組,如兼任環保小組、「行政院組織法」研修小組召集人;或兼任部會機關首長。

就人選而言,行政院副院長通常由執政黨人士出任,有時也延攬財經專業人士,以彌補閣揆專業的不足。但有時也聘請在野黨的精英人士,以塑造朝野協同合作的形象。2005年2月,行政院新「內閣」產生,執政黨標榜「和解共生」,有意「虛位以待」,將副院長一職留給在野黨（並指定由曾任財經首長的江丙坤先生擔任）。但在野黨以未經政黨協商,不符「黨進黨出」原則要求而沒有結果。

三、各部會首長及不管部會的政務委員

依臺灣「行政院組織法」的規定,行政院設以下各部及各委員會:「內

政部」、「外交部」、「國防部」、「財政部」、「教育部」、「法務部」、「經濟部」,「交通部」、「蒙藏委員會」、「僑務委員會」。行政院各部會首長,均為政務委員。行政院置不管部會政務委員5至7人,該不管部會的政務委員即通常所說的「不管部部長」。各部會首長一方面出席行政院會議,參與決策,另一方面又須執行本部部務。

　　各部會首長,依憲法第56條規定,由行政院院長提請總統任命。這裡雖然規定了各部會首長由總統任命,但卻須由行政院院長提請。但該規定並非意味著總統可以代替行政院院長組閣。也就是說,行政院是一個負集體責任的團體,各部會首長之間須互相密切合作,而非處於競爭關係,共同形成行政院的政策,以對立法院負責。各部會首長皆為行政院院長的直接部屬,而不是總統的直接部屬,縱然總統在某些關係上,可被視為行政院院長的長官,但為尊重行政院院長系最高的行政首長的地位及組織上的政務官人事權,總統對某部長所提出的政策不滿意,也不得令其去職;相反的,行政院院長認為某部長應對重大工業安全事件或飛行安全負責,總統也不應力保之,閣員的去留,應由行政院院長決定。

　　行政院副院長、各部會首長及不管部會政務委員的任命,不須經立法院同意,而是由行政院院長提請總統就可任命。這裡有一個問題要澄清,總統對於行政院院長所提的上述「閣員人選」,如認為不甚相容或不贊成時,可否改動?在實際政治運作過程中,同一政黨的總統和行政院院長應會透過黨內溝通、協調而意見一致;不論總統和行政院院長是否屬於同一個政黨,若彼此意見差異過大,因總統握有行政院院長的任免權,則可換一個與其理念一致的行政院院長。由此可見,第四次「修憲」後,雖未變動憲法第56條,但行政院院長在「組閣」時,對於閣員人選,其自主性可能很小,且必須考量提請總統任命時,總統的意見和對人選的主張。至此,行政院院長在某種程度上,扮演的角色類似總統的幕僚長。

（一）各部會首長的職權

各部會首長具有雙重身分，一為部會的首長，另一為政務委員。依這兩種身分，各部會首長有下列職權：

1.出席行政院會議權

依憲法第58條第1項的規定，各部會首長為行政院會議的組成成員，當然有出席行政院會議之權。

2.向行政院會議提案權

依憲法第58條第2項的規定，各部會首長有將應行提出於立法院的法律案、預算案、戒嚴案、大赦案、宣戰案、媾和案、條約案及其他重要事項或涉及各部會共同關係的事項，提出於行政院會議之權。

3.綜理所管部會政務權

依臺灣「行政院組織法」第7條的規定，各部會首長受行政院院長的監督，處理主管的行政事務。另依「各部會的組織法」或「組織條例」，各部會首長有依法令綜理所管部會的政務，指揮監督所屬機關處理主管的各項行政事務的權力。

（二）不管部會政務委員的職權

行政院內的政務委員有兩種，一種是主管某一部會的政務委員，另一種是不主管任何部會的政務委員。依「行政院組織法」第4條第2項的規定，不管部會的政務委員有5至7人。其主要職權為：

1.出席行政院會議權

依憲法第58條第1項的規定，不管部會政務委員為行政院會議的組成成員，自有出席行政院會議的職權。

2.處理不屬於各部會事務或特定事務權

依臺灣「行政院組織法」第7條的規定，行政院院長可以授權不管部會政務委員以處理不屬於各部會的事務或處理涉及各部會的綜合事務。

四、行政院各部會等所屬機構

行政院所屬機構為數眾多。「行憲」初期設有十四部。國民黨政府遷臺後，為精簡組織，曾進行過機構合併。迄今「八部二會」成為行政院的基本組織格局。其主要執掌分別為：

（1）「內政部」：掌理「全國」內務行政事務，如民政、戶政、役政、地政、警政、社會等事務。

（2）「外交部」：掌理「國際關係」、涉外事務，如條約、情報、禮賓、護照、「使領館」事務。

（3）「國防部」：掌理「國家」軍事行政事務，如「國防」的人力、物力行政事務，及軍事審判。

（4）「財政部」：掌理「全國」財政事務，如「國庫」、賦稅、糧食、關務、鑄幣、鹽政專賣事務。

（5）「教育部」：掌理「全國」學術、教育行政事務，如高等教育、中等教育、技術及職業教育、國民教育、社會教育、國際文化教育等行政事務。

（6）「法務部」：掌理「全國」檢察、監所（矯正）、政風和司法保護的行政事務及行政院的法律事務。2000年設行政執行署。

（7）「經濟部」：掌理「全國」經濟行政及建設事務，如工業、國際貿易、商業、礦業、水利、專利及度量衡事務。

（8）「交通部」：掌理「全國」交通行政事務，如「國道」、電信、郵政、航政等事務。

（9）「蒙藏委員會」：掌理蒙古、西藏的行政事務。

（10）「僑務委員會」：掌理僑務行政及輔導僑民事務。

其中的「二會」，「蒙藏委員會」與「僑務委員會」，其悠久歷史，如「蒙藏委員會」的前身為清代的理藩院（部），如今二會的組織規模不大，其設立與維持具有政治宣示意義。這兩個委員會的首長特稱委員長，兼有政務委員身分，與各部部長同。

行政院除「八部」、「二會」外，依「行政院組織法」所明確規定，設主計處、新聞局。主計處掌理「全國」歲計、會計及統計事宜。新聞局掌理闡明「國家」政策、宣揚政令政績、發布「國內外」新聞等事項，近年來更掌理出版事業、廣播電視事業的行政，兼具行政院幕僚與事務權責機關雙重地位。

此外，行政院為處理特定事務，設有「中央銀行」、人事行政局、衛生署、環境保護署、海岸巡防署、金融監督管理委員會、經濟建設委員會、「國軍」退役官兵輔導委員會、原子能委員會、「國家科學委員會」、研究發展考核委員會、農業委員會、勞工委員會、文化建設委員會、「中央選舉委員會」、公平交易委員會、北美事務協調委員會、大陸委員會、消費者保護委員會、體育委員會、原住民委員會、客家委員會、故宮博物院等機關。此類機關，有以下特色：（1）首長不一定具有政務委員的身分。有些機關首長由政務委員兼任，但究竟是哪些機關則不特定。（2）機關名稱不一。主要名稱有局、署、處等，與部會或地方行政機關所屬機關名稱一樣，難以區分，是否將它們改為「總局」、「總署」、「總處」成為進一步改革的重要議題。而故宮博物院隸屬於行政院，形成「院下有院」的體系，也備受學界關注。（3）「中央選舉」、公平交易等委員會，委員中某一黨籍委員不

得超過一定比例的限制。此組織設計，係仿照美國獨立管制委員會由兩大黨分配委員，使委員會得保持超然立場，以處理管制或裁決性質的業務。此類委員會或稱行政委員會或獨立機關。

為精簡政府組織，建構效能政府，行政院於1998年1月2日透過「政府再造綱領」，以期「引進企業精神，建立一個創新、彈性、有應變能力的政府」。在「中央政府組織基準法」、「中央政府總員額法」的架構下，行政院所屬機關有整合調整的必要。根據2004年6月立法院三讀透過的「中央行政機關組織基準法」，行政院所屬的二級機關，從35個減為「十三部、四會、五個獨立機關」，總數為22個。

五、行政院的幕僚機構

行政院的幕僚機構依「行政院組織法」的規定，主要的有正、副祕書長、祕書室、訴願審議委員會、會計室、統計室、人事室及參事等法定機關。為處理特定事務，依「行政院組織法」第14條的規定，可在院內設各種委員會，如法規委員會。

另外，依2004年行政院院會透過的「行政院組織法修正案」，幕僚機關將透過行政院「二級機關型」的委員會和「單位型」的院內業務處兩種幕僚組織提供政策協助功能，增設政務委員9至11人，並增列主計長、人事長、資訊長和法制長各1人，由政務或其他相當政委職務人員兼任。

行政院為臺灣行政系統的「神經中樞」，設有幕僚組織。置祕書長1人，特任，由院長直接任命，承院長之命，處理院內事務，指揮監督院內職員，列席行政院會議。需要強調的是，祕書長是行政院祕書長，不是行政院祕書處的主管。另設副祕書長1人，簡任，襄助祕書長處理事務。並置參事、祕書、科長、編審、科員、書記官等人員。祕書處設七組，除第七組掌庶務工作外，其餘各組分別掌理各部、會、地方機關的有關行政計劃及案件

的研議，由參事兼任組長。此外，設法規委員會，掌法規的撰擬、審查及解釋；設訴願審議委員會，掌理訴願（再訴願）案件的審議。

六、行政院所屬的獨立機構

依臺灣「中央行政機關組織基準法」的規定，行政院下得設獨立機關。所謂「獨立機關」，是指依據法律獨立行使職權，自主運作，除法律另有規定外，不受其他機關指揮監督的合議制機關。依此規定，獨立機關有下列要素：（1）須為合議機關。合議機關在組織上採行委員制，此種組織設計旨在集思廣益，以集體議事的方式分散責任。（2）依據法律獨立行使職權，自主運作。其職權來自於法律賦予。此種職權的自主運作，應屬「作用法」上的獨立運作。（3）除法律另有規定外，不受其他機關指揮監督。意指組織法上本有指揮監督權的機關，對獨立機關也不應再行使指揮監督權。所謂法律另有規定，應指組織法的上級機關，對獨立機關所進行「與獨立執行職務」無關的監督規定，亦即獨立機關如果不是依據法律獨立行使職權，自主運作的行為，並非不受監督。由此可知，獨立機關的「獨立」是指「作用法」上的獨立，並不排除組織法上的監督機關，依組織法觀點所採取的諸如停職、撤職或免職等監督措施，只是不得以其獨立行使職權的事項，作為發動組織監督的契機而已。

可見，獨立行政機關的「法律獨立行使職權，自主運作」，主要是針對固有的「行政監督權」而言的，亦即獨立是就獨立於「行政組織法上的上級機關」而言的。這種監督包括適當性監督和適法性監督，亦即縱使獨立行政機關所作成的政策決定或具體採行的措施，有違法或不當之處，其上級機關也不能透過組織法上的監督權，予以糾正，包括撤銷或作政策指導，或代行職權等。

目前臺灣行政院設有5個獨立機關，包括「國家通訊傳播委員會

（NCC）」、金融監督管理委員會、行政院公平交易委員會、「中央選舉委員會」、「中央銀行」。按照「中央行政機關組織基準法」的規定，5個獨立機關的首長由行政院院長提名，經立法院同意後任命。

　　獨立委員會的委員，如有違反組織法的情事，行政院並非不可監督，但純粹執行職務不妥、政策不當或決定違法，行政院仍不得撤銷或廢止獨立機關的原決定。但這種「作用法上的獨立」，不包括可獨立於司法機關之外，因為行政權與司法權的互相制衡的關係，是憲法有關「國家」組織建置的基本原則，不因法律創設出獨立的行政機關而受到修正。亦即人民對於獨立機關的行政處分，如認為有違法而侵害權利時，仍得訴請行政法院予以審理。另外，獨立機關政策若有重大偏頗或其委員有違法失職時，具有獨立性的「監察院」，亦非不得對其進行糾正或彈劾。且獨立機關的預算並非完全獨立於立法院之外，憲法第63條所規定的立法院對於「國家」重要事項有最高決定權，亦不因獨立機關的建置而受影響，立法院亦非不得對獨立機關進行施政監督（只是不能透過獨立機關的過咎轉而督責行政院而已），故獨立機關也並非可以完全免於立法監督。

第三節　行政院的職權

一、行政院職權的概括性規定

　　首先，憲法上有關行政院職權的規定，未明文列舉，與對國民大會、總統、立法、司法、考試、監察各院的職權採取列舉規定有所不同。因為行政權的範圍較為廣泛多重，行政權的內容也較立法權、司法權、考試權、監察權的內容更為龐多複雜，不易一一列舉。其次行政院以院長為主導，行政院的職權，與行政院院長的職權難以截然劃分，但如副署法令、提名副院長及各部會首長，為憲法所明確規定，屬於行政院院長個人的職權，而以行政院

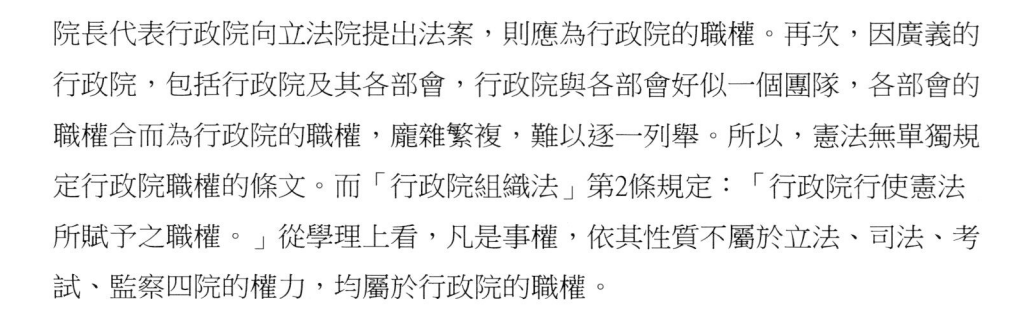

院長代表行政院向立法院提出法案，則應為行政院的職權。再次，因廣義的行政院，包括行政院及其各部會，行政院與各部會好似一個團隊，各部會的職權合而為行政院的職權，龐雜繁複，難以逐一列舉。所以，憲法無單獨規定行政院職權的條文。而「行政院組織法」第2條規定：「行政院行使憲法所賦予之職權。」從學理上看，凡是事權，依其性質不屬於立法、司法、考試、監察四院的權力，均屬於行政院的職權。

二、行政院的主要職權

雖然憲法對行政院的職權沒有逐一列舉，但根據憲法的相關條文，仍對行政院及其成員、組織的重要職權作了規定。概括起來，這些職權主要如下：

（一）向立法院提案權

依憲法第58條的規定，行政院有向立法院提出法律案、預算案、戒嚴案、大赦案、宣戰案、媾和案、條約案及其他重要事項的權力。這些事項經行政院向立法院提出，以完成立法程序，概稱為法案。值得注意的是：（1）提出法案權並非僅僅屬於行政院的職權，其他四院也有提案權（立法院則由立法委員提出）。（2）行政院的提案，須經行政院會議的議決，但不必呈請總統向立法院提出。（3）「其他重要事項」，如移請覆議，也由行政院提案。（4）在行政機關中，僅有行政院能夠提出法案，因為它是「最高」行政機關，能使法案得以整合有序。

行政院所提的法案，可分為幾個層次：（1）憲法明文規定「以法律定之」或「以法律另定之」的法案除行政院的組織外，還有「國防」組織。（2）憲法規定「依法律」、「以法律限制」、「依法」而提出的法案，如「兵役法」、「稅法」等法案。（3）依憲法應由「中央」立法的法案，即

依第107條、108條等各條所規定而提出者。（4）依「中央法規標準法」應以法律規定的事項，據此而提出的法案。

（二）審提預算案

憲法第59條規定：「行政院於會計年度開始3個月前，應將下年度預算案提出於立法院」。依憲法規定，行政院應提出於立法院的預算案，實際上包括「中央政府」總預算暨附屬單位預算及其綜計表，並且應於每年3月底前提出。提出時應附送施政計劃。

預算的編審，首先由各機關依照年度施政方針及「中央」主計機關（主計處）擬定報經行政院核定的「年度預算編審辦法」擬定其施政計劃及事業計劃與歲入、歲出概算，送行政院交「中央」主計機關審核、彙整，成為「中央政府」總預算案，並提交行政院會議議決。依司法院釋字第520號解釋，預算案由行政院向立法院提出，立法院在重要事項上，有參與決策權。而預算案經立法院審議並公布，為法定預算，形式上與法律相當，但內容及規範對象特殊，又稱措施性法律。

（三）決定重要政策

行政院為臺灣的「最高行政機關」，掌理重要政策的決定。而所謂重要政策包括施政方針及施政報告、涉及各部會共同關係的事項，以及有關「國家」和社會的重大決定。其中年度施政方針，實際上是政府施政的總目標、總導向，為揭示重要政策的年度性文件。其功用為擬定年度預算編審辦法，及作為各機關擬定施政計劃、事業計劃與歲入歲出概算的依據。行政院應於每年10月底前，擬定下年度施政方針，呈請總統令行。因此，年度施政方針，雖由行政院所擬定，但須著眼於整體發展，服務於政府施政的總目標。

（四）移請立法院覆議權

憲法規定覆議的情形有以下兩種情形：其一，關於重要政策的覆議。此為憲法第57條第2款所規定：立法院對於行政院的重要政策不贊同時，得以決議移請行政院加以變更；行政院對於立法院的決議，得經總統核可，移請立法院覆議。其二，關於法律案、預算案、條約案的覆議。此為憲法第57條第3款所規定：行政院對於立法院決議的法律案、預算案、條約案，如認為有窒礙難行時，得經總統的核可，於該決議案送達行政院10日內，移請立法院覆議。

但上述兩種情況已被第四次憲法增修條文第3條第2項凍結適用，改為「行政院對於立法院決議之法律案、預算案、條約案，如認為有窒礙難行時，得經總統之核可，於該決議案送達行政院10日內，移請立法院覆議。立法院對於行政院移請覆議案，應於送達15日內作成決議。如為休會期間，立法院應於7日內自行集會，並於開議15日內作成決議。覆議案逾期未議決者，原決議失效。覆議時，如經全體立法委員1/2以上決議維持原案，行政院院長應即接受該決議。」

針對移請覆議權的新規定，特別說明以下幾點：

（1）現行憲法增修條文刪除對重要政策可以提起覆議的規定。因為「重要政策」的含義不是十分清楚。事實上，若不以預算或法案的方式送請立法院審議，立法院根本無從監督，更談不上覆議。

（2）行政院移請立法院覆議的法案，是否僅以「法律案、預算案、條約案」三者的決議為限，而不含戒嚴案、大赦案、宣戰案、媾和案在內？學界存在著爭議。

否定論者認為，該規定為「例示」而非「列舉」性質，其他如戒嚴案、大赦案、宣戰案、媾和案等，也應比照法律案、預算案、條約案的覆議程

序，由行政院呈請總統核可，移請立法院覆議。因為這些法案的重要性與法律案、預算案、條約案相比，有過之而無不及；而行政院於此類法案認為窒礙難行而仍應勉強執行，不能要求覆議，不符合責任政治原理。

而肯定論者認為，覆議的範圍僅以「法律案、預算案、條約案」三者的決議為限，其理由為：第一，若戒嚴案等四種案件，亦得移請覆議，則憲法第57條第3款所明文列舉「法律案、預算案、條約案」的規定，即將失去其列舉的意義。第二，覆議的結果，足以迫使行政院院長接受該決議或辭職，勢必將影響政局的安定，故覆議權的行使，以採取嚴格規定或從嚴解釋為宜。第三，即使不適用移請覆議的程序，而運用其他方式，如由行政院向立法院說明不予執行的理由，以適應政治實際，並非法律所不允許。

以上兩種觀點，均有其合理性的一面，何者更為合理，有待於將來透過立法予以明確。不過，臺灣學界的主流觀點認為，覆議案的範圍，應以列舉規定為宜，行政院應僅有針對法律案、預算案、條約案的移請覆議權。

（3）覆議對象為立法院的決議，是否既包括正面透過的決議，也包括被否決的決議？美國憲法規定，移請覆議者，限於國會透過的法案，因總統須予執行，才會發生覆議的問題。若國會不予透過，根本不會發生執行問題，所以也就不會有覆議。但臺灣的情況則不同，執行機關提出法律案、預算案與條約案，若未能透過，也可提出覆議。

（4）行政院對於立法院決議的法律案、預算案、條約案，如認為「有窒礙難行時」，得移請覆議；此窒礙難行不必是來自該案的全部內容。如僅為該案的部分內容，亦得提起覆議案。但如果行政院經常移請覆議，立法院認為不當，也可以對行政院院長提出不信任案，以資解決。

（5）所謂「立法院決議之法律案」，並不以原系由行政院提出立法院審議者為限。如為立法委員或由司法、考試、監察三院提請立法院審議的法律案，經立法院決議，而其內容涉及行政院的組織或職權，行政院如認為窒

139

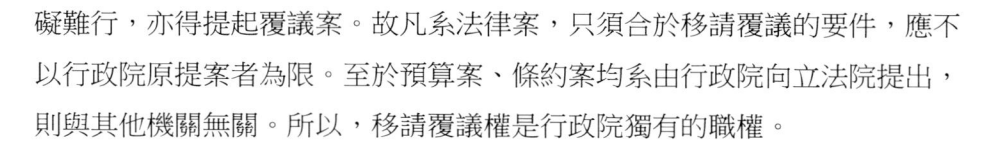

礙難行，亦得提起覆議案。故凡系法律案，只須合於移請覆議的要件，應不以行政院原提案者為限。至於預算案、條約案均系由行政院向立法院提出，則與其他機關無關。所以，移請覆議權是行政院獨有的職權。

（6）須得總統的核可。總統可予以核可，也可以拒絕核可。若總統拒絕核可，行政院院長只能接受或辭職。

（7）有關立法院處理覆議案的期限，憲法第57條並未明確規定應於多長時間內作成決議，使得立法院有過於寬鬆的時間裁量權，致使覆議案懸而不決，造成政治危機。針對這種情形，為防止「立法懈怠」，對行政院所提的覆議予以久拖不審，憲法增修條文進一步規定：「立法院對於行政院移請覆議案，應於送達15日內作成決議。如為休會期間，立法院應於7日內自行集會，並於開議15日內作成決議。覆議案逾期未議決者，原決議失效。」所謂原決議失效，只是表示，立法院所決議透過的或否決的事項，不發生應有的效力，並不意味著原行政院所提的法案已經透過。

（8）立法院議決覆議案的程序，憲法第57條規定：「覆議時，如經出席立法委員2/3維持原案，行政院院長應即接受該決議或辭職。」換言之，只要行政院在立法院有1/3以上的少數，就可以推翻原來1/2多數所作成的決議，違反一般民主多數決的原理。所以，憲法增修條文第3條第2款則規定：「覆議時，如經全體立法委員1/2以上決議維持原案，行政院院長應即接受該決議。」相比之下，立法院欲維持原決議案的門檻提高了不少，表明了行政權的擴張和立法權的萎縮。另外，覆議案如遭到否決，則行政院院長即接受立法院議決透過的法律案、預算案或條約案，而不必辭職。

（五）提出決算權

行政院於會計年度結束後4個月內，應向「監察院」提出決算。有關決算的要點如下：（1）決算的內容。各主管機關在年度結束後，應按行政院

規定的程序及期限,依決算法的規定編造決算。其內容包括按事實備具執行預算的各表,並附有關執行決算的其他會計報告,執行預算經過的說明,執行施政計劃、事業計劃績效的說明及有關重要統計分析。(2)決算的功用。決算的編造,是為對於各機關執行預算及施政計劃的總清查及總考核,提供將來改進及確定責任的依據。故決算法規定審計機關審核決算應注意其效能,如是否有違法不當、預算是否超過或剩餘、施政計劃或事業計劃是否達成等。決算審核是財政監督的重要一環。(3)決算的審議。各機關的決算,主要由審計機關根據該決算及「國庫」年度出納終結報告進行審核,行政院似僅在形式上將其提出於「監察院」而已,但行政院主計處仍須就各機關編造的歲入歲出加以查核,修正其錯誤。而向行政院會議所提出的決算案,包括「中央政府」總決算、「中央政府」附屬單位決算及綜計表,行政院會議即應注意主計處所加注的說明及歲入歲出狀況,並於必要時得更正其錯誤不當之處。

(六)核備行政協定

在對外關係上如與他國約定事項,必須完成與法律同等效力的方能開始履行者,需訂立「條約」,依照法案提出程序辦理。如約定事項依法律規定,只需經主管機關職權即可履行者,即可以簽訂行政協定,不需訂為「條約」。其簽訂系由權責機關議定後,依程序先行報請行政院核示,再授權指定人員簽署,於簽署核報行政院備案並由院函請總統府祕書長轉總統公布。行政協定在性質上屬於行政命令的一種,由行政院決定,不必如條約案需經立法院審議。但行政協定附有批準條款者,仍需送立法院審議。此外,除經法律授權或事先經立法院同意簽訂,或其內容與法律相同(如內容系重複法律的規定),或已將協定內容訂定於法律者外,也須送立法院審議。

(七)監督所屬機關推行政務

行政院為臺灣的「最高行政機關」，對於各級行政機關，具有指揮及監督的地位及權責。其方式包括：（1）核定各機關的施政計劃。如行政院研究發展考核委員會、經濟建設委員會、「國家科學委員會」即列管各種行政機關的計劃或方案。（2）核准各機關辦理的事項。就各機關依法應報請行政院核定或核准的事項加以審查核准。行政院與各部會處局署及省市政府間並訂有權責劃分表，以逐級授權，減少請示或報請核示案件，但事實上效果不顯著。（3）對所屬各機關辦理事項的核備。通常系將辦理情形報知，以備查考或查核而已，但行政院亦得加以作必要的指示或指正。（4）經由訴願的決定糾正不當的行政處分。行政院訴願審議委員會是行政部門最高訴願審議機關，對各部會和省市地方的訴願或再訴願作出審議，得以撤銷或變更違法不當的處分，是屬「事後監督」，而與其他監督不同。

第四節　行政院的領導體制與會議制度

一、領導體制

行政院究竟是獨任制（首長制）機關，抑或是合議制機關？是一個有爭議的理論問題。若從憲法第58條規定來看，行政院設行政院會議，並規定行政院及各部會首長，須將應向立法院提出的各種提案，或涉及各部會共同關係的事項，向行政院會議提出，供行政院會議議決，據此而論，行政院應為合議制機關。但臺灣學界的主流觀點認為，行政院應屬獨任制形態，行政院院長掌握實際的決定地位，主要理由如下：（1）院長決定重要人事（「組閣權」）。行政院副院長、各部會首長、不管部會的政務委員會，均由行政院院長提請總統任命。由於行政院對立法院負政治責任，故此項提名應當得到總統的充分尊重。而此項提名，更使院長掌控政策方向，對各部會產生一定的拘束力。（2）院長裁定院會決議（「閣揆權」）。從憲法第58條「議決」會議事項來看，行政院會議應經討論、表決的程序，其會議議事規則規

定以出席人過半數的同意議決,然其決議,如院長或主管部會首長有異議時,由院長決定。院長在院會中居於裁決者的地位,這與一般會議的主席在會議中秉持中立的立場有所不同。這是因為其對立法院負特殊責任的緣故。(3)院長指揮監督各部會(首長權)。行政院各部會固為行政支柱,各有其一定職權,但行政院與其各部會間存在著上下級隸屬關係,亦即行政院對各部會有指揮監督的權責,從而各部會應服從行政院的政策及決定。因此,各部會首長的決策,得經由院會表達,亦得在院會中加以堅持,如在院會中未獲透過,自當接受院會的決議或表現政治家風範掛冠而去,以維護行政的完整一體。上述三點表明,行政院應為獨任制機關,由院長決定政策,並向立法院負政治責任。

二、行政院會議

行政院會議,是行政院的決策機關,由行政院正副院長、八部二會及不管部會的7名政務委員組成,院長主持會議,並邀請有關人員列席備詢。

行政院會議類似內閣會議,是臺灣「政策合法化」的法定程序。其運作不但是決策的必要過程,更表現行政院體制的獨任制形態。

(一)會議成員

依憲法第58條的規定,行政院會議由院長、副院長、各部會首長及不管部會的政務委員組成,以院長為主席。如院長因事不能出席時,由副院長代理主席;院長、副院長均因事不能出席時,由出席者公推1人代理主席。行政院祕書長、副祕書長、新聞局局長、主計處主計長、行政院所屬機關首長、省及直轄市首長,均列席行政院會議。這些列席人員均無表決權。

行政院會議,依例每週舉行一次,於星期四上午召開,必要時院長得決

定召開臨時會議。如院會法定出席人員1/3認為有召開臨時會議的必要時，得請行政院院長召集。

行政院會議必須經部長和出席過半數以上政務委員的同意才能形成決議。議決過程中如果院長或部會首長有異議，由院長作最後決定。既經決議，則已為各部會首長的共同意見，故就此議決，各部會首長相互之間彼此將負有連帶責任。故行政院院長若辭職，則各部會首長及政務委員均應一同總辭。

（二）議決事項

依臺灣「行政院組織法」及「行政院會議議事規則」的規定，行政院會議議決或討論事項包括：

（1）依憲法第58條的規定應向立法院提出的事項。這些事項如法律案、預算案、戒嚴案、大赦案、宣戰案、媾和案、條約案等，在提請立法院審議前，須提交行政院會議議決。

（2）涉及各部會共同關係的事項。所謂「共同關係」的事項，並非指所有部會均有其共同關係，僅其中少數部會有關係者，也包括在內。凡各部不能直接解決的事項，如涉及權限、預算、法制的事項，均得向院會提出，並由院會加以解決。

（3）依法須提出於行政院會議議決的事項。如發布緊急命令、增設或裁撤所屬機關、停止或撤銷省市地方違背法令或踰越權限的命令或處分事項等。

（4）其他重要事項。這種事項的範圍，包括很廣，一般指院長不便單獨決定的事項，或各部會首長不能單獨決定的事項。如稅則的決定、政策的研議、規章的核定、法制的變更、簡任職級以上的人事任免等事項。而所為

決定，則以方案、計劃、協定及法規為最常見的形式。

（三）議案的先期研審

行政院會議的議案，來自於各部會所屬機關，其立法技術可能未及注意，或政策觀點不能顧全大局，故在向院會提出前，需要預先研商審議。而這類先期研審的程序，除專門就預算案經規定編審程序外，其餘各種議案的預審已逐漸形成成文或不成文制度。簡述如下：

（1）由院長指定政務委員先行審查。議案如涉及應提出於行政院會議議決的重要政策，須先行協調者，由院長指定政務委員1人先行審查。遇有重要事項間或指定副院長主持審查。審查多以會議方式進行，並得邀請有關行政首長或他院所屬人員參加。

（2）由行政院各部會副首長會議研議。除由政務委員主持審查者外，其餘須經副首長會議研議者，由行政院主管參事簽提該會議研議。行政院各部會副首長會議的重要功能就是加強各部會業務及政策的配合聯繫。

（3）召開年度計劃及預算審核會議。各機關依年度施政方針，按照預算編審辦法，擬定其施政計劃、事業計劃與歲入歲出概算，送行政院交由主計處彙總整理，並就總資源供需情況評估結果提出報告，送行政院，於年度計劃及預算審核會議審核。會議由副院長召集主持，參加人員包括全體不管部會的政務委員、「財政部」部長、「經濟部」部長、行政院祕書長、行政院經濟建設委員會主任委員、行政院研究發展考核委員會主任委員、行政院主計長等。其審議結果，由行政院函知各機關編擬預算，送由行政院主計處彙整為「中央政府」總預算案，提出於行政院會議。

第五節　行政院的責任

一、行政院所負的政治責任

行政院為臺灣的「最高行政機關」,並依憲法第57條的規定向立法院負責,表明行政院對臺灣的行政政策和重大事項,負實際政治責任。總統公布法律、發布命令,須經行政院院長副署,或行政院院長及有關部會首長的副署,即明示並要求行政院應負政策成敗的責任。而行政院須將應提出於立法院的法律案等各種議案,提交行政院會議議決,即明定行政院應慎重其事併負政治責任。

至於行政院對於立法院決議的法律案、預算案、條約案,如認為窒礙難行,得移請立法院覆議,以尋求代表民意的議會的支持,並確定責任歸屬。一旦立法院不再支持行政院,則可對行政院提出不信任案,此時,行政院院長得呈請總統解散立法院。行政院經由與立法院的互動,對人民負責,負起政治責任。

政治責任係對人民或議會所負的責任,與法律責任系對違反法律而負的責任有所不同。而政策的良莠成敗,固然應訴諸民意公決,但實際上主要是由議會代為行使,當議會不支持時,行政部門即負政治責任。從這一角度觀察,臺灣的行政院與立法院並非純粹執事用法的「治權機關」,行政院不同於「行憲」前隸屬於國民政府的行政院;而立法院不免帶有代表人民行使立法權的政權機關的性質。

二、行政院對立法院負責

(一)負責的方式及內容

依民主法治原理,統治權力的擁有及行使者,必須對其權力的賦予者(即人民)及其選出代表所組成的立法院負責。然而,究竟該如何負責,憲

法增修條文第3條第2項的規定，行政院不再依憲法第57條的規定，而是依下列規定，向立法院負責，即：

（1）行政院有向立法院提出施政方針及施政報告的職責。這一規定與憲法第57條規定相同。一方提出報告並答詢，另一方就該報告提出質詢，形成行政、立法兩院基本的互動模式。

所謂施政方針，即未來的施政計劃或構想，為行政院院長對任內長遠的施政藍圖或每一年度的具體施政計劃。施政報告則是施政方針或計劃執行後的報告，原則上為立法院上一會期期間的執行成果報告，如遇「外交」、「國防」等重大事件，行政院亦得主動向立法院提出專案報告。

至於質詢，得在院會或各委員會進行，包括總質詢、預算質詢、專題質詢及專案質詢，除專案質詢必須以書面提出外，其餘得以口頭或書面提出。質詢雖為內閣制國家用以內閣向議會負責的制度，但臺灣的「質詢事項不得作為討論之議題」，致使質詢成為「普通詢問」，不能構成院會討論進而要求行政部門負責或「倒閣」的效果。更因院會總質詢的問題不分類，在總質詢期間所有部會首長鬚全體出席備詢，乃有大部分首長枯坐終日的情況。而質詢效果有限，更有「虛問虛答」，流於個人表演式的現象。1997年9月行政院新「內閣」成立，制定了有關立法委員質詢制度，即經由政黨協商，以期建立議題分組、政策辯論的基本方式，進而求取詢答的實際效果。

（2）行政院對於立法院的法律案、預算案、條約案，如認為有窒礙難行時，得經總統核可，於該決議案送達行政院10日內，移請立法院覆議。立法院對於行政院移請覆議案，應於送達15日內作成決議。如為休會期間，立法院應於7日內自行集會，並於開議15日內作成決議。覆議案逾期未議決者，原決議失效。覆議時，如經全體立法委員1/2以上決議維持原案，行政院院長應即接受該決議。另外，依憲法第57條規定，立法院對於行政院的重要政策不贊同時，原可以決議移請行政院加以變更，而行政院對於立法院的這

一決議,也可以提出覆議,但因1997年7月憲法增修條文修正時,將立法院可對行政院重要政策以決議變更的職權剝奪了,所以立法院現時依憲法增修條文第3條第2項第2款的規定,只能對法律案、預算案、條約案等行使覆議權,至於對行政院的重要政策,如不贊同,則無機會行使覆議權。這樣一來,無形中使立法院的職權受到縮限。

（3）行政院院長不獲立法院信任時應辭職。依憲法增修條文第3條第2項第3款規定,立法院得經全體立法委員1/3以上連署,對行政院院長提出不信任案。不信任案提出72小時後,應於48小時內以記名投票加以表決。如經全體立法委員1/2以上贊成,行政院院長應於10日內提出辭職,以示負責,但行政院院長並得同時呈請總統解散立法院。另外,為避免不信任案的隨意提出,憲法增修條文第3條第2項第3款進而規定,不信任案如未獲透過,1年內不得對同一行政院院長再提不信任案。

（二）理論爭議

1.行政院對立法院應負單獨責任抑或連帶責任？

臺灣學界主要有兩種不同的觀點,即「單獨責任說」和「連帶責任說」。但臺灣學界以「連帶責任說」為通說。兩種學說的理由或依據分別如下：

「單獨責任說」論者的理由是：（1）憲法第37條規定各部會首長副署總統公布的法令文書,是以有關部會首長為限；（2）憲法第57條規定立法委員在開會時有向各部會首長質詢的職權。

「連帶責任說」論者的理由則是：（1）行政院副院長、各部會首長及不管部會的政務委員,均由院長提請總統任命,即含有共同負連帶責任的意味。（2）臺灣的重大政策,系由行政院會議透過,各部會首長及政務委員

均為其成員，故應負連帶責任。（3）依憲法第57條規定，行政院對立法院負責係指共同負責，乃就行政院整體而言，至其辭職，雖僅規定行政院院長，但根據以上兩點理由，其餘人員也應當辭職。如果系各部會主管事項的責任，一般說來，若涉及主要政策事項，行政院全體首長均應負共同責任；如繫個人行為或不重要事項，則應由各部會首長個人負單獨責任。各部會首長基於職權處理該部會事務，當自行負責。

2.行政院究竟該對誰負責：立法院抑或總統？

總統掌握著行政院院長的任命權，內涵著行政院院長對總統負責；但法律規定，行政院院長對立法院負責。當總統和立法院在有關問題上，意見不一致時，行政院究竟該向誰負責：是向總統負責，還是向立法院負責，便成為一個問題。

行政院應當向立法院負責，這是憲法及增修條文均明確規定的。但是，如果「行政院長」由總統直接任命，行政院院長的助手們又都是由總統安排的，那麼行政院院長是應當聽從總統的決策，還是應當向立法院負責？其又如何能夠向立法院負責？在現實中，有的行政院院長由於無法同時做到總統和立法院都滿意，只好辭職；也有的行政院院長一味執行總統的決策，而一再受到立法院的攻擊，也只好下臺。這種現象，實際上應當歸結到臺灣在「修憲」時過於功利，刪掉了行政院院長人選經立法院同意的程序，破壞了憲法條文之間的聯繫和配合。

從目前臺灣學術界的理論爭議來看，主要有兩種觀點，一種觀點認為，行政院僅對立法院負責，而不對總統負責；而另一種觀點則認為，行政院不僅對立法院負責，也對總統負責。但從政治現實來看，似乎在很多民眾與政治人物的心目中，已經認為行政院院長除了對立法院負責以外，也要對總統負責。

第六節　行政院體制評議

一、行政院與總統及其他各院的職權對應關係

行政院作為臺灣的「最高行政機關」，其職權的行使常常與立法院、司法院、「考試院」、「監察院」等發生密切關係，憲法對這些關係的規定，非常零散。現將行政院與這些機構之間的職權對應關係加以概括，內容如下：

（一）行政院與總統的職權對應關係

行政院與總統之間的職權對應關係，相當密切，主要表現在：

第一，在任免方面，憲法第55條規定，行政院院長由總統提名，經立法院同意後任命。但憲法增修條文第3條第1項則規定行政院院長由總統任命；另外，依憲法第56條規定，行政院副院長、各部會首長和不管部會的政務委員，由行政院院長提請總統任命。

第二，在副署方面，依憲法第37條規定，行政院院長或行政院有關部會首長對總統依法公布法律或發布命令有副署權。但對此副署權，憲法增修條文第2條第2項已加以縮小，將總統發布行政院院長與依憲法經立法院同意任命人員的任免命令及解散立法院的命令，排除於行政院院長副署權之外。

第三，在覆議核可方面，依憲法第57條第2款、第3款的規定，行政院對立法院不同意其重要政策的決議，或對立法院決議的法律案、預算案、條約案，如認為不當或有窒礙難行時，得經總統核可，移請立法院覆議。如上所述，行政院與總統之間的覆議核可關係已重新規定在憲法增修條文第3條第2項第2款之中。

第四，在代行職權方面，依憲法增修條文第2條第8項的規定，總統、副

總統均缺位時，由行政院院長代行其職權。另外，憲法第50條也規定，總統於任滿之日解職，如屆期次任總統尚未選出，或選出後總統、副總統均未就職時，由行政院院長代行總統職權。

第五，對總統行使職權的先行決議方面，總統依憲法第38條、第39條、第40條及憲法增修條文第2條第3項的規定，得行使締結條約、宣戰、媾和、戒嚴、大赦及發布緊急命令權，但須先經行政院會議決議。

第六，在呈請解散立法院方面，依憲法增修條文第3條第2項第3款的規定，立法院對行政院院長提出不信任案，如經全體立法委員1/2以上贊成，行政院院長應於10日內提出辭職，但並得同時呈請總統解散立法院。

（二）行政院與立法院的職權對應關係

第一，在人事同意方面，憲法第55條規定，行政院院長由總統提名，經立法院同意任命。如上所述，這一規定已因憲法增修條文第3條第1項的規定而停止適用。現在立法院已無行政院院長任命的同意權。

第二，在報告方面，憲法第57條第1款規定，行政院有向立法院提出施政方針和施政報告的職責。這一關係已改規定在憲法增修條文第3條第2項第1款之中。

第三，在預算提出方面，憲法第59條規定，行政院應在會計年度開始3個月前，將下年度預算案提出於立法院。

第四，在質詢方面，憲法第57條第1款規定，立法委員在開會時，有向行政院院長及行政院各部會首長質詢的職權。如上所述，這一關係已改規定在憲法增修條文第3條第2項第1款之中。

第五，在覆議方面，依憲法增修條文第3條第2項第2款規定，對立法院決議的法律案、預算案、條約案，如認為不當或有窒礙難行時，得經總統核

可,移請立法院覆議。

第六,在法案提請審議方面,依憲法第58條規定,行政院會議議決的法律案、預算案、戒嚴案、大赦案、宣戰案、媾和案、條約案應由行政院呈總統咨請立法院審議。

第七,在列席陳述意見方面,依憲法第71條規定,行政院院長及各部會首長得列席陳述意見。

第八,在「倒閣」方面,憲法增修條文第3條第2項第3款規定了立法院得經立法委員1/3以上連署,對行政院院長提出不信任案。此即所謂的「倒閣」。倒閣案如經全體立法委員1/2以上贊成,行政院院長應於10日內提出辭職,並得同時呈請總統解散立法院;不信任案如未獲透過,1年內不得對同一行政院院長再提不信任案。

第九,在決定政府機關的組織、編制及員額方面,憲法增修條文第3條第3項規定,政府機關的職權,設立程序及總員額,得以法律為準則性規定。因此,立法院得依法律對行政院所屬機關為準則性規定。另外,依憲法增修條文第3條第4項的規定,行政院也應依此所述立法院透過的準則性法律,基於政策或業務需要決定其所屬機關的組織、編制及員額。該憲法增修條文規定直至2004年6月23日製定「中央行政機關組織基準法」後,才獲得落實。

（三）行政院與司法院的職權對應關係

第一,在行政爭訟的裁決方面,依憲法第77條規定,因司法院掌理行政訴訟的審判,故行政院的違法行政處分或決定,要由司法院所屬的行政法院,依行政訴訟法相關程序加以裁決審判。

第二,在刑事訴訟裁決方面,司法院依憲法第77條規定,掌理刑事審

判，因此「法務部」所屬檢察署偵結起訴的案件，要移送司法院所屬的地方法院、高等法院或「最高法院」審判。

第三，在懲戒方面，憲法第77條規定，司法院掌理公務員的懲戒，因此，行政院所屬的公務員，如有違法失職，則由司法院所屬的公務員懲戒委員會負責審理懲戒。

第四，在法令解釋方面，依憲法第78條規定，司法院有統一解釋法律及命令的職權，因此，行政院適用法律及命令有疑義時，由司法院大法官會議負責解釋。

第五，在司法概算加注意見方面，依憲法增修條文第5條第6項規定，司法院所提出的年度司法概算，行政院不得刪減，但得加注意見，編入「中央政府」總預算，送立法院審議。

（四）行政院與「考試院」的職權對應關係

第一，在人員考選方面，依憲法第85條規定，行政院所需的公務員，由「考試院」所屬的「考選部」，舉辦公開競爭考試選拔。1997年7月憲法增修條文修正透過後，這一關係已改規定在憲法增修條文第6條第1項第1款之中，憲法第83條和第85條有關考試的規定，均停止適用。

第二，在人員銓敘方面，依憲法第83及86條規定，行政院所屬各機關公務人員的任用、銓敘、考績、級俸、升遷、保障、褒獎、撫卹、退休、養老等事項，由「考試院」所屬的「銓敘部」，負責辦理。1997年7月憲法增修條文修正透過後，這一關係已改規定在憲法增修條文第6條第1項第2款和第3款之中。而憲法第83條所規定，「考試院」掌理養老事項也在1994年8月修正憲法增修條文時被刪除，公務人員退休養老制已由過去的恩給制，即全部由政府給付退休金制，改為由政府與公務人員共同撥繳費用建立的退休撫卹

基金支付的制度。這與過去的制度有很大的不同。

第三，在人員保障培訓方面，1994年7月1日修正公布「考試院組織法」後，「考試院」除設「考選部」、「銓敘部」以外，另設公務人員保障暨培訓委員會，負責公務人員的保障與培訓事宜，故行政院與「考試院」又多了一層公務人員保障與培訓的互動關係。

（五）行政院與監察院的職權對應關係

第一，在決算提出方面，依憲法第60條規定，行政院於會計年度結束後4個月內，應向監察院提出決算。

第二，在調閱文件方面，依憲法第95條規定，監察院為行使監察權，得向行政院及其各部會調閱其所發布的命令及各種有關文件。這一關係依憲法增修條文第7條第4項的規定，也適用於監察院對於監察院人員失職或違法的彈劾。

第三，在調查方面，依憲法第96條規定，監察院得按行政院及其各部會的工作，分設若干委員會，調查其一切設施，注意其是否違法或失職。

第四，在糾正方面，依憲法第97條第1項規定，監察院經各委員會的審查及決議，得提出糾正案，移送行政院及其有關部會，促其注意改善。

第五，在糾舉方面，依憲法第97條第2項規定，監察院對行政院所屬公務人員，認為有失職或違法情事，得提出糾舉案，依「監察法」第19條規定，送交被糾舉公務人員的主管長官或其上級長官予以停職或其他處分。

第六，在彈劾方面，依憲法增修條文第6條第3項規定，監察院對於行政院所屬公務人員，認為有失職或違法情事，得經「監察委員」2人以上的提議，9人以上的審查及決定，提出彈劾案。這一關係依憲法增修條文第7條第4項的規定，也適用於監察院對監察院人員失職或違法的彈劾。

第七，在審計方面，依審計法第4條的規定，行政院及其所屬機關財務的審計，由監察院所屬的「審計部」辦理。

二、理論爭議

（一）行政院院長是否為總統的幕僚長？

在第四次「修憲」前，由於立法院擁有對總統提名行政院院長的同意權，所以行政院院長獨立於總統之外，是「內閣」之首是沒有爭議的。但第四次「修憲」後，將立法院對行政院院長的同意權取消後，行政院院長是否仍然是「最高行政首長」，抑或已經淪為總統的幕僚長或執行長？這個問題在臺灣學界存在著很大的爭議。

1.認為行政院院長仍是「最高行政首長」之論者的理由

概括起來，認為行政院院長仍是「最高行政首長」的觀點，其理由主要如下：（1）憲法增修條文並未賦予總統太多具體的職權。雖然憲法增修條文增加了總統對於行政院院長的任命權、擴增的人事提名權以及解散立法院的權力，但從第一次到第七次「修憲」，總統所增加的權力，在相當程度上要受制於其他機關，例如司法、考試、監察人事提名權受制於立法院的同意權，緊急命令權受制於行政院與立法院，總統所能獨自行使的權力其實相當有限。（2）在第四次「修憲」時，雖然憲法增修條文規定，總統決定有關安全大政方針，得設「國家安全會議」，但總統決定安全大政方針的權力，並不具有行政決策的性質。因為憲法第58條及第63條規定，有關法律、預算案、戒嚴案、大赦案、宣戰案、媾和案、條約案及其他重要事項，均須經行政院會議決定後，送交立法院審議，所以，整個政務重心實際上在行政院與立法院之間的互動上，有關臺灣安全大政方針的決定，應屬總統對這些事務的一種瞭解，召集相關單位人員以為諮詢，而不能視之為正式的決策機制，

因為憲法並無相關配套機制,提供正式運作管道以實現總統所決定的大政方針。(3)從形式上來看,總統雖然可以透過操控行政院而掌控行政大權,但行政院才是真正法定意義上的「最高行政機關」,且在法律上不向總統負責,而單獨向立法院負責。

2.認為行政院院長已成總統的幕僚長之論者的理由

雖然有部分臺灣學者認為行政院院長擁有獨立的權力,並非是總統的幕僚長,但也有部分臺灣學者認為,行政院院長正在走向,甚至已經成為總統幕僚長了。其理由主要如下:(1)總統事實上掌握著行政院的「組閣」人事權。依憲法增修條文的規定,行政院院長由總統直接任命,無須副署,也無須立法院同意;而行政院副院長、各部會首長和政務委員則是由行政院院長提請總統任命。這表明,總統透過其獨立任命行政院院長的權力可以直接控制或主導內閣的形成,只是在任命閣員時,形式上居於被動,且需要行政院院長的協力。儘管從憲法及其增修條文上看,總統並沒有擁有特別大的權力,但是從現實政治運作的層面來看,「中央政府」權力仍是集中在總統的手中。在總統可以直接任免行政院院長的情況下,總統可以直接控制行政院院長的組閣,甚至可以說掌握著行政院的最後組閣權。(2)總統和行政院院長同為行政首長,總統主導行政權。行政院雖為法定的「最高行政機關」,但行政院院長由總統任命,且不需立法院同意;總統得透過「國家安全會議」、「國家安全局」決定「外交」、「國防」和兩岸關係等大政方針,行政院僅擔負執行的職責;總統由臺灣的人民直接選舉產生,民意基礎強於行政院院長。就總統和行政院院長的關係而言,總統居於主導地位,行政院院長雖借「最高行政機關」之名與總統分享行政權,但更多的是處於總統的執行長和幕僚長的地位。(3)按照現制,行政院為「最高行政機關」,雖然未明確宣稱行政院院長為「最高行政首長」,但依照邏輯推論,其既然是「最高行政機關」的「最高首長」,應可算是臺灣的「最高行政首長」。然而,這個「最高行政首長」在總統主持的「國家安全會議」中也僅

僅是其中的一位成員，必須執行總統的決策（因總統對行政院院長享有絕對的任命權），顯然總統的權力高於行政院院長，由此可見，總統是「最高」行政機關和「最高」行政首長的「領導」，總統才是真正的「最高行政首長」。在這種情形下，行政院院長在事實上已經成為總統的幕僚長了。

3.簡要評析

臺灣學界之所以會發生上述爭議，主要是因為學者們從不同的視角或層面來分析問題所致。認為行政院院長仍是「最高行政首長」的論者，主要是從法律制度層面來分析問題，並進而得出自己的結論。而認為行政院院長已成總統的幕僚長的論者，主要是從現實政治運作的層面來分析問題，進而得出自己的結論。應該說，爭論雙方沒有「輸家」，也沒有「贏家」，都是有道理的。但從臺灣學界的主流觀點來看，一般認為，行政院院長在法理上是「最高行政首長」，而在臺灣特殊的政治體制下，其在事實上成了總統的幕僚長。

在總統與行政院院長之間的關係上，所出現的這種法律規定與實踐上不一致的現象，對臺灣今後的政治體制有著重要的影響。主要有以下三個方面：

第一，一方面行政院為臺灣的「最高行政機關」，另一方面又規定總統主持「國家安全會議」。「國家安全會議」由總統主持，行政院院長為「國家安全會議」的成員，且總統所決定的大政方針由行政院執行。這樣的規定，將使行政院院長成為「總統的幕僚長」；但是，卻未凍結「行政院為最高行政機關」的規定，且仍規定「行政院對立法院負責」。然而，不是「最高」行政機關的「國家安全會議」，卻要求憲法規定的「最高行政機關」（即行政院）執行其命令。這表明，「最高行政機關」（即行政院）之外還有比其更高的機關（即「國家安全會議」）。這不僅在法理上說不通，在現實政治的運作上遲早會發生衝突。

第二，總統透過「國家安全會議」決定大政方針之後，交由行政院院長執行，然而最後政策的成敗卻要由行政院院長來負責，真正作決策的總統卻不必直接面對立法院的監督，而當立法院對行政院院長提出不信任案時，總統卻可另外提一新的行政院院長人選，繼續執行其政策。此種缺乏權責平衡的制度設計，極易形成「總統有權、行政院負責」的政治體制。這種政治體制，極易引發政治矛盾。

第三，總統與行政院院長的關係，直接影響到總統和行政院院長的角色定位，以及臺灣政治體制（特別是政權組織形式）的基本走向，可參見下表：

表4-1：總統與行政院院長的權力關係所造成的制度走向

總統	行政院院長	制度走向
實權	實權	雙重行政首長制
實權	虛權	成為「總統制」（行政院院長成為總統的幕僚長）
虛權	實權	成為「內閣制」（總統成為「虛位元首」）
虛權	虛權	不存在此種狀況

（資料來源：謝政道著：《中華民國修憲史》，臺北，揚智文化事業股份有限公司。）

目前，由於總統和行政院院長的關係存在著不確定因素，導致了臺灣政治體制的走向也存在著不確定性。就表4-1的分析可知，不論走向「總統制」，還是「內閣制」，都會使整個政治制度的行政權責關係呈現出比較清晰的輪廓。若走向「雙首長制」的話，則須視總統與行政院院長之間的權力分配情形而定。

（二）總統對行政院院長是否有主動免職權？

在1997年第四次「修憲」後，總統有權單獨任命行政院院長。那麼，總

統是否也有權隨時、主動免去行政院院長之職，由於沒有明確規範，於是成了一個有爭議的理論問題。

1.認為總統對行政院院長無免職權之論者的理由

概括起來，認為總統對行政院院長無免職權者的理由，主要有以下幾個方面：（1）行政院院長的去職問題，並不是一項純粹的人事歸屬權問題，而必須從政治責任的角度來考量，基於行政院對立法院負責的規定，雖然行政院院長由總統獨立任命，但立法院在平常時期可以透過施政質詢、預算審查等機制要求行政院對其負責，在非常時期則是透過覆議制度與不信任投票要求行政院對其負責，這中間若是再加入總統對行政院院長的主動免職權，勢必將全面打亂制度配套中的負責機制，一方面行政院院長如果不想被總統免職，將被迫聽命於總統，但另一方面行政院院長卻又必須對立法院負責，如此一來無異於使總統可隨時以免職權來威脅行政院院長，這不僅使行政院院長被迫陷入雙重負責的困境，也深化了總統與立法院的對立。（2）從司法院釋字第387號解釋文（該解釋專門針對行政院院長是否應因立法院全面改選總辭問題而作成）來看，該解釋文指出：「行政院院長既須經立法院同意而任命，且對立法院負政治責任，基於民意政治與責任政治的原理，立法委員任期屆滿改選後第一次集會前，行政院院長自應向總統提出辭職。」在解釋理由書中指出：「行政院院長應於每屆立法委員任期屆滿改選後第一次集會前提出辭職，俾總統得以審視立法院改選後之政治情勢，重新提名新任人選，咨請立法院同意以反映民意趨向。」該解釋文明確表示，民意政治與責任政治的原則乃是內閣改組的根本精神所在，而且行政院院長是對立法院而非對總統的民意負責，因此只要立法院未依法改選，直選產生的總統所代表的民意，理應無權取代立法院所代表的民意。

2.認為總統對行政院院長有主動免職權之論者的理由

概括起來，認為總統對行政院院長有免職權者的理由，主要有以下幾個

方面：（1）憲法增修條文第2條第2項「總統發布行政院院長……之任免命令……，無須行政院院長之副署，……」中的「任免命令」已暗示總統對行政院院長有免職權。（2）儘管憲法並未明文規定總統可以直接將行政院院長免職，但是因為總統有權單獨任命新的行政院院長，在解釋上，總統只要宣布任命新的行政院院長，便可自然地免除原來的行政院院長的職務。（3）從臺灣的政治實踐來看，只要行政院院長任命新任部長，則原任者必須辭職，歷來不需要由行政院院長發布命令將原任者免職，更無須有總統署名的免職令，因此可以就此推論總統提名行政院院長的權力，不受現任者願否辭職的拘束，因此只要新人被提名而上任，原任者自然必須辭職。（4）根據人事權任免一致或合一的基本法理，認為如果總統有完整的任命權，就應該有完整的免職權。如果要限制總統的免職權，那就必須在總統的任命權部分加上限制與但書，因此真正的問題所在其實是總統的任命權是否有限制，而根據憲法中「行政院院長由總統任命之」的規定，對於總統的任命權並沒有任何明文限制，因此，總統的免職權也應該解釋為沒有限制。（5）1997年第四次「修憲」雖然剝奪立法院原有的事前同意權，並增設「倒閣權」以補償立法院，但沒有任何證據可以顯示「修憲」者有意讓立法院的不信任投票權成為事後決定行政院院長去留的唯一的、排他性權力，或是成為總統行使免職權的程序或實體要件。以上分析表明，總統對於行政院院長具有主動免職權。

3.簡要評析

如果單從法律制度的層面來考察，主張總統對行政院院長只有任命權而無免職權的觀點是成立的；但再進一步結合臺灣現實政治的運作情況來考察，問題就變得複雜起來，雖然在法律上沒有規定總統對行政院院長有主動免職權，但在實際政治運作的過程中，人們似乎又認可總統對行政院院長擁有主動免職權。

但是，當總統對行政院院長有「主動免職權」時，又容易引發一系列的「憲政」問題。其中最主要的是，它會使行政院院長對立法院負責的規定失去了實質的意義。因為當行政院院長只對立法院負責，而不對總統負責時，總統可立即運用主動免職權，將行政院院長免職（總統如不將行政院院長免職，就要與行政院院長分享權力），再任命新的行政院院長；反之，當行政院院長只對總統負責，不對立法院負責時（此時行政院院長成了總統的幕僚長，總統可謂有權無責），立法院雖然得向行政院院長提不信任案（不信任案如未獲透過，1年內不得對同一行政院院長再提不信任案），可是行政院院長亦得呈請總統解散立法院。所以，一個理性的行政院院長到底要對總統負責（尚得呈請總統解散立法院，待立法院改選後再說），還是要對立法院負責（立即被總統免職），其答案不言而喻。

（三）行政院院長該與孰同進退？

行政院院長究竟是應該在立法院改選後提出辭職，還是在總統改選後提出辭職？即該與孰同進退？在這一問題上，存在著兩種對立的觀點。

1.認為與立法院同進退之論者的理由

概括起來，主張與立法院同進退者的理由大致如下：（1）這部分學者認為，司法院釋字第387號解釋文確立了「修正式內閣制」下行政院向立法院負責的基本原則，並且確立了內閣僅須隨立法院改選總辭的精神。原有閣揆既然是由上一屆立法院同意任命（在當時解釋文公布時，立法院尚有對行政院院長的同意權），並且對立法院負責，在作為負責對象的立法院任期屆滿後，行政院院長自然應該提出總辭，使總統能根據新一屆立法院所代表的新民意產生新的行政院院長，並讓該新任的行政院院長對新的立法院負責。司法院釋字第387號解釋被認為是釋字第419號解釋的前奏，再結合司法院第419號解釋——行政院院長於新任總統就職時提出總辭，系禮貌性總辭，並

非憲法上規定的義務。這一解釋在1997年第四次「修憲」取消立法院對行政院院長的同意權後，依然有其效力，因此雖然行政院院長已改由總統逕行任命，但基於行政院院長對立法院負責的精神，總統改選後行政院院長依然沒有總辭的義務。行政院院長既然是向立法院負責，就只應與立法委員同進退，其任期與總統的卸任或就職並無關係。（2）從臺灣的政治實踐來看，1993年1月郝柏村「內閣」總辭、1996年1月連戰「內閣」總辭，以及1999年1月蕭萬長「內閣」的總辭，可以說已經確立了「內閣」隨立法院改選總辭的政治慣例。總之，主張與立法院同進退者認為，「內閣」是隨立法院改選而總辭，而不是隨總統改選而總辭。

2.認為與總統同進退之論者的理由

認為與總統同進退者的理由，大致如下：（1）若將釋字第387號解釋與釋字第419號解釋綜合起來看，確實可以推論出行政院院長是隨立法院改選提出總辭，而不是隨總統改選提出總辭的結論。但須注意的是，這兩個解釋都是在1997年第四次「修憲」前作成的，在法理上其實都是建立在「立法院對行政院院長有事前同意權，而總統沒有單獨任命行政院院長之權」此一體兩面的規範基礎上，而1997年「修憲」已經變更上述的規範基礎，而形成以下新的規範基礎，即總統有權單獨決定行政院院長人選，而立法院只能以不信任投票權事後倒閣。既然規範基礎已經改變，這兩個解釋在1997年「修憲」後是否當然、完全地適用，就有討論斟酌的餘地。（2）行政院雖然是對立法院負責，但就負責方式而言，1997年第四次「修憲」前，行政院對立法院的負責方式，主要是質詢、覆議與事前同意權三個方面。因此，立法院在1997年「修憲」前，自然不能僅以「行政院向立法院負責」為理由，就主張憲法中沒有列舉的負責方式，例如，透過不信任投票要求行政院下臺負責。同樣的，在1997年「修憲」後，雖然依據憲法增修條文，行政院還是要向立法院負責，但是負責方式已經有重大改變。關於行政院院長如何任命的問題，行政院對立法院的負責方式，已經從「事前的同意權」改為「事後的

不信任投票」，這很明顯是「修憲者」的有意變更。而這項改變的目的其實就是要使立法院在憲法上不能在「事前」決定行政院院長的人選。立法院的多數如果反對總統任命的行政院院長在任，就應該發動不信任投票，以此決定行政院院長的去留。而且，立法院從擁有「事前的同意權」改為擁有「事後的不信任投票」，也可以說現在行政院是向「既有的立法院多數負責，」而不再是向「新的立法院」負責。換言之，現行憲法既然已經賦予總統獨立的閣揆任命權並取消立法院的同意權，大法官會議原先基於立法同意權而作成的釋字第387號解釋與釋字第419號解釋也無所附屬而不再適用，而「內閣」能否繼續存在，不再取決於立法院定期改選後的「多數積極同意」，而取決於立法院是否形成偶然性的「多數積極反對」。因此，依據現行體制，行政院院長理應是隨總統改選提出總辭，而不是隨立法院改選提出總辭。

3.簡要評析

從以上的討論中，可以發現該問題與前述問題（二）（即總統對行政院院長是否具有免職權？）的爭論是緊密聯繫在一起的，兩者之間具有這樣的邏輯一致性：主張「總統對行政院院長只有任命權，而無免職權」的論者，會認為「行政院僅對立法院負責，而不對總統負責」，也會認為「行政院院長僅須於立法院改選後提出總辭」；相對地，主張「總統對行政院院長不僅有任命權，也有免職權」的論者，則會認為「行政院不僅對立法院負責，也對總統負責」，也會認為「行政院院長在總統改選後須提出總辭。」這三個命題彼此之間究竟何者為前提、何者為結果，其因果關係性從以上的論述觀點看雖然不是很清楚，但這三個命題之間，顯然是有關聯的。這有待於今後透過具體的立法或釋法之途徑，將問題進一步明確化。

但就目前臺灣學界的主流觀點來看，較傾向於認為，行政院院長既要於立法院改選後提出總辭，也要於總統改選後須提出總辭；但前者屬於法定性總辭，而後者屬於禮貌性總辭。臺灣這一制度設計的最大缺陷是，行政院面

臨雙重的總辭情形,容易引發「內閣」的頻繁更迭。

第五章　臺灣立法院體制

　　立法院是臺灣政治制度中體現民主的重要舞臺。目前臺灣的立法機關內採行一院制，即立法院為臺灣唯一的立法機關。雖然依憲法第27條的規定，國民大會有創制、複決兩權，但按照國民大會創制、複決兩權行使辦法，國民大會僅得創制「中央」法律的原則，及複決立法院所透過的法律，其目的在於救濟立法的不當或怠慢，不能視國民大會的這兩權為普通立法權，故國民大會一般不被臺灣學界視為立法機關，充其量屬於廣義上的立法機關。尤其是第七次「修憲」之後，實質廢除國民大會，立法院成為臺灣唯一的立法機關，更毋庸置疑。

第一節　立法院的性質與地位

一、立法院的性質

　　立法院為「五院」之一，行使臺灣的立法權，立法院在五權憲法體系中屬治權機關。然而，立法委員經由人民選舉，代表人民行使立法權，立法院且為臺灣國會機關之一（現在為「單一國會」），則與西方國家的國會相似，帶有政權機關的性質。

（一）立法院相當於西方國家的國會

　　依臺灣學者的觀點，臺灣的立法院相當於西方國家的國會。從臺灣「政府體制」的演變來看，成立之初的立法院是非民意代表性質的、非民選的治權機關。而在「五五憲草」的設計上，立法院必須對代表民意的國民大會負責，更符合孫中山先生「權能區分」及「五權憲法」的思想。後來政治協商

會議中各黨派對於「憲法草案」進行協商和妥協,將立法委員改為民選,直接對人民負責,並且不再對國民大會負責。1946年制定的「中華民國憲法」,雖然尚具有孫中山先生「五權憲法」的架構,但實質內涵上,卻更包容西方民主國家的政治體制精神,特別是朝向內閣制的政治設計,最重要的精義便在於行政院必須對立法院負責。然而,後來臺灣多次以修訂「臨時條款」的方式,凍結憲法部分條文,並得調整「中央政府」行政機構。長期不改選的立法院,幾乎就是在為行政部門的決策背書,而未盡其監督行政院的功能。直到1991年底的第一屆資深「立委」全面退職,立法委員開始定期改選,立法院成為一個代議機關,其具備「民主國家之國會」的雛形與條件。

臺灣經過七次「修憲」後,立法院所行使的職權,同民主國家的國會的職權基本相同,其代表由人民選舉產生。這表明,立法院從原來與監察院及國民大會共享西方民主國家國會功能,時至今日,已成為獨具完整國會之代表、立法、預算等功能的政府機關,呈現「單一國會」形態。

(二)立法院為帶有政權機關性質的治權機關

首先,一般認為西方國家的國會為政權機關,臺灣的立法院既然相當於西方國家的國會,則應具有政權機關的性質。何況,依憲法第62條,立法院代表人民行使立法權,立法院具有代表功能,並非單純的治權機關。

其次,立法院體制和其他「四院」體制相比較,也不相同。尤其是「行憲」後,立法委員非派任而由人民選舉產生,這與國大代表的產生無所殊異,並享有言論免責權,而人民亦得依法將其罷免,與普通治權機關的成員為公務員的情況有所不同。立法院原屬治權範圍,實際上則性質獨特,與其他治權機關迥然不同。

再次,行政院對立法院負政治責任,立法委員開會時,得向行政院院長及各部會首長質詢,立法院兼具政權機關的性質,代表人民監督行政部門,

這與國民大會作為政權機關,而政府作為治權機關應向其負責的「權能區分」構想,道理相通。故從現行憲法規定的政府體制來看,立法院好似民主國家的國會。

立法院經司法院解釋為臺灣的國會機關之一,固然不能據此認定立法院為政權機關,或認定立法院與國民大會為臺灣國會的兩院,但立法院帶有政權機關的性質,則是顯而易見的。所以,立法院在「五權憲法」的體系結構中,是治權機關,但帶有政權機關的性質。

二、立法院的地位

立法院是臺灣的「最高立法機關」,但基於「五權憲法」的政治體系,有關立法院的這一法律地位,應全面理解如下:

(一)立法院須受人民監督

立法院雖為臺灣的「最高立法機關」,但根據「五權憲法」架構及全民政治、人民主權原理,立法院仍需要接受人民的監督。依孫中山先生的主張,人民應有充分的政權,除了以選舉、罷免權監督政府的人事,更以創制、複決權監督政府的法律。為防止代議政治可能發生流弊,如因選舉而產生素質不良的議員,孫中山先生主張由人民行使四權監督議會作為補救。所以,從「權能區分」的角度來看,立法院應對人民負責,受人民監督。

依憲法,國民大會得代表人民對「中央」法律案行使創制、複決權,因此國民大會也是立法院行使立法權的監督機關。然而,至2000年4月「修憲」後,國民大會僅有複決立法院所提的憲法修正案、「領土」變更案,議決立法院所提總統、副總統之彈劾案,國民大會與立法院之間為法案複決關係,國民大會的監督地位已被改變。第七次「修憲」後,立法院只受「公民

投票」創制複決權的立法制約。

（二）立法院為「中央政府」的立法機關

立法院為臺灣的「最高」立法機關。然而，所謂「最高立法機關」，是否意味著立法院之上，就沒有其他行使立法權的機關了呢？或其立法權的行使毫無限制呢？關於立法院地位的這一規定，臺灣學界有不同的理解。簡要介紹如下：

第一，立法權的行使，不以立法院為限，人民及國民大會均有創制及複決法律權，省縣議會也擁有立法權。人民及國民大會所享有的創制、複決法律權雖然不是普通的立法權，但從位階上看，它們處於監督立法院立法的地位。依憲法規定，屬於「中央」的立法事項，由立法院立法；屬於省、縣的立法事項，由省議會、縣議會立法。因同樣行使立法權，故立法院、省（市）議會、縣（市）議會等均為立法機關。但立法院為「中央政府」的立法機關，與省、縣等地方議會為地方立法機關不同。

第二，立法院行使的立法權與國民大會及人民所行使的立法權不同。憲法雖規定國民大會及人民也有創制、複決法律的權力，但這並不影響立法院為「最高立法機關」的地位。2000年透過的憲法增修條文刪除了國民大會行使創制、複決兩權，從而使立法院作為臺灣「最高立法機關」的地位，更加凸顯。

第三，立法院和縣、市議會，雖均為立法機關，但依憲法第170條的規定，憲法所稱的法律是指經立法院透過，總統公布的法律。由此可知，立法院所透過的法律，方可被稱為法律；至於直轄市、縣（市）、鄉（鎮、市）立法機關透過並由各該行政機關公布者，稱為自治條例。自治條例與立法院透過的法律、條例不同，依「地方制度法」第26條第1項規定，應分別冠以各該地方自治團體的名稱，在直轄市稱直轄市法規，在縣（市）稱縣（市）

規章,在鄉(鎮、市)稱鄉(鎮、市)規約。由此可見,立法院具有臺灣「最高立法機關」的地位。

第四,立法院雖為臺灣的「最高立法機關」,但縣(市)、直轄市的議會機關,並非立法院的隸屬機關。立法院及縣(市)議會,均系各自代表民意,行使其各自的立法權限,不發生指揮監督關係。但因憲法第116條、第125條分別規定,省法規與「中央」法律牴觸者無效,及縣單行規章與「中央」法律或省法規牴觸者無效,故立法院的制定的法律,可對省縣市規章的制定產生重大影響,這進一步使立法院作為「最高立法機關」的地位得以確立。

第二節　立法院的組織

立法院的組織,以由人民選舉的立法委員為主體,行使憲法所賦予的立法權。而依據憲法、「立法院組織法」的規定,立法院設院長、副院長及各種委員會,並設各種幕僚組織。下面分述之:

一、立法委員

(一)立法委員的選舉

1.憲法的規定

依照憲法第64條規定,立法委員依下列規定選出:(1)各省、各直轄市選出者,其人口在300萬以下者5人,其人口超過300萬者,每滿100萬人增選1人;(2)蒙古各盟旗選出者;(3)西藏選出者;(4)各民族在邊疆地區選出者;(5)僑居國外之「國民」選出者;(6)職業團體選出者。

從上述憲法規定可知,立法委員的選舉系採取大選舉區,並以每一省、

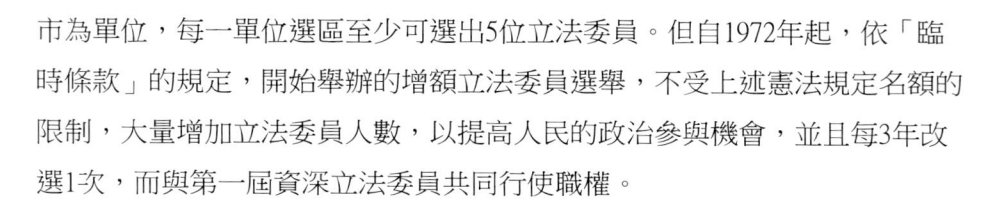

市為單位,每一單位選區至少可選出5位立法委員。但自1972年起,依「臨時條款」的規定,開始舉辦的增額立法委員選舉,不受上述憲法規定名額的限制,大量增加立法委員人數,以提高人民的政治參與機會,並且每3年改選1次,而與第一屆資深立法委員共同行使職權。

2.2005年憲法增修條文的規定:單一選區兩票制

依2005年憲法增修條文第4條的規定,立法委員自第七屆起為113人,任期4年,連選得連任,於每屆任滿前3個月內,依下列規定選舉產生:(1)「自由地區」直轄市、縣市73人。每縣市至少1人。(2)「自由地區」平地原住民及山地原住民各3人。(3)「全國」不分區及僑居「國外」的「國民」共34人。可見,臺灣的立法委員選舉共分四個部分:人民直接投票選舉的為區域「立委」和原住民「立委」,由政黨比例方式產生的為不分區「立委」及僑選「立委」。

為了保障婦女參政權,區域「立委」各選區以及原住民「立委」幾乎每10名即保證有1名女性「立委」。在不分區「立委」和僑選「立委」方面,也是每10名「立委」中必須保證有1名女性「立委」。

2007年臺灣第七屆立法委員選舉,落實2005年憲法增修條文第4條的規定,實行「立委」席次減半與單一選區兩票制,原本的225名「立委」席次減半為113名,73名區域「立委」、34名不分區及僑選「立委」、6名少數民族「立委」。

單一選區兩票制取代原本的複數選區制,選舉有兩張票,一張選舉區域「立委」、一張選舉政黨。單一選區兩票制配合「立委」席次減半實行後,全臺灣將劃分為73個選區選出73名區域「立委」,再依另一張政黨選票的得票比例,分配34個不分區及僑選「立委」席次,未達5%得票率的政黨不能參與分配。

需要特別注意的是，現時立法委員的選舉已不依原來「立法委員選舉罷免法」的規定，而是依照「公職人員選舉罷免法」的規定辦理產生。

（二）立法委員的任期

1.憲法的規定

憲法第65條規定，立法委員的任期為3年，連選得連任，其選舉於每屆任滿前3個月內完成。

過去，監察院為民意機關，「監察委員」由省、市議會選舉產生，其任期為6年，並因為擁有糾彈百官的職權，所以，有人將監察院比喻為臺灣國會的「上議院」或「參議院」；而立法院因其行使一般立法權，任期較短，所以有人將其比喻為臺灣國會的「下議院」或「眾議院」。但1992年「修憲」後，監察院不再具有民意機關的性質，立法院是否應再採行短任期制，即備受臺灣民眾關注。尤其是1992年的憲法增修條文，將國大代表及總統的任期改為4年（原均為6年）之後，立法委員的任期更成為「憲政改革」重要的議題。究竟立法委員的任期應否應延長為4年，成為一時爭論的議題。

主張立法委員的任期仍宜維持3年者，其理由主要是：（1）立法委員採行短任期制，人民經由選舉密切監督控制立法工作，代議政府的「代表功能」可以充分發揮。（2）立法委員因經常改選，使其得以及時反映民意，成為能負責任的議會，制定符合需要的法律。（3）立法委員的任期，與行政院內閣的安定並無必然的聯繫。將立法委員的任期延長為4年，與總統的任期取得一致，如此行政院院長可不必因總統或立法委員的改選而辭職更易。其實行政院院長任期的長短，要視其政策能否得到立法委員的支持而定。所以，沒有必要為了追求政局的安定而延長立法委員任期為4年，而與總統的任期一致。

而主張應將立法委員的任期延長為4年者，其理由主要是：（1）立法委員的任期為3年，屬於短任期制，不僅因經常辦理選舉耗費財力及社會資源，更因就職不久又需投入選舉競爭，難免影響立法委員行使職權。（2）為穩定政局，立法委員的任期應與總統的任期一致，均為4年。依憲法規定，行政院院長系由總統提名經立法院同意任命，而「行憲」以來的慣例是，行政院因總統或立法委員的改選而總辭更迭，因此，每隔3年或2年，甚至1年，行政院即行改組，「內閣」為時短暫，難免影響政局的安定。

2.憲法增修條文的規定

2005年6月7日任務型國民大會複決透過立法院於2004年8月23日透過的憲法增修條文修正案第4條第1項規定，立法委員自第七屆起任期改為4年，連選得連任。但是，鑒於1997年「修憲」後，建立了行政院與立法院之間「內閣制」的完整對抗關係，即「倒閣權」與解散權的運用，立法院在透過對行政院院長不信任案後，將被解散。如此，立法委員的任期只能說是「最長4年」而已，並非「一定是4年」。

（三）立法委員的兼職限制

憲法第75條規定：「立法委員不得兼任官吏。」此規定的意涵引起許多爭議，司法院大法官會議也相應地作出許多解釋，加以闡明。列舉如下：

（1）立法委員就任官吏視為辭職。司法院釋字第1號解釋稱：立法委員依憲法第75條的規定，不得兼任官吏，如願就任官吏，應即辭去立法委員，其未經辭職而就任官吏者，顯然有不願繼續任立法委員的意思，應在其就任官吏時視為辭職。

（2）立法委員不得任「駐國外代表」。司法院釋字第4號解釋稱：聯合國韓國委員會臺灣副代表，既然由政府派充，且有1年任期，不論其機構屬

於臨時還是屬常設性質，應認定其為憲法第75條所稱的「官吏」。立法委員不得擔任。

（3）立法委員不得兼任公營事業機關的董事、監察人及總經理與受有俸給的文武職公務員。司法院釋字第24號解釋稱：公營事業機關的董事、監察人及總經理與受有俸給的文武職公務員，均適用「公務員服務法」的有關規定，應屬於憲法第103條、第75條所稱的公職及官吏範圍之內。「監察委員」、立法委員均不得兼任。

（4）立法委員不得兼任省銀行的董事及監察人。司法院釋字第25號解釋稱：省銀行的董事及監察人，均為公營事業機關的服務人員。立法委員、「監察委員」不得兼任，已見司法院釋字第24號解釋。

（5）立法委員不得兼任國大代表。司法院釋字第30號解釋稱：憲法第75條雖僅限制立法委員不得兼任官吏，但這並不是說官吏以外的任何職務均可兼任，仍須視其職務性質，與立法委員職務是否相容。憲法第27條規定，國民大會複決立法院所提的憲法修正案，並制定辦法，行使創制、複決兩權，若立法委員得兼國大代表，是以一人而兼具提案與複決兩種性質不相容的職務。立法委員既行使立法權，又可參與「中央」法律的創制與複決，這顯然與憲法第25條、第62條規定的精神不符，故立法委員不得兼任國大代表。這一解釋的意旨，在2000年4月24日修正透過的憲法增修條文將國民大會非常設化後，仍可適用。

（6）立法委員不得兼任地方議員。司法院釋字第74號解釋稱：立法委員代表人民行使「中央」立法權，而省、縣議會議員分別行使各該省、縣地方的立法權，為貫徹憲法分別設置各級民意機關賦予不同職權的宗旨，立法委員不得兼任省、縣議會議員。

（四）立法委員的保障

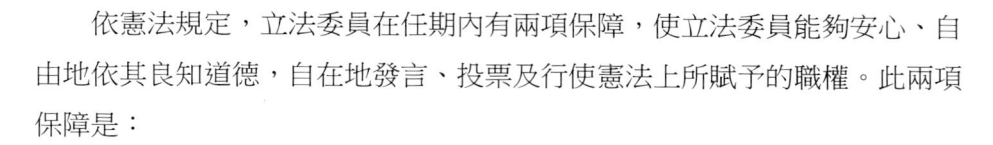

依憲法規定，立法委員在任期內有兩項保障，使立法委員能夠安心、自由地依其良知道德，自在地發言、投票及行使憲法上所賦予的職權。此兩項保障是：

1.言論自由保障權

依憲法第73條規定：「立法委員在院內所為之言論及表決，對院外不負責任。」此處的言論免責範圍，司法院釋字第435號解釋認為，應採行相對保障主義。該解釋稱：「憲法第73條規定立法委員在院內所為之言論及表決，對院外不負責任，旨在保障立法委員受人民付託之職務地位，並避免國家最高立法機關之功能遭受其他國家機關之干擾而受影響。為確保立法委員行使職權無所瞻顧，此項言論免責權之保障範圍，應作最大程度之界定，舉凡在院會或委員會之發言、質詢、提案、表決以及與此直接相關之附隨行為，如院內黨團協商、公聽會之發言等均屬應予保障之事項。越此範圍與行使職權無關之行為，諸如蓄意之肢體動作等，顯然不符意見表達之適當情節致侵害他人法益者，自不在憲法上開條文保障之列。」很顯然，這一解釋旨在強調言論免責的相對保障主義。

所謂對院外不負責任，係指可以免除法律責任，亦即立法委員在參加會議時所發表的言論及表決，不受刑事追訴，也不負民事賠償責任，除因違反其內部所訂的自律規則而受懲戒外，並不負行政責任。但政治責任卻不因此而免除，故選民仍得以民意代表可免責的言論表決作為罷免的原因。另外，這一免責權並非給予立法委員犯罪的特權，立法委員在任職前的任何犯罪，任職中非可免責的言論表決而構成犯罪者，仍得依法追訴，只是暫時可免受逮捕拘禁而已。

這一特權旨在保障民意代表行使職權時不受壓力，因此即使立法委員表示拋棄，也屬於無效行為。這裡所稱的言論與表決，包括積極言論表決與消極不言論與表決的自由。將立法院內所發表的言論登載於公報或另行出版，

也應在免責範圍之內。

2.未經許可不受逮捕或拘禁權

依憲法第74條的規定：「立法委員除現行犯外，非經立法院許可，不得逮捕或拘禁。」此條規定旨在防止行政機關或司法機關無故以逮捕或拘禁方式妨礙立法權的行使。此處「不受逮捕」特權的範圍甚廣，與憲法第33條規定的國大代表的不逮捕特權僅限於「會期中」相比較，這對國大代表似有不平等待遇之嫌。於是，憲法增修條文第4條第6項修定為：「立法委員除現行犯外，在會期中，非經立法院許可，不得逮捕或拘禁。憲法第74之規定，停止適用。」將立法委員身體自由的保障，僅限於會期中，而與憲法第33條關於國大代表身體自由保障的規定類似，造成若干涉及違法事件的立法委員，在立法院會期外，經立法院許可，有被逮捕或拘禁的可能。

這一特權並非基於保護個人利益所賦予的個人權，而係為擔保民意代表職權行使的特權，所以即使立法委員表示拋棄，亦屬無效行為。這裡所謂的「不受逮捕」，本指刑事原因的逮捕、拘禁，是否兼指於違警與其他行政上的對身體自由的限制，例如，法定傳染病，抑或包括民事所為的拘提或管收？從憲法用語「非現行犯不得逮捕」來看，應以有刑事犯罪案件為主，但臺灣學界一般認為，尚應及於違警事件的逮捕、拘禁，以免民意代表受到政治上的壓迫，但應不及於民事或行政執行上的拘提或管收。

若立法院予以許可，其許可程序和許可標準應屬立法院內部的自律事項。立法院對逮捕的聲請，可以不予許可，也可以作出附條件或附期限的許可。若立法委員在會期前或會期中被逮捕，經立法院請求，逮捕、拘禁機關應將其予以釋放。立法院不予許可逮捕、拘禁時，追訴權的時效停止進行。

（五）立法委員的罷免

憲法第17條和第133條規定，立法委員可由原選舉區的選民依法將其罷免。依照現行「公職人員選舉罷免法」的規定，如要罷免立法委員，必須在其就職滿1年後才可進行。另外，要罷免立法委員，非有原選舉區選舉人總數2%以上提議，13%以上連署不得成立罷免案，而罷免案的投票人數如果不足原選舉區選舉人數總數1/2以上或同意罷免票數未超過有效票數1/2以上者，罷免案即被否決。此外，罷免案如經否決，則對同一立法委員在其原任期內，不得再次作出罷免案的提議。

二、立法院院長、副院長

（一）立法院院長、副院長的產生方式

憲法第66條規定，立法院置院長、副院長各1人，由立法委員互選產生。其選舉依立法院自行制定的「立法委員互選院長副院長辦法」進行。院長副院長的選舉，均以得出席人數過半數的票數，方能當選。第一次投票如無人得過半數票數時，就得票較多的前兩名重新投票，以得票比較多數者為當選。如第一次投票，有2人以上同票數時，一併列入第二次選舉票。院長、副院長的任期，依「立法院組織法」第13條的規定均為至該屆立法委員任期屆滿之日為止。另外，依據「立法院組織法」第13條第3項的規定，立法院院長因事故不能視事時，由副院長代理其職務。

（二）立法院院長的職權

依憲法與「立法院組織法」的規定，立法院院長享有下列重要權限：（1）主持立法院院會；（2）對外代表立法院；（3）召集立法院臨時會；（4）應總統的召集，會商解決院際間的爭執；（5）與其他「四院」院長組織委員會，以解決省自治法施行中的重大障礙；（6）在第三屆國民大會設

議長前,召集國民大會臨時會;(7)綜理立法院院務,監督院內職員。

三、立法院各種委員會

憲法第67條規定,立法院得設各種委員會。各種委員會得邀請政府人員及社會上有關係人員到會備詢。

(一)設置委員會的必要性

首先,由於立法工作甚為錯綜繁雜,需要專門的知識和立法技術,因此須借分工合作,方能達成立法的目的。其次,事實上每一位立法委員(或議員)花費在每一議題的時間有限,委員會的建制,使議員因為幕僚的支持得以充分發揮代表的功能。再次,委員會的組織使議員間關係緊密,可收集思廣益的效果。此外,可整合議員褊狹的地方意識、有效地監督行政機關。因此,立法院分設各種委員會,就法案送請立法院大會討論前,均由相關的各種委員會事先透過法制局、預算中心、「國會圖書館」及立法委員助理的協助,做周詳的諮詢、研究、討論與審查,以供立法院大會決議之用。

概括起來,立法院所設委員會具有以下主要功能:(1)法案的準備;(2)因分設各種專業委員會而得以有效監督行政部門;(3)委員會成為法案及預算案「一讀會」主要場所;(4)委員會因程序公開而有社會教育的功能。

(二)立法院委員會的類型

依臺灣現行「立法院組織法」,其所設委員會有以下三類:

1.常設委員會

依「立法院組織法」第10條的規定，立法院設有以下12個常設委員會：（1）內政及民族委員會；（2）「外交」及僑務委員會；（3）科技及資訊委員會；（4）「國防」委員會；（5）經濟及能源委員會；（6）財政委員會；（7）預算及決算委員會；（8）教育及文化委員會；（9）交通委員會；（10）司法委員會；（11）法制委員會：（12）衛生環境及社會福利委員會。

常設委員會的職權主要為審議立法院院會交付審查的議案，及受理人民請願案。其中，主要職權是審議權。由於所審查的各種議案性質不同，故有臺灣學者進一步將審查權細分，連同人民請願審查共可將常設委員會的職權歸納如下：（1）重要議案審查權；（2）預算案審查權；（3）人民請願審查權；（4）行政命令審查權；（5）文件調閱權；（6）聽證權。

常設委員會的功能主要有：（1）協助立法；（2）溝通意見；（3）監督行政；（4）專家立法。

臺灣立法院的各常設委員會以21位委員為最高限額，常設委員會的主席稱召集委員，其產生方式系由各委員會委員互選產生，各委員會置召集委員3人，每會期改選一次。召集委員除具有擬定立法計劃、召集會議、決定議程、擔任會議主席主持會議、維持會場秩序的權責外，還負責各委員會的相關業務。各委員會召集委員有權決定每週開會議程的安排，包括舉行法案審查會議，邀請相關部會首長作施政報告、專案報告、預算審查、行政命令審查及人民請願案件的審查等會議議程。

各委員會所舉行的會議應於院會日期之外，由召集委員隨時召集。但各委員會1/3以上的委員亦得以書面記明討論的議案及理由提請召開委員會議，召集委員應於收到書面後15日內定期召集會議。同時各委員會召集委員在每會期開議前共同邀請各委員會委員擬定該會期的立法計劃，實務上也均邀請相關院、部、會人員列席說明。至各委員會會議的法定出席人數，須達各委

員會委員1/3出席方得開會。各委員會開會時由召集委員輪流擔任主席,但同一議案得由1人連續擔任主席。委員會會議的決議,以出席委員會過半數同意作出決定,可否同數時,取決於主席,但在場出席委員不足3人者,不得議決。

委員會的主要運作方式是由各委員會個別舉行會議,審議有關法案或聽取施政報告。如所討論議案與其他委員會相關,則除由院會決定交付聯席會議外,得由召集委員報請院會決定與其他有關委員會召開聯席會議。此外,為審查總預算案,還設有全院各委員會聯席會議。

2.特種委員會

依「立法院組織法」的規定,目前臺灣立法院設有程序委員會、紀律委員會、「修憲」委員會、經費稽核委員會、公報指導委員會等。其中,程序委員會編排院會議程,具有指導立法方向的重要作用,其運作與立法院的議事效率及政黨政治的發展均有頗為密切的關係。

3.全院委員會

立法院全院委員會,系專為審查「審計部」審計長的同意案,以及審查行政院移請覆議案而設置的機構。全院委員會與「立法院組織法」所稱的「立法院會議」(簡稱院會)不同。立法院院會系憲法賦予立法院權限的實體事項的決議機關,由地位完全平等的立法委員組成,原則上以立法院院長為主席。全院委員會其成員雖也由所有立法委員組成,但只能就程序事項討論,而後再提院會作成決議。具體說來,立法院全院委員會與立法院會議的不同,主要表現在:(1)主席不同。全院委員會由出席立法委員互推1人為主席;院會則以院長為主席。(2)出席人數不同。全院委員會出席人數的規定較低;院會則有規定較高的出席人數。(3)議程限制不同。全院委員會有關發言的次數與時間,皆無限制;院會則有嚴格限制。(4)議題不同。全院委員會以人事同意權、覆議案、選舉院長副院長等為限;院會則以

審查法案、提出質詢等為主要職能,議題頗為廣泛。(5)辯論程序不同。全院委員會如要結束辯論,不可適用一般議事程序之「停止討論」,目的是使小黨得以充分發言;院會則可適用「停止討論」之議事規則。(6)先後關係不同。全院委員會審查透過的案件,仍須提報院會,故全院委員會的審查與院會的議決,程序上有先後不同的關係。

根據規定,須由全院委員會決定的事項主要有:(1)對總統發布緊急命令,提請立法院追認案;(2)立法院行使人事同意權(即司法院院長、副院長、大法官,「考試院」院長、副院長、「考試委員」,監察院院長、副院長、審計長及「監察委員」的任命同意權)時,應由全院委員會審查後,提出院會投票;(3)覆議案,應由全院委員會就是否維持原決議或原案予以審查;(4)對行政院院長不信任案的審查;(5)對總統、副總統彈劾案與罷免案的審查。

四、立法院的幕僚機構

立法院的幕僚機構包括:

(1)祕書長。立法院設祕書長1人,經院長遴選報告院會後,由政府特派。祕書長承院長之命,處理立法院事務,並監督所屬職員。另置副祕書長1人,由院長遴選報告院會後,由政府簡派。副祕書長承院長之命,襄助祕書長處理本院事務。

(2)祕書處。立法院設祕書處,分組(室)辦事,處理議程編擬、會議記錄、立法院日記、新聞編輯發布及聯絡、立法資料蒐集管理及編纂等事項。

(3)主計處及人事處。立法院設主計處及人事室,依法律規定,分別辦理歲計、會計、統計及人事事項。

（4）議事處。議事處掌理議程編擬、議案條文的整理及議案文件的撰擬、本院會議記錄等事項。

　　（5）公報處。掌理立法院會議及委員會會議的錄影、錄音、速記；公報編印及發行等事項。

　　（6）總務處。掌理立法院內部事務、民眾服務等事項。

　　（7）法制局。掌理立法政策，法律案的研究、分析、評估及諮詢，外國立法例及制度的研究、編譯及整理，法學研究等事項。分設五組，除局長、副局長外，置研究員、副研究員、助理研究員等。

　　（8）預算中心。掌理「中央政府」預算、決算、相關法案之研究、分析、評估及諮詢等事項。分設五組，除中心主任、副主任外，置研究員，副研究員、助理研究員、操作員等。

　　（9）「國會圖書館」。掌理立法書刊光碟資料、立法報章資料之蒐集管理及運用；立法資訊分析、檢索；立法出版品主編纂及交換等事項。除館長、副館長外，置主任4人，高級分析師1人，專員、分析師、科員、助理管理師、操作員、辦事員等。

　　（10）立法委員助理。立法委員每人應置公費助理6至10人以上；立法院應每年編列每一位立法委員一定數額的助理費及其辦公事務費預算。公費助理均採聘用制，與委員同進退。

五、立法院的非正式組織

　　立法院黨團組織經1999年修正「立法院組織法」時，首次將政黨組織在立法院法規裡明文定位。該法第33條規定：立法委員依其所屬政黨參加黨團，每一黨團至少須有8人以上。但於立法委員選舉得票比率已達5%以上的政黨不在此限。未能依前項規定組成黨團的政黨或無黨籍的委員，得加入其

他黨團,或合組8人以上的政黨。黨團辦公室由立法院提供。目前,中國國民黨、民主進步黨、親民黨、臺灣團結聯盟及無黨聯盟等政黨均設置有立法院黨團辦公室。

六、兩岸事務因應對策小組

為因應兩岸事務,配合兩岸情勢發展,立法院在2000年11月於院會透過成立「立法院兩岸事務因應對策小組」,由院長擔任召集人,副院長擔任副召集人,小組成員由各黨派推薦派任。並於同年12月7日透過「立法院兩岸事務因應對策小組任務」及「立法院兩岸事務因應對策小組運作要點」,兩岸小組隨時可啟動運作,發揮效能。由於兩岸關係的特殊性,加上當前兩岸官方的互信基礎薄弱,立法院在兩岸關係中開始扮演愈來愈重要的角色。

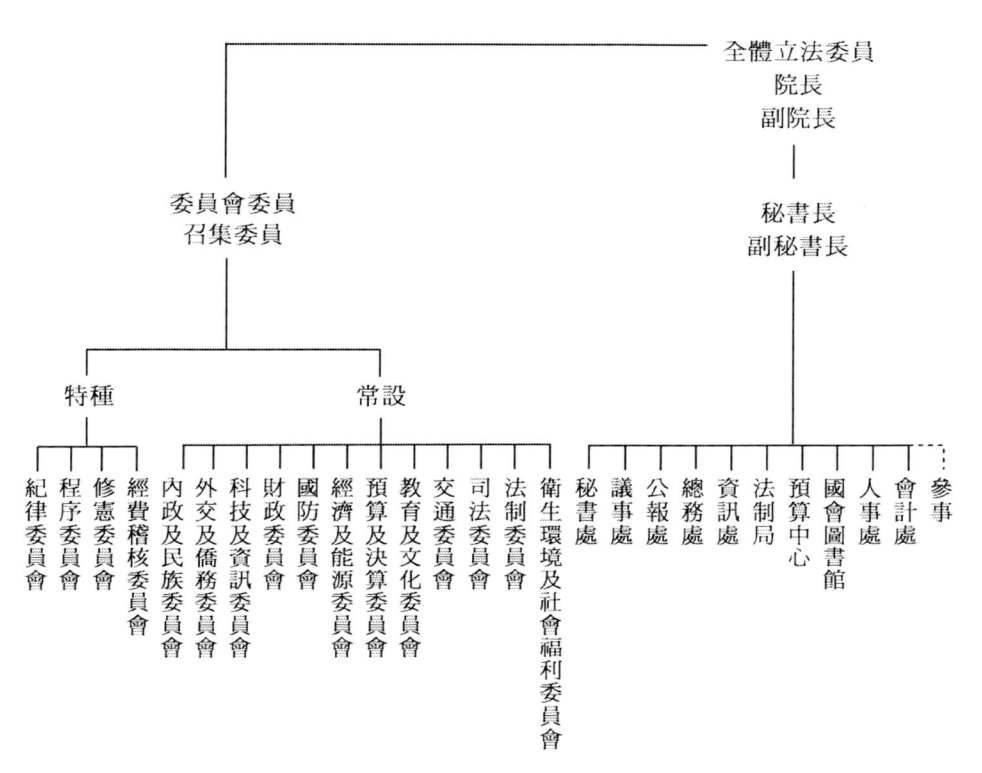

圖5-1：臺灣立法院組織架構示意圖　（資料來源：立法院編著：《中華民國立法院》，臺北，立法院印行，2002年版，第10頁。）

第三節　立法院的職權

一、立法院的主要職權

依憲法第62條的規定，立法院代表人民行使立法權，此立法權應當屬於廣義上的立法權，除制定法律外，還包括議決預算案、戒嚴案、大赦案、宣戰案、媾和案、條約案及其他重要事項的職權。

（一）制定法律權

立法院為臺灣的「最高立法機關」，由人民選舉的立法委員組成，代表人民行使立法權。立法院享有議決法律案、戒嚴案、大赦案、宣戰案、媾和案、條約案及議決其他重要事項的職權。凡是有關法律、條例、通則均需經過立法院透過，由總統公布後生效實施。各政府機關發布的行政命令，也必須送到立法院審查，與法律規定不符或應當以立法規範的，立法院可以議決要求更正或廢止。制定法律通常包括：提案、三讀會透過、公布幾個步驟（詳見本章「立法程序」部分）。立法院議決法案，應依議事程序規範進行，而議事規則系由立法院自行規定，屬於立法院的自律制度。

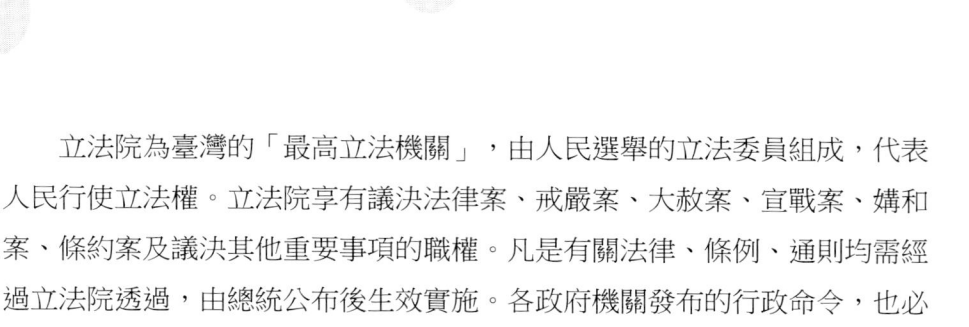

雖然立法院為臺灣的「最高立法機關」，但對其立法卻有下列限制：

（1）禁止個案立法。立法只能就抽象的人或事加以規定，不得就個案具體的人或事加以規定。2004年發生的「三·一九槍擊案」，當時在野的國民黨提出質疑，於是在野的國民黨立法委員聯手制定「三·一九槍擊事件真相調查特別委員會條例」（2004年9月24日公布施行）。但臺灣有人認為該條例系就個案而立法，違反本原則。於是，2006年4月11日立法院就「三·一九槍擊事件真相調查特別委員會條例」重行修正，其內容雖已有較為緩和的規定，但部分規定仍被大法官釋字第633號解釋宣告「違憲」。

（2）禁止重複「違憲」立法。立法院所透過的法律不得與憲法牴觸。但是否牴觸，只能由司法院大法官來解釋。已經被宣告為「違憲」的規定或同類規定，立法院不得重複制定。

（3）禁止違反公民投票案結果的立法。公民投票法已準許公民就立法原則予以創制，並得就立法結果提請公民投票複決。若公民就特定法律案經由複決，表示不贊同該法律者，原法律於公告之日起至第3日止，失其效力，立法者不得重複制定相同內容的法律；立法原則創制案經公民投票獲得透過者，立法院應於下一會期休會前完成審議程序，且條文內容不得與該立法原則牴觸。

（4）法律明確性原則。立法者使用的語言必須明確，所謂的明確，是指法律規範必須使受規範者能夠理解（現在可以理解），並具有可預見性（將來可以預見採取措施避免），並具有司法可審查性（法院可以透過三段論法判斷正確與否）。在實踐中，司法院大法官會議釋字第445號解釋依據法律明確性原則，宣告了「集會遊行法」的部分規定「違憲」。

（二）議決預算權

立法院議決預算的職權，是立法院在財政方面的主要職權。有關該項職權的運作，其主要程序是：

（1）預算案的提出。行政院應於每年3月底前，將下年度預算案及施政方針送達於立法院。預算是政策的基礎，也是立法院牽制行政部門的工具。一般而言，預算案的提出，是行政部門的職責；臺灣的預算案由行政院向立法院提出，行政院並因此對立法院負施政責任。

（2）預算案的審議。立法院審議總預算案時，由行政院院長、主計長及財政部長列席，分別報告施政計劃及歲入、歲出預算編制經過，立法委員得提出質詢。預算總質詢過後，交由預算委員會召集全院各委員會聯席會議，作大體審查後，開始分組審查。在分組審查各機關的預算時，各機關首長先作有關的施政計劃及預算編制的報告，並接受立法委員質詢。然後再進入逐項審查，行政首長不必列席。各組審查後，由預算委員會彙整後，報告於各委員會聯席會議。其審查結果，即提出於院會。從全院各委員會聯席會議的大體審查，即所謂一讀會，經分組審查至提報院會，亦經三讀會程序，與審議法律案相同，頗為審慎。另外，立法院對於行政院所提預算案，不得作出增加支出的提議。因為議會的財政功能旨在為人民看管政府用錢，所以，立法院應堅守這一基本立場，否則，若立法院可就預算案作出增加支出的提議，即與其監督政府財政的職責不合。

（3）預算審查的界限。立法院對於行政院所提預算案，不得作出增加支出的提議，固為憲法第70條所明示的立法院監督財政的原則，立法院得刪減預算案，但此項刪減權有限制：其一，憲法制度上的限制。如總統依法有公布法律，發布命令、任免文武官吏、調和五院爭執等職權，自應編列必要費用支應，立法院的刪減權應受限制。其二，既定費用的界限。如公債及利息支付等固定費用，立法院審議時不得刪減。其三，法制上必要經費的界限。如憲法或法律上既定的事務或已存設的機關，其基本的運作費用及人事費，立法院的刪減也應有所限制。

（三）審決決算審核報告

立法院的另一財政功能是審議監察院的決算審核報告。審計長應於行政院提出決算後3個月內，依法完成其審核，並向立法院提出審核報告。立法院對於審核報告中有關預算的執行、政策的實施及特別事件的審核等事項予以審議。審議時，審計長應出席並答覆質詢、提供資料。依臺灣的政治體制，預算系根據行政院向立法院所提出的施政方針，由行政院編列後向立法院提出，經立法院審議呈請總統公布，成為政府總預算，是各機關實際歲入財源。而預算運用後，經行政院向監察院提出決算，監察院於完成審核後，向立法院提出審核報告，仍由立法院審議。在這一財政循環的過程中，各環節均受立法院監督，立法院的財政功能得以充分發揮。

（四）議決「國庫」補助省經費權

各省辦理憲法第109條第1項事務，其經費不足時，經立法院議決，由國庫補助。而立法院為此項議決時，究竟可否要求省政府首長列席報告，曾引起立法院與臺灣省議會的爭議。臺灣省議會以各級政府系分別對其議會負責，受其監督，主張省政府首長不應列席立法院備詢，並與臺灣省政府達成

此項共識。

（五）議決戒嚴案、大赦案、宣戰案、媾和索、條約案

（１）議決戒嚴案。戒嚴是指戰爭或叛亂發生時，對於全國或某一地域，加以特殊警戒。由於戒嚴對於人民的自由、財產權益影響甚大，故有嚴格的程序規定，即依憲法第39條規定，總統宣布戒嚴，須經立法院透過或追認，而立法院認為必要時，得決議移請總統解嚴。

（２）議決大赦案。憲法第40條雖規定，總統依法行使大赦、特赦、減刑及復權之權，但憲法第63條卻僅規定立法院享有議決大赦案的權力，而沒有涉及特赦及復權的議決權，這是因為特赦及復權多為個案，效力範圍不大，可授權由總統單獨作出。而大赦案的效力範圍有「全國性」或一般性，故應特別慎重，必須由立法院議決。另外，「全國性」的減刑，同樣的依「赦免法」第6條「但書」的規定，亦得依大赦程序辦理，送由立法院審議。

（３）議決宣戰案、媾和案、條約案。這三者為涉外事件，故應經立法院議決。其中條約（包括公約或國際協定）的內容因為直接涉及「國家」重要事項，或人民的自由權利且具有法律上效力，附有批準條款，所以必須送立法院審議。其餘「國際書面協定」，除經法律授權或事先經立法院同意簽訂，或其內容與「國內法律」相同（例如協定內容係重複法律的規定），或已將協定內容訂定於法律者外，也應送立法院審議。

（六）議決「國家其他重要事項」

憲法第63條規定立法院除了可以議決法律案、預算案、戒嚴案、大赦案、宣戰案、媾和案、條約案之外，還可以議決「國家其他重要事項」，這

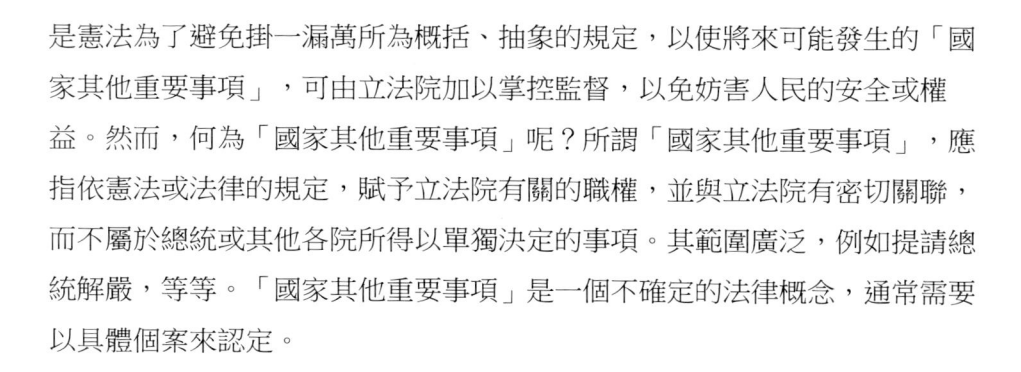

是憲法為了避免掛一漏萬所為概括、抽象的規定，以使將來可能發生的「國家其他重要事項」，可由立法院加以掌控監督，以免妨害人民的安全或權益。然而，何為「國家其他重要事項」呢？所謂「國家其他重要事項」，應指依憲法或法律的規定，賦予立法院有關的職權，並與立法院有密切關聯，而不屬於總統或其他各院所得以單獨決定的事項。其範圍廣泛，例如提請總統解嚴，等等。「國家其他重要事項」是一個不確定的法律概念，通常需要以具體個案來認定。

（七）聽取施政方針及報告

依憲法增修條文第3條第2項第1款，行政院應向立法院提出施政方針及施政報告；再依「立法院職權行使法」第16條，其報告包括年度施政方針及施政報告。主要規定如下：

（1）行政院應於每年2月1日以前，將該年施政方針及上年7月至12月的施政報告印送全體立法委員，並由行政院院長於2月底前提出報告。

（2）行政院應於每年9月1日以前，將該年1月至6月的施政報告印送全體立法委員，並由行政院院長於9月底前提出報告。

（3）新任行政院院長應於就職後兩週內，向立法院提出施政方針的報告，並於報告日前3日內將書面報告印送全體立法委員。

此外，行政院遇有重要事項發生，或施政方針變更時，行政院院長或有關部會首長應向立法院院會提出報告。立法委員亦得提議，30人以上連署或附議，經院會議決，亦得邀請行政院院長或有關部會首長向立法院院會報告。

（八）質詢權

立法院的質詢權，源自憲法第57條第1項規定。該規定現已改在憲法增修條文第3條第2款的規定，內容是行政院有責任向立法院提出施政方針及施政報告。立法委員經由質詢，瞭解政府施政的實況，進而以檢討、批評、建議的形式來督促主管首長注意改善有關行政工作。可見，質詢是立法院要求行政院負責的重要手段。

　　依「立法院職權行使法」，質詢主要程序要有：

　　（1）每一政黨詢答時間按各政黨黨團提出人數乘以30分鐘計算，但其人數不得逾該黨團人數1/2。參加政黨質詢的委員名單，由各政黨於行政院院長施政報告前1日向祕書長提出。行政院院長所屬政黨不得提出政黨質詢。代表政黨質詢的立法委員不得再提個人質詢。政黨質詢時，行政院院長及各部會首長均應列席備詢。

　　（2）立法委員個人質詢應依各委員會的種類，以議題分組方式進行，行政院院長及與議題相關的部會首長應列席備詢。質詢依議題分組進行，但有委員30人連署，經議決後得變更議題次序。參加聯合質詢的委員，以對同一議題的質詢為限。立法委員個人質詢，分兩次進行，每次質詢時間不得超過5分鐘，但是也可以要求合併這兩次質詢。

　　（3）立法委員有關施政方針、施政報告的質詢，應由行政院院長或其指定的有關部會首長即席答覆；未作答覆部分，應於20日內以書面答覆。但質詢事項牽涉範圍較廣的，得延長5日。

　　（4）質詢的答覆，不得超過質詢範圍。除了「國防」、「外交」等祕密事項外，被質詢人對質詢事項不得拒絕答覆。

　　需要強調的是，立法院的質詢有兩種情況，即院會質詢和委員會質詢。前者是因有所質疑和責難而作的質問，是立法院監督政府的重要手段；而後者是由於對問題不瞭解而作的詢問，是各委員會的顧問諮詢。所以，院會質

詢與委員會質詢是兩種不同的詢問。具體說來，兩種質詢的不同主要表現在：

（1）詢問性質不同。在院會所作的質詢中，詢問人與被詢問人很可能處於對立，乃至嚴重衝突的地位，其詢問的內容則傾向於責難、非難的性質，屬於立法權力的行使，是所謂的真正意義上的「質詢」；而在委員會所作的質詢中，詢問人與被詢問人未必處於對立的地位，甚至有密切合作的關係，其內容則具有探明真相的意味，屬於討教、諮詢，不具有權力行使的性質。

（2）詢問事項的範圍不同。院會質詢的事項僅限於「施政方針」、「施政報告」；而委員會質詢的事項則沒有範圍的限制，凡是立法委員為行使職權所需要，均可向有關人士諮詢。

（3）詢問對象不同。院會質詢的對像是有施政能力和責任的政府官員，一般情況下，不負決策權責的政府官員，沒有被質詢的資格；而委員會質詢的對象則不限於負有決策權責的要員，也包括一般的事務官員，乃至於社會上有關係的人士，凡是立法委員認為有向其請教的需要，皆可邀請諮詢。

（4）詢問的強制力不同。院會質詢具有強制力，「被質詢人除為避免國防、外交明顯且立即之危害或依法應祕密之事項者外，不得拒絕答覆。」被質詢人無故缺席，或列席而拒答，或答非所問，或未於限期內書面答覆者，屬於違法行為；委員會質詢則不具有強制力，儘管「立法院職權行使法」第56條規定：「應邀人員非有正當理由，不得拒絕出席」。但這僅能視為訓示性規定，該條文是針對公聽會所作的規定，性質上屬於諮詢，不宜強制受邀請人列席備詢。

（九）人事任命同意權

憲法第55條第1項原規定，行政院院長由總統提名，經立法院同意任命。由此，立法院獲得「最高行政機關首長」的人事任命同意權。但這一權力，卻因憲法增修條文第3條第1項的規定而消失了。至於行政院所屬獨立機關的首長、副首長及其合議製成員，如行政院各部、各委員會屬於「中央行政機關組織基準法」第6條的二級機關，依同法第21條的規定，由一級機關首長提名經立法院同意任命。因此，行政院的各部部長或委員會等二級機關成員的任命，要經過立法院同意。

　　但有一重要官員，即監察院審計長，須經立法院同意始能任命。「審計部」雖隸屬於監察院，但其首長並不稱為「審計部長」，而稱為「審計長」，目的在於彰顯審計長的超然地位與獨立行使職權的精神。不過，審計長在審核行政院提出的決算後，依憲法第105條規定有向立法院提出審核報告的義務，故立法院透過對審計長的任命，行使同意權可以達到對政府財政收支進行監控的效果。

　　2000年第六次「修憲」後，司法院院長、副院長、大法官，「考試院」院長、副院長、「考試委員」，監察院院長、副院長、「監察委員」，改由總統提名，經立法院同意後任命。

（十）解決「中央」與地方權限爭議權

　　依憲法第111條的規定，「中央」與地方的立法與執行權限，在憲法第107至110條中沒有列舉的事項發生時，「如事務有全國一致之性質者屬於中央，有全省一致之性質者屬於省，有一縣之性質者屬於縣。遇有爭議時，由立法院解決之。」依此規定，「中央」與省之間的事權爭議、「中央」與縣之間的事權爭議、省與縣之間的事權爭議，皆由立法院解決。至於省際事權爭議、縣際事權爭議，則分別由行政院與省政府解決。立法院解決「中央」與地方事權爭議的方式，則包括制定法律或修改法律或做成單純決議等。

（十一）提出憲法修正案的權力

憲法第174條規定，憲法的修改除由國民大會提出外，也可由立法院提出，以避免國民大會的專權。依該條第2款規定，憲法的修改，須由立法委員1/4提議，3/4出席及出席委員3/4決議，擬定憲法修正案，提請國民大會複決。為行使這項職權，立法院於1993年12月設置「修憲委員會」，但2000年4月以前所進行的六次憲法增修，均由國民大會自行提案，立法院未曾提出憲法修正案。該項職權，立法院直至2004年8月23日才開始行使。2005年國民大會被廢止後，立法院成為唯一可提出憲法修正案的機關。

（十二）監督行政命令權

各機關依其法定職權或基於法律授權訂定的命令，應視其性質分別下達或發布，並即送立法院。立法院如認為命令有違反、變更或牴觸法律者，或應以法律規定的事項而以命令方式規定者，經立法院審查議決後，通知原制定機關變更或廢止。原訂頒機關應在2個月內更正或廢止；逾期未作更正或廢止者，該命令則失去其效力。

（十三）受理人民請願權

根據「立法院組織法」第8條的規定，人民得向立法院提出請願，而立法院處理請願的辦法，由立法院自行規定。實際上，立法院收發室收受人民請願文書後，由祕書處送交程序委員會，程序委員會認為依法不得請願者，即送祕書處通知請願人。對合於規定的請願案件則送有關委員會審查。有關委員會的審查結果，如經決議應成為議案者，即送程序委員會列入議程。

（十四）調閱文件權

由於憲法將調查權劃歸監察院行使，使立法院難以具體掌握資訊、有效監督行政院，乃有要求調閱行政院及其所屬機關之文件，以求彌補無法有效監督行政院之缺失。這一要求，經大法官作出釋字第325號解釋，該解釋稱：「……立法院為行使憲法所賦予之職權，除依憲法第57條第1款及第67條第2項辦理外，得經院會或委員會之決議，要求有關機關就議案涉及事項提供參考資料，必要時並得經院會決議調閱文件原本，受要求之機關非依法律規定或其他正當理由不得拒絕。但國家機關獨立行使職權受憲法之保障者，如司法機關審理案件所表示之法律見解、考試機關對於應考人成績之評定、監察委員為糾彈或糾正與否之判斷，……監察院對之行使調查權，本受有限制，基於同一理由，立法院之調閱文件，亦同受限制。」

　　為行使此項文件調閱權，「立法院職權行使法」第45條規定：（1）立法院經院會決議，得設調閱委員會，或經委員會決議，得設調閱專案小組，要求有關機關就特定議案涉及事項提供參考資料。（2）調閱委員會或調閱專案小組於必要時，得經院會決議，向有關機關調閱前項議案涉及事項的文件原本。可見，這種文件調閱權仍屬於立法委員集體行使的職權，立法委員不得個別行使。

（十五）對總統的彈劾及罷免提議權

　　對總統的彈劾繫法律責任的追究。憲法第100條規定，原賦予監察院對總統、副總統不問任何原因皆有彈劾權，只是程序上較為嚴格而已。但這一彈劾權，已改由立法院行使。憲法增修條文第2條第10項規定，立法院提出總統、副總統彈劾案，聲請司法院大法官審理，經「憲法法庭」判決成立時，被彈劾人應即解職。彈劾繫屬於對總統、副總統法律責任的追究，故移交由司法院大法官組成「憲法法庭」審理。但就彈劾事由而言，憲法並未明文規定。從法理上看，這些彈劾的事由固不限於內亂、外患，但仍應與職務

有相當關係,例如濫用權力、瀆職等,至於涉及私德者,應屬罷免或輿論監督的問題。

此外,憲法增修條文第2條第9項規定,總統、副總統罷免案,須經全體立法委員1/4提議,全體立法委員2/3同意後提出,並經「中華民國自由地區」選舉人總額過半數投票,有效票過半數同意罷免時,即為透過。對總統、副總統的罷免,系對總統政治責任的追究,故總統不必有具體違法的事由,也可提出罷免案。但罷免在時間上有其限制,依「總統副總統選舉罷免法」第70條第1項的規定,總統、副總統罷免案,經全體立法委員1/4提議,全體立法委員2/3同意提出後,立法院應作出罷免案成立的宣告。但就職未滿1年者,不得罷免。

(十六)對行政院院長提出不信任案權

不信任案權本屬於內閣制國家國會或民意機關的專屬權力,系立法權制衡行政權的重要機制,也是內閣制與總統制的重要區別之一。若不信任案獲得透過,行政機關必須改組,俗稱「倒閣」。在臺灣,立法院可對行政院院長提出不信任案。該權力是為彌補立法院在第四次憲法修改中所喪失的「閣揆同意權」,履行行政院對立法院負責的政治機制而提出的。根據憲法增修條文及「立法院職權行使法」的規定,立法院得經全體立法委員1/3以上連署,對行政院院長提出不信任案。不信任案提出72小時後,應於48小時內以記名投票的方式作出表決。如經全體立法委員1/2以上贊成,行政院院長應於10日內提出辭職,並得同時呈請總統解散立法院;不信任案如未獲透過,1年內不得對同一行政院院長再提不信任案。這一制度設計將使立法院於提案「倒閣」時,亦有被解散重選的認知,故能謹慎行使該項權力;就實務層面考量,賦予立法院提出不信任案的權力,應被視為一種用以制衡、影響行政權的機制,而並非是一種可以經常行使的權力。

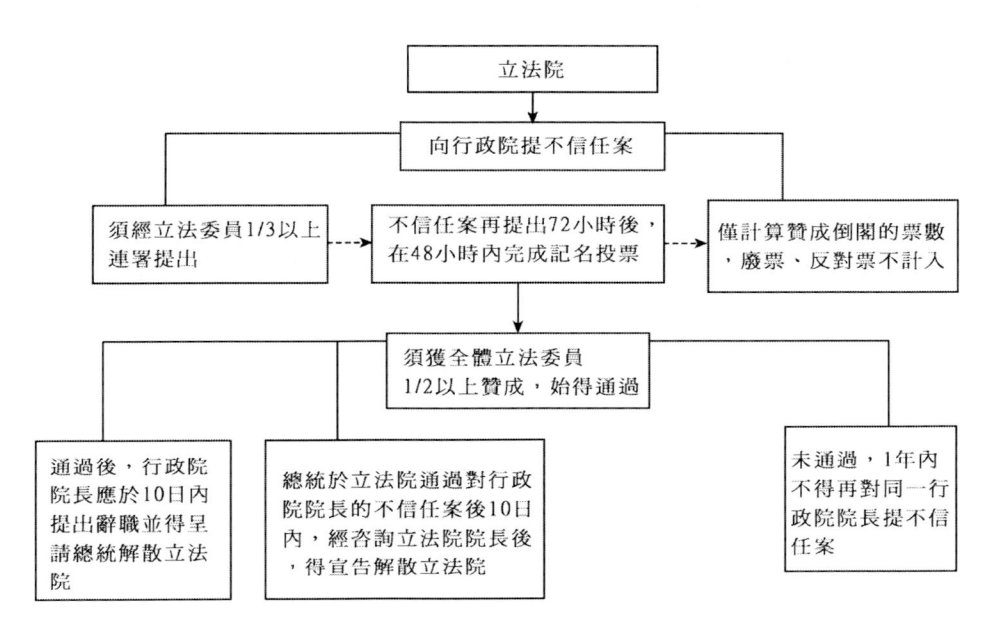

```
                    ┌─────────────┐
                    │   立法院     │
                    └──────┬──────┘
                           ↓
                ┌───────────────────┐
                │ 向行政院提不信任案 │
                └─────────┬─────────┘
      ┌──────────────────┼──────────────────┐
      ↓                  ↓                  ↓
┌──────────┐   ┌──────────────────┐   ┌──────────────┐
│須經立法委員│   │不信任案再提出72小時後│   │僅計算贊成倒閣的票數│
│1/3以上連署│   │在48小時內完成記名投票│   │，廢票、反對票不計入│
│提出      │   │                  │   │              │
└──────────┘   └─────────┬────────┘   └──────────────┘
                         ↓
              ┌────────────────────┐
              │ 須獲全體立法委員    │
              │ 1/2以上贊成，始得通過│
              └─────────┬──────────┘
      ┌──────────────────┼──────────────────┐
      ↓                  ↓                  ↓
┌──────────┐   ┌──────────────────┐   ┌──────────────┐
│通過後，行政│   │總統於立法院通過對行政│   │未通過，1年內  │
│院長應於10日│   │院長的不信任案後10日│   │不得再對同一行 │
│內提出辭職並│   │內，經咨詢立法院院長後│   │政院院長提不信 │
│得呈請總統解│   │，得宣告解散立法院  │   │任案          │
│散立法院   │   │                  │   │              │
└──────────┘   └──────────────────┘   └──────────────┘
```

圖5-2：臺灣「倒閣」機制示意圖（資料來源：顏曉青：《臺灣倒閣制度之研究》，臺北，臺灣中正大學政治學研究所，2002年6月，第28頁。）

（十七）審議行政院所提覆議案

行政院對於立法院所決議的法律案、預算案、條約案，如認為有窒礙難行時，經總統核可後可移請立法院覆議。立法院收受行政院移請立法院覆議的提案後，不經討論即交程序委員會，就是否維持原決議予以審查。全院委員會審查時，得由立法院邀請行政院院長列席說明。覆議案審查後，應於行政院送達15日內提出院會以記名投票表決。如贊成維持原決議者，超過全體立法委員1/2，即維持原決議；如未達全體立法委員1/2，即不維持原決議，逾期未作成決議者，原決議失效。

（十八）其他職權

憲法增修條文新增的其他職權，主要包括：（1）聲請解釋憲法權。依

據「司法院大法官審理案件法」第5條第3項的規定,立法院就其行使職權在適用憲法發生疑義時,或適用法律發生有牴觸憲法的疑義時,得經立法委員總額1/3以上聲請,向司法院大法官會議聲請解釋憲法。(2)副總統補選權。憲法增修條文第2條第7項規定,副總統缺位時,總統應於3個月內提名候選人,由立法院補選,繼任至原任期屆滿為止。(3)聽取總統報告權。憲法增修條文第4條第3項規定,立法院於每年集會時,得聽取總統的「國情報告」。(4)「領土」變更案提出權。憲法增修條文第4條規定,「中華民國領土」,依其固有疆域,非經全體立法委員1/4提議,全體立法委員3/4出席,及出席立法委員3/4決議,提出「領土」變更案,並於公告半年後,經「中華民國自由地區」選舉人投票複決,有效同意票過選舉人總額之半數,不得變更。等等。

二、理論爭議

(一)關於「立法院對於行政院所提預算案,不得為增加支出之提議」問題

1990年1月,立法院透過會議決議,要求加發半個月公教人員年終獎金,引起社會各界的爭議,尤其是行政院強烈質疑其「合憲性」。為此,司法院作出釋字第264號解釋認為:「憲法第70條規定,立法院對於行政院所提預算案,不得為增加支出之提議,旨在防止政府預算膨脹,導致增加人民的負擔。立法院第84會期第26次會議決議,『請行政院在本(1990)年度再加發半個月公教人員年終獎金,以激勵士氣』,其預算再行追加,系就預算案為增加支出之提議,與上述憲法規定牴觸,自不生效力。」

議員有時為討好選民,屈從利益團體的壓力,而要求預算上增加某些事項的支出,此即所謂「肉桶立法」的弊端。如政府財源有限必導致財政惡化。憲法規定立法院不得對預算案作出增加支出的提議,應有防止這種流弊

的用意。1995年初，有關「老農福利年金」給付數額，有部分立法委員建議提高，曾引起臺灣各界關切並擔心政府財力負擔的問題。

　　所謂的「不得為增加支出之提議」，固然是「預算之變更，只能減少數字，不得增加數字」，立法院不可在預算總數額上作出增加的提議，但是否可以就原預算已有的科目，挹彼注此，或就科目有所變更？學界對此有不同的觀點。反對者認為，預算的編列系由原權責機關根據財源的多少、事務的輕重緩急等因素作出的，立法機關不宜再作出增加支出或對科目挹彼注此，而行政院曾解釋為既「不得增加預算總額，及不得增加個別支出科目，亦不得就預算內原有科目為增加支出之提議。」然而贊成者認為，對於憲法的本條規定，不應作機械解釋，宜理解為立法院不得於政府原案外，另外增加支出科目，若僅在已有的科目數字上予以增加，不應禁止。

　　但1995年司法院釋字第391號解釋指出，立法院對於預算案的預算科目不得調整。該解釋指出：預算為行政院重要政策的表現，故行政院應慎重編制預算，而為使行政院負完整的政治責任，立法院應依法定程序（如覆議制度）監督行政院編制預算，不應調整行政院所提預算案的科目。另外，依司法院釋字第391號解釋，立法委員審查總預算時，雖有合理的刪減權，但是並無預算項目的調整修正權。憲法第70條規定，立法委員對預算案可作合理的刪減，但預算案與法律案性質不同，不能如同審議法律案方式逐條逐句增刪修改。對於各機關所編列預算的數額，也不得在各項目間移動增減，並追加或削減原預算的項目。至於政府預算應否包含特別預算？近年來更引發朝野立法委員的爭論。

（二）關於「立法院對行政院院長人事同意權的影響力」問題

　　憲法第55條規定，行政院院長由總統提名，經立法院同意任命；且司法

院大法官釋字第387號及419號解釋文，說明行政院院長依憲法第57條的規定應對立法院負責，所以，行政院院長必須在立法院改選時總辭，而行政院院長基於尊重總統而作的禮貌性總辭，並非其憲法上的義務。但在1997年第四次「修憲」時，行政院院長改由總統任命。總統是否需要依據立法院的多數選擇其行政院院長的人選，一直為學界爭議不休，因為憲法增修條文規定行政院院長由總統任命，但並未停止適用憲法第57條的規定，所以行政院院長對立法院負責的規定未改變，且司法院釋字第387號及419號解釋文，是否有「新法優於舊法」原則的限制，將視未來立法院及總統改選的實例，才能檢驗。

（三）關於「立法院聽取總統國情報告之權」問題

憲法並無此規定，1997年第四次修憲，規定國民大會集會時，得聽取總統「國情報告」，並檢討「國是」，提供建言；但在2000年第六次「修憲」時，將此項權力移轉至立法院，但並未明文規定立法院得檢討「國是」，提供建言。所以，立法院聽取總統的「國情報告」之職權屬於形式上的抑或實質性的權力，尚有爭議。其考量因素為目前憲法規定最高行政首長為行政院院長並非總統，且總統無須對立法院負責。從形式上的意義來看，立法院只是給總統提供一個宣揚「治國」理念及「國情報告」的機會；是否隱含著總統希望借此獲得立法院信任其政策的效果，值得進一步觀察。

（四）關於「立法院對覆議案的處理」問題

憲法規定行政院對於立法院移請行政院變更的重要政策或立法院決議的法律案、預算案、條約案，如認為有窒礙難行時，得經總統核可，移請立法院覆議。在1997年第四次「修憲」增加立法院對行政院院長的不信任案提出權後，取消立法院得以決議移請行政院變更其重要政策。另外，覆議的門檻

也由出席「立委」2/3改為1/2,如「立委」決議維持原案,行政院院長由應即接受該決議或辭職,變更為只能接受。對於行政院院長先前認為窒礙難行而提出覆議的議案,而在憲法增修條文規定如「立委」決議維持原案時僅可接受的情況下,是否有不合理之處,亦引起爭議。再者,關於覆議制度的爭議,尚有兩個憲法規定上的漏洞:其一,為何行政院提出於立法院的法律案、預算案、戒嚴案、大赦案、宣戰案、媾和案、條約案及「國家」其他重要事項中,只有法律案、預算案、條約案及立法院決議移請行政院變更的重要政策,行政院得經總統核可,移請立法院覆議?其二,法律案也可由「考試院」、司法院及監察院提出,則若其他機關認為有窒礙難行時,是否得由行政院代為移請立法院覆議?

(五)關於「立法院對行政院院長的不信任案」問題

憲法並未規定立法院對行政院院長擁有提出不信任案的權力,在1997年第四次「修憲」後,立法院才擴增了這一權力。其爭議可分成兩部分:第一,在什麼條件下方可對行政院院長提出不信任案,是個人形象、違法失職、政策失敗,甚至如果是政黨屬性不同,立法院多數黨對總統任命行政院院長不贊同時,是否都可以提出不信任案?第二,不信任案如未獲透過,1年內不得對同一行政院院長再提不信任案(即所謂的「免疫條款」),是為避免立法委員恣意提出不信任案。此時並未規定總統不得於1年內解散新選出立法院,試問若總統又再度任命原行政院院長,並遭到新立法委員提不信任案,意味著立法院對行政院院長人選有相同的不信任,目前尚無法解決此僵局。有臺灣學者認為,「免疫條款」是個單向設計的制度,只著重於單面限制立法院的倒閣時機,卻未規定以最新民意組成的立法院也應享有適當的免疫期。依憲法增修條文的規定,不信任案若遭否決,行政院固然可以獲得1年的禁止倒閣期,但一旦不信任案被透過,行政院院長辭職下臺,也同時

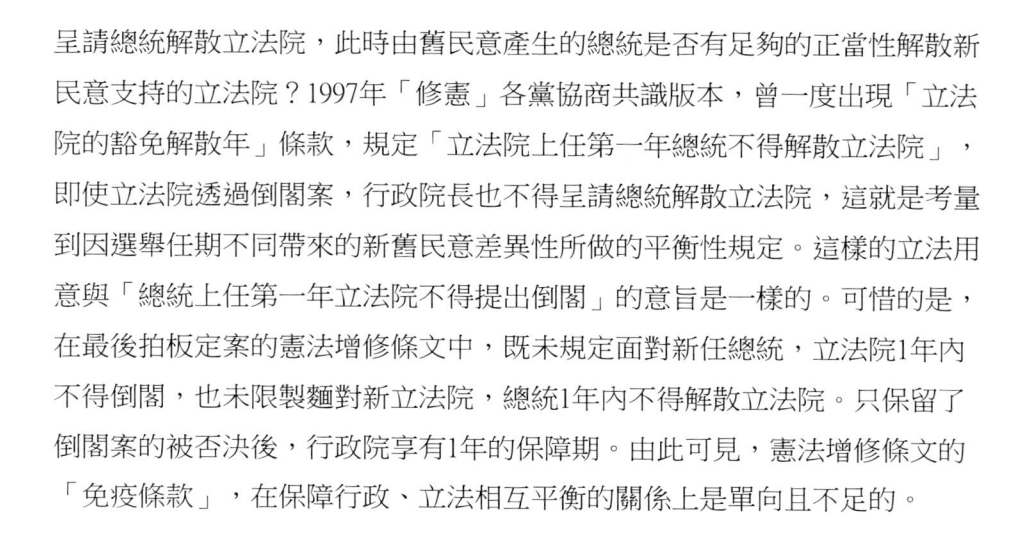

呈請總統解散立法院，此時由舊民意產生的總統是否有足夠的正當性解散新民意支持的立法院？1997年「修憲」各黨協商共識版本，曾一度出現「立法院的豁免解散年」條款，規定「立法院上任第一年總統不得解散立法院」，即使立法院透過倒閣案，行政院長也不得呈請總統解散立法院，這就是考量到因選舉任期不同帶來的新舊民意差異性所做的平衡性規定。這樣的立法用意與「總統上任第一年立法院不得提出倒閣」的意旨是一樣的。可惜的是，在最後拍板定案的憲法增修條文中，既未規定面對新任總統，立法院1年內不得倒閣，也未限製麵對新立法院，總統1年內不得解散立法院。只保留了倒閣案的被否決後，行政院享有1年的保障期。由此可見，憲法增修條文的「免疫條款」，在保障行政、立法相互平衡的關係上是單向且不足的。

（六）關於「立法院的人事同意權」問題

依憲法增修條文的規定，立法院對總統提名的司法院院長、副院長、大法官，「考試院」院長、副院長、「考試委員」，監察院院長、副院長、「監察委員」及審計長擁有人事同意權。這裡有一個問題是，立法院可否拒絕行使人事同意權？這種情形發生於2005年2月至2008年5月，立法院拒絕對陳水扁所提名的「監察委員」行使同意權而產生的「立法懈怠」是否「違憲」的問題。司法院釋字第632號解釋認為：「監察院系憲法所設置並賦予特定職權的國家憲法機關，為維系國家整體憲政體制正常運行不可或缺的一環，其院長、副院長與監察委員皆系憲法保留的法定職位，故確保監察院實質存續與正常運行，應屬所有憲法機關無可旁貸的職責。為使監察院的職權得以不間斷行使，總統於當屆監察院院長、副院長及監察委員任期屆滿前，應適時提名繼任人選咨請立法院同意，立法院亦應適時行使同意權，以維系監察院的正常運行。總統如消極不為提名，或立法院消極不行使同意權，致監察院無從行使職權、發揮功能，國家憲政制度的完整性因而遭受破壞，自

為憲法所不許。引發本件解釋的疑義，應依以上解釋意旨做出適當的處理。」根據這一解釋，倘若立法院拒絕行使人事同意權，則構成「違憲」行為。針對以上司法解釋，有臺灣學者給予了高度評價，認為這種解釋系基於政府機關對憲法忠誠義務的法理，值得贊同。

三、立法院職權的特質

立法院的職權及其行使與行政院、司法院的職權及其行使相比較，有著自身的特點，有臺灣學者將其歸納為下列七個方面：

第一，立法決策的政治性。立法權所追求的目標是利益的調和（包括黨派利益與選區利益），而非正義。正義是由司法權（司法解釋）來處理。譬如在法定主體提出「釋憲」案時，由大法官從正義的角度來權衡利益、從自然法的觀點來檢視立法院所透過的法律。立法權是政治性的，不同於司法權的追求個案正義，也不同於行政權的追求行政目的。

第二，立法提案的主動性。臺灣目前提案權制度屬於雙軌制，除了行政部門外，立法委員亦享有提案權。立法委員可以經由製造議題方式，透過立法提案來影響決策、表達意見。一個好的提案需要長時間的研究（甚至委託學術界做研究計劃）才能歸納出立法原則，並且為顧及實效性原則（能被社會接受並發揮效果），有賴行政部門的參與立法，才能正確預估行政部門將來在執行時所需的人力物力。

第三，立法程序的民主性。立法院是一個小型的社會，裡面有士農工商等各階層的代表，在法案尚未透過成為法律之前，就已經有很多民意進來，包括行政部門所召開的公聽會，以及各利益團體、職業團體、學術界的參與來影響法案、形成法案。在立法院內，立法委員是職權相同、地位平等的，院長只是院會的主席，要保持中立，只有在正反兩方同數時始參與表決。立法院不像行政權是金字塔形，由行政院長或機關首長一聲令下就可以處理問

題,立法權需來自不同界別、不同黨團的委員協調後取得共識,是具有民主性的。

第四,立法行為的主觀性。立法行為是非常主觀的,它代表黨團利益或其他各種背後的利益。當立法委員更迭所屬政黨時,其立場通常也會因其黨派利益的不同而有所改變。

第五,立法技術的統一性。目前各部會(除總統府外)皆可透過行政院向立法院提案,提案的各種版本、體例(用字、用詞、規格)則於立法院統一。立法院創立法制局,未來也期待透過對體例的研究、歸納、創制而有所貢獻,使法規正常化。

第六,立法過程的公開性。立法過程目前全部透明化,司法院第499號解釋也提到了相同的意旨,特別提到公開、透明的問題。除「朝野」協商尚無法完全透明外,基本上都在新聞採訪自由、報導自由、民眾旁聽自由下接受檢驗,此即立法過程的公開性。

第七,立法機關的自律性。立法機關是自律的、自治的。立法院在院區內,理論上是自治區,院長擁有家宅權、財產管理權、警察權、秩序維持權,所以檢察官若欲進入立法院搜索,要經過院長的同意。因為入內搜索會有影響議事之嫌,因此,就立法院本身而言,對外可排除行政權、司法權的介入。

第四節 立法院的會議制度及議事原則

立法院為臺灣的「中央民意機關」,其行使職權通常以合議的方式進行,即以會議形式行使職權。為了有效地行使職權,立法院有成型的會議制度,其議事活動要依若干重要原則進行。

一、立法院的會議

依現行立法院體制，立法院的集會可分為常會及臨時會兩種。

（一）立法院的常會

依憲法第68條規定，立法院會期每年兩次，自行集會。第一次自2月至5月底，第二次自9月至12月底，必要時得延長。事實上由於法案日增，立法院每年都延長會期2個月左右，致立法院幾乎整年開會。立法院每次會期屆至，必要時得由院長或立法委員的提議或應行政院的請求延長會期，經院會議決作出決定；立法委員的提議，並應有40人以上連署或附議。

立法院院會於每星期二、星期五開會兩次，必要時經院會議決，亦得增減會次。開會時間為上午9時至下午6時。但舉行質詢時，延長至排定委員質詢結束為止。

出席委員得於每次院會時間上午9時起，就「國是」問題發表意見，時間不得超過1小時；依其抽籤順序，每人發言3分鐘，並應遵守「立法委員行為法」第7條第1項的規定。發言時間屆至，應即停止發言，離開發言臺。

（二）立法院的臨時會

立法院遇有下列情事之一，可以召開臨時會：

（1）總統咨請。總統為避免「國家」或人民遭受緊急危難或應付財政經濟上的重大變故，經行政院會議議決發布緊急命令時，須由總統咨請立法院召開臨時會，以議決緊急命令的追認。另外，遇有宣戰、戒嚴、「國家」重大事變時，總統也可咨請立法院召開臨時會。

（2）立法委員1/4以上請求。此為立法委員自發性請求召開臨時會。此

項請求理當向立法院院長提出。憲法僅規定了請求的人數，而沒有規定請求的原因。

二、立法院的議事原則

立法院會議應有多少人出席始能開會？應有多少人參與表決始能決定議案？憲法未明文規定，而由「立法院組織法」分別加以規定。根據「立法院組織法」的有關規定，臺灣立法院的議事原則主要有以下幾個方面：

（一）基本人數原則

會議人數有三種：開會人數、可決人數和議決透過人數。之所以規定出席人員的數目，是為了使會議所作的決議具有代表性和權威性。非達法定人數不得開議，所作的決議不具有合法性、不發生法律效力。

「立法院職權行使法」第4條規定，立法院會議（院會）須有立法委員總額1/3出席（以委員簽到簿為準），始得開會。「立法院職權行使法」第6條規定，立法院會議的決議，除法令另有規定外，以出席委員的過半數同意後作出；可否同數時，取決於主席。而立法委員總額，以每會期實際報到人數為計算標準。但會期中辭職、去職或亡故者，應將其減除。立法委員每次開會必須親自簽到，簽到人數到達法定，即開始會議。

立法院召開會議的過程中，若有出席委員先行退席者，不影響會議的進行。但如離席者過多，則所作出決議的代表性及權威性，不免令人質疑，因此，「院會進行中，出席委員對於在場人數提出疑問，經清點不足法定人數時，不得進行表決」。由於立法院出席委員一向不多，所為決議多以無異議為表決，如有人提議清點人數，則法案將難以透過，這樣一來，不論其結果是定期表決還是擱置該法案，必然影響議事效率。因此，各政黨為使其支持

或反對的法案順利透過或被否決,其在議場中的組織日益加強,黨鞭、議場領袖指揮同黨立法委員的地位日漸重要。

(二)多數決原則

多數決原則或多數統治是民主政治的一個基本原則,立法院在作決議時,即透過多數決表現立法院及選民的意向。而多數決的要求,對立法院的議事程序與議場動態組織會有極大的影響。立法院會議的決議,除法令另有規定外,以出席委員的過半數同意後作出決定;可否同數時,取決於主席。所謂法令另有規定,是指下列情況:

第一,憲法修正案,須有立法委員1/4提議,3/4出席,及出席委員3/4決議。

第二,對行政院移請立法院覆議案時,如有全體立法委員1/2維持原案,則行政院院長應接受該決議。

第三,對行政院院長的不信任案,須全體立法委員1/3以上連署,全體立法委員1/2以上贊成,才能透過。

第四,對總統、副總統的彈劾案,須經全體立法委員1/2以上提議,全體立法委員2/3以上決議。

第五,對總統、副總統的罷免案,須經全體立法委員1/4提議,全體立法委員2/3同意後提出。

第六,「領土」變更案,須經立法委員1/4提議,全體立法委員3/4決議。

(三)議事公開原則

議會是人民的代議機構，所為討論及表決原則上應公開，以表示對人民負責，並且符合人民主權原理、滿足人民知情權的需求。隨著人民知識水準的提高、大眾傳播媒體的發達，這一原則日益重要。

立法院各項會議，原則上採取公開方式進行，「必要時得開祕密會議。行政院院長或各部會首長，得請開祕密會議。」議事公開包括過程公開和議決結果公開。

過程公開首先要求旁聽的自由。所以立法院開會時，允許旁聽及採訪。立法院即訂有「立法院會議旁聽規則」為旁聽的規範。鑒於現代媒體在一定程度上，具有傳播公共資訊的能力，故會議應允許媒體採訪。議決結果的公開，得以公報或者專書的方式出版。

立法院祕密會議，除討論憲法第63條所定各案，或經行政院院長、各部會首長請開者外，應於本院定期院會以外之日期舉行。但有時間性者，不在此限。而在公開會議進行中，有改開祕密會議的必要時，除法律另有規定外，得由主席或出席委員提議改開祕密會議，經表決透過行之；出席委員的提議，並應經30人以上的連署或附議。

（四）屆滿不連續原則

所謂屆滿不連續原則是指本屆議事程序所未能了結的議案及決議，對於下一屆議會而言，視同不存在。該原則系以「任期」為單位，而非以「會期」為單位。議會不連續原則有三個面向：一是人的不連續，即任期結束，議員的資格即喪失；二是事的不連續，即所有未在該任期內完成議決的提案，視同已結束；三是機構不連續，即所有議院的組織及次級組織（如各委員會）隨著任期結束而終結。

按照「立法院職權行使法」第13條規定：「每屆立法委員任期屆滿時，

除了預（決）算案及人民請願案外，尚未議決的議案，下屆立法院不予繼續審議。」換言之，立法院並非完全繼受這一理論，而是採行有限度的「事的不連續」，如果已經完成委員會的審查，則該議案繼續留在院中，隨時可再審。

（五）一事不再議原則

在一個會期中，已經提案或審查中的法案，不可再重提，須等到下個會期才能重提。這一規定的目的是為了避免時常翻案、朝令夕改而無法維持法律體系的穩定和人民權利義務的安定。所謂的「同一議題」基本上須依據議案內容、目的、方法及理由等各項綜合個案判斷。較有爭議的是，議題目標相同或完全相反，或有牽連關係者，應屬於同一議案。但這一原則並非完全沒有例外，在有情勢變更的情形下，仍有再議的可能。

臺灣立法院也採用該原則，以提升議事品質。根據「立法院議事規則」第10條的規定：「經否決之議案，除覆議外，不得再行提出。」這一規定也意味著，有情勢變更的情形，可再議同一事項。

（六）一時不議二事原則

該原則又稱為「一時議一事原則」，是指某一議案未經討論作成決議之前，不得進行第二個議案。以免議事時分散焦點，而引發不必要的紛爭。但討論事項是否同屬「一事」，是否已經作成決定，應由主席來判斷。但如果有須優先處理的動議，例如清點人數、散會等「附屬動議」，則另當別論。法案需排定議程依序處理，不能夠臨時跳案。立法院排案並非採取先到先審的排隊主義，而是由主客觀環境的壓力來決定是否排入議程。當政治、經濟、文化的壓力到達一定程度，或主事者（總統、院長、多數黨黨員）認為非透過不可，主客觀環境成熟，該案才會被接受。若僅僅是提案，而不予理

會，則該案並不會自動進行。須透過立法院聯絡組、種種活動或行政院的壓力等各種方式來促使該法案排入議程。

第五節　立法院的立法程序

依臺灣「立法院議事規則」和其他相關法律規定，法律制定程序一般分為提出法律草案、三讀透過法案、法案公布三個步驟。

一、提出法律案

（一）有權提案的主體

提案是指提出法律草案而成為立法院討論表決的對象。根據憲法、司法院大法官會議解釋和其他相關法律規定，有權提出法律議案的機關如下：

第一，立法委員。立法委員的提案權，憲法雖無明文規定，但提案權是立法權的一部分，所以，立法委員自然是提案權主體之一。根據「立法院議事規則」，立法委員提出的法律案，應有30人以上連署。

第二，行政院。憲法第58條規定，行政院可以向立法院提出法律案。行政院行使提案權時，應先經過行政院會議的議決，再以行政院的名義向立法院提出，行政院院長和各部會首長並無單獨的提案權。

第三，「考試院」。憲法第87條規定，「考試院」關於所掌事項，可以向立法院提出法律案；與行政院相同的是，「考試院」院長和「考試委員」並無單獨的提案權。

第四，監察院。根據司法院大法官會議釋字第3號解釋，監察院關於所掌事項，可以向立法院提出法律案。

第五，司法院。根據司法院大法官會議釋字第175號解釋，司法院就其

所掌有關司法機關的組織及司法權行使的事項，得向立法院提出法律案。

概而言之，立法委員、行政院、司法院、「考試院」、監察院及符合臺灣「立法院組織法」規定的黨團，均有權提出法案。需要說明的是，總統無法律案提案權。若要提案，均須函請行政院代為提出。

（二）法律草案的處理

法律草案提出後，先送立法院程序委員會，由程序委員會編排列入立法院議事日程，交付有關委員會審查後提院會討論，必要時可直接提院會。

根據立法院程序委員會組織規程，程序委員會是立法院特種委員會之一，由各常設委員會在每一會期集會後一星期內，各推委員2人組成。委員會設召集委員3人，由委員互選產生，開會時由召集委員輪流擔任主席。

二、「三讀」程序審議法案

所謂「讀」，就是宣讀，一般規定，凡是開會要表決的文件，在表決之前，會員均有權要求將其宣讀，且主席可以不經表決，自行命令祕書予以宣讀，以便周知表決的內容。臺灣立法院規定，對法律案及預算案必須三讀方可透過，其他議案則只需一讀或二讀即可。

（一）第一次讀會

議案向立法院提出後，由主席將議案交付朗讀。對於「政府」提案與立法委員提案，一讀程序有不同的規定。對於「政府」提案，在院會朗讀標題後，即應交付有關委員會審查。如有出席委員提議，40人以上連署或附議，經表決透過，也可不交付委員會審查而直接進入二讀。委員提案則先由提案人說明旨趣，而後院會進行討論，討論結果經委員動議表決選擇如下方法之

一來處理：（1）交付委員會審查；（2）直接進行二讀；（3）不予審議。一讀程序後，直接進入二讀的法案不多，一般都須經過委員會審查進入二讀程序。

所謂的交付有關委員會審查（簡稱「付委」），即將法案交付院內相關的委員會審查，如涉及數個委員會時，則交由數個委員會共同審查。此為立法程序中「第一讀會」主要內容。委員會在審查提案時，得邀請政府人員或社會有關人員到會備詢。法案經審查完畢後，要製作審查報告書，說明審查經過，並向大會報告。

委員會審查法律案的程序一般包括如下步驟：（1）議案旨趣說明與備詢。議案的旨趣說明，就是對議案的理由和內容由提案的提議者或提出者說明。而備詢，按臺灣學者的理解，劃分為質疑與諮詢，前者是對「政府」官員而言，後者是對學者專家、利害關係人等社會人士而言。（2）立法調查。主要是指委員會有權取得與法案有關的文件。臺灣法律規定，為確保立法權的行使，立法院可設專案小組向行政院及其各部會調閱所發布的命令及各種有關文件。（3）聽證。就是委員會邀請法案正反利害關係人或團體代表以及學者專家提供意見，使法案審查能聽取各方的意見。臺灣尚未建立完備的立法聽證制度。（4）逐條審查。在聽證結束後，委員會委員逐條審查法案的大部分細節內容，討論條文的修正案，增刪條文。（5）保留院會發言權。是指議員在委員會法案審查過程中，其少數意見未被採納者，可依規定的手續保留在院會發言發表其不同意見的權利。臺灣法律規定，出席委員對於委員會決議不同意者，可聲明保留在院會的發言權，但缺席委員及出席而未聲明保留的委員，不得在院會中提出與委員會決議相反的意見。（6）審查報告。委員會審查完畢後，向大會報告其審查經過及建議，並將法案送返大會討論，這一過程稱為報告法案。

立法院在法案審查過程中，得舉行公聽會或進行黨團協商，以增益立法

品質，提高議事效能。依「立法院職權行使法」的規定，其要點如下：

 1.舉行公聽會

  立法院各委員會為審查院會交付的議案，得依憲法第67條第2項的規定舉行公聽會。如涉及「外交」、「國防」或其他依法令應祕密進行的事項，應以祕密會議的方式進行。公聽會須經各委員會輪值的召集委員同意，或經各委員會全體委員1/3以上連署或附議，並經議決，方得舉行。

  公聽會以各委員會召集委員為主席，並得邀請政府人員及社會上有關係人員出席表達意見。舉行公聽會的委員會應於開會日5日前將開會通知、議程等相關資料，以書面送達出席人員，並請其提供口頭或書面意見。同一議案得舉行多次公聽會。公聽會終結後10日內，依出席者所提供的正、反意見提出公聽會報告，送交本院全體委員及出席者。該報告作為審查該特定議案的參考。

 2.黨團協商

  立法院為協商議案或解決爭議事項，得由院長或各黨團向院長請求進行黨團協商。另外，立法院於院會審議未經黨團協商的議案時，出席委員如未能達成共識者，主席得裁決進行黨團協商。再者，各委員會審查議案，遇有爭議時，主席得裁決進行協商。

  黨團協商會議，由院長、副院長及各黨團負責人或黨鞭出席參加，並由院長主持。會議原則上於每週星期三舉行，在休會或停會期間，如有必要，亦得舉行。進行協商時，負責召集的黨團應通知各黨團指派代表參加，各黨團代表應經黨鞭書面簽名指派。協商時，由祕書長派員支援，作成重點記錄。協商於達成共識後，應即簽名作成協商結論，並經各黨團負責人簽名，於院會宣讀後，列入紀錄，刊登公報。對協商結論，經院會同意後，出席委員不得反對。由此可知，協商結論具有一定的拘束力。

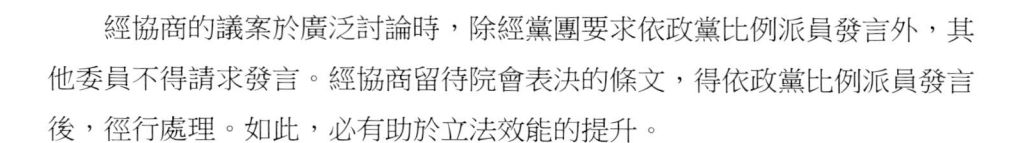

經協商的議案於廣泛討論時，除經黨團要求依政黨比例派員發言外，其他委員不得請求發言。經協商留待院會表決的條文，得依政黨比例派員發言後，逕行處理。如此，必有助於立法效能的提升。

（二）第二次讀會

議案經委員會審查後，即由院會討論；經院會議決不經審查逕付二讀的議案，亦交院會討論。此為立法程序中「第二讀會」的主要內容。

第二讀會應將議案朗讀，依次或逐條提付討論。議案在二讀會時，得就審查意見或原案要旨，先作廣泛討論。廣泛討論後，如有出席委員提議，30人以上連署或附議，經表決透過，得重付審查或撤銷之。立法院院會對「政府法案」進行二讀討論時，可議決函請提案機關主管部部長列席說明該法案修正要點並備質詢。

二讀是三讀程序中最為重要的環節，相關法案的深入討論、修正、重新審查、撤銷、撤回均在這一階段決定。「立法院議事規則」對討論做了一些規定，如出席委員請求發言，應以書面或口頭向主席報明席次、姓名，並註明或聲明其發言是贊成、反對或修正意見，發言委員發言時，其他委員欲插言加以說明，應先請求主席徵得發言委員的同意；應答或討論的發言，均不得超過15分鐘，但凡取得主席許可者，以許可時間為限；除以下情形外，每一委員就同一議題的發言以一次為限：（1）說明提案的要旨；（2）說明審查報告的要旨；（3）質疑或答辯等等。經過二讀的法案，交下次會議進行三讀，但如果出席「立委」沒有異議，也可以直接三讀透過。

（三）第三次讀會

決議或表決為立法程序中「第三讀會」的主要內容。二讀會程序完成

後，即進入第三讀會。依臺灣的立法程序，三讀應在二讀會議後的下次會議進行。但如有出席委員提議，30人以上連署或附議，經表決透過，可在二讀會議上繼續進行三讀程序。在第三讀會時，除發現議案內容有互相牴觸或與憲法及其他法律相牴觸外，在一般情形下，只能做文字的修正，而不能再進行實質問題辯論。最後將議案全案交付表決，表決的方法有口頭表決、舉手表決、表決器表決、投票表決、點名表決五種。採用表決器表決，須經出席委員30人以上連署或附議，均以出席委員過半數同意為透過，如果雙方同數時，取決於主席。表決透過即算完成立法程序。

三、法律公布

臺灣的法律應經總統公布，其程序是：（1）立法院於透過三讀會程序後，即將法律案送達總統，咨請其公布，同時也將法律案函送行政院；總統依法公布法律，須經行政院院長的副署，或經行政院院長及有關部會首長的副署。（2）總統應在收到立法院透過的法律案後的10日內予以公布。（3）其間行政院對於立法院決議的法律案，如認為有窒礙難行時，可以經總統核可，在該決議案送達行政院10日內，移請立法院覆議。覆議時，如經出席立法委員1/2以上維持原案，行政院院長應立即接受該決議。

臺灣政治體系運作的發展與分析

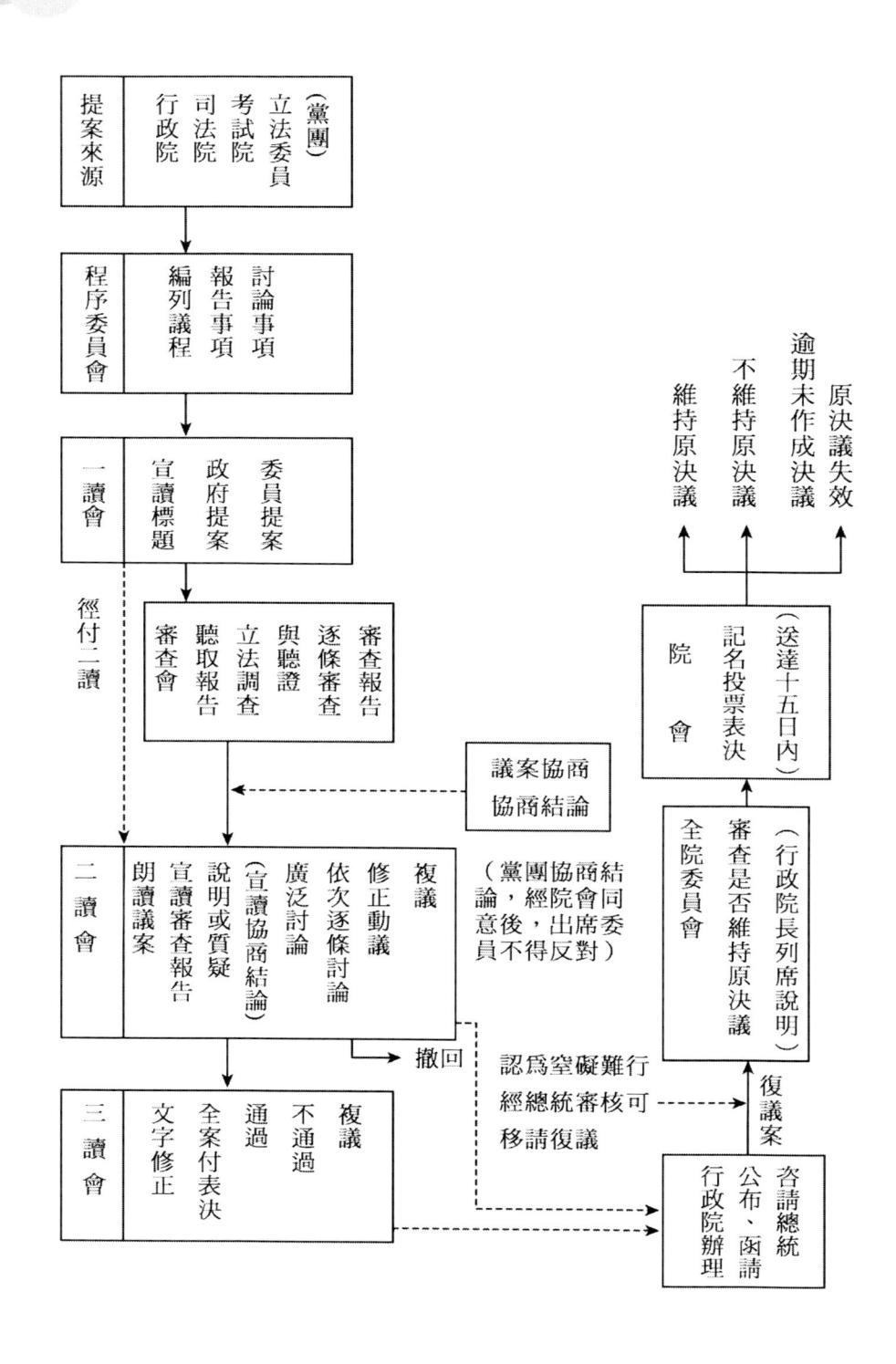

```
提案來源：(黨團) 立法委員／考試院／司法院／行政院
   ↓
程序委員會：討論事項／報告事項／編列議程
   ↓
一讀會：委員提案／政府提案／宣讀標題
   ↓ （徑付二讀）
審查會：審查報告／逐條審查與聽證／立法調查聽取報告
   ↓
   ←── 議案協商／協商結論
二讀會：復議／修正動議／依次逐條討論／廣泛討論／說明或質疑／宣讀審查報告（宣讀協商結論）／朗讀議案
（黨團協商結論，經院會同意後，出席委員不得反對）
   ↓ 撤回
三讀會：復議／不通過／通過／全案付表決／文字修正
   ↓
咨請總統公布、函請行政院辦理
   ←── 認為窒礙難行經總統審核可移請復議
   
復議案 → 全院委員會：審查是否維持原決議（行政院長列席說明）
   → 院會：記名投票表決（送達十五日內）
   → 維持原決議／不維持原決議／逾期未作成決議原決議失效
```

214

圖5-3：臺灣立法院立法程序示意圖（資料來源：臺灣立法院編著：《中華民國立法院》，臺北，臺灣立法院印行，2002年版，第17頁。）

第六節　國會體制的演變：從「三國會」到「單一國會」

　　根據憲法規定，立法院為臺灣的「最高立法機關」並代表人民行使立法權。但在憲法草創之初，立法院的地位、職能與今日並不完全相同，其地位與重要性是日漸增長而來的。1946年12月25日由「制憲國民大會」所透過的「中華民國憲法」，由於制度設計的原因，使當時中華民國的國會體制呈現國民大會、立法院及監察院三方鼎立的「三國會」形態。其後，1992年5月的第二次「修憲」使臺灣進入了由國民大會、立法院並立的「雙國會」形態，監察院的地位則由司法院釋字76號所謂的「共同相當於民主國家之國會」趨向於「準司法機關」。2000年4月24日由國民大會所透過的國大虛級化之「修憲」案，使臺灣的國會體制演變成以立法院為單一主體的「準單一國會」體制。最後，2005年6月第七次「修憲」後，國民大會遭到實質性的廢止，使得立法院成為真正唯一的國會，正式邁入「單一國會」體制。從以上歷史的簡要回顧可以看出，臺灣的國會體制頗為獨特，迄今為止經歷了從「三國會」到「雙國會」再到「單一國會」體制的發展變遷。

一、「三國會」體制（1947—1991）：國民大會、立法院與監察院

　　在孫中山所構想的「五權憲法」體制中，沒有一個集中的民意代表機關。從1947年到1991年「憲政改革」前的這段時間裡，國民大會、立法院、監察院三者承擔著的民意代表機關的不同狀態。儘管「三國會」體制早已存

在，但作為一個概念正式被提出來是在1957年，當時臺灣立法院、國民大會、監察院之間圍繞應由誰代表中華民國出席「世界國會聯合會」問題曾產生激烈辯論，結果由司法院大法官會議做成釋字第76號解釋：「就憲法上之地位及職權之性質而言，實應認國民大會、立法院、監察院，共同相當於民主國家之國會」，即可稱其為「三國會」體制。

「三國會」體制在運作過程中存在很多不合理的現象，例如，作為民意代表機關的國民大會，每6年集會一次往往只為選舉總統，或者是在執政黨的指示下修改憲法以及「臨時條款」，影響力有限。立法院雖然擁有大部分西方國家議會的職權，但是卻無法將事前的審核與事後的監督結合在一起，缺乏有效的監督能力，使得行政部門受到的制衡壓力稀釋。儘管監察院手握彈劾與糾舉的權力，但畢竟事後處置與事前防範性質又不同，從而偏離了監督制衡的本意，再加上立法院與監察院之間彼此獨立，總體上導致零碎的「立法權」無法與「行政權」相持抗衡。

二、「雙國會」體制（1992—2005）：國民大會和立法院

1990年代，臺灣經過多次「修憲」後，隨著監察院失去民意代表機構的性質，以及國民大會的常設化，「三國會」體制逐步變成了「雙國會」體制。

（一）第二次「修憲」與監察院失去國會的性質

1992年第二次「修憲」時的增修條文第15條，對於臺灣「五權憲法」體制中的監察院體制進行了重大變革：第一，監察院不再享有憲法第90條與第94條規定的同意權。第二，「監察委員」改由總統提名，經國民大會同意任命，不再由省市議會或蒙古西藏地方議會及華僑團體選舉。第三，「監察委員」已失去作為民意代表在院內的言論及表決對院外不負責任、除現行犯

外，非經監察院許可，不得逮捕和拘禁的特權。這些變化說明，監察院已不具有民意機關的性質和地位，完全喪失了國會的本質。它由準司法機關兼民意機關，變成了準司法機關。

　　監察院的劇烈變化造成「三國會」體制的瓦解，儘管監察院仍然擁有西方國家議會所專屬的監察權，但是因為產生方式發生改變，徹底失去了民意的支撐，無法再保留民意機關專屬的特權，而立法院原本要求接收監察院的相關職權，但在保留監察院的共識之下，立法院的權力變化並不大，只是修改總統發布緊急命令的程序與立法院相關。1997年第四次「修憲」中，監察院的重要職權——彈劾權轉歸立法院行使，從而在一定程度上彌補了立法院所享有的部分立法權在監督功能上的不足。

（二）國民大會常設化與「雙國會」體制的凸顯

　　1994年第三個憲法增修條文，使得國民大會權力大大膨脹，基本形成「雙國會」制。在此之前，國民大會雖然已經具備國會的主要職權，被司法院第76號解釋確認為「三國會」之一，但其在組織上不設議長，且內部議事規程、組織形式均由立法院立法規定，所以這時的國民大會還不能完全等同於國會，嚴格說來，只是個「準國會」。第三次「修憲」後，不僅國民大會的職權進一步擴大，而且得設議長，對外代表國民大會，表示國民大會已成為一個具有獨立意志的常設機構；此外，國民大會行使職權的程序，也由國民大會自行規定，則顯示國民大會希望擁有「國會自律」以維護其作為國會的尊嚴。雖然總統、副總統選舉權和罷免決定權被轉歸至臺灣人民享有，但保留了罷免總統、副總統的發起權，加上早已擁有的人事同意權、「修憲權」和複決權等，國民大會已構成完整的國會組織形態，從而與立法院一起構成「雙國會」體制。

　　在「雙國會」體制下，國民大會與立法院之間的關係日趨複雜和緊張。

一方面，國民大會為尋求組織化與常設化，必然與同為民選產生的立法院產生立法職權上的衝突；另一方面，國民大會極力限制立法院擴權，在實際政治運作中又時常挾「修憲」權來影響政治局勢。因而，在「雙國會」體制下，國民大會與立法院之間的矛盾在所難免，將「雙國會」變為「單一國會」，成為解決矛盾的必然選擇。

三、「單一國會」體制（2005—）：立法院

第六次「憲政改革」後，立法院獲得相對完整的國會職權。第四次「憲改」形成的由國民大會主導的「雙國會」體制，制約了立法院行使其職權。第六個憲法增修條文將原國民大會的大多數權力劃歸至立法院，使立法院成為具有相對完整職權的國會。根據憲法增修條文的規定，立法院對總統提名的司法院院長、副院長，「考試院」院長、副院長、「考試委員」，以及監察院院長、副院長、「監察委員」等享有同意權；經特別多數得形成憲法修正案和「領土」變更案；可集會聽取總統的「國情報告」。然而，也有部分權力未能從國民大會劃歸至立法院，如原國民大會可以獨自完成「修憲」程序，立法院僅有形成憲法修正案的提案權；原國民大會可以在總統作「國情報告」時「檢討國是，提供建言」，立法院則只能聽取「國情報告」等。但無論如何，國民大會虛級化後，立法院作為「單一國會」已經取得了較為完整的國會職權。

為應對廢除國民大會後「單一國會」體制的建立，2004年8月第七次「修憲」對立法院進行了綜合性改革。其一，立法委員名額減半，由225人減少至113人。其二，設置5%的門檻，規定僅有在立法院中占據5%席位的黨派，才能組成立法院黨團，限制過多黨派進入立法院。憲法增修條文第4條規定，對於僑選和全國不分區立法委員采政黨比例代表制選出，由獲得5%以上政黨選舉票的政黨依得票比率分配名額。此舉措大大限縮了臺灣中小黨

派的生存空間，從而鞏固了業已形成的泛藍、泛綠兩大陣營。其三，立法委員任期由3年改為4年，以配合總統任期。

廢除國民大會後，立法院所提憲法修正案、「領土」變更案改由公民複決，有效同意票數達到選舉人總額的半數即告透過；總統、副總統彈劾案改由立法院提案，司法院大法官審理。接手國民大會的權力，加上新增的「倒閣權」，這最終確定了臺灣政治體制中的「單一國會」形態。如果說第六次「憲政改革」仍留下了任務型國民大會這樣一個尾巴，立法院尚不足以稱為「單一國會」制中的國會的話，第七次「憲改」則以全民複決、立法院主導、司法院參與三大制度切割了任務型國民大會的權力，形成以立法院為「單一國會」的政治制度體系。至此，立法院完全取代國民大會成為臺灣政治舞臺上「合法」的「單一國會」。

第七節　立法院與總統、行政院之間的制衡機制

一、總統與立法院之間的相互制衡

（一）總統對立法院的制衡

1.總統以覆議核可權制衡立法院

在實際政治運作中，行政院已成為總統決策的執行機關。如果立法院所透過的法律案、預算案、條約案，行政院認為窒礙難行，就意味著與總統的決策不符。在這種情況下，行政院提出覆議，總統自然會核可。憲法增修條文在覆議問題上有兩個技術性規定：一是限定立法院必須在15日內作出覆議決議，逾期未議決者，原決議失效；二是覆議決議維持原案，必須由全體立法委員1/2以上同意。可見，覆議核可權是總統牽制立法院的重要手段。

2.總統以解散權制衡立法院

總統解散權的行使是以立法院透過對行政院院長不信任案為前提條件的。也就是說,總統只能在法定要件「立法院透過對行政院院長不信任案」生效的前提下,才能解散立法院。為了清楚起見,可將該制度的啟動和運作程式分解如下:

(1)一般時期

A.程序

總統對於立法院透過對行政院院長之的信任案10日內,經諮詢立法院院長後,得解散立法院。

B.效果

立法院經總統解散後,在新選出的立法委員就職前,視同休會。

(2)特別時期

A.程序

總統在戒嚴或緊急命令生效期間,不得解散立法院。立法院解散後,應在60日內舉行立法委員選舉,並在選舉結果確認後10日內自行集會,其任期重新計算。

B.效果

總統在立法院解散後發布緊急命令,立法院應在3日內自行集會,並在開議7日內追認。但在新任立法委員選舉投票日後發布者,應由新任立法委員在就職後追認。如立法院不同意時,該緊急命令立即失效。

由以上1和2可以看出,總統透過覆議核可權和解散權在一定程度上牽制住立法院的反對黨力量。只要反對黨在立法院沒有佔據絕對多數席位,就很難在政治上對抗總統;而即使反對黨佔據多數席位,也不敢輕易啟動不信任

案的程序。這樣一來，總統基本上就能透過行政院實施自己的決策，而把立法院的對抗能力降低到一定程度之下。

（二）立法院對總統的制衡

立法院是由民選的立法委員組成，是五院中唯一一個人事權不受總統控制的機構。而且權力極大的立法院中存在在野黨或反對黨，所以立法院是臺灣各「中央機構」中唯一能夠向總統決策（體現為行政院施政）挑戰的政治力量。

1.立法院有彈劾總統提案權

該制度的運作程式可分解如下：

（1）有權機關

A.立法院有主動提案權。

B.司法院有被動審理總統、副總統的彈劾權。

（2）程序

A.立法院部分

立法院對於總統、副總統的彈劾案，須經全體立法委員1/2以上提議，全體立法委員2/3以上決議，聲請司法院大法官審理。

B.司法院部分

立法院提出總統、副總統的彈劾案，聲請司法院大法官審理，經「憲法法庭」判決成立時，被彈劾人應即解職。

2.立法院得罷免總統

憲法增修條文第2條第9項規定，總統、副總統的罷免案，須經全體立法

委員1/4提議,全體立法委員2/3同意後提出,並經「中華民國自由地區」選舉人總額過半數的投票,有效票過半數同意罷免時,即為透過。該制度的運作程式可分解如下:

（1）有權機關

A.立法院有「主動提案權」。

B.「中華民國自由地區」選舉人有「被動議決權」。

（2）程序

A.立法院部分

須經立法委員1/4提議,全體立法委員1/3同意後提出。

B.「中華民國自由地區」選舉人部分

經「中華民國自由地區」選舉人總額過半數的投票,有效票過半數同意罷免時,即為透過。

除了上述的彈劾和罷免制度之外,總統發布的緊急命令需由立法院追認,立法院不予認可的,緊急命令為無效。這也是立法院制約總統的一個重要手段。

二、立法院與行政院之間的相互制衡

（一）兩者以倒閣權和解散權相互制約

根據憲法增修條文第3條的規定,行政院向立法院負責。立法院享有倒閣權,而行政院享有呈請解散權,兩者均握有制約對方的法律武器。根據法律規定,實施「倒閣權」與「解散權」的程式如下:

（1）對行政院院長提出。所謂對行政院院長的不信任,等同於對行政

院整體的不信任。憲法雖然未明文規定，行政院及其各部會成員及政務委員，共同連帶負政治責任，但近年來，內閣一體的「憲政」慣例，透過司法院釋字第387號解釋，已經獲得確立。

（2）倒閣案的連署。須有1/3以上立法委員連署提出。這一連署門檻與立法委員聲請「釋憲」的門檻相同，具有尊重少數的意義。

（3）強制決議。不信任案提出72小時後，應於48小時內以記名投票的方式作出表決。倒閣案將使中樞行政發生重大的變化，應急速處理。故全案應在5天內作成決定。若未在此期間內作成，視為不信任案未透過，1年內不得對同一行政院院長再提不信任案。

（4）記名表決。一般議會議事規則系采「對人祕密、對事公開」原則以作成決定。對行政院院長的不信任，不但是對人，也是對政策的不同意，故以記名方式表決。這一規定，似可彌補立法院對行政院院長出任所喪失的同意權。但立法院也必須冒被總統解散的風險。

（5）不信任案的表決。須經全體立法委員1/2以上贊成，始得透過不信任案。對行政院院長的不信任案，是否須先經全院委員會的決定，再提至立法院院會作出決定，憲法增修條文並無規定。但學界一般認為，提出不信任案不必經過立法院院會的決定，因為立法院院會有出席開議人數的問題；並且不信任案，不同於法案，故不須有三讀的程序，僅在48小時內，以記名方式投票表示即可，立法院不必以開院會的方式進行議決。不信任案須以當時仍在職的全部立法委員以過半數的絕對多數，方可獲得透過。若有立法委員死亡，應不計入總額。若現仍在職，但因案逃亡或被羈押，仍應算入總數。

（6）行政院院長提出總辭。雖然只規定行政院院長應於10日內提出辭職，但基於行政院一體化原則，應由行政院院長率閣員向總統提出總辭，總統應無慰留之權。此時行政院副院長應暫行代理行政院院長而形成所謂的「看守內閣」。

(7）解散立法院。行政院院長率閣員總辭時，並得同時呈請總統解散立法院。但是否要解散立法院，由行政院院長決定。如果行政院院長不呈請總統解散立法院，總統不能主動解散立法院，此稱之為總統的「被動解散權」。總統發布解散立法院的命令，無須行政院院長的副署。總統解散立法院的命令，具有「形成處分」的性質，但其效果並非使立法委員喪失其職位。立法院經總統解散後，在新選出的立法委員就職前，只是視同休會而已。故解散立法院只是使立法院暫時不能運作，立法委員的身分，在新立法委員未選出就職前，並未消滅。憲法增修條文規定，立法院被解散後，應在60日內舉行立法委員選舉，並在選舉結果確認後10日內自行集會，其任期重新起算。

總統在立法院解散後如發布緊急命令，立法院應在3日內自行集會，並在開議7日內追認，但在新任立法委員選舉投票日後發布者，應由新任立法委員在就職後追認。如立法院不同意時，該緊急命令立即失效。這一緊急命令，仍應由立法院在3日內自行集會，並在開議7日內追認。立法院此時是否可不予追認？理論上似無不可，但事實上，如對總統的緊急命令不予追認，將使該過渡期間，呈現「合法性真空」的狀態，極其不妥。學界的主流觀點認為，此種規定不妥當。由於立法院既已被解散，故無法再行使職權，只待新任立法委員盡快選出，而這一過渡期間，總統宜權衡情勢，直接作成有效的處分，似不必由被解散的立法院再行追認。但緊急命令若「於新任立法委員選舉投票日後發布者，應由新任立法委員於就職後追認之。如立法院不同意時，該緊急命令立即失效」，則屬於合理的規定，立法院借此可以暫時性的監督總統。

（二）行政院以移請覆議權制衡立法院

憲法增修條文第3條第2項第2款，有關覆議制度的規定如下：「行政院

對於立法院決議之法律案、預算案、條約案,如認為有窒礙難行時,得經總統之核可,於該決議案送達行政院10日內,移請立法院覆議。立法院對於行政院移請覆議案,應於送達15日內作成決議。如為休會期間,立法院應於7日內自行集會,並於開議15日內作成決議。覆議案逾期未議決者,原決議失效。覆議時,如經全體立法委員1/2以上決議維持原案,行政院院長應即接受該決議。」

此項修正,將覆議制度作明確的限制與合乎民主原則的改進。首先,限定行政院移請立法院覆議者,以法律案、預算案、條約案為限,排除立法院得以決議要求行政院改變政策,從而行政院不必對此改變政策的決議要求覆議。其次,立法院對於行政院移請覆議案,應於送達立法院15日內作成決議,明確規定決議的期限。再次,立法院只須1/2以上立法委員決議維持原案,行政院院長應即接受該決議。憲法第57條原定立法委員須2/3多數支持始能維持原決議,與法案只須議會過半數同意即透過的民主原則(多數決)不合。憲法增修條文的規定較憲法規定更為合理。最後,憲法增修條文規定,一旦立法委員1/2以上決議維持原案,行政院院長必須接受原案並執行。其所以不再維持憲法第57條行政院院長除接受立法院原議案外尚有辭職一途,是因為憲法增修條文明確規定了立法院可對行政院透過不信任案的緣故。

三、簡要評析

(一)理論爭議

如前所述,1997年臺灣第四次「修憲」時,賦予總統解散立法院的權力。雖然總統解散立法院的權力是屬於被動的,即只有當立法院倒閣成功後,總統才有解散立法院的機會,但這其中仍有一個爭議存在,那就是根據憲法增修條文第2條第5項以及第3條第2項第3款的規定,總統解散立法院是

否須以行政院院長的呈請為要件；換言之，這兩個條文究竟是要合併解釋（立法院倒閣後，經由行政院院長呈請總統始能解散立法院），還是可以單獨分別解釋（立法院倒閣後，總統在諮詢立法院院長後便能自行宣布解散立法院；而行政院院長也可斟酌是否呈請總統解散立法院）。學界對於這個問題的看法是有分歧的。主要有以下兩種觀點：

秉持總統解散立法院須以行政院院長的呈請為要件的學者認為，倒閣和解散兩權行使的機制，其意旨為在行政與立法兩權相持不下時，以人民為終極的裁判者，因此行政院和立法院分別為擁有解散權和倒閣權的主體，而行政院院長呈請總統宣告解散立法院解散的程序只可視為總統發布命令的形式動作，總統的意志不應在行政院與立法院之間的這種（解散—倒閣）的牽制互動中隨意介入。再者，總統僅由相對多數選出，是否具有代表人民裁決行政院重組抑或立法院解散的正當性，也令人質疑。況且，憲法對於總統行使該權力也沒有設置任何制衡機制，若稱總統對於是否解散立法院具有裁量權，不論總統是決定令內閣重組或解散立法院，豈不都是憑自己的好惡為之，卻不必向任何機關或「全體人民」負責？因此若讓總統介入立法院和行政院之間的這種互動關係，容易引發政治危機。

而秉持總統解散立法院不須以行政院院長的呈請為前提要件，可以在諮詢立法院院長後自行宣告解散立法院的學者則認為，依照憲法第44條，總統有院際爭執調解權，因此當行政與立法之間出現重大爭執時，總統當然可以自行衡酌情勢，以決定是要單純由行政院院長辭職，另組新內閣，或是同時解散立法院，以求改變立法院政治生態，徹底解決僵局。總統平時固然不能主動解散立法院，不過在院際爭執之時，總統自然可以第三者比較客觀的立場，來解決政爭。

總統解散立法院是否須以行政院院長的呈請為要件，對於臺灣的政治運作會造成不同的影響。一般而言，如果行政院院長是總統的人馬，一旦倒閣

案透過，行政院院長應該會呈請總統解散立法院，總統通常也會解散立法院。但是在「共治期間」，行政院院長可能與總統屬於不同政黨，如果立法院因多數黨或多數聯盟內部發生權力變化以致透過倒閣案，這時發動倒閣的立法院甚至是行政院院長本身，可能會希望將倒閣的效果侷限於「茶杯內的風暴」，也就是說只是執政黨或執政聯盟內部的政爭，而不是總統與立法院之間的政治紛爭，因為畢竟此時立法院所推翻下臺的並不是總統的人馬，在這種情形下，總統能否趁此立法院多數黨或多數聯盟內部發生紛爭之際，又行介入直接解散立法院，增加政治上的不確定性，自然引起爭議。顯然，臺灣學界對於這個問題的看法是極為分歧的。

（二）「倒閣」制度的意義及侷限

臺灣「倒閣」制度的設立，具有以下意義：（1）彌補了刪除閣揆任命同意權後的制度缺陷。立法院對閣揆任命的同意權原是其監督行政院的重要機制，在規定總統由公民直接選舉以後，該項同意權已經由「修憲」而被刪除，立法院如能適時運用不信任投票制，應可彌補喪失同意權後的制度缺陷。（2）具體而明確的指引責任政治的軌道。該制度要求立法院的反對黨，應在不信任案提出72小時後，應在48小時內以記名投票的方式作出表決，且必須有1/2以上立法委員支持，不信任案始能成立。這種「建設性不信任投票」的體制，限定於提案後第四天或第五天以記名投票，並要求提案者至少應具備民意支持的組合能力，鋪陳運作責任政治的道路。（3）妥慎運用對抗的手段維護政局的安定。倒閣權與解散權可以同時運用，行政、立法兩權可能玉石俱焚，故必須謹慎行事。而且，不信任案如未獲透過，1年內不得再對同一行政院院長提不信任案，上述規定皆有助於維護政局的安定。從政治學理論上說，解散權具有探求民意，使「內閣」不致成為立法院的奴役；使立法院不濫用「倒閣」權，以安定政局；使同黨從政者團結一致，以

鞏固政府團隊。

但是，我們也應該注意到，解散權雖然是立法院牽制行政院的重要手段，但在臺灣的現行政治體制下，對行政院院長不信任，就意味著對總統決策的不信任。立法院在提出不信任案時，必須考慮到自己被解散的連帶後果。這樣一來，解散權反過來變成了總統牽制立法院自身的手段。對此，臺灣學者湯德宗指出，由於立法院在享有不信任投票權的同時享有覆議權，且行政院院長對於立法院的覆議結果僅能接受，而不能提請解散立法院，也無須辭職，所以立法院大可利用覆議權逼迫行政院接受其法律案、預算案或條約案，沒有必要採取玉石俱焚式的不信任案投票方式，因而不信任投票制度形同虛設。

（三）「雙行政」與「單國會」的三角關係：另一種視角

「雙行政」（即總統、行政院院長）與「單國會」（即立法院）除了在制度設計層面存在著相互制衡關係之外，在非制度層面的現實政治運作中，總統、行政院院長與立法院之間還存在著一種特殊而微妙的三角權力關係。

臺灣在「修憲」時為避免出現行政院院長人選屢決不下的情形，斷然取消立法院對行政院院長人選的同意權，決定由總統直接任命行政院院長。但是，當總統基於現實政治的考量而任命行政院院長之後，便會涉入立法院，從而形成「雙行政」與「單國會」的三角權力關係。可參見下表。

表5-1：總統、行政院院長與立法院之三角關係

總統的 任命權	立法院的 過半數支持	行政院院長
✓	✓	行政院院長獲得總統的「任命」上台,且因「擁有」立法院過半數的支持,所以比較容易推行政策,而不易「倒閣」
✓	✗	行政院院長獲得總統的「任命」上台,但因「缺乏」立法院過半數的支持,所以比較不易推行政策,而容易「倒閣」
✗	✓	不存在此種狀況
✗	✗	不存在此種狀況

（資料來源：謝政道著：《中華民國修憲史》，臺北，揚智文化事業股份有限公司。）

從上述列表可以看出，總統直接掌握行政院院長的任命權，在政治上可能出現這麼兩種情形：第一，如果總統尊重立法院中的政黨生態的實際情況，任命的行政院院長被立法院實際接受，行政院院長就比較容易推行其政策，那麼就會減少行政院與立法院的摩擦。第二，如果總統不尊重立法院政黨生態的實際情況，強行任命行政院院長，行政院院長因缺乏立法院過半數的支持，就不易推行其政策，容易引發立法院與行政院的矛盾。出現第二種情形時，意味著喪失了行政院向立法院負責的基礎，破壞了臺灣現行政治體制的基本架構。行政院也就不可能向立法院負責，行政院只能是對總統負責，成為總統的幕僚。

臺灣政治體系運作的發展與分析

第六章　臺灣司法院體制

　　司法體制有廣義和狹義之分，廣義上的司法體制通常包括審判體制、檢察體制、辯護體制和執行體制四個方面，而狹義的司法體制通常只指審判體制。本章中的司法院體制近似於狹義上的司法體制（因為它與通常所說的審判體制亦不相同）。司法院是臺灣司法體制的最重要組成部分，是按照孫中山先生的「五權憲法」構想而設立的重要治權機關，其依法掌理著審判、司法解釋、公務員懲戒等重要事項，在臺灣的政治生活中扮演著日益重要的角色。

第一節　司法院的性質和地位

一、司法院的性質和地位

　　臺灣的司法院是一個什麼性質的機關？對其認定一直存有爭議。依憲法規定，司法院為「國家最高司法機關」，掌理民事、刑事、行政訴訟的審判及公務員的懲戒事項。但事實上，它無權直接審判案件。司法院是一個非常特殊的機構。要準確地理解和把握司法院的性質，得從幾個方面入手。

（一）司法院為「最高司法行政監督機關」

　　依據憲法第77條規定，司法院為「國家最高司法機關」。而按現行體制，司法院下轄「最高法院」等各級法院、行政法院與公務員懲戒委員會，分別審理民事訴訟、刑事訴訟、行政訴訟與公務員懲戒案件。司法院所掌握的實際上只是「行政事項」或「管理事項」，並不是「審理」和「判決」案件。「司法院組織法」規定，司法院的真正業務由民事、刑事、行政訴訟及

懲戒、司法行政四個廳分理。司法院的主要業務是所有司法審判及司法行政事項的政策制定、法規研擬、業務指導與監督、業務部門之間的協調之類。它與行政院下轄的「法務部」的不同在於，後者是具體執行司法行政事務的執行機構。所以，司法院為「最高司法機關」，應理解為「最高司法行政監督機關」。

（二）司法院為「最高審判機關」

司法院下轄「最高法院」和各級地方法院、行政法院、公務員懲戒委員會，具有崇高的地位。後三者都是臺灣的不同種類的具體司法機構，它們分別在自己管轄的領域內依法獨立行使不同種類的司法權，共同隸屬於司法院，均是司法院的下屬機構。因為在司法院之上再無其他有司法權的機構，正是在這一意義上說，司法院為「最高審判機關」。這裡何謂「隸屬」只能理解為業務上的監督指導關係和司法行政上的統籌安排關係，而不是行政上的上下級隸屬（領導與被領導）關係，也沒有司法上的上下審級（上級審判機關與下級審判機關）之間的關係。「最高法院」以下各級法院、行政法院、公務員懲戒委員會作為審判機關都是依法獨立行使職權的。在1980年以前，臺灣的普通法院系統中，只有「最高法院」隸屬於司法院，其餘各級地方法院均隸屬於行政院的「司法行政部」（現已改稱「法務部」）。1980年後，實行「審檢分隸」，此後各級法院隸屬司法院，所有檢察機關仍隸屬「司法行政部」（即「法務部」）。所有司法機關均隸屬於司法院，司法院有權就這些司法機關的建置、改革、發展，就民刑審判方針原則等等制定改革或提出法律案，宏觀調控或協調所有司法機構的運作，則當然具有崇高的憲法地位。儘管它自身除「大法官會議」審理法律解釋案、政黨「違憲」案之外再無直接審判權，但卻可以監督影響所有司法機關的審判，所以有著崇高的法律地位。

司法院雖設大法官會議,為「釋憲」組織,而大法官更需組成「憲法法庭」,為政黨解散處分事件的裁判機關,但不同於一般法院,不掌理一般民事和刑事審判。所以,司法院並非一般法院。然而,名稱上,「最高法院」易使一般民眾誤以為其系最高審判機關。所以1947年修訂「司法院組織法」時,曾有意將司法院正名為「最高法院」,內部分設民、刑事法庭、行政法庭等,但未能修改成功。時至今日,「司法院最高法院化」的主張,依然不乏有人提出。

　　但依司法院釋字第530號解釋,司法院不僅為「最高司法行政監督機關」,更為「最高司法審判機關」,應掌理民事、刑事、行政訴訟的審判及公務員的懲戒。該解釋強調司法院作為最高司法審判機關與最高司法行政機關的雙重地位,不可分離。並認為符合「制憲」的意旨,現行「司法院組織法」、「法院組織法」、「行政法院組織法」及「公務員懲戒委員會組織法」等,應自該項解釋公布日起2年內檢討修正。

二、理論爭議

　　儘管臺灣學界的主流觀點認為,司法院為「國家最高司法機關」。但需要說明的是,司法院作為「國家最高司法機關」的定位,一直遭受部分臺灣學者的質疑。有臺灣學者稱:「司法院既然是最高司法機關,何以最高之下又有最高法院,而最高法院、行政法院、公務員懲戒委員會,甚至大法官會議竟成為司法院的隸屬機關,而受司法院院長的監督。」因此,司法院究竟是司法行政機關,或司法審判機關,便成為一個爭議的問題。

　　有學者認為,「司法院為國家最高司法機關」,係指司法院在臺灣的整個司法機關體系中,居於最高地位,司法院僅系司法行政的最高機關,掌理有關司法政策與法規的研擬,並監督所屬機關的行政業務,而非最高審判機關。其理由是:(1)司法院雖設大法官會議,職司「憲法解釋」;組成

「憲法法庭」，裁判「違憲」政黨解散事項，但其性質不同於一般法院的審判活動。（2）各級法院的終審權在「最高法院」、最高行政法院與公務員懲戒委員會，而不在司法院本身。亦即司法院本身並不直接審理訴訟或懲戒案件之審判。（3）普通法院、行政法院、公務員懲戒委員會等各級法院，依據法律獨立行使審判權，司法院不得指揮干涉。

關於司法院的定位問題，司法院於1999年12月邀集實務界及法學界組成「司法院定位推動小組」，以全體會議及分組會議方式進行討論，擬議將「最高法院」、行政法院及公務員懲戒委員會併入司法院，而在司法院分設民事、刑事、行政訴訟庭、公務員懲戒庭及「憲法法庭」，以掌理憲法所定的職掌事項。如此，司法院的性質將由現行的司法行政機關性質，改為司法審判機關。不過，學者對此有甚多批判性的意見。

現行司法院既兼管司法行政，也轄有實質的司法權事項。然而，現行這種制度是否符合「司法院為國家最高司法機關」的意旨，也存有爭議。司法院釋字第530號解釋就此問題著有解釋：「憲法第77條規定：『司法院為最高司法機關，掌理民事、刑事、行政訴訟之審判及公務員之懲戒。』惟依現行司法院組織法規定，司法院設置大法官17人，審理解釋憲法及統一解釋法令案件，並組成憲法法庭，審理政黨違憲之解散事項；於司法院之下，設各級法院、行政法院及公務員懲戒委員會。是司法院除審理上開事項之大法官外，其本身僅具最高司法行政機關之地位，致使最高司法審判機關與最高司法行政機關分離。為期符合司法院為最高審判機關之制憲本旨，司法院組織法、法院組織法、行政法院組織法及公務員懲戒委員會組織法，應自本解釋公布之日起2年內檢討修正，以副憲政體制。」本解釋要求司法院應朝向法院化的方向規劃，但這種修正有賴立法配合。

第二節　司法院的組織

司法院的組織，除了憲法明文規定的司法院院長、副院長、大法官之外，還可分為內部機關及所屬機關。所謂內部機關是指依「司法院組織法」所規定的祕書長、祕書處、大法官書記處、民事廳、刑事廳、行政訴訟及懲戒廳、司法行政廳、資訊管理處、人事處、會計處、統計處、放風處、人事審議委員會和司法人員研習所等。所謂所屬機關則指依「司法院組織法」第7條規定，司法院所設的各級法院、行政法院及公務員懲戒委員會等。具體分析如下：

一、司法院院長、副院長

（一）院長、副院長的產生方式與任期

1.產生方式

　　憲法增修條文第5條第1項規定，司法院設大法官15人，並以其中1人為院長、1人為副院長，由總統提名，經立法院同意任命。依此規定，司法院院長、副院長均為大法官中的一員。

　　司法院為臺灣的「最高司法機關」，掌理政策和行政監督，不直接審理訴訟，因此，司法院院長的任命，一向屬於政治任命，院長被列入政務官範圍，並兼任重要黨職。從司法公正的角度說，院長身兼大法官會議主席，負「解釋憲法」的重要職責，應超出黨派之外，獨立行使職權，確保司法中性地位。在1994年「修憲」時，曾有人主張司法院院長應由大法官兼任，但因為這項修正內容涉及司法院的地位和職掌，茲事體大，最後未能成為「修憲」案。法理上，司法院院長應超出黨派，獨立行使職權，方能符合其兼任大法官會議主席的身分，已成為眾人共識。雖然副院長與院長同時經提名任命，但二者並無隸屬關係。

2.任期

有關司法院院長、副院長的任期，憲法和「司法院組織法」均無明文規定。然而，司法院院長、副院長既然經由總統提名，其任期應該與總統的任期一致。因為院長與副院長具有政治任命的意味，將隨新任總統的改選而發生更迭。

司法院大法官任期8年，不分屆次，個別計算，並不得連任。但依據憲法增修條文第5條第2款但書規定：「並為院長、副院長之大法官不受任期之保障」；也就是說，大法官「並」為院長和副院長者，將喪失任期的保障。

對於憲法增修條文關於「並為院長、副院長之大法官不受任期之保障」的規定，臺灣學界也有不同看法。有學者認為，「院長、副院長之本職既為大法官，其任期及保障自應與一般大法官一致，以維持其超然之立場，不致成為總統或政黨干預大法官行使職權之橋樑。……此項但書，將迫使司法院院長、副院長欲保住其正、副院長及大法官的職位，必須成為政治人物，仰承總統的意旨行事，此種犧牲司法獨立，遷就政治現實的立法，思慮顯然欠缺周詳，並將貽害無窮。」

（二）院長、副院長的出缺、不能視事與代理

憲法增修條文雖規定司法院院長的產生方式，但未規定其出缺、不能視事或去職的處理方式。這與憲法詳細規定行政院院長的任免、出缺、不能視事的情形，顯有不同。為避免爭議，「司法院組織法」第8條對此作了專門規定：（1）司法院院長因故不能視事時，由副院長代理其職務。司法院院長出缺時，由副院長代理，其代理期間至總統提名繼任院長經國民大會同意，總統任命之日為止。這一規定，因憲法增修條文的修正，已改為經立法院同意。（2）司法院副院長出缺時，暫時從缺，至總統提名繼任副院長經國民大會同意，總統任命之日止。這一規定，因憲法增修條文第5條第1項的規定，已修正為經立法院同意。（3）司法院院長、副院長同時出缺時，由

總統就大法官中指定1人代理院長,其代理期間至總統提名繼任院長、副院長經國民大會同意,總統任命之日為止。這一規定,因憲法增修條文的修正,已改為經立法院同意。

(三)院長、副院長的職權

司法院院長、副院長的職權,依憲法和「司法院組織法」的規定,主要有:(1)為機關首長,綜理院務,監督所屬機關,決定重要人事。(2)主持大法官會議,為大法官會議主席,並以大法官會議主席身分,為總統、副總統就職時的監誓人。(3)參加總統召集的五院院長院際仲裁會商,以解決院際爭議。(4)為解決省自治法施行的重大障礙,主持由五院院長組成的委員會,並提出解決方案。

二、大法官會議

依憲法和「司法院組織法」規定,司法院設大法官17人,由總統提名,經監察院同意任命,大法官任期9年。1948年任命的第一屆大法官至1985年任命的第五屆大法官均由此產生。1992年第二次「修憲」,大法官仍由總統提名,但同意權改由國民大會行使。1994年就職的第六屆大法官由此產生。2000年第六次「修憲」,對於大法官的任命及任期均作了修改,規定司法院設大法官15人,並以其中1人為院長,1人為副院長,由總統提名,經立法院同意後任命。

(一)大法官的資格

大法官職司「憲法解釋」,任務重大,應具有一定資格方可被提名任命,依「司法院組織法」第4條規定,大法官應具有以下資格之一:(1)曾

任「最高法院」法官10年以上而成績卓著者；（2）曾任立法委員9年以上而有特殊貢獻者；（3）曾任大學法律主要科目教授10年以上而有專門著作者；（4）曾任國際法庭法官，或有公法學或比較法學之權威著作者；（5）研究法學，富有政治經驗，聲譽卓著者。具有前面任何一項條件的大法官，其人數不得超過總名額1/3。

（二）大法官的任命

關於大法官任命制度，內容如下：（1）司法院設大法官15人，並以其中1人為院長、1人為副院長，由總統提名，經立法院同意後任命。（2）司法院大法官任期8年，不分屆次，個別計算，並不得連任。但同時為院長、副院長的大法官，不受任期之保障。（3）2003年總統提名的大法官，其中8位大法官，含正、副院長，任期4年，其餘大法官任期為8年。此一規定，將使2007年後，每4年可以改任約半數的大法官，此種規定除配合總統每4年改選一次的新提名權外，也有助於大法官的新陳代謝。

該新的憲法增修條文規定，將司法院院長與副院長兼具大法官身分予以「憲法化」，解決了司法院院長主持大法官會議所可能產生的合法性問題。大法官任期縮短為8年，並不得連任，似有意促使大法官更能無所瞻顧地獨立行使職權。就大法官的任命由國民大會同意改為由立法院同意，並限制非法官轉任大法官者，不得享有終身職待遇。

學界也有人擔心，大法官由總統提名，是否會造成政治酬庸之嫌？但從司法院大法官作成釋字第419號可以看出，大法官雖然是總統提名產生，但卻未必支持總統讓「副總統兼任行政院院長」的決定。換言之，大法官雖由總統提名產生，但仍能秉公執行憲法賦予的職權。

（三）大法官的地位

大法官的任用，系經由提名及國民大會（現為立法院）同意的程序，與一般法官之經由接受法科教育及司法人員考試而任用者，顯然不同；大法官不審理一般司法訴訟案件，這與法官不同。所以，有人認為大法官不是法官。儘管對於大法官是否為法官的問題，學界曾有爭議，但通說認為，大法官本具有法官身分。司法院大法官釋字第601號解釋即稱：「大法官無論其就任前職務為何，在任期中均應受憲法第81條關於法官『非受刑事或懲戒處分，或禁治產之宣告，下得免職。非依法律，不得停職、轉任或減俸』規定之保障。法官與國家之職務關係，因受憲法直接規範與特別保障，故與政務人員或一般公務人員與國家之職務關係不同。」

依現行公務員法，且將大法官列入特任官或特別職之範圍，並比照法官享有「優遇」待遇。然而，依1992年憲法增修條文的規定，司法院由大法官組「憲法法庭」，審理政黨「違憲」解散案件；於解釋事件上，得於必要時，舉行言詞辯論，所以大法官也應視同為法官；大法官與法官皆為行使司法權的人員。

（四）大法官的保障

大法官任期一定，不分屆次，一律為8年，並不得連任。自2003年起，大法官每4年任命8位或7位，如此可使工作經驗得以傳承。至於大法官應否為終身職？持肯定論者認為，大法官如為終身職，可安心任職，使憲法解釋趨於客觀公平、不受干涉，並且得以累積經驗，提升解釋功能。但久於其任，易趨保守，難以及時反映時代思潮，是其缺失。

依「司法院組織法」第5條第3項，「大法官任期屆滿而未連任者，視同停止案件之司法官，適用司法人員人事條例第40條第3項之規定」，大法官享有與司法官相同的退休待遇。但2000年4月25日，國民大會三讀透過憲法增修條文，取消大法官優遇制度，認為大法官除由法官轉任者外，新任命大

239

法官不再享有終身職。

（五）大法官的職權

大法官的職權主要是審理以下三類案件：解釋憲法案件；統一解釋法律及命令案件；政黨「違憲」解散案件。「大法官」審理這三類案件均必須依據聲請而提出。審理解釋憲法與統一解釋法令案件，大法官以會議方式進行合議審理；審理政黨「違憲」解散案件，大法官應當組成「憲法法庭」進行合議審理。大法官必須獨立行使職權，超出黨派之外，不受任何干涉。

（六）大法官審議案件的方式

大法官會議如何審議案件呢？「司法院大法官審理案件法」第14條規定，大法官解釋憲法，應有大法官現有總額2/3出席及出席人2/3同意，方得透過。但宣告命令牴觸憲法時，以出席人過半數同意行之。另外，大法官統一解釋法律及命令，應有大法官現有總額過半數出席及出席人過半數同意，方可透過。

三、「憲法法庭」

憲法規定司法院有審判權，但實際上這種審判權只是一種憲法審查權。其具體權力包括受理或審議憲法和「法律」解釋案，政黨「違憲」解散案，總統、副總統彈劾案。這一權力的行使機構，具體就是司法院所設的大法官會議。司法院大法官會議為審理三類案件，組成「憲法法庭」。

（一）「憲法法庭」審理案件的範圍

司法院大法官會議可以審理以下三種案件。（1）憲法、統一解釋法律

法令、地方自治法規解釋案。「釋憲」聲請,「中央」或地方機關,人民、法人或政黨、立法委員、「最高法院」、行政法院、地方自治機構等都可以提出,不過是作為法律救濟的最後一道程序而使用。如「人民、法人或政黨於其憲法上所保障的權利,遭受不法侵害,經依法定程序提起訴訟。對於確定終局裁判所適用之法律或命令發生有牴觸憲法之疑義者」,可以聲請解釋憲法。因此,聲請「釋憲」可能成為公民個人於普通司法程序三審終審後的實際上「第四審」救濟程序。統一解釋法令的聲請,「中央」或地方機關、人民、法人或政黨都可以提出。其中,公民個人或法人、政黨提出解釋法令的聲請,也只能是在確定終局裁判之後,在「確定終局裁判所適用的法律或命令所表示的見解,與其他審判機關之確定終局裁判適用同一法律或命令時所已表示之見解有異者」時提出。這相當於終審之後的第四審程序。大法官會議的解釋令用會議決議方式作出。(2)政黨「違憲」解散案。這類聲請由主管機關(「內政部」)提出,由司法院大法官組成「憲法法庭」審理。在審理中,須有現任大法官總數3/4以上出席,並經出席者2/3同意,方可作出解散或駁回申請的判決。對「憲法法庭」的判決,不得聲明不服。被宣告「違憲」而解散的政黨,宣判之日即行停止一切活動。(3)總統、副總統彈劾案。關於司法院大法官會議審理總統、副總統彈劾案,憲法增修條文第2條規定,立法院提出總統、副總統彈劾案,聲請司法院大法官審理,經「憲法法庭」判決成立時,被彈劾人即應解職。立法院對於總統、副總統彈劾案,須經全體立法委員1/2以上提議,全體立法委員2/3以上決議,聲請司法院大法官審理。

(二)「憲法法庭」的組成

「憲法法庭」由大法官組成,其人數不得少於大法官現有總額3/4。依「司法院大法官審理案件法」的規定,其要點如下:(1)審判長的充任。

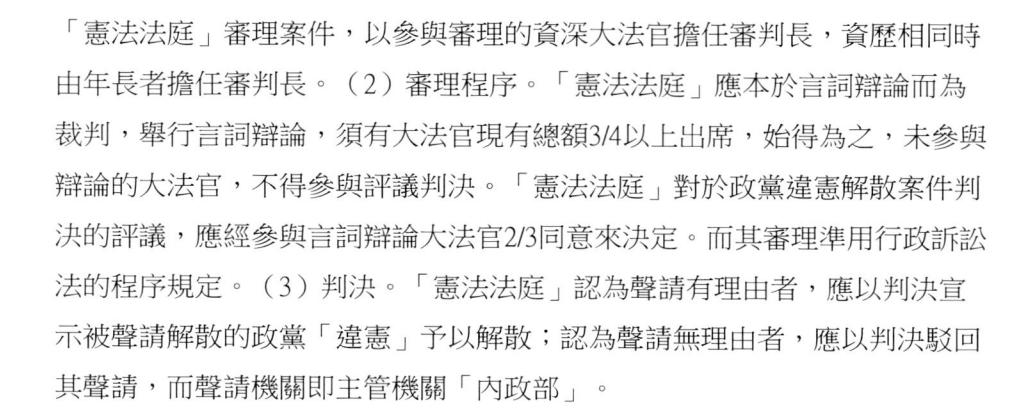

「憲法法庭」審理案件，以參與審理的資深大法官擔任審判長，資歷相同時由年長者擔任審判長。（2）審理程序。「憲法法庭」應本於言詞辯論而為裁判，舉行言詞辯論，須有大法官現有總額3/4以上出席，始得為之，未參與辯論的大法官，不得參與評議判決。「憲法法庭」對於政黨違憲解散案件判決的評議，應經參與言詞辯論大法官2/3同意來決定。而其審理準用行政訴訟法的程序規定。（3）判決。「憲法法庭」認為聲請有理由者，應以判決宣示被聲請解散的政黨「違憲」予以解散；認為聲請無理由者，應以判決駁回其聲請，而聲請機關即主管機關「內政部」。

（三）「憲法法庭」判決的效力

「憲法法庭」判決的效力主要表現在以下幾個方面：（1）被宣告解散的政黨應即停止活動，並不得成立目的相同的代替組織，其依政黨比例方式產生的民意代表，自判決生效時起，喪失其資格。（2）「憲法法庭」的判決，有關機關應即作出實現判決內容的必要處置。（3）政黨解散後，其財產清算，準用民法法人有關規定。（4）「憲法法庭」的判決，除特殊規定外，應進行公告，其有協同意見書或不同意見書者，應一併公告。對於「憲法法庭」的裁判，不得聲明不服。

四、普通法院

根據「法院組織法」的規定，普通法院審判民事、刑事案件，並依法律所定管轄非訟案件。臺灣普通法院從上到下分為「最高法院」、高等法院、地方法院。高等法院和地方法院得設分院。法院上下級之間是審級關係，而非行政隸屬關係。臺灣的一般民事與刑事案件實行「三級三審制」。每級法院均獨立進行審判，只服從法律。

（一）最高法院

　　臺灣的最高法院，在憲法中並未規定其法律地位。依憲法規定，司法院為「國家最高審判機關」，掌理民刑事和行政訴訟的審判及公務員的懲戒。但事實上，真正掌握最高司法審判權的是最高法院，司法院從不具體審判案件，僅掌理關於司法方面的行政和管理之政策、改革和監督事項。最高法院管轄：（1）不服高等法院及其分院第一審而上訴的刑事訴訟案件；（2）不服高等法院及其分院第二審判決而上訴的民事、刑事訴訟案件；（3）不服高等法院裁定而抗告的案件；（4）非常上訴案件；（5）其他法律規定的訴訟案件。最高法院設民事庭、刑事庭，庭數視事務的繁簡而定。最高法院還設有書記處等機構。最高法院審理案件以3人或5人組成的合議庭進行。一般情況下，由庭長擔任審判長。最高法院作為第三審法院、終審法院，只對案件進行法律審，原則上採取書面審理的方式，必要時得命辯論。提起第三審上訴，必須以原判決違背法律為理由。最高法院作出的裁判，如認為其所持法律見解有編為判例的必要，應分別經由院長、庭長、法官組成的民事庭會議、刑事庭會議或民刑事庭總會議決議後，報請司法院備查。

（二）高等法院

　　高等法院是第二級法院，設立於省、直轄市或特別區域，並可根據地理環境及案件多寡，增設高等法院分院，或合設高等法院。由於國民黨政權退臺後只領有臺灣一省，只設有「臺灣高等法院」這一個高等法院。後來雖有臺北市、高雄市升格為直轄市，但均未相應設立高等法院，仍保留地方法院建置。兩市訴訟案件均仍以「臺灣高等法院」為上訴法院。臺灣高等法院不僅是全臺灣所有地方法院的二審法院或上級法院，甚至還是所謂「不完全省份」——福建省金門、連江地方法院的二審法院。臺灣高等法院下設花蓮分院、臺中分院、臺南分院、福建廈門分院。福建廈門分院負責管轄金門、連

江地方法院的上訴案件。高等法院管轄：（1）關於內亂、外患及妨害「國交」的第一審刑事訴訟案件；（2）不服地方法院及其分院第一審判決而上訴的民事、刑事訴訟案件，但法律另有規定的，從其規定；（3）不服地方法院及其分院裁定而抗告的案件；（4）其他法律規定的訴訟案件。高等法院設民事庭、刑事庭，其庭數視事務的繁簡而定，必要時可設專業法庭。高等法院還設有辯護人室、書記處等機構。高等法院審判案件，以3名推事組成合議庭進行，其中1人為審判長。

（三）地方法院

地方法院為臺灣的基層法院。依臺灣「法院組織法」的規定，直轄市、縣（市）可設地方法院，但也可視其地理環境及案件多寡，增設地方法院分院，或在數縣、市合設一所地方法院，或將其轄區的一部分劃歸其他地方法院或其分院，不受行政區劃限制。在特定地區還可以根據業務需要，設立專業地方法院，其法律及管轄等事項，以法律另行規定。現臺灣有兩個直轄市，23個縣市，故設有25個地方法院。其中，在臺北、高雄兩個直轄市的地方法院之下設有若干個分院，大約是在人口比較多、案件多的地區設分院，如臺北的大安區、木柵區等，均設有臺北地方法院的分院。其他各縣（市）法院也有的設有分院。地方法院管轄：（1）民事、刑事第一審訴訟案件，但法律另有規定的除外；（2）其他法律規定的訴訟案件；（3）法律規定的非訴事件。地方法院分設民事庭、刑事庭，其庭數視事務的繁簡而定；必要時還可設立交通法庭、少年法庭、財務法庭等專業法庭。臺北地方法院還設家事法庭。地方法院一般還設民事執行處、辯護人室、觀護人室、公證處、提存處、登記處、書記處等機構。地方法院審理案件，一般以1名推事獨任審理；案情重大的，則由3名推事組成合議庭審理。

　　圖6-1：臺灣普通法院組織與業務示意圖（資料來源：熊先覺著：《司

法制度與司法改革》，北京，中國法製出版社，2006年版，第480頁。）

```
                    ┌─────────┐
                    │ 最高法院 │
                    └────┬────┘
         ┌───────────────┼───────────────┐
    ┌────┴───┐      ┌────┴────┐    ┌────┴───┐
    │ 民事庭 │      │ 高等法院 │    │ 刑事庭 │
    └────────┘      └────┬────┘    └────────┘
               ┌─────────┼─────────┐
          ┌────┴───┐ ┌───┴────┐ ┌──┴─────┐
          │ 民事庭 │ │地方法院│ │ 刑事庭 │
          └────────┘ └───┬────┘ └────────┘
```

```
                    ┌─地方法院─┐
         ┌──────────┼──────────┐
      ┌──┴──┐   ┌──┴──┐   ┌──┴──┐
      │審判 │   │執行 │   │非訟 │
      └──┬──┘   └──┬──┘   └──┬──┘
```

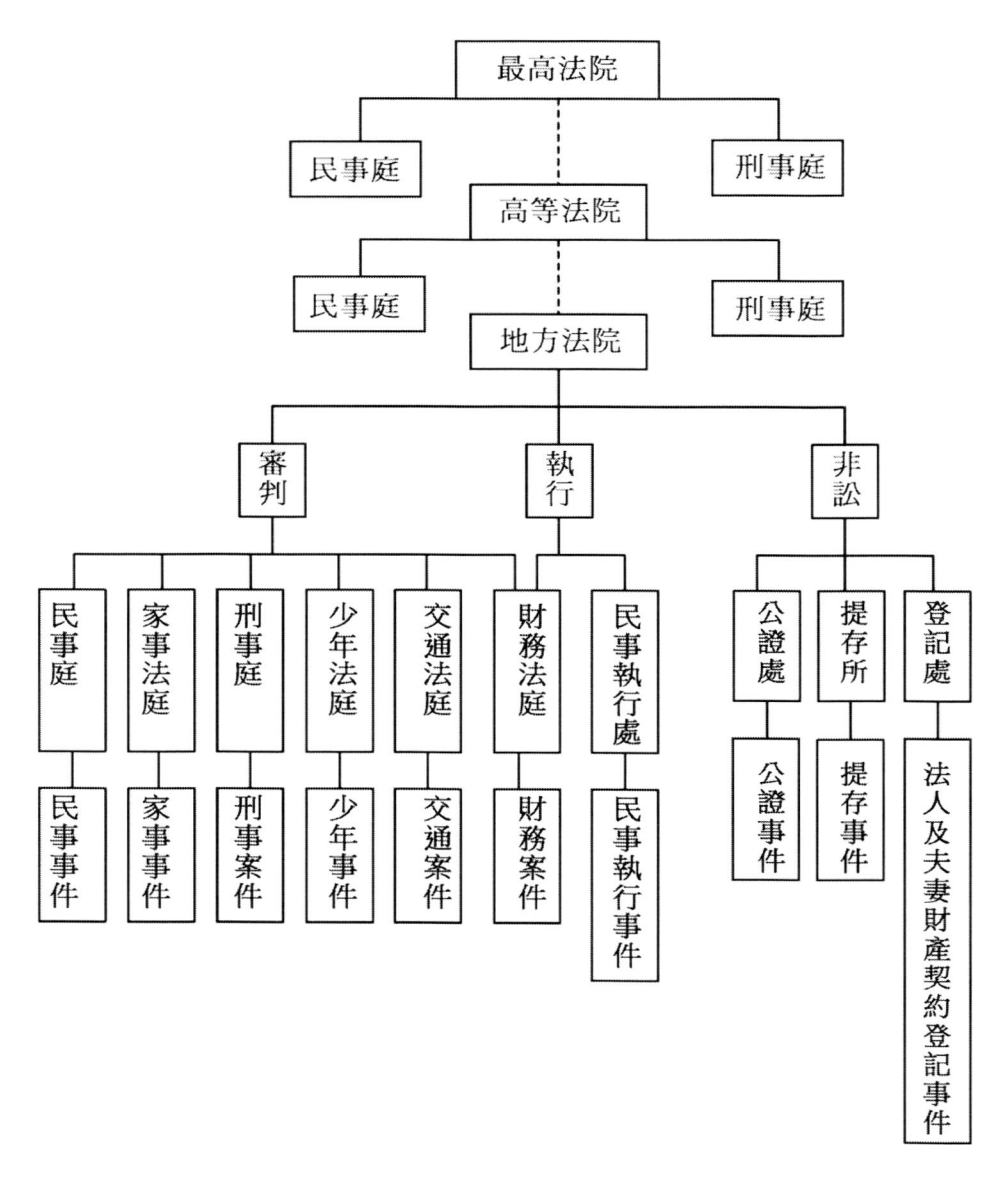

民事庭	家事法庭	刑事庭	少年法庭	交通法庭	財務法庭	民事執行處	公證處	提存所	登記處
民事事件	家事事件	刑事案件	少年事件	交通案件	財務案件	民事執行事件	公證事件	提存事件	法人及夫妻財產契約登記事件

五、行政法院

　　行政法院是臺灣專門審理行政訴訟案件的機構，各級普通法院對行政訴訟沒有審理權。根據「行政法院組織法」的規定，行政法院掌理全國的行政

訴訟審判事務。行政法院分庭審理，其庭數視事的繁簡而定。每庭評事至少應有曾任法官者2人。

司法院內的行政法院，原先只有一級。1994年修改「行政法院組織法」，將行政法院分為高等行政法院和「最高行政法院」兩級。其中，高等行政法院管轄的案件為不服訴願決定或法律規定視同訴願決定，提起訴訟的案件及其他依法律規定由高等行政法院管轄的案件；「最高行政法院」則管轄不服高等行政法院裁判而上訴或抗告的案件以及其他依法律規定由最高行政法院管轄的案件。

行政法院設院長1人，綜理全院行政事務。院長負責行政法院職員的任免、晉升及獎懲事項，但一部分評事的任命須在決定後呈報司法院，或者由院長報請司法院決定任命。院長因故不能執行職務時，由資深庭長臨時代理，並呈報司法院備查。行政法院下設第一庭、第二庭、第三庭，每庭各設評事5人，其中包括庭長1人，院長可兼任庭長，其餘從評事中遴選。庭長負責各庭事務。此外，還設有書記廳、判例編輯委員會、考績委員會，以及人事室、統計室、會計室等機構。

行政法院審理案件原則上采合議庭審理，即高等行政法院審判案件，應由3名法官組成的合議庭進行；「最高行政法院」審判案件，應由5名法官組成的合議庭進行。但行政訴訟法規定的簡易訴訟程序，則由1名法官獨任審判。根據臺灣「行政訴訟法」的規定，民眾認為各級機關的違法行政處分損害自己的合法權利時，可以依法向行政法院提起行政訴訟。臺灣實行「二級二審制」，一審採取言詞審理，二審才實行書面審理。

六、公務員懲戒委員會

司法院依憲法第77條、「司法院組織法」第7條的規定，設公務員懲戒委員會，以掌理公務員的懲戒事宜。

公務員懲戒委員會是負責對有違法失職行為的公務員進行懲戒的機構，設委員長1人，委員9至15人。委員的遴選資格是：（1）曾任公務員懲戒委員會委員者；（2）曾任簡任司法官8年以上者，或者任簡任司法官並任簡任行政官合計8年以上者；（3）曾任大學教授、講授法律主要科目8年以上具有曾任公務員任用資格者。同時又規定，委員中須有2/3以上的人曾為司法官。

公務員懲戒委員會有權受理有關公務員違法、廢弛職務或其他失職行為的懲戒案。可以依情節作出撤職、休職、降級、減俸、記過、申誡等懲戒處分。懲戒案由兩條途徑提出：一是由監察院提出。公務員懲戒法規定，監察院認為公務員有違法失職之類情況應交付懲戒者，應將彈劾案連同證據移送公務員懲戒委員會審議。二是由主管長官提出。「公務員懲戒法」規定，各院部會長官、地方最高行政長官或其他相當的主管長官，認為所屬公務員有違法失職情事者，應備文聲敘事由，連同證據送請監察院審查。但對於所屬職等或相當於十二職等以下的公務員，得逕送公務員懲戒委員會審議。公務員懲戒委員會審議案件時，採取會議審議方式，由委員長為主席，主持審議程序；委員長因故不能出席時，指定1名委員為主席主持審議程度。委員會依法獨立審議案件，不受任何干涉，審議前應通知被付懲戒人提出申辯，由懲戒委員會委員過半數出席及出席委員過半數同意議決之；決議的懲戒案，由主管長官執行。但薦任職（第九職等）以下公務員的申誡與記過，得逕由主管長官作出。懲戒處分分為撤職、休職、降級、減俸、記過、申誡六種，但對於政務官，只有撤職與申誡兩種。

七、司法院內部機關

主要包括：（1）司法院各廳。設民事廳、刑事廳、行政訴訟及懲戒廳、司法行政廳，掌理各類審判及非訟事件的行政事項或管理事項。（2）

各輔助處室。設祕書處、大法官書記處、資訊管理處、會計處、統計處、政風處。（3）各種委員會。如人事審議委員會、法規研究委員會、解釋判例編輯委員會等等。

第三節　司法院的職權

一、司法院職權的變遷

　　司法院的職權，憲法明文規定的有第77條及第78條，依這兩條規定，司法院的職權有六項，即：（1）掌理民事訴訟的審判；（2）掌理刑事訴訟的審判；（3）掌理行政訴訟的審判；（4）掌理公務員的懲戒；（5）掌理憲法解釋；（6）統一解釋法律及命令。

　　除此之外，自1991年5月1日，總統公布的憲法增修條文第13條規定司法院大法官組成「憲法法庭」審理政黨「違憲」解散事項後，司法院的職權加增到七項之多。1997年7月憲法增修條文修正透過後，司法院又增加了第八項職權，即司法院可提出年度司法概算，並編入「中央政府」總預算案，送立法院審議的職權。2005年6月7日任務型國民大會複決透過立法院在2004年8月23日臨時會透過的憲法增修條文第5條第4項修正案，又增加了第九項職權，即司法院大法官可組成「憲法法庭」審理總統、副總統彈劾案。另外，司法院大法官於釋字第585號解釋中，自認自己也有一般法庭的暫時處分權。這樣一來，司法院又增加了第十項職權——暫時處分權。

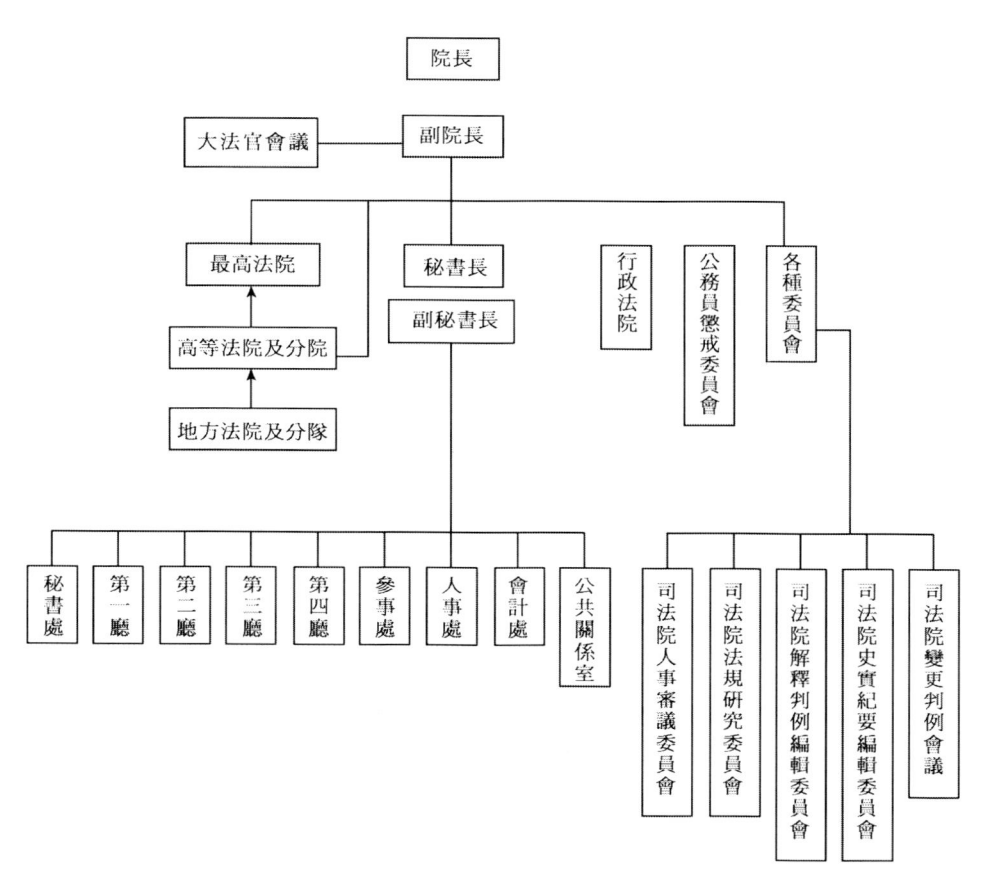

圖6-2：臺灣司法院組織架構示意圖（資料來源：熊先覺著：《司法制度與司法改革》，北京，中國法製出版社，2006年版，第472頁。）

二、司法院的主要職權

（一）掌理民、刑事訴訟的審判

司法院下設各級法院，審理民、刑事訴訟的審判。此等法院，由於所掌理者，為有關人民的訴訟案件，故又稱普通法院。臺灣的法院審判制度，採行「三級三審制」。普通法院雖分掌三級三審之審判，但普通法院之間並無

隸屬關係，它們共同受司法院的行政監督。上級法院對下級法院的審判結果，也只有在不服一審判決而依法提起上訴時，依法定的二審程序予以重審或予以改判，這是上級法院對下級法院的監督，而非上級法院指揮、領導下級法院。

地方法院掌理民事和刑事訴訟的初審及非訟事件的處理，其內部設民事庭、刑事庭及其他專業法庭，另設有基層簡易法庭，審理一般違反社會秩序等案件。高等法院掌理民事、刑事訴訟第一審判決的上訴案件，以及內亂、外患等刑事訴訟的初審，內部分設民事、刑事及專業法庭。最高法院則掌理不服高等法院及其分院判決的訴訟，並審理非常上訴案件，內部僅設民事庭及刑事庭。

（二）行政訴訟的審判

在普通法院之外，專設行政法院，審理行政訴訟案件。人民對於訴願案件的決定不服，得向行政法院提起行政訴訟，而行政法院隸屬司法院，故具大陸法系國家的特徵（法國行政法院隸屬行政部門是例外），與英美法系民事、刑事訴訟及行政訴訟統由普通法院審判者，顯然不同。

根據臺灣「行政訴訟法」的規定，人民對於行政機關基於職權就特定具體事件所為發生公法上效果的行政處分，認為處分違法而損害了自己的權利，經過依「訴願法」提起再訴願而不服其決定，或提起訴願過3個月而不作決定，或延長再訴願決定期間過2個月不作決定的，可向行政法院提起行政訴訟。

行政法院審理行政訴訟案件，由5名評事合議進行，庭長任審判長。行政法院審理案件，系法律審兼事實審，以書面審理為原則，並採職權審理主義。

（三）公務員懲戒的議決

公務員懲戒，系公務員因違法、失職或廢弛職務，監察院認為應付懲戒者，即將彈劾案連同證據移送公務員懲戒委員會審議。公務員懲戒採行一審終結制，但若有法定原因，在一定期間內，懲戒案件的原移送機關或受懲戒處分人，得移請或聲請再審議。而1992年司法院釋字第298號解釋指出，公務員在「足以改變公務員身分」外，就「對於公務員有重大影響之懲戒處分」，亦允許其向公務員懲戒委員會聲明不服。故公務員懲戒雖採一審終結，但可以透過聲請救濟的途徑，進一步保障公務員的權利。公務員懲戒委員會本來為司法機關，但其名稱、審判程序卻與一般法院不同。對此，司法院曾作出釋字第396號解釋，指出公務員懲戒委員會應採行法院體制。該項解釋進而要求懲戒案件的審議，應本著正當法律程序的原則，對被懲戒人予以充分的程序保障，例如採取直接審理、言詞辯論、對審及辯護制度，並給予被懲戒人最後陳述的機會等。

（四）解釋憲法權

憲法解釋權為司法院所專有，其他任何機關均無權解釋憲法。現行憲法第78條及第171條第2項分別規定，憲法的解釋及法律與憲法有無牴觸發生疑義時，均由司法院辦理。那麼，哪些事項可聲請憲法解釋？什麼主體可聲請憲法解釋？以及憲法解釋的程序是怎樣的？現就憲法解釋事項、聲請憲法解釋的主體、憲法解釋的程序分別敘述如下：

1.憲法解釋事項

依「司法院大法官審理案件法」第4條第1項的規定，大法官解釋憲法的事項如下：（1）關於適用憲法發生疑義的事項；（2）關於法律或命令有牴觸憲法的事項；（3）關於省自治法、縣自治法、省法規及縣規章有無牴觸

憲法的事項。

2.聲請憲法解釋的主體

依照「司法院大法官審理案件法」第5條的規定，聲請解釋憲法的主體有：（1）「中央」或地方機關，在其行使職權，適用憲法發生疑義，或因行使職權與其他機關的職權，發生適用憲法的爭議，或適用法律與命令發生有牴觸憲法之疑義者。（2）人民、法人或政黨於其憲法上所保障的權利，遭受非法侵害，經依法定程序提起訴訟，對於確定終局裁判適用的法律或命令發生有牴觸憲法之疑義者。（3）依立法委員現有總額1/3以上聲請，就其行使職權，適用憲法發生疑義，或適用法律發生有牴觸憲法之疑義者。（4）最高法院或行政法院就其受理的案件，對所適用的法律或命令，確信有牴觸憲法的疑義時，得以裁定停止訴訟程序，聲請大法官解釋。聲請解釋憲法不合前二項規定者，應不受理。非由上述四種規定情形聲請解釋憲法者，依「司法院大法官審理案件法」第5條第2項的規定，司法院應不予受理。

3.審查

司法院接受聲請後，應先推定3名大法官進行審查。先是形式審查，即審查聲請的提出是否合法，再是實質審查，審查後向大法官會議提交審查報告和解釋文草案。除不合「大法官審理案件法」的規定，不予解釋者，應敘明理由報大法官會議決定外，其應予以解釋的案件，則應提大法官會議討論。

4.表決

解釋文草案應在大法官會議上表決透過。大法官每週開會三次，必要時可召開臨時會。大法官在討論解釋案件時，應參考「制憲」、「修憲」及立法資料，並可依請求或自行通知聲請人、關係人及有關機關到會作說明，或

者進行調查，必要時得舉行言詞辯論。大法官解釋憲法，應有大法官現有總額2/3以上出席，及出席人數2/3同意，方得表決透過。但表決「命令」牴觸憲法時，只需要出席人過半數即可透過。

5.公布

大法官決議的解釋文，應附具解釋理由書，連同各大法官對該解釋的協同意見書或不同意見書，一併由司法院公布，並通知本案聲請人及其關係人。解釋文一經公布，對於各機關及民眾具有普通約束力。

（五）統一解釋法律及命令權

依「司法院大法官審理案件法」第7條規定，在下列情形，可聲請統一解釋法律及命令。

第一，「中央」或地方機關就其職權上適用法律或命令所持見解，與本機關或他機關適用同一法律或命令時所表示的見解不同者。但該機關依法應受本機關或他機關見解的拘束，或得變更其見解者，不在此限。

第二，人民、法人或政黨於其權利遭受非法侵害，認確定終局裁判適用法律或命令所表示的見解，與其他審判機關的確定終局裁判，適用同一法律或命令時所表示的見解不同者。但得依法定程序聲明不服，或後裁判已變更前裁判之見解者，不在此限。

人民、法人或政黨依上述規定聲請統一解釋法律及命令者，應於司法裁判確定後3個月內提出聲請，否則會不被受理。

大法官統一解釋法律及命令的程序較解釋憲法更為寬廣。只要有大法官現有總額過半數出席，及出席人過半數同意，就可透過統一解釋法律及命令案件。

（六）向立法院提出法律案

究竟司法院應否有立法提案權？憲法缺乏規定，而司法院大法官會議猶延遲到1982年方做成解釋，肯定司法院應有立法提案權。早在1952年，釋字第3號解釋，即指出基於五權分治、平等相維的原則，監察院就其所掌事項，亦得向立法院提出法律案。至此，五院中僅司法院尚無立法提案權的依據。

1982年，司法院大法官會議作成釋字第175號解釋，依該解釋，司法院還有法律案提案權。該號解釋稱，司法院為「國家最高司法機關」，基於五權分治彼此相維的政治體制，就其所掌有關司法機關組織和司法權行使的有關事項，得向立法院提出法律案。

（七）審查省、縣自治法的「合憲性」

依憲法第114條的規定，「省自治法」制定後，須即送司法院，司法院如認為有「違憲」之處，應將「違憲」條文宣布無效。司法院作出此解釋，不同於一般性的聲請解釋案，而是由司法院主動審查。臺灣司法院有權統一審查各省自治法的「合憲性」。依1993年公布施行的「司法院大法官審理案件法」的有關規定，關於省自治法、縣自治法、省法規及縣規章，有無牴觸憲法的事項，也屬大法官解釋憲法的事項。

（八）審理總統、副總統彈劾案

立法院為追究總統、副總統的法律責任，得提出彈劾案，而立法院提出總統、副總統彈劾案，聲請司法院大法官審理，經「憲法法庭」判決成立時，被彈劾人應即解職。故司法院擁有審理總統、副總統彈劾案的職權。關於彈劾總統、副總統的詳細分析，請參見本書第三章總統體制之第六節總統

的罷免與彈劾，此不贅述。

（九）審理政黨「違憲」解散案

依憲法增修條文第4條第3項規定，若政黨的目的或其行為，危害中華民國的存在或自由民主的政治秩序，可構成「違憲」，由司法院大法官組成「憲法法庭」，審理其「違憲」解散事項。政黨「違憲」解散案件的審理，對臺灣的政治影響甚大，所以，「司法院大法官審理案件法」詳細地規定了政黨「違憲」解散案件的審理程序。

「人民團體法」原規定，政黨「違憲」案件，由主管機關「內政部」設政黨審議委員會審理。雖然該委員會曾一度改隸於行政院，但因為政黨「違憲」的情事比較特殊，故改由該委員會議決後，如認定為「違憲」，始移送由司法院大法官組成的「憲法法庭」審理，並決定是否予以解散處分。

根據「司法院大法官審理案件法」的規定，司法院大法官組成「憲法法庭」，以資深大法官任審判長，資歷相同者以年長者為審判長，以合議方式審理政黨「違憲」解散案件。具體程序如下：

（1）聲請。政黨的主管機關認為政黨「違憲」（即「政黨之目的或行為，危害中華民國存在或自由民主之憲政秩序者」），可以聲請「憲法法庭」予以解散。聲請應遞交包括如下內容的聲請書；聲請機關及其代表人的姓名；被聲請政黨的名稱及所在地，其代表人的姓名、性別、年齡、住所或居所及其與政黨的關係；請求解散政黨的意旨；政黨應予解散的原因事實及證據；年、月、日；等等。

（2）審理。審理政黨「違憲」解散案件應進行言詞辯論，言詞辯論時需有大法官現有總額3/4以上出席，才可進行。當事人可委託訴訟代理人，其受託人以律師或法學教授為限，人數不得超過3人，並應先經「憲法法庭」

的許可。「憲法法庭」為查清事實的需要，可囑託檢察官或調度司法警察，進行搜索或扣押。

（3）判決。「憲法法庭」認為聲請有理由的，應以判決宣示被聲請解散的政黨「違憲」應予以解散；以為聲請無理由的，應以判決駁回其聲請。判決的評議，應經參與言詞辯論大法官2/3的同意決定。判決書由審判的大法官全體簽名。判決除宣示或送達外，應公告，其有協同意見書或不同意見書的，應一併公告。

（4）判決的效力。對於「憲法法庭」的裁判，不得聲明不服。被宣告解散的政黨，應即停止一切活動，並不得成立目的相同的代替組織，其依政黨比例方式產生的民意代表，自判決生效時起，喪失資格。政黨解散後，其財產的清算，適用關於民法法人的有關規定。

（十）司法行政監督權

憲法雖未規定司法院的司法行政監督權，但因「司法院組織法」第8條規定，司法院院長綜理司法院院務外，並監督所屬機關。故對最高法院、高等法院、地方法院、行政法院、公務員懲戒委員會的行政監督事項應該由司法院行使。司法院為此也設立民事廳、刑事廳、行政訴訟及懲戒廳，以及司法行政廳等分別辦理各事項的行政事宜。

（十一）暫時處分權

司法院大法官釋字第585號解釋稱：「司法院大法官依憲法規定獨立行使憲法解釋及憲法審判權，為確保其解釋或裁判結果實效性之保全制度，乃司法權核心機能之一。不因憲法解釋、審判或民事、刑事、行政訴訟之審判而有異。」這一解釋又使司法院擴增了一項暫時處分權。這種權力的擁有並

非來自於人民、憲法或法律的授予,而是由憲法解釋機關依自己認定的法理,解釋自己可以擁有,而別人不得加以制衡、加以否定的做法,即被批評為「司法自肥」、擴權、破壞「權力分立」靈魂的行為。司法院大法官在釋字第585號解釋理由書中牽強地為自己的擴權作了說明。

第四節　一般司法官的資格與任免

此處的一般司法官,是相對於司法院大法官而言的,主要是指普通法院的法官和行政法院的法官。

一、法官的任職資格

(一)普通法院法官

1.普通法院法官的任職資格

普通法院的法官稱為「推事」,根據臺灣「法院組織法」的規定,推事應具備以下資格條件之一:(1)經司法官考試及格者。而應考資格是:公立或立案的私立專科以上學校或經「教育部」承認的島外專科以上學校政治、法律、行政各科系畢業得有證書者;經高等檢定考試司法官考試及格者;經普通考試或相當普通考試的特種考試法院書記官考試及格後並任法院書記官連續辦理審偵記錄3年以上者。(2)曾在「教育部」認可的專科以上學校,任教授、副教授3年或講師5年,教授主要法律科目2年以上,並著有法律專門著作,經司法院或「法務部」審查合格者。(3)經律師考試及格,並執行律師職務1年以上,成績優良者。(4)曾任縣司法處審判官2年以上,成績優良者。(5)在「教育部」認可的專科以上學校修習法律學科3年以上畢業,曾任薦任司法行政官辦理民刑事件2年以上,或曾任最高級委任司法行政官辦理民刑事件3年以上,或曾任法院委任書記辦理記錄事務5年

以上，或曾任各縣承審員4年以上，均為成績優良者。（6）在「教育部」認可的大學修習法律學科4年以上畢業，有法學專門著作，經審查合格，並學習期滿者。

2.地方法院和高等法院院長的任職資格

地方法院和高等法院及其分院兼任院長的任職資格，為下列條件之一：（1）必須是法官，並曾任推事3年以上者；（2）曾任推事或檢察官，並任薦任司法行政官合計在4年以上者。

3.最高法院院長的任職資格

「最高」法院院長應具備下列資格條件之一：（1）曾任法官或檢察官5年以上者；（2）曾任法官或檢察官2年以上者，並任薦任司法行政官5年以上者；（3）曾任立法委員5年以上者。

（二）行政法院法官

行政法院的法官稱「評事」，根據臺灣「行政法院組織法」的規定，評事的任職資格是：（1）曾任行政法院評事者；（2）曾任最高法院推事者；（3）曾任高等法院或其分院推事4年以上或任推事和檢察官合計4年以上者；（4）曾任地方法院推事兼任院長4年以上，或兼任院長的推事及首席檢察官合計4年以上者；（5）在「教育部」認可的臺灣外專科以上學校修習法律、政治或財經學科3年以上畢業，曾任簡任或相當職等公務員4年以上者。

二、法官的任免制度

司法院人事審議委員會負責審議各級法院推事、行政法院評事、公務員懲戒委員會委員的任免、轉任、遷調、考核、獎懲等事項。

司法院人事審議委員會置委員21人，由司法院院長、副院長、祕書長、最高法院院長、行政法院院長、公務員懲戒委員會委員長、司法院各業務廳廳長、高等法院院長及最高法院法官代表1人、高等法院法官代表2人、地方法院法官代表7人為委員（法官代表由各級法院法官互選產生，任期為1年，連選得連任）。司法院院長擔任委員會主席。司法院人事處是人事審議委員會的辦事機構。

　　司法院人事審議委員會每月開會一次。開會時應有全體委員2/3的出席，決議由過半數同意。在對法院推事或評事進行評議時，除調升之情形以外，該法官所屬法院院長作為委員不得參與表決。開會時如有必要，得指有關單位首長或其他人員列席陳述意見或備詢。出席人員對會議情形應嚴守祕密。其遇有涉及自身或其配偶或五等親內血親、三等親內姻親的議案時，應自行迴避。會議決議案應速報司法院院長發布，但在發布前，院長如發現有新事實須再加審查者，得發交該會覆議。

　　法官一經任命即為終身任職，這是保障法官獨立、公正執法的一項重要制度。這一點不同於司法院大法官，大法官有任期限制的規定，每屆為8年。

第五節　司法獨立及其保障

　　司法獨立是司法活動的根本原則。在西方國家，司法獨立是以三權分立為基礎的，沒有立法、行政和司法三種權力和職能的區分和專業化，也就談不上司法獨立問題。而在中國臺灣，由於實行「五權分立」體制，所以其司法體制也與西方國家的司法體制有著很大的不同，因而其司法獨立的內涵、內容、原則也有自己的重要特色。

　　臺灣法官在各種司法權的體系中，有不同的名稱，例如，公務員懲戒委

員會的委員、原審理行政訴訟案件的評事（行政法院的法官），其皆具有法官身分。另外，大法官也具有法官身分。所以，我們在談到法官獨立時，這裡的法官不僅僅指普通法院的法官，也包括上述各種具有法官身分的司法角色。

一、司法獨立的內涵

從司法發展史來看，司法獨立不只是要求狹義的個案審判獨立，而是要求訴訟過程整體免於非本質干預，更包括法官的集體獨立所要求的司法整體制度的獨立。司法院釋字第530號解釋稱：「憲法第80條規定法官須超出黨派以外，依據法律獨立審判，不受任何干涉，明文揭示法官從事審判僅受法律之拘束，不受其他任何形式之干涉；法官之身分或職位不因審判之結果而受影響；法官唯本良知，依據法律獨立行使審判職權。審判獨立乃自由民主憲政秩序權力分立與制衡之重要原則，為實現審判獨立，司法機關應有其自主性；本於司法自主性，最高司法機關就審理事項並有發布規則之權；又基於保障人民有依法定程序提起訴訟，受充分而有效公平審判之權利，以維護人民之司法受益權，最高司法機關自有司法行政監督之權限。司法自主性與司法行政監督權之行使，均應以維護審判獨立為目標，因是最高司法機關於達成上述司法行政監督之目的範圍內，雖得發布命令，但不得違反首揭審判獨立之原則。」

根據上述司法解釋，以及臺灣有關司法獨立的相關法律規定，司法獨立主要包括以下四個方面的內容：

（一）個案審判獨立

司法獨立首先乃要求法官個人在個案審判時，應免於受到制度性與非制度性的影響。（1）制度性影響，例如法院院長考績制度所形成的機制或以

行政長官的身分所作的口諭干涉,有時監察權的行使也可能造成某種程度的影響。此外,行政機關的行政函釋或裁量的準則,法官若認為合法的,雖可予以援用,但法官不受行政機關函釋的拘束,也屬個案審判獨立的一個重要方面。(2)非制度性影響,例如,因期約、賄賂而致審判有所出入,或者因輿論的影響而可能影響裁判結果(即「報紙審判」之類的情況),法官應當拒絕。

(二)訴訟程序獨立

訴訟程序獨立又稱為「法定法官原則」,該原則特別要求:(1)特別法庭設置須以法律規定,故非由法律特別規定的專庭、專股,例如,貪瀆專庭、重大刑案專股等,應予以廢止。(2)法官受理案件須依抽象事務分配原則來決定,法院行政體系對法官具體受理案件事宜不得有案件分配的操縱。

「最高司法機關於達成上述司法行政監督之目的範圍內,雖得發布命令,但不得違反審判獨立之原則」。故如果司法院或各法院所頒布的有關訴訟的處理程序,也不應具有預見案件審理的結果。

(三)法官集體獨立

法官集體獨立是一項制度性要求,該制度是使法官能獨立地依其法律確信作出判斷的制度,包括對內的人事制度,不得以辦案成績作為考績制度的要素;職務監督不應影響法官的法律見解。就外部獨立來說,司法預算應獨立於行政權之外。就後者而言,第四次憲法增修條文第5條第6項「司法院所提出之年度司法概算,行政院不得刪減,但得加注意見,編入中央政府總預算,送立法院審議」的規定,可謂已實現了司法預算獨立的目標。

（四）司法官獨立

　　憲法第80條規定，法官須超出黨派以外，依據法律獨立審判，不受任何干涉。此規定的目的在於彰顯司法官的地位及獨立性。其具體內容分解如下：

　　（1）所謂法官應超出黨派之外，係指法官仍可保有政治信念，加入政黨組織，但不得參加政黨活動。司法獨立首先要求組織上執行司法權的人獨立於黨派之外。憲法第80條所謂「超出黨派」，有三種解釋：其一，不得加入政黨；其二，不得參與政黨活動，如黨員代表大會、黨員小組會議等；其三，不得擔任政黨及其附屬組織中任何形式的有給或無給職務，如地區黨部主委、法律顧問或擔任黨籍候選人的助選人等。儘管有三種解釋，但學界的通說認為，「超出黨派」的意涵，並不是限定有黨籍者不得擔任法官，而是要求其若是擔任法官之後，則不得參加政黨活動，特別是在各項選舉中為黨籍候選人站臺助選或以職務之便動用司法體系資源。

　　（2）所謂依據法律獨立審判，係指法官雖不受機關、人民、黨派的干涉，但仍應依法審判，而依法審判並不損及法官獨立，且法官如不依法律審判，則將成為恣意審判，這與法治的精神相衝突。而所稱「法律」，係指立法院透過、總統公布的法律；另外，與憲法或法律不相牴觸的有效規章，也可作為依據。此處的「法律」應作從寬解釋，應包括有效的法規命令在內。

　　（3）至於不受「任何干涉」，主要包括以下內容：首先，不受任何機關的干涉。法官的考選、養成、銓定及依立法院制定的法律審判，但並不受行政院、立法院、司法院、「考試院」、監察院等機關的干涉。這就是通常所謂的「司法之對外獨立」。同時，法官開庭審理案件，不受司法首長或上級法院的干涉，而上級法院也不得對案件有任何的指示。這就是通常所謂的「司法之對內獨立」。一個法院的審判活動不受另一個法院的干涉，上級法院對下級法院也不能在進行具體審判時進行干涉，而只能在判決宣告後，依

上訴程序變更下級法院的判決。其次，不受人民請願的干涉。如人民依「請願法」得向職權所屬的民意機關或主管行政機關請願，但「請願法」第3條規定，人民請願事項，不得干預審判。故司法官得不受人民請願壓力的影響而依法審判。再次，不受黨派的干涉。憲法第80條規定，法官須超出黨派以外，所以法官不得參與黨派的任何活動已日漸成為社會共識。而由此規定反面推論，法官也不應受黨派的干涉。

二、司法獨立的保障

為了保障司法獨立的真正實現，臺灣先後頒布了一系列的相關法律，確立了一整套具體的保障制度，主要如下：

（一）一般司法官的保障

憲法第81條規定，法官為終身職，非受刑事、懲戒處分或禁治產宣告，不得免職，非依法律，不得停職、轉任或減俸。本條文規定的內容，可分解如下：

第一，所稱法官，包括各級普通法院的法官、行政法院的評事（今已改稱法官）與公務員懲戒委員會的委員。至於司法行政人員或法院配置職員，均非本條文所稱的法官。所以，如行政法院院長、公務員懲戒委員會委員長，均系綜理各該機關行政事務的首長。

第二，所稱終身職，指非依本條所規定的事因，不得強迫法官去職，即使「公務員之命令退休制度」也不得適用於法官。然而，法官可以基於自願而主動申請退休或離職，故法官適用一般公務員自願退休離職的規定。但為促進司法人力的新陳代謝，維持辦案效能，對年邁法官，身體不勝任繁重工作者，給予「優遇」，即法官年滿70歲而體力衰弱者，如不願退休，可不必

辦案，從事研究，仍支付原薪金並享其他一切待遇（此稱「退審法官」）。需要說明的是，所謂終身職保障者，僅限於法官的本職，基於法官所衍生的行政職，如庭長、院長等職，則不是所保障的對象。司法院釋字第539號解釋稱：「庭長與審判長乃不同功能之兩種職務。憲法第81條所保障之身分對象，應限於職司獨立審判之法官，而不及於監督司法行政事務之庭長。」

第三，法官非受刑事、懲戒處分或禁治產宣告，不得免職。所稱刑事處分，不以刑罰的執行為限，而須以刑罰的宣告為限，即使是緩刑宣告，也包括在內。懲戒處分則應指處分（有撤職、休職、降級、減俸、記過與申誡六種罰則）中的撤職。至於依「考績法」所作出的免職，系行政懲處，不宜相提並論。而法官既經禁治產宣告，證明其為心神喪失或精神耗弱，自然無能力審判案件，故應予以免職。

第四，法官非依法律不得停職、轉任或減俸。實任司法官非有法律規定停職的原因，不得停止其職務；除經本人同意外，不得轉任法官以外職務；除調至上級法院者外，非經本人同意，不得作審級調動。法官的薪俸，是其生活所必需；如果其薪俸可任由減少，無異使其意志受政府支配；所以法律規定，非依法律受降級或減俸處分者，不得降級或減俸。

第五，法官的任用，應以公開選拔的方式進行，以免法官在人事上受到不當干預和影響。各級法院法官、行政法院評事（法官）、公務員懲戒委員會委員的任免、轉任、遷調、考核、獎懲等事項，由司法院人事審議委員會審議。透過該審議委員會運作，既排除了行政和立法部門對法官任用的干擾，也達到了司法內部用人的客觀公平。

（二）大法官的保障

關於大法官的地位與保障，臺灣的現行憲法並無明文規定，但「司法院組織法」第5條第1項規定，大法官須超出黨派之外，獨立行使職權，不受任

何干涉。另外，為貫徹憲法第80條規定的意旨和保障大法官行使職權時無後顧之憂，「司法院組織法」第5條第4項又專門規定，大法官任期屆滿而未連任者，視同停止辦理案件的司法官適用「司法人員人事條例」第40條第3項的規定，意即大法官被視為停止辦理案件的司法官，從而可獲得「優遇」。

但是，這一「優遇」規定在2000年4月24日修正透過的憲法增修條文第5條第1項後段中被明文排除。該項規定：「司法院大法官除法官轉任者外，不適用憲法第81條及有關法官終身職待遇之規定。」由於這一修正規定，「司法院組織法」於2001年修正時，乃於第5條第4項後段規定：「……自2003年10月1日起就任之大法官，除法官轉任者外，不適用憲法第81條及有關法官終身職待遇之規定。」

大法官之所以在這次「修憲」中失去了終身職待遇，是由於遭到了國大代表的報復，因為在此之前司法院的大法官們廢除了國大自肥延任的第五個憲法增修條文。由於終身職待遇被公認為是維護司法權中立和權威的基本制度，所以，對司法院大法官終身職待遇的取消，也形成了對司法院大法官行使職權的限制。

（三）「法官自治」制度

為確保法官獨立審判的地位，1993年臺灣司法界即推動「法官自治」，其主要訴求包括：（1）法院院長由法官互選產生，法院院長亦需審理訴訟案件（辦案）；（2）法院司法事務的分配，由該法院法官議決；（3）廢除法官的職等及考績制度；（4）司法機關的預算徑由司法機關向立法院提出，不須經行政院彙整併提出等。

（四）司法預算獨立

依憲法以及相關法規的規定，臺灣各機關單位的年度預算，均匯送行政院，由行政院主計處依據臺灣的總體財政收支狀況，編成「中央政府」總預算案，於會計年度開始的3個月前，提交立法院審議。因此，包括司法院的年度預算，過去常常由行政院主計處增刪彙編。因此，司法預算編制權是否獨立不受干涉，是影響司法獨立的一個重要因素。有關司法預算的獨立，終於在1997年的「修憲」中獲得確認。依憲法增修條文第5條的規定，司法院所提出的年度司法概算，行政院不得刪減，但可以加注意見，編入「中央政府」總預算案，送立法院審議。

第六節　司法院體制評議

一、大法官「釋法」制度的嬗變

1948年8月，第一屆大法官會議在南京成立，同年9月透過「司法院大法官會議規則」。1949年，國民黨當局為應對退臺後造成的大法官嚴重缺額局面，司法院對「大法官會議規則」進行了修正。根據修正後的「大法官會議規則」，司法院大法官開會僅須在「中央政府」所在地的全體大法官2/3以上出席，若作決議，僅須由在「中央政府」所在地的全體大法官過半數同意，可否同數時，取決於主席。「大法官會議規則」一直適用至1958年9月，因為大法官作成釋字第76號解釋，將監察院、立法院和國民大會均視為「民主國家之國會」而招致不滿，後者遂主動制定「司法院大法官會議法」，以限制大法官的解釋權，這些限制主要包括：（1）要求大法官解釋憲法，以憲法條文有規定者為界。（2）對透過憲法解釋提出了近乎荒謬的規定，要求大法官總額3/4出席、以出席者3/4同意才能作成憲法解釋。（3）「大法官會議法」還首次規定人民得聲請解釋憲法的制度，創設瞭解釋文與解釋理由書分開發表，同時一併發表不同意見書和協同意見書的制度。由於「大法官會議法」對司法院大法官「釋憲」的嚴格限定，導致在其後相當一段時間內大

法官「釋憲」機制有所萎縮。從1958年到1976年，司法院大法官共作成的67個解釋中，僅有10個為憲法解釋案，其餘皆為統一解釋案。從1976年第四屆大法官會議開始，大法官才逐漸恢復解釋憲法的工作。

1993年2月，立法院透過「司法院大法官審理案件法」，對司法院大法官「釋憲」機製做了較大調整。具體包括：（1）淡化大法官會議，設立「憲法法庭」。「大法官案件審理法」因應第二個憲法增修條文的規定，設立「憲法法庭」負責政黨「違憲」解散案件的審理，同時將沿用40餘年的「大法官會議法」名稱廢除，改為「大法官審理案件法」，意在淡化大法官會議這一委員會式的「釋憲」模式，而凸顯法院式的「釋憲」模式。從「大法官案件審理法」所規定的程序來看，言辭辯論等司法程序的引入，也清晰地說明了「釋憲」模式的變化。（2）聲請「釋憲」主體多元化。繼「大法官會議規則」規定人民得作為聲請「釋憲」的主體後，「大法官案件審理法」規定，政黨、立法委員、最高法院和行政法院均可以作為聲請「釋憲」主體。「釋憲」主體的多元化，使司法院大法官的觸角伸向臺灣社會的各個角落，使其在臺灣政治生活中的作用逐漸強化。（3）表決機制從嚴格趨向寬鬆。「大法官會議規則」規定的兩個3/4條款，已經超出了制度制約的合理限度，「大法官案件審理法」將其更正為司法院認可的兩個2/3，即作成憲法解釋或法律「違憲」決定須2/3以上的多數大法官出席，並經出席者2/3以上同意為透過，但宣告法令牴觸憲法時以出席人數過半數同意即為透過。

司法院大法官會議受理憲法和法律解釋案，當事者可自動聲請，而司法院也有權主動對與自身職責相關的法律或命令進行解釋。如果不同機構或同一機構對某項法律或命令出現不同的解釋時，司法院應對該項法律或命令進行統一解釋。司法院有權審查各項法律之間是否互相衝突。尤其是審查效力較低的法律、法規、命令是否與效力較高的法律、法規及效力最高的憲法相牴觸。其審理方式則採取書面審理。

在臺灣的「憲政改革」過程中，司法院大法官透過「釋憲」的途徑實現了某些「修憲」或立法不可能完成的任務，這對臺灣的「憲政改革」造成了至關重要的作用，有些甚至成為臺灣「憲政改革」的轉折點，司法院也因此在臺灣「憲政改革」的過程中沒有被邊緣化，而是在相當程度上扮演著「制憲」機關的角色。

二、司法院的地位和作用日益上升

近些年來，司法院逐步收回了某些司法權力，使得其在整個司法體系的地位逐漸上升。主要體現在：

第一，1982年，司法院釋字第175號解釋，認為憲法既然規定「考試院」得向立法院提法律案，司法院基於五權分治而平等的原則，當然也應有權向立法院提出法律案。

第二，1995年，司法院釋字第371號解釋，把得聲請解釋憲法的法官，從最高法院法官和行政法院法官，擴大到各級法院法官均得聲請。這不僅擴大了法官聲請「釋憲」的權力，也相應地增加了大法官會議「釋憲」的機會，從而增加其影響力。

第三，1996年，司法院釋字第396號解釋，要求檢討公務員懲戒委員會的組織、名稱和懲戒程序，使公務員的懲戒能「法庭審判化」，這對於提升公務員懲戒委員會的形象和地位，頗有助益。

第四，司法院大法官在釋字第405號解釋的解釋理由書中明確指出：「立法院行使立法權時，雖有相當廣泛之自由形成空間，但不得踰越憲法規定及司法院所為的解釋，……」根據該解釋，大法官做成的解釋在效力等級上至少高於立法院所制定的法律，後者不得與大法官解釋相牴觸。可見，司法院大法官作成的解釋具有普遍的拘束力。

第五，1997年，司法院釋字第436號解釋，確認軍人受軍事審判後，如有不服，可向普通法院請求救濟，把軍法納入普通法院系統管轄（1990年，司法院釋字第262號解釋，已將監察院對軍人所提出的彈劾案，由原先的移送「國防部」審理，改為移送司法院公務員懲戒委員會審理，收回了懲戒權）。這都強化了「司法一元主義」的原則。

第六，1998年，司法院釋字第461號解釋，認定司法、考試、監察三院院長，基於五權相互尊重的原則，得不必受邀至立法院備詢，強化了院際間的相互尊重精神。

第七，1997年第四次憲法增修條文第5條規定，司法院正、副院長均由大法官兼任，擯除以往政治任命的缺失，有助於提升司法獨立形象。同時，該條文也規定，司法院所提的年度司法概算，行政院不得削減，僅可加注意見送立法院審議，這也有助於提升司法獨立地位。

二、設立「憲法法庭」與「憲法法院」之爭

「憲法法庭」設立於第二次「憲政改革」，有代表曾提出由大法官組成「憲法法院」，掌理憲法爭議的審判及憲法第78條規定的事項。也有代表提出在司法院設「憲法法院」，使之成為職司法律審的終審法院。但由於各種原因，國民大會二讀時將前述第一種提案，改為「組成憲法法庭審理政黨違憲的解散事項」，不僅將法院降格為法庭，而且在職權上也僅保留「審理政黨違憲的解散事項」一項。2005年第七次「憲政改革」時，為配合廢除任務型國民大會的核心議題，司法院獲得了從任務型國民大會中切割出來的彈劾權，得審理總統、副總統彈劾案。「憲法法庭」自設立之初就備受爭議，主要爭議點為「憲法法庭」和大法官會議的關係。前述第一個提案曾提出由大法官組成「憲法法院」職司憲法解釋權，以取代目前所施行的大法官會議制度，但並未被採納。大法官會議與「憲法法庭」究竟為何種關係，若人員高

度重合，而僅因事項不同就在憲法上另設一機構，似乎無此必要，而且「憲法法庭」名為「法庭」卻無「法院」，無「法院」而設「法庭」，在世界範圍內尚無先例。臺灣臺灣多數學者也傾向設立職司憲法解釋權和最高審判權的「憲法法院」。

其實，取名為「憲法法庭」而非「憲法法院」的原因非常簡單：名稱若為「法庭」，則可以使「憲法法庭」成為有政黨「違憲」解散案件時才組織的臨時機構；名稱若為「法院」則為常設機構，在司法院地位暫時不會發生變化的情況下，「憲法法院」只能屈居司法院之下，不再是憲法機關，相當於降了一級。在「修憲」過程中，多數大法官對「憲法法院」有上述認識，擔心成立「憲法法院」後自身地位有所下降。因此，「憲改」最後的結果只能是折中設立「憲法法庭」，職權範圍也被大大縮限。

除此以外，在臺灣「憲政改革」過程中，司法院的定位也是一個重要問題。依憲法第78條規定，司法院是「國家最高司法機關」，但作為司法機關卻長期不掌理審判事務，僅憑大法官「釋憲」機制維持對審判的影響力。由大法官會議的名稱可以看出，其運作方式與訴訟模式尚存在區別，「憲法法庭」的設立從一定程度上緩解了這一矛盾。根據1999年召開的所謂全國司法改革會議，司法院的改革方向是短期內完成「一元多軌」，並最終實現「一元單軌」，即近期內將大法官會議改組為「憲法法庭」，負責憲法解釋工作和審理政黨「違憲」解散案件、總統、副總統彈劾案件，長期目標則是由大法官同時掌理審判及解釋工作。2001年，司法院作成釋字第530號解釋，明確指出司法院為「最高審判機關」，並明列出司法改革時間表。可以預見，在未來的「憲政改革」中，臺灣的司法體制和司法院的地位將出現較大變化，司法院可能被改組為「憲法法院」。

三、臺灣司法體制的主要特色

臺灣實行的是類似於西方大陸法系國家的司法制度，但也有自己的特點，主要表現在以下兩個方面：

（一）「審檢分隸」制度

所謂「審檢分隸」是指臺灣的普通法院和檢察院分別隸屬於司法院和「法務部」兩個不同的機關來管理。1980年以前，臺灣的普通法院系統中，只有最高法院是隸屬於司法院的，其餘各級地方法院均隸屬於行政院的「司法行政部」（現「法務部」）。1960年，司法院大法官會議即作出釋字第86號解釋，決議「高等法院」以下各級法院均應隸屬於司法院。但此項「改隸」直到1980年才得以實現，此即所謂的「審檢分隸」。此後各級法院均隸屬司法院，所有檢察機關仍隸屬「司法行政部」（現「法務部」）。雖然隸屬關係如此，但各機關均獨立行使司法權，司法院對「各級法院」或「公務員懲戒委員會」的判決、決議，事前並無指揮權，事後也無覆核或撤銷權，與行政機關的上下級指揮命令、監督關係不同。

（二）三審終審制

在審級制度上，臺灣的一般民事與刑事案件實行「三審終審制」。當事人對於第一審、第二審的判決或裁定不服，可以向第三審法院提起上訴或抗告。但第三審為法律審即書面審。但下列情況例外：一是訴訟標的不滿銀元八千元的民事財產權案件；二是刑法第81條所列舉的輕微刑事案件和不夠判處死刑、無期徒刑的煙毒案件。這兩類案件只允許上訴至高等法院，二審終審。另外，刑事案件中的內亂罪、外患罪、妨害「國交」罪等案件，以高等法院為第一審，不服可上訴到最高法院，也屬二審終審。臺灣司法制度中的三審終審制往往使案件的審理曠日費時，特別是涉及政治人物的案件，更是長年累月不能結案。

第七章　臺灣考試院體制

　　關於考試院的獨立設置,源自於孫中山先生「五權分立」思想。但孫中山先生所謂中國固有的考試制度,原僅指狹義上的考試制度,並不包括廣義的人事制度。而臺灣現行廣義上的考試制度將絕大部分本屬於人事行政部門的權限,也劃交考試院行使。這樣一來,臺灣的「考試制度」一詞,其涵義有廣、狹之分。狹義的考試制度係指憲法第86條公務人員任用資格與專門職業及技術人員執業資格銓定的考試制度。廣義上的考試制度是指以憲法第83條的規定(即考試院為「國家最高考試機關」,掌理考試、任用、銓敘、考績、級俸、升遷、保障、褒獎、撫卹、退休、養老等事項)為內容而確立的一套考試制度。這種廣義的考試制度,亦為最廣義的人事行政制度。

第一節　考試院的性質與地位

　　在現行臺灣政治體制中,仍然把考試權作為五權之一從行政權中獨立出來,由考試院獨立掌握和行使,但臺灣的考試院顯然並非僅僅是一個考試機關,還掌握著公務員的任用和銓敘等事項,儼然是一個獨立的人事管理機構。這就為學界界定考試院的性質帶來了一定的困難,學界圍繞著考試院改革而引發的諸多爭議也大都出自於此。

　　根據憲法第83條和憲法增修條文第6條的規定,考試院是「國家最高考試機關」。所謂考試院為「最高考試機關」,是就考試院本身的組織而言的,即院長、副院長、「考試委員」及幕僚機構所構成的內部綜合體,而不是指其所屬的「考選部」及「銓敘部」等個別機關。

　　考試院是一個獨立的機關,在和其他機關的相互關係中,如果沒有相應的法律規定,則可按照這種原則或精神來處理相關事宜,以體現它的獨立

性。譬如，憲法第87條明文規定，考試院關於所掌理的事項，得向立法院提出法律案。憲法規定行政院對立法院所透過的法律案，認為有窒礙難行時，有權提出覆議。那麼，考試院所提法律案透過後，行政院認為有窒礙難行時，是否可以經總統核可，由行政院向立法院提出覆議？但就考試院來說，則沒有類似規定。這種未規定，究竟是「立法者有意省略」，還是「立法漏洞」？不得而知。那麼，如何看待和處理類似的關係呢？有學者從保持考試權獨立性的角度認為，如由兩院會一起提出的法案，行政院可提起覆議，否則，不可以提起覆議。因為權限機關不同，在權力分立並制衡的模式下，一機關的職權不可由他機關代行。也有學者認為，這是立法缺漏。依照五權分立平等的精神來看，行政院有覆議權，考試院也應有覆議權。

另外，考試院的獨立性也表現在「考試委員」獨立地行使職權，而不受任何非法干涉。雖然考試院院長、副院長、「考試委員」由總統提名，經立法院同意後任命，這種任命屬於政治任命，從而使得「考試委員」與總統之間存在著一定的政治關係，但它們在職務上卻無從屬關係，考試院成員仍依法律獨立行使職權。

考試院作為臺灣的「最高考試機關」，其地位與其他四院同等，獨立行使職權，不受任何機關的節制，是「最高」權責機關，在學界尚無爭議。但考試院究竟是考試機關，還是人事行政機關？學界尚有爭論。如何看待這一爭論？有學者認為，考試院作為臺灣的「最高考試機關」，就其職權的廣泛程度來說，應是臺灣的「最高人事行政機關」。具體說來，考試院所掌理的事項大多屬於人事行政事項；考試院的性質，依憲法規定，應理解為「最高人事行政機關」。即使1992年「修憲」後，考試院依然為臺灣掌理人事行政的「最高人事機關」。行政院專設人事行政局，掌理行政機關的人事行政。

第二節　考試院的組織

憲法第89條規定，考試院的組織，以法律定之。故現時考試院的組織結構，大多依臺灣「考試院組織法」的規定而組成。依據該法，考試院的組織可分考試院院長、副院長、「考試委員」、考試院會議、「考選部」、「銓敘部」、公務人員保障暨培訓委員會等。具體介紹如下：

一、考試院院長、副院長

憲法增修條文第6條第2項規定，考試院設院長、副院長各1人，由總統提名，經立法院同意任命，不再適用憲法第84條所規定的由總統提名經監察院同意後任命的方式。考試院院長、副院長屬政治任命，無資格限制，所以憲法及法律未有任何規定，這一點與「考試委員」有專門的資格規定有所不同。

考試院院長、副院長的任期與「考試委員」的任期同為6年，出缺時，繼任人員的任期至原任期屆滿之日為止。

考試院院長的職權，主要包括：（1）主持考試院院會，為考試院會議的主席；（2）綜理院務，並監督所屬機關；（3）派員列席立法院會議，陳述考試院的意見；（4）參加總統召集的五院紛爭調和會議；（5）參與五院院長所組成的委員會，以解決省自治法施行的重大障礙。

考試院副院長，除出席考試院會議外，當院長因事故不能視事時，代理院長職務。

二、考試委員

「行憲」前的考試院，並無考試委員的設置。今依憲法，考試院設有考試委員，按照合議制的形態組成考試院的決策組織。

考試委員的主要職掌有兩項：（1）參與考試院會議，討論並決定考試

院的重要政策及重要事項;(2)主持或參加典試工作。考試院舉辦考試,通常由考試委員主持典試委員會,掌理有關事宜。

依憲法規定,考試委員須超出黨派以外,依據法律獨立行使職權。因考試委員出席考試院會議,參與考試政策的決定,並通常參與典試事宜,有關命題、閱卷、評分及決定錄取標準等工作,關係應考人的權益,為避免發生壟斷考試或徇私舞弊,才設立了這項限制行使職權的原則。而所謂超出黨派以外,是指不得參加政黨活動,受政黨立場影響,而非指不得參加政黨組織。此與憲法對於法官行使職權的規定類似,立意相同。2003年高普考試發生閩南語試題風波,「監察委員」約談相關考試委員,為尊重考試委員獨立行使職權,約談地點選擇在考試及監察兩院以外地點。

考試院置考試委員19人,任期6年,依「考試院組織法」第4條的規定,其人選應具有以下各款資格之一:(1)曾任考試委員聲譽卓著者;(2)曾任典試委員長而富有貢獻者;(3)曾任大學教授10年以上,聲譽卓著,有專門著作者;(4)高等考試及格20年以上,曾任簡任職滿10年,並達最高職,成績卓著,而有專門著作者;(5)學識豐富,有特殊著作或發明,或富有政治經驗,聲譽卓著者。

依「考試院組織法」的規定,考試委員由總統提名,經立法院同意後任命。如遇出缺,其繼任人員的任期至原任委員任滿之日為止。

三、考試院會議

考試院實行合議制,由考試院會議行使考試院職權。考試院會議由院長、副院長、考試委員及考試院的兩個直屬機構「考選部」和「銓敘部」的部長組成。考試院祕書長、主任祕書、首席參事和考選、銓敘兩部次長,均應列席會議;必要時,院長可以指定有關人員列席備詢。

考試院會議每星期舉行一次，須有法定出席人員的過半數出席，方得開會；院長或法定出席人員1/3以上認為有必要時，得改開祕密會議或召集臨時會議。考試院會議以院長為主席，院長因故不能出席時以副院長為主席；副院長也因故不能出席時，由出席人員中公推1人為主席。

考試院會議通常討論下列事項：（1）關於考銓政策的決定；（2）關於院部施政方針、計劃及預算的審定；（3）關於提交立法院的法律案；（4）關於院部發布，及應由考試院核准的重要規程、規則和事例；（5）關於舉行考試與分區決定及主持考試人選的決定；（6）關於分區視導考銓行政計劃的決定；（7）關於「考選部」、「銓敘部」的共同關係事項；（8）法定出席人員提議的有關考銓事項；（9）其他有關考銓的重要事項。

議案討論終結時，主席應提付表決。主席可視議案性質，並徵詢出席人員多數同意，以口頭表決方式，或以舉手表決方式表決；經出席人員過半數同意才能形成決議；可否同數時，取決於主席。出席人員對表決結果有疑問時，得經1/3以上同意，提請主席再付表決。對於決議議案，院長認為，有修正必要時，可以提出覆議；出席人員1/3以上聯署或附議時，也得提出覆議；但覆議的動議，應於原案決議尚未執行，下次會議散會前提出。覆議案必須有法定出席人員過半數出席及出席者2/3以上同意，方得決議。考試院會議形成的決議，由院長執行。

四、所屬機構

考試院設「考選部」、「銓敘部」和公務人員保障暨培訓委員會，必要時得設各種委員會。具體分析如下：

（一）幕僚機構

考試院設祕書長1人，實為幕僚長。承院長之命處理院務，並指揮監督所屬職員。考試院還設參事6至9人，掌理考選、詮敘等法案、命令的撰擬、審核事項。考試院的幕僚機構還有祕書處、會計室、統計室、人事室等處室，分別掌管有關事務。

（二）直屬機構

1. 「考選部」和「銓敘部」

「考選部」掌理考選行政事宜，對於承辦考選行政事務的機關，有指示、監督的職權。它的具體職責是：（1）辦理考選公務人員事項；（2）辦理考選專門職業及技術人員事項；（3）辦理組織考試委員會事項；（4）關於考取人員的冊報事項；（5）關於舉行考試的其他應辦事項。「考選部」置部長1人，指揮、監督所屬職員及機關；另設政務次長和常務次長各1名。輔助部長處理部務。「考選部」下設考選規劃司、高普考試司、特種考試司、專技考試司、總務司、題庫管理處、資訊管理處及祕書室、人事室、會計室、統計室、政風室及各種委員會，分別掌理有關事項。

「銓敘部」掌理公務員的銓敘及各機關人事機構的管理事項，其具體職責是：（1）關於公務人員的登記；（2）關於考取人員的分類登記；（3）關於公務人員的任命登記；（4）關於公務人員的成績考核登記；（5）關於公務人員的升降、轉調、敘資的審查登記事項；（6）關於公務人員的俸給及獎勵的審查事項；（7）關於公務人員的保障、撫卹、退休、養老事項；（8）關於機關人事機構的管理。「銓敘部」設部長1人，指揮、監督所屬機關和職員；而政務次長和常務次長則輔助部長處理部務。「銓敘部」的下屬機構有銓審司、祕書室、人事制度研究改革委員會等十幾個司、室、委員會。

考試院所屬的考選、銓敘兩部部長與行政院各部會首長，在法律關係

上，有較大的差別，主要表現在：（1）部長產生方法方面的不同。行政院各部首長，由行政院院長提請總統任命。考試院是否設部，憲法並未規定，其部長亦無考試院院長提請任命的規定，但依憲法第41條，應認為由總統直接任命，但任命令須由行政院院長副署。（2）部長是否兼任委員方面的不同。行政院所屬各部部長，同時具有行政院政務委員身分，一併由總統任命；考試院所屬各部部長，並不具有考試委員身分。（3）部長有無副署職權方面的不同。總統依法公布法律，發布命令，須經行政院院長的副署，或行政院院長及有關合會首長的副署，考試院院長及其所屬部長，則沒有這種副署總統頒布法令的職權。

2.公務人員保障暨培訓委員會

臺灣「考試院組織法」第6條規定，考試院除設「考選部」、「銓敘部」外，另設公務人員保障暨培訓委員會，表示重視公務人員的培訓與保障。近些年來，公務人員的保障問題日益受到臺灣臺灣各界的重視，特權觀念已有重大改變。1984年司法院大法官會議釋字第187號解釋，允許公務員因退休金證明的核發提起訴願；嗣後，1989年釋字第243號解釋認定公務員於受免職一事，向主管部門提起覆審、再覆審後，如仍不服決定，尚可提起行政訴訟，公務員權益保障日臻完善。為此，考試院於1994年提議設立公務員保障暨培訓委員會，負責公務員培育、訓練、進修等方面的政策制定與執行，以期提升公務員的能力。同時，設立公務員保障委員會會議，掌理公務員基本身分、工作條件、官職級俸、待遇等再覆審的決定，和其他公務員申訴案件的審議決定事項。該會議如同西方國家的「文官法庭」，有助於文官保障及發展。而公務員保障暨培訓委員會於1996年7月成立，其下設保障處、培訓處及祕書處。「公務人員保障法」同時於1996年10月16日公布施行，公務人員權益保障有了詳細的法制。1999年7月設立「文官培訓所」，統籌辦理考試後被錄取人員的訓練及升任官等訓練事宜。公務人員保障暨培訓委員會，一方面保障公務人員的有關合法權益，鼓勵公務人員勇於任事，

另一方面加強公務人員的培訓,提高行政效率。

(三)各種委員會

1.典試委員會

該委員會是一種臨時性組織,當根據「考試法」舉行某種考試時,則設典試委員會辦理相關考試事宜,而在該項考試完畢後,即行撤銷。但有時因特殊情況,考試院也可派員或交由有關考選機關辦理考試事項。典試委員會依據法律獨立行使職權,然而業務上仍需與考試院及「考選部」相互聯繫。

2.考銓研究發展委員會

該委員會置委員21至29人,由考試院院長在考試委員或具有學術經驗、聲望卓著者中聘任。考銓研究發展委員會置主任委員1人,副主任委員2人,由考試院院長在該會委員中聘任。主任委員綜理會務,副主任委員輔助主任委員開展工作。該會每月開會1次,由主任委員召集,並任主席;必要時可以召開臨時會議。考銓研究發展委員會還置主任祕書和祕書各1人,其他職員和僱員34至36人。該委員會的任務是健全考銓制度,加強推行考銓行政,提高行政效能。

3.訴願審議委員會

該委員會負責辦理訴願案件。訴願審議委員會置主任委員1人,由考試院祕書長兼任;委員8至10人,由考試院院長在本院高級職員中選派。主任委員召集會議,並擔任主席;主任委員因故不能出席時,得請委員1人代理主席職務。會議對訴願案的決議,以出席會議委員過半數同意為透過,然後呈請院長核定,並提報院會。

4.公務人員退休撫卹基金管理委員會

該委員會主要是為了掌理公務人員退休撫卹基金的收支、管理及運用等

事項而專門設立的組織。該基金同時設監理委員會負責基金的審議、監督及考核。基金的運用，也可以委託其他組織經營。

除此之外，考試院還設有考銓叢書委員會、公報指導委員會等。

第三節　考試院的職權

一、考試院的主要職權

憲法增修條文第6條第1項以列舉方式規定了考試院的職權，並使憲法第83條的規定不被適用。依該項規定，考試院的職權為：（1）考試；（2）公務人員的銓敘、保障、撫卹、退休；（3）公務人員的任免、考績、級俸、升遷、褒獎之法制事項。此外，依「考試院組織法」第7條第3項的規定，考試院就其掌理的人事行政事項，得召集有關機關會商加以解決。分述如下：

（一）考試權

依憲法第85條規定，公務人員的選拔應實行公開競爭的考試制度，並應按省區分別規定名額，分區舉行考試。非經考試及格者，不得任用。另外，憲法第86條規定，下列資格應經考試院依法考選銓定：（1）公務人員任用資格；（2）專門職業及技術人員執業資格。由上所述，可知應經考試院依法考選銓定資格者有三類人員，即公務人員、專門職業人員和技術人員。

公務人員一般經由高等考試、普通考試、初等考試等三種考試公開錄取。高等考試及普通考試及格人員不足或不能適應需要時，得舉行特種考試。特種考試分一、二、三、四、五等，分別舉行。

對專門職業及技術人員執業資格的考選銓定方面，大法官也作出許多解釋，其中較主要的解釋，例如：（1）司法院釋字第352號解釋稱，土地登記

專業代理人係屬專門職業,依憲法第86條第2款規定,其執業資格應依法考選銓定。(2)司法院釋字第453號解釋稱,商業會計記帳人屬於一種專門職業,依憲法第86條第2款的規定,其執業資格應依法考選銓定。

另外,為了順應現實需要,「公務人員考試法」第4條第1項規定,高科技或稀少性工作類別的技術人員,經公開競爭考試,取才仍有困難者,得另訂考試辦法辦理。不過,「公務人員考試法」第4條第2項則規定,前項考試錄取人員,僅取得申請考試機關有關職務任用資格,不得調任,以杜絕投機取巧,迴避應行參加的考試。

(二)掌理銓敘、保障、撫卹、退休事項

憲法增修條文第5條第2項第2款規定,考試院掌理公務人員的銓敘、保障、撫卹、退休事項。分述如下:

1.銓敘

係指具有任用資格的考試及格人員,應依「公務人員任用法」第16條和第25條規定,由「銓敘部」審查資格、敘官等、敘職級、敘俸級的制度。經銓敘合格者,由「銓敘部」依「公務人員任用法」第12條的規定,分發各有關機關任用。不過,行政院所屬各級機關的分發機關為行政院人事行政局,但其分發辦法,因須由考試院會同行政院制定,故「銓敘部」也有相當的影響力。

2.保障

公務人員非因法定原因及依法定程序,不受撤職、休職或免職的處分。按照「公務人員保障法」的規定,公務人員可以透過覆審、再覆審、申訴、再申訴等程序,保障其身分、工作條件、官職等級、俸給等方面的有關權益。至對於非經公務員懲戒程序所作出的降級或減俸,司法院大法官於釋字

第483號解釋認為，此系違反憲法保障人民服公職權利的做法，該解釋稱：「公務人員依法銓敘取得之官等俸級，非經公務員懲戒機關依法定程序之審議決定，不得降級或減俸，此乃憲法上服公職權利所受之制度性保障」。

3.撫卹

依「公務人員撫卹法」第2條、第3條的規定，對於現職經「銓敘部」審定資格登記有案的公務人員，因病故或意外死亡，或因公死亡者，給予其遺族撫卹金和殮葬補助費，使公務人員不必擔心家事後顧而能安心工作。此項遺族領受撫卹金的權利及未經遺族拒領的撫卹金，不得扣押、讓與或供擔保。

4.退休

係指公務人員屆滿一定年齡，服務一定年限，或因心神喪失，身體殘廢，不堪工作者，應使其退離職位，並給予一定的退休金，使其生活有保障。退休有自願退休和命令退休兩種：凡任職5年以上，年滿60歲者（任有危險及勞動特殊性質的職務，可降低年齡，但不得低於50歲）；或任職25年以上者，應準予自願退休。凡年滿65歲者（任有危險及勞動特殊性質的職務，可降低年齡，但不得低於55歲），或心神喪失、身體殘廢，不勝任職務者，應命令退休。

（三）掌理任免、考績、級俸、升遷、褒獎的法制事項

由於公務人員的任用、免職、考績、級俸、升遷、褒獎等事項，實際上由行政院人事行政局掌理，故憲法增修條文第6條第1項第3款特別規定，考試院只掌理公務人員的任免、考績、級俸、升遷、褒獎的法制事項。考試院的這些職權，僅有建立制度的權限，並無執行權。執行權歸用人機關及有關機關（如行政院人事行政局）。分述如下：

1.任免

政府對於考試及格人員應分別依公務人員任用法予以任用。公務人員的任用資格是：（1）依法考試及格；（2）依法銓敘合格；（3）依法考績升等。

政府對於公務人員的免職，有兩種情形：（1）行政首長依「公務人員考績法」，透過行使專案考績懲戒裁量權所作出的記二大過的免職，該懲戒須有法定原因，受懲戒的公務人員可依照覆審程序及行政訴訟程序請求救濟；（2）公務員具有「公務人員任用法」第28條的情形，不得續任為公務員，應予免職，此處的免職，行政首長沒有裁量餘地。

2.考績

係指依「公務人員考績法」的規定，對公務人員的工作、操行、學識、才能加以考核。各機關辦理考績，應依「公務人員考績法」第14條和第15條規定，組織考績委員會辦理初核，由機關長官執行覆核後，送銓敘機關核定。但長官僅有一級或因特殊情形不設置考績委員會時，得逕由其長官考核。公務人員考績分數及獎懲，銓敘機關如有疑義，應通知該機關疑義的事實及理由，或通知該機關重加考核，必要時得調卷查核或派員查核。

3.級俸

係指依「公務人員俸給法」的規定，按公務人員的職等職階而支付俸給的制度。公務人員的俸給分為本俸、年功俸及加給三種，均以月計算。經銓敘機關敘定的俸給，非依「公務人員考績法」、「公務員懲戒法」的規定，不得晉敘或降敘。另外，俸給不依銓敘機關核定數額支給者，審計機關應不準核銷，並予追繳。

4.升遷

係指對服務成績優良的公務人員予以提升職等或按公務人員工作性質及

辦事能力，予以遷調調整職務。為免主管人員悲意，「公務人員升遷法」第2條規定：「公務人員之升遷，應本人與事適切配合之旨，考量機關特性與職務需要，依資績並重、內升與外補兼顧原則，採公開、公平、公正方式，擇優升任或遷調歷練，以提拔及培育人才。」

5.褒獎

係指對於有功勳的公務人員，由總統依據憲法第42條、「褒揚條例」第2條和「勳章條例」第6條等的規定，加以表揚和獎勵。

（四）考銓法律提案權

考試院除了憲法增修條文第5條規定的職權外，憲法第87條另外規定，考試院對於其所掌理事項，得向立法院提出法律案。因此，考試院就其職掌的考試與銓敘事項，得向立法院提出法律案。

二、考試院行使職權的方式

考試院雖然在實質上屬於行政機關，但其職權的行使方式較為特殊，依憲法及有關法律的規定，其特殊性有二：

（一）合議制

考試院設考試院會議，由院長、副院長、考試委員及考選銓敘兩部部長組成。考試院會議議決其所職掌的政策及其有關重大事項，會議以院長為主席。就考試院會議來說，其為合議制組織，也是考試院職權行使的樞紐。此外，典試委員會依照法令及考試院會議的決定，行使其職權，如命題閱卷、審查成績、決定錄取標準等事項，此種會議，也屬於合議制。

（二）獨立行使職權

所謂「獨立行使職權」，係指獨立於行政機關而言的。憲法第88條規定：「考試委員須超出黨派以外，依據法律獨立行使職權。」故考試委員如具有黨籍者，應公開宣告放棄黨籍，並不得擔任任何政黨及其附屬組織的有給或無給職務。從狹義上的考試權來看，為舉行特定考試所設的典試委員會，也需要獨立。所以，實踐考試權的各種委員會委員，均應獨立行使行使職權。此外，須獨立行使考試權的人員，不可捲入政治方面的爭議，故不受立法院的邀請備詢。

（三）考選權集中行使

考選權由考試院所屬的「考選部」依「公務人員考試法」、「典試法」、「監試法」等法律及其下位規範執行。各用人機關在考選過程中只有提出用人需求的權利，而無最後決定人選的權力；儘管有些考試系委託用人機關辦理，但僅是過程的協助，並沒有分享考試權的意涵在內。實際的法令在「公務人員考試法」第2條第2項及其實施細則第3條第2項中已有詳細的規定。

第四節　考試院體制評議

一、「憲政改革」對考試院體制的影響

臺灣實施「憲政改革」以來，考試院體制的變化較小。考試院本是獨立的考試機關，經「修憲」後，其身分形式沒有變化，但實質上有變化。憲法第83條規定，考試院掌理考試、任用、銓敘、考績、級俸、升遷、保障、褒獎、撫卹、退休、養老等事項。1992年「修憲」後的增修條文只列舉其權力

有：（1）考試，具體指公務人員任用資格考試、專門職業及支技術人員執業資格考試兩個方面；（2）公務人員的銓敘、保障、撫卹、退休；（3）公務人員任免、考績、級俸、升遷、褒獎的法制事項等三項權力。這一變化說明憲法增修條文大大縮限了考試院的職權。原來憲法規定掌理一切人事考選、待遇事宜的考試院，因為「臨時條款」所設行政院人事行政局經「修憲」合法化以後，其人事權力中的部分權力堂而皇之地移轉至行政院。關於人事考選任用中最為關鍵的權力——公務人員任免、考績、級俸、升遷、褒獎等等，考試院再也不能真正掌理，只剩下制定「法制事項」權力，即為這些事項擬定規則的權力。不過，這些擬定規則的權力可能還得受憲法第87條的規範：「考試院關於所掌事項，得向立法院提出法律案」。同時，考試制度亦有較大調整，按省區劃定名額限制、分區考試等規定被廢止。

二、臺灣考試院體制的主要特點

（一）兼采「部內制」與「部外制」

考試院就其獨立設置於行政機關之外而言，其為「部外制」的人事體制。但行政院內部則設有人事行政局，各行政機關亦設有人事單位，掌理人事事項，就此而言，又為「部內制」的人事體制。

考試院的最主要職權是掌理考試事項，但同時也掌理公務員的銓敘等人事事項，所以考試院為「最高考試機關」，同時又帶有「最高人事機關」的含義。基於此，考試院對行政院人事行政局，乃有監督其考銓業務的權責關係。從學理上說，因行政院設人事行政局掌理人事工作，屬於「部內制」的人事體制；又因考試院掌理考試及其他人事權，又具「部外制」特徵。所以，臺灣的人事體制兼具「部內制」和「部外制」的雙重特點。

實踐中的考試機關，不外乎「部外制」（又稱二元制）與「部內制」

（又稱一元制）兩種類型。就「部外制」來說，考試機關雖屬行政部門，但獨立行使職權，不受行政部門干預。就「部內制」來說，考試機關隸屬行政部門，各行政機關設考試單位，各自辦理考試業務。「部內制」的特點是，考試機關與行政部門直接合作，縮短工作距離，考用合一，是其優點；可是各機關自行作業，各自為政，標準不一，宏觀控制不易，比較散亂，是其缺點。但不論是何種類型，在行政部門設考試或人事機關，是世界各國或地區的通例。

（二）一條鞭式人事管理體制

臺灣的人事體制雖兼采「部外制」與「部內制」的雙重特點，既設具有獨立地位的考試院，又在行政院設立人事行政局，但考試院仍為「最高考試機關」，同時掌有「最高人事行政權」。

「中央」與地方機關的人事管理，除法律另有規定，由考試院、「銓敘部」依「人事管理條例」辦理，並包括各機關人事管理機構的設置及辦事規則的擬訂，人事人員的任免、指揮及監督等事項。行政院人事行政局，則是隸屬於行政院、掌理行政機關的人事行政的部門。依1967年公布的「行政院人事行政局組織規程」第1條的規定，該局以統籌行政院所屬各級行政機關及公營事業機構的人事行政，並儲備各項人才為任務；而其第2條規定：「人事行政局有關人事考銓業務，並受考試院之指揮監督。」即使至1994年12月制定公布「行政院人事行政局組織條例」，除將原設各處改組外，仍在第1條規定：「行政院為統籌所屬各機關之人事行政，設人事行政局。本局有關考銓業務，並受考試院之監督。」一條鞭式人事管理體制極為明顯。例如，考試院就地方機關組編案有核查權；就有關職稱官等有核備權；「銓敘部」為貫徹行政中立原則，於1997年5月9日首度通函「中央」及地方人事機構，依據相關法令配合加強宣導。「銓敘部」即要求公務人員不得在上班時

間從事政黨或其他政治團體的活動。在領導體制上，人事行政局兼受行政、考試兩院的指揮監督。

三、關於考試院體制改革的爭議

在考試權的行使方式問題上，臺灣各界少有爭議，普遍認為考試權應獨立行使。但在考選體制的改革問題上卻存在著重大的分歧，主要是應采「部外制」（即在行政院外設立獨立機關，包括現行制度、改隸總統府），還是采「部內制」（即在行政院下設立獨立的文官考銓委員會）。如果採行「部外制」改革方案，則體制的變動較小，系注重考試權獨立地位的考慮；如果採行「部內制」改革方案，則比較符合域外的實踐通例，系注重行政的完整性及效率原則的考慮。臺灣現行考試體制特殊，考銓機關的定位革新，不只是文官體制及行政組織的改革，更是「憲政」體制（特別是三權或五權）的取捨。圍繞著考試權與行政權的關係，特別是是否應將考試權併入行政權的問題，長期以來爭論不休。關於這一爭論，學界主要有以下兩種對立的觀點：

（一）反對考試權歸併到行政權者的意見

第一，臺灣的政治體制比較特殊，為避免政府的徇私枉法，考銓行政仍有獨立行使的必要。而負責整個考銓行政的組織，若不能在「中央」行政組織層級上得到「最高地位」的確立，如何能保障其獨立行使職權？文官體制的管理，不能由「最高」獨立的行政組織保障其行政上的中立性，則政黨輪替所帶來的混亂，不僅是政治和經濟的混亂，而且有可能直接導致公權力運作的癱瘓。

第二，從比較政治學的觀點來看，五權體制下的行政權和立法權要侵擾考試權的可能性，比起三權分立或行政與立法合一體制下的可能性要小得

多。如果分權和制衡目的是為了防止政府權力中任何一部分不可能「為非作歹」，也沒有能力「為惡」，則五權分立是可以被肯定的。而考試權獨立的運作，以及維持當前考試院的院級地位，也應該是必要的。

第三，考試院所掌理的事項不單純是考試，還包括許多銓敘方面的工作。如果把考試院廢除，一定還需要有其他部門來「代行」處理相關事務；如果要其他部門來處理，那考試院是最熟悉業務的單位，把它廢掉等於自己找麻煩，所以，考試院有它獨特的功能與價值。另外，如果今天將考試院當作一個沒有價值的機關，而讓行政單位可以為所欲為時，公務人員的權益保障問題就會受到很大的影響。眾所周知，臺灣公務人員的許多權益、福利、考績等等，現在都是由行政部門掌理，如果是在法的範圍內做事，則不會出現問題；但如果超出法的範圍，考試院就可以加以保障，防止公務人員受到非法或不當的處理。

第四，臺灣的五權與西方的三權，均為分權制衡原理下的「產品」，就技術而言，五權制度較為後出，是基於要彌補三權的不足，才設置獨立的考試與監察兩權。實踐證明，這兩權雖然因為種種現實原因而尚未充分發揮其功能，但對於政府機關用人、用錢以及施政，則確實已發揮了其應有的作用。從分權與制衡的原理來看，將屬於行政權的考試權獨立出來，並非不符合政治學原理，也不是「五權憲法體制的謬誤」。

第五，考試院獨立且不受干涉地行使職權，在政治體制上有其特殊價值。首先，它能客觀公正而不受干涉地舉才，以提高行政效率，並發揚「天下為公」的政治精神；其次，它在很大程度上能監督用人機關的徇私舞弊。所以，無論是從政治觀點來看，還是從行政觀點來看，均有其不可否認的價值。因此，應該繼續維持其存在，發揮其功能。

第六，要有效地推動臺灣政務，必有賴於健全的文官制度。考試權具有選拔優秀人才及培育、激勵、發展、保障人才的功能，藉以健全文官制度，

提升政府行政效能。尤其在政黨政治日益發達、社會日趨多元化的政治生態下，考試院對於建立行政中立的文官系統發揮著重要的作用。可以說，隨著時代的發展，考試權獨立運行的重要性與日俱增。當前臺灣部分人士推崇三權分立，欲廢除考試、監察兩權，實系對孫中山先生創立的「五權憲法」思想未能虛心探究之故。

第七，考試院與行政院在考銓事項方面的關係非常密切。然而，因行政院具有預算、決算核編權，考試院的獨立超然立場有所減弱，這不利於考試院獨立行使職權，有待於進一步強化；另外，考試院的工作是「治人」的工作，人事行政權以「治人」為核心，由考試院統一行使，甚為合理、合法。只有這樣，才能保持五權體制不被改變。

第八，孫中山先生的考試權旨在確立不受政權更替的政治中立性的文官制度。從理論上說，動機無可厚非。臺灣的公務員制度實施幾十年來，雖不完美，但尚能有效運作；現在倘若廢除考試院，臺灣的人事制度可能會隨之出現很多問題。臺灣要建立政治中立的文官制度，使其超然於政黨政治之外，考試院仍有維持的必要。譬如，所謂的公務員制度應該事權統一，其實應該把人事行政局併入「銓敘部」，不再受行政院的指揮，才符合人事中立的構想。

（二）贊成考試權歸併到行政權者的意見

第一，考試權實質上為行政權。憲法規定考試權須獨立運行，但作為「實質上的行政權」，其何以獨立運行？如何獨立運行？尚有探討的餘地。現行考試體制以建立職能政府為目的，其作用在為選取人才形成專家政府，但欲達到此目的並沒有必要另設一院，將其作為最高考試機關。另外，古代的科考部門，僅以考試、任用為限，可謂狹義的考試；而現行考試體制下，不僅公務員任用資格須依法考選銓定，而且關於保障、退休、養老等事項，

也包括在其中,可謂廣義的考試,這種將絕大部分人事作用的權限,完全劃歸考試院執行,不符合行政學原理,不利於提高行政效率。

第二,考試用人是好制度,但好制度要有好的安排。亦即人事權是行政權的輔助性權力,考試權則是人事權的輔助性權力,位階層次分明。但是「五權憲法」把考試權倒過來放在人事權之上,擺在和行政權平行的地位。本來用人是目的,考試是手段;現在卻變成了考試是目的,用人是手段,成為「考試至上主義」。既然本末倒置,問題自然層出不窮。

第三,在傳統的三權之外添加考試與監察兩權,根本欠缺理論基礎,實施起來窒礙難行,動輒得咎。考試權不過是行政權的一部分而已,它無法脫離行政而存在;反之,欠缺考試權(尤其人事行政權)的行政部門也常常遭到掣肘,不能順利運作。為了確保考試的公正性與中立性,只要在行政部門設置獨立的文官委員會即可,不必在行政院之外另設一個虛有其表的考試院。「考用合一」是普遍被採用的制度,所以應將考試權劃歸行政部門掌握,臺灣目前將考試權獨立於行政權之外的做法是一項錯誤的制度設計,應廢除考試院。

第四,在歐美民主發達國家,文官中立制度有目共睹,可這些國家均在行政機關之下設立獨立的人事主管機關,沒有類似臺灣設立與行政院平行的考試院制度。因此建議不妨依據歐美地區的先進民主體制的經驗,將考試權業務併入行政部門之中。如果由行政院人事行政局自設人事主管部門,並授予其高度的自主權,再配套「行政首長不得干預,立法機關應負起有效監督」的責任機制,則公務人員獨立的考試任用制度應仍可繼續維持。

第五,考試權及其他人事權與行政權分立,雖可防止首長徇私舞弊(消極功能),但卻未必有助於首長的責任體制及其取才用人(積極功能)。所以,考試權雖有集中的人事權,但因與行政院完全分立,故政策推行常生窒礙。任用權為行政機關所有,行政機關如不與考試院切實合作,考試權的意

義必大為降低。如矯枉過正，而由行政權以外的權責運用，則完全獨立於外的人事權，未必能解決問題，其意義與實效都會大打折扣。

第六，現行憲法採行五權分立架構，將考試權從行政權中分離出來，以防止機關首長徇私用人，破壞強調專業化與行政中立的文官體制。雖就歷史傳統、時代背景與歐美國家的民主發展經驗而言，這一制度尚無不當，但若進一步從組織原理和權力制衡的角度來觀察，便可以發現：臺灣這種獨特的「獨立制」（院外製）設計，的確有違背人事行政權應屬幕僚角色這一基本原理，也正因為如此，其在運行過程中時常出現窒礙難行的困境。

（三）簡要評析

從政治學的角度來分析，考試院所掌握的權力（包括公務員資格審定、人事任免、待遇的決定權，以及某些專門職業和技術人員執業資格的審定權），實際上是行政權的一部分，這些權力在學理上不可能被視為其他性質的權力；從這一意義上說，把考試院作為行政權體系的一部分在學理上是說得通的。

但是，關於考試院體制未來改革及其走向問題，在臺灣是一個複雜的政治問題，不純粹是一個學術問題。因為考試院改革的背後涉及「五權憲法」的存廢問題，實質上又涉及「去中國化」問題，甚至涉及兩岸敏感的統「獨」問題。所以，考試院改革之爭是臺灣臺灣各種政治力量相互角逐的一個反映。當然，也不否認有些學者的確是出於改進和完善未來臺灣民主政治發展的考量而對考試院作出是否需要獨立存在的判斷。筆者認為，關於考試院改革的爭議可能還會持續下去，因為如前所述，這項改革並不是僅僅涉及考試院自身，而是涉及臺灣政治體制的結構性變動。今後臺灣到底將怎樣對考試院體制進行改革，尚有待於我們進一步觀察。

第八章　臺灣監察院體制

　　監察院基本上系仿效西方國家三權分立體制的架構，而將國會中「國政監督權」部分抽離出來，加上中國固有的「人事監督權」而組建成的職能機關。在孫中山先生的「五權憲法」構想中，它與行政、立法、司法、考試四院同為治權機關。監察院的監督功能類似西方國家的國會，但又與西方國家的國會不盡相同，它在臺灣的政治生活中扮演著重要的角色，發揮著獨特的作用。

第一節　監察院的性質和地位

一、監察院的性質

（一）性質界定

　　監察院遷入臺灣後，曾在它是否有資格出席「世界國會聯合會」問題上與立法院發生過爭執，因為立法院擬獨自組織國會小組加盟「世界國會聯合會」，而監察院則認為它也是國會職權的行使者，同樣有資格入盟。爭執的背後是監察權的歸屬問題。為此，1957年司法院作出釋字第76號解釋，內容如下：「國民大會代表全國國民行使政權，立法院為國家最高立法機關，監察院為國家最高監察機關，均由人民直接、間接選舉之代表或委員所組成，其所分別行使之職權，亦為民主國家國會重要之職權。雖其職權行使之方式與民主國有會不盡相同，但就憲法之地位及職權之性質而言，應認國民大會、立法院、監察院共同相當民主國家之國會。」這就闡明了監察院雖是與其他四院平行的獨立行使職權的機構，但其職權卻屬於國會權力的範疇，監察院也是國會之一，從而使監察院的性質及法律地位更加明確。

從法理上看，1992年第二次「修憲」前的監察院被定性為民意代表機關，其主要依據是：第一，憲法規定監察院行使同意、彈劾、糾舉、審計及調查權等，這些權力通常為國會所專有。第二，「監察委員」是間接選舉產生，而其任期較立法委員更長，年齡限制較立法委員也更加嚴格，均屬上議院議員的特權。第三，雖然監察院行使的「國會權」不完整（因為它不享有立法權），但立法院沒有彈劾權、調查權及審計權，它的「國會權」也是不完整的；如果立法院可視為國會，那監察院也應該視為國會。第四，「監察委員」具有言論免責權與人身不受逮捕特權，為民意機關的重要特徵。基於此，司法院大法官會議認為，監察院與國民大會、立法院共同相當於民主國家的國會，從而創造出了臺灣「憲政」史上的「三國會」體制。

1992年第二次「修憲」後的監察院喪失了民意代表機關的性質。由於監察院喪失憲法第79條和第84條規定的其對司法院院長、副院長、大法官及考試院院長、副院長、考試委員的人事任命同意權，所以憲法第90條及第94條有關同意權規定不再適用。另外，「監察委員」的產生不再採行代議選舉制，改由總統提名，經國民大會同意後任命，喪失民意代表的性質，使監察院不再具有國會的特質；而且因為「監察委員」身分的根本改變，使得喪失原來國會議員所獨有的言論免責權及人身保障特權，而必須像法官一樣超出黨派以外，依法獨立行使職權。第二次「修憲」後，為杜絕賄選，打擊黑金，避免政黨介入及加強監察權功能的發揮，而將監察院定位於準司法機關，使其與司法機關相互配合，相輔相成。而司法院大法官會議對此也曾在解決立法、監察兩院調查權的歸屬爭議時作出文字說明：憲法增修條文第15條施行後，監察院已不是「中央民意機關」，也不再相當於民主國家的國會。自此，臺灣「憲政」史上的「三國會」體制消減為「雙國會」體制。

（二）理論爭議

對於監察院的性質，除了司法院的解釋以外，還有學者從學理上對監察院的性質進行了分析，主要有以下兩種典型觀點：

其一，有學者從學理上認為，監察院除具有準司法機關的性質之外，還具有準立法機關與準行政機關的性質。其立論依據是：首先，監察權的準司法權部分係指對公務員行使彈劾權或糾舉權，此種職權的行使，可與司法權性質的公務員懲戒作用並存，也就是說，即使司法權對個別公務員刑事判決無罪或作成不予懲戒的決定，監察權仍有行使的餘地（公務員失職或不當），這種職權屬於直屬行政長官外的「具體的外律監督」。而糾正權屬監察院對行政機關「抽象的外律監督」，這兩種監督權在實質上仍屬於行政權的一種，只是將其獨立設置為另一種權力作用形式而已。其次，監察權的準立法權部分指其行使審計權部分。一般說來，對預算的議決及事後監督，應屬於國會的職權。但在臺灣，對預算的監督權分為事前監督與事後監督，事前預算審議由立法院來進行，事後預算審查則由監察院來審計，所以，臺灣現行監察制度遠遠超過孫中山先生原來設想的監察權只是「官吏監督權」的概念。

其二，另有學者認為，監察院既不屬於準司法機關，也不屬於準立法機關，而應屬於行政機關。他們認為，監察院行使的權力，就其對政府高官的彈劾權而言，通常為西方國會的權力；就其對所有公務人員的彈劾、糾舉權及審計權而言，實際上是大陸法系國家行政監察機關的權力。說它是準司法機關，認定其行使的權力為「準司法權」並不科學。實際上，監察院是行政監督機關，而行政監督機關則通常屬於行政機關的範疇，所以把監察院歸屬於行政機關係統更為合理。

二、監察院的地位

依憲法第90條規定，監察院為「國家最高監察機關」。1990年代以來的

「憲政改革」雖然對監察院體制進行了重大的調整和完善，但仍無損於其具有臺灣「最高監察機關」的地位；換言之，在監察院之上不得再有其他行使監察權的機關，而在五權分立的架構下，與行政、立法、司法、考試四院，平行分立，不受其他機關的指揮、監督。在對監察院體制做出了重大改革後，雖然其仍維持著「最高監察機關」的地位，但其權限則稍有縮減。

第二節　監察院的組織

依2000年的憲法增修條文，監察院置「監察委員」29人。此外監察院設各種委員會、祕書處、會計處、統計室及人事室等單位，並以任務編組方式成立公職人員財產申報處、訴願審議委員會、諮詢委員會、法規研究委員會。所屬機關則有「審計部」。

一、監察委員

依第六次憲法增修條文第7條第2項規定，監察院置監察委員29人，並以其中1人為院長、1人為副院長，任期6年，由總統提名，經立法院同意後任命。憲法第91條監察委員民選，及憲法第93條監察委員連選得連任的規定也因此而停止適用。

（一）監察委員的資格條件

監察委員已不再由民選產生，但因其職司風憲，責任更大，故其成員素質有必要嚴格限制，故監察委員的資格也如同大法官、考試委員的資格，由法律加以規定。依「監察院組織法」第3條的規定，監察委員的任職資格是，必須年滿35歲，同時符合下列條件之一：（1）曾任「中央民意代表」一任以上者或省（市）議員二任以上，聲譽卓著者；（2）任簡任司法官10

年以上，並曾任高等法院、高等法院檢察署以上司法機關司法官，成績優異者；（3）曾任簡任職公務員10年以上，成績優異者；（4）曾任大學教授10年以上，聲譽卓著者；（5）「國內」專門職業及技術人員高等考試及格，執行業務15年以上，聲譽卓著者；（6）清廉正直，富有政治經驗或主持新聞文化事業，聲譽卓著者。

儘管如此，監察院畢竟屬於治權機關，如果立法院對於總統所提名的監察委員拒絕行使同意權，在法律上會有何種效果？2005年1月，陳水扁依憲法規定提名第四屆監察委員人選，即發生這種問題。因當時民進黨在立法院的席次，並未過半，由於政治上的對立，以泛國民黨為多數的立法院拒絕行使同意權，致使2005年2月1日至2008年7月監察委員出現空窗期。

（二）監察委員的職權保障

由於監察委員改由提名產生，故不再具有民意代表的性質，從而不再享有言論免責權與身體保障權。因此，憲法原定「監察委員在院內所為之言論及表決，對院外不負責任」；「監察委員除現行犯外，非經監察院許可，不得逮捕或拘禁」，皆停止適用。監察委員雖不再享有一般國會議員的特權，但因其職司風憲，故憲法增修條文第7條第5項規定，監察委員須超出黨派以外，依據法律獨立行使職權。這一規定方式與法官、考試委員獨立行使職權的規定相似，以確保監察委員得獨立行使職權，不受非法或不當干涉。

（三）監察委員的兼職限制

監察委員要行使彈劾、糾舉、審計、調查、糾正等職權，故應專職，不可以有利益的掛鉤或牽扯，所以憲法第103條規定，監察委員不得兼任其他公職或執行業務。根據司法院大法官會議解釋，所謂「公職」，具體包括：（1）各級民意代表；（2）「中央」與地方機關的公營事業董事、監事及總

經理;(3)其他依法從事公務者。所謂「執行業務」,包括:(1)醫務人員、公立醫院院長及醫生;(2)民營事業的董事、監察人及經理人;(3)新聞雜誌的發行人;(4)政黨等人民團體的主任委員、理事等。

(四)監察委員的任期保障

監察委員的任期為6年。由於監察委員為臺灣監察機關的成員,職司風憲,得向司法院公務員懲戒委員會提出糾彈官吏,且依憲法增修條文,監察委員應依據法律獨立行使職權。如此規定,目的在於使監察委員在任期保障下,不受外界影響,得以專心致志地行使職權。

有學者認為,現行監察委員一定任期的保障,就其職務性質與監察委員個人的生計來說,恐有失公正。這是因為:(1)監察委員的職務,與司法權有密切關聯,並與法官一樣,須依法律獨立行使職權,故其應像法官一樣享有終身職的保障。(2)監察委員須依法律獨立行使職權,因此,其於任期屆滿後,恐與外界向無往來,「成為孤立於產官學界的陌生人,也許清高有餘,但人際關係不足,日後的謀生處事,都極為不便也不利。」(3)監察委員實行任期制,於任期屆滿後,究竟如何安排,既難於預測,職位保障不確定,而有此顧慮者,為預謀日後的出路,當樂意與外界保持良好關係,「如遇到高官因案關說,由於雙方的需求一致,很可能加速關說效果,使得彈劾察的客觀性與公平性受到扭曲,造成無限的遺憾。」所以,監察委員的任期保障,是一個值得進一步反思的問題。

二、監察院院長、副院長

依憲法增修條文第7條的規定,監察院院長、副院長,由監察委員出任,並由總統提名,經立法院同意任命。過去由監察委員互選產生的方式為之改變。監察院院長、副院長的地位與任命程序,與監察委員並無不同,故

其間無指揮監督關係，監察委員獨立行使其職權。

依據憲法及有關法律規定，監察院院長的職權主要有：（1）綜理院務，監督所屬機關；（2）主持監察院院會（會議）；（3）參加總統召集的院際爭議的仲裁會商；（4）列席立法院會議，陳述有關監察法案的意見；（5）參與五院院長所組成的為解決省自治法施行上重大障礙問題的委員會。

監察院院長因事故不能視事時，由副院長代理其職務。監察院院長出缺時，由副院長代理；其代理期間至總統提名繼任院長經立法院同意，總統任命之日為止。監察院院長、副院長同時出缺時，由總統就監察委員中指定1人代理院長；其代理期間至總統提名繼任院長、副院長經立法院同意，總統任命之日為止。

監察院雖有院長，但並非首長制。監察院的議事體制為合議制，各監察委員地位平等。監察院院長對於彈劾案，不得指使或干涉。

三、監察院會議

依「監察院會議規則」規定，監察院會議由院長、副院長及監察委員組成，以院長為主席。監察院會議，監察院祕書長、主任祕書、輪值參事、各組室主任、會計長、各委員會主任祕書，及「審計部」審計長、副審計長均應列席。

依「監察院會議規則」第3條，應提交監察院會議的事項，主要包括：（1）關於提出於立法院的法律案；（2）關於監察法規的研議事項；（3）關於審議「中央」及地方政府總決算的審核報告事項；（4）關於彈劾權、糾舉權及審計權行使的研究改進事項；（5）關於提出糾正案的研究改進事項；（6）委員會報告事項；（7）院長交議事項；（8）委員提案事項；

（9）其他重要事項。

　　監察院會議每月舉行，院長或全體委員1/4以上認為有必要時，得召集臨時會議。會議應有應出席委員1/2以上出席，方得開會，以出席過半數同意，方得決議。所謂「應出席委員1/2以上」，即以減除請假未能出席後的人數為應出席委員。但監察院的職權，如彈劾權、糾舉權由監察委員個別獨立行使，而糾正權則由委員會集體行使；院會的功能重在協調研議，似乎沒有合議機關的議會那麼重要。

四、專門委員會

　　依憲法第96條規定：「監察院得按行政院及其各部會之工作，分設若干委員會，調查一切設施，注意其是否違法或失職。」因此，監察院依「監察院各委員會組織法」第2條的規定，設有常設委員會、特選委員會等專門委員會。

（一）常設委員會

常設委員會又分為法定委員會和特種委員會兩類：

1.法定委員會

　　指依「監察委員會組織法」成立的內政、「外交」、「國防」、財政、經濟、教育、交通、司法、邊政、僑政等10個委員會。各委員會委員由監察委員分別擔任，每1位委員以參加3個委員會為限；每1個委員會委員不得超過30人。委員會委員不及20人者設召集人1人，20人以上者設召集人2人。各委員會的職權是對行政院及其所屬機關的施政工作進行調查、審議，注意其是否違法或失職，對其違法或失職行為提出糾正案，由監察院移送行政院或有關部會，促其注意改善。各委員會所提出的糾正案不必提請院會討論，而

是由自己決定。各委員會所討論的事項主要包括以下幾個方面：關於監察院會議交議事項；關於監察委員提議事項；由其他委員會移送本委員會有關聯的事項，對這類事項也可召開有關聯的委員會的聯席會議；院長交議事項。

各委員會由監察委員分別擔任，每個委員以任3個委員會為限，每個委員會人數不超過14人。其組成人員有三：一為委員，二為召集人（由委員互選產生），三為職員（各委員會各置祕書2人，科員2至3人，書記1人，必要時各置專門委員1人）。

2.特種委員會

包括：（1）監察院會議程序委員會，其負責處理會議程序，如關於各種提案手續是否完備、內容是否符合監察院權責的審定；關於議案的合併、分類及其次序的編排等。（2）整飭紀律委員會，其負責審議處理監察委員違法或失職問題，並報監察院會議決定實行。（3）經費稽核委員會，其負責辦理監察院的經費概算、預算及決算的稽核事項。（4）糾彈案件暨院會決議案辦理進度檢查委員會，其負責人民來信處理情況的檢查、關於委員調查案件分配情況的檢查、調查報告處理情況的檢查、彈劾案、糾舉案、糾正案等辦理進度的檢查、院會決議案執行情況的檢查，等等。此外，還有法規研究委員會、公報編審委員會和審計研究會等。

（二）特選委員會

特選委員會是為處理重要案件，由院會臨時推薦若干委員組成的，它們主要從事案件的調查和研究，並有權依法提出彈劾案等，對案件做出處理。

五、幕僚組織

（一）祕書長及祕書處

監察院置祕書長1人，特任，由院長就監察委員外遴選人員，提請總統任命。祕書長承院長之命，處理監察院事務，並指揮監督所屬職員。監察院並置主任祕書1人，參事4人至6人，祕書、調查專員、稽核、編纂等人員。

監察院設祕書處，辦理全院一般事務。其下分設第一、二、三、四、五等組，及行政、研考、公共關係、資訊四室辦事。

監察院職員在祕書長指揮監督下，協助監察委員行使監察權。每位監察委員除配置委員祕書1人外，監察院並就現有薦任級以上職員遴選60人，依其學識專長，分為一般行政、司法軍法財政經濟、地政營建都市計劃環境工程、採購工程招標、「國防」交通等類組，核派協助監察委員調查案件。

（二）幕僚單位

監察院設會計處，置會計長，綜理全院會計事務；設統計室，置主任1人，辦理統計事務；設人事室，置主任1人，辦理人事事務。1993年8月，以任務編組方式成立公職人員財產申報處，辦理總統、副總統、五院院長、副院長、政務官、民意代表等公職人員財產申報事務。此外，並於1993年設訴願委員會，辦理訴願審理事務。

六、審計部

審計部是監察院的直屬機構，它具體行使監察院的財政審核權。監察院置審計長1人，由總統提名，立法院同意後任命。其職務在現行「中央」五院體制下，甚為特殊，故與一般應隨執政黨更迭或政策變更而進退的政務官不同，故司法院大法官釋字第357號解釋認為，「審計部組織法」第3條關於審計長任期為6年的規定，目的在確保審計長職位的安定，使其能在一定任期內，超然獨立行使職權，故與憲法並無牴觸。審計長秉承監察院院長，綜

理審計部事務，並監督所屬職員及機關。「中央政府」及其所屬機關的財務審計，由審計部辦理。審計部置審計長、副審計長各1人，以及審計若干人。部內分設五廳：第一廳掌理變通公務審計，第二廳掌理「國防」經費審計，第三廳掌理特種公務審計，第四廳掌理公有營業及公有事業審計，第五廳掌理財物審計。此外，還設一般幕僚部門。

審計長應當在行政院提出決算後3個月內依法完成其審核，並向立法院提出審核報告。地方政府及其所屬機關的財務審計，由審計部在各省（市）設立的審計處，在各縣（市）設立的審計室辦理。審計部依法在各省市設審計處，各縣市設審計室，掌理各地方政府及所屬機關的審計事項，並得由審計部指定兼辦就近的「中央」或地方機關審計事項。

審計人員依法獨立行使其審計職權，不受干涉。審計機關應當經常或臨時派員赴各機關就地辦理審計事務，其未就地辦理者，得通知其送審，並派員抽查。審計機關對於各機關一切收支及財物可以隨時稽查。審計人員為行使職權，有權向各機關查閱簿籍、憑證，或其他文件，或檢查現金財物，各該主管人員不得隱匿或拒絕。審計人員遇有疑問，或需要有關資料，各該主管人員應當作出詳實的答覆或提供資料。審計人員發現各機關人員有財務上不法或不忠於職務上的行為，應當報告主管審計機關，通知機關長官作出處分，並得由審計機關報請監察院依法處理，其涉及刑事者，應移送法院辦理，並報告監察院。審計機關考核各機關的績效，如有未盡職責或效能過低者，除通知其上級機關長官外，並應報告監察院。

審計部實行審計長負責制，監察院無權任命審計長，監察院院長、副院長、監察委員也不干涉具體審計業務。法律賦予審計人員獨立行使職權的權力，審計人員依據法律行使職權，監察院應尊重其自主性地位。審計與糾彈分立，各有分際。對於重要審計事項，審計長不得專斷，而須由審核會議討論決定。為此，從審計部到其各分支機構——審計處、審計室，都設立了審

核會議制度。

審計部具獨立完整的地位，於省、市設審計處，建立「中央」與地方審計一體化的系統，以監督地方政府的財務。1989年司法院釋字第235號解釋認為：依「五權憲法」體制，審計權應屬監察權的範圍，應由「中央」立法並執行，省、市設審計機關，隸屬於監察院的審計部，並依審計法辦理地方財務的審計，為監督省、市地方預算的執行所必需，與憲法無牴觸。

第三節　監察院的職權

一、監察院的主要職權

憲法增修條文雖然將監察院有關同意權予以刪除，但原屬監察院的彈劾、糾舉與審計權並不受影響。概括起來，監察院主要有如下職權：

（一）彈劾權

1.彈劾的原因

彈劾繫監察院對公務人員進行監督的方式之一。依「監察法」第6條的規定，監察委員對於公務人員，認為有違法或失職行為者，得經2人以上提議向監察院提彈劾案。所以，彈劾原因為公務人員的違法或失職情事。違法情事可由客觀法律判斷之，至於失職情事，則分政務官失職與事務官失職兩類情事。事務官失職是指其違反「公務員服務法」，不盡其應盡的義務，是屬於事務性質的失職。而政務官失職，多為政策的錯誤疏失。

2.彈劾的對象

依憲法增修條文第7條的規定，受監察院彈劾的對像有兩大類，即：
（1）「中央」、地方公務人員，包括「中央」及其所屬機關或派駐地方機

關的公務人員、武官，以及公營事業人員，至於民意代表如立法委員、縣議員，因系以選民為監督機關，且依大法官會議釋字第14號及第33號解釋，不在彈劾權行使對象之列。（2）司法院、考試院及監察院人員。

這裡需要強調兩點：（1）監察院可否對監察委員本身進行彈劾？司法院大法官會議釋字第14號解釋，以當時監察委員具有民意代表身分為由，認為不得對其進行彈劾。但憲法增修後，改變監察委員的地位，故憲法增修條文第7條第4項明文規定：「監察院對於監察院人員失職或違法之彈劾，適用憲法第95條、第97條第2項及前項之規定。」（2）監察院對軍人亦可提出彈劾案，但依司法院大法官釋字第262號解釋，應移送公務員懲戒委員會審議。至於軍人犯罪，除對其進行上述彈劾外，還要依「陸海空軍懲罰法」對其進行懲罰。

3.彈劾的程序

監察院對於「中央」及地方公務員的彈劾案，須經監察委員2人以上書面提議（原憲法規定為1人，現改為2人），經提案委員以外的監察委員9人以上審查及決定，始得向司法院公務員懲戒委員會提出。可見，從程序上說，彈劾案的提出包括提議與審查及決定（或提議與決議）兩個步驟。至於總統、副總統的彈劾，依憲法增修條文第2條第10項，已改由立法院提案，司法院大法官組成「憲法法庭」審理。

凡經彈劾而受懲戒的人員，在停止任用期間，任何機關不得任用。被彈劾人員在懲戒案進行期間，如有依法升遷，應在懲戒處分後將其撤銷，但其懲戒處分為申誡者不在此限。

4.制度缺陷

臺灣現行的彈劾制度，無論在理論上，還是在實際運用中，均呈現出了若干瑕疵或弊端，概括起來，主要有：

（1）彈劾對象太廣泛。彈劾是監察院極為重要的職權，然而彈劾的對象，涵蓋「中央」及地方公務員，並及於總統、副總統，已過於寬廣。這不但不能加重監察院的職權，反而減輕監察的責任。其結果不免流於古人所稱「大綱不振，而微過必舉」的缺憾。監察人員有限，卻要糾彈廣泛的公務員，其效能將受到限制。故有學者就「縮減彈劾對象」問題提出了改進建議：將彈劾權行使的對象侷限於政務官，透過彈劾權行使來追究政務官負政治責任，至於一般事務官的法律責任則透過司法權予以追究。這樣一來，才符合「政務官受彈劾、事務官受懲戒」的原則。

（2）彈劾原因太抽象。憲法及監察法中皆規定以「違法或失職」為行使彈劾權的原因，但缺乏進一步的說明與界定，致使認定時常生疑義。「違法」乃指違反法規，即在執行職務時，因故意或過失牴觸法規、不適用法規或誤用法規的情形，其有明文規定作為判斷依據，較少發生爭議。但「失職」一詞則失之空泛，無明確標準來認定，且應屬主管長官監督權責範圍。更何況若將「違法」一詞作從寬解釋，將「公務員服務法」涵蓋進去，實在難以想像有失職而不違法者。所以，有學者主張將彈劾的原因僅限於「違法」，而沒有必要規定「失職」。

（3）彈劾權無懲戒效力。英美法系地區為了避免法院在偵辦達官貴臣訟案可能遭受當局的壓力或干預，借助國會以民意的力量行使彈劾權，使之受到應有的制裁與懲罰。如此含有懲戒權的彈劾權，才能發揮威嚇的效果。臺灣的彈劾制度，無論對總統或一般公務人員的彈劾，監察院不過是發動機關而已，除非被彈劾者表現政治責任，否則尚須經國民大會（現為立法院）或公務員懲戒委員會進一步處理，方能令其負法律責任。如此「只能彈劾，不能懲戒」的彈劾權，或許是「收不到整肅紀綱之效果，監察功能難以發揮」的最主要原因。

（4）彈劾權行使對司法權的影響。為避免司法獨立流於司法專制，故

須其他權力予以監督制衡，尤其是監察的制衡。「修憲」前後監察院的彈劾權均有以司法院人員為行使對象的規定，而學界通說認為彈劾範圍應包括法官在內。那麼，監察院的彈劾對象及於法官，是否影響法官的審判獨立？這是一個很長時間以來一直被關注的問題。法官依據法律，秉持專業知識，運用自由心證，獨立審判，不受干涉。法官如玩忽職守固得予檢肅；但是，若監察院過於積極行使糾彈，未能謹慎自持，侵越法官職權，不但有破壞權力分立之嫌，更不免成為「第四審」司法權之譏。

（二）糾舉權

1.程序

臺灣「監察法」第19至22條規定，監察委員對於公務人員，包括文職及武職的公務人員，認為有違法或失職行為，應先予以停職或其他急速處分時，得以書面糾舉，經其他監察委員3人以上審查及決定，由監察院送交被糾舉人員的主管長官或其上級長官，其違法行為涉及刑事或軍法者，應逕送各該主管司法或軍法機關依法辦理。被糾舉人員的主管長官或其上級長官接到糾舉書後，除關於刑事或軍法部分另行依法處理外，至遲應於1個月內依「公務員懲戒法」的規定予以處理，並得先予停職或為其他急速處分，其認為不應處分者，應即向監察院聲復理由。

2.與彈劾權的比較

糾舉與彈劾的原因有相同的一面，且均系對於一般「中央」及地方公務人員行使。兩者之間除了相同的一面之外，也有許多不同，主要表現在：（1）彈劾案須提案監察委員2人以外其他委員9人審查，始得成立；糾舉案僅須其他委員3人審查，即可成立。（2）彈劾案向公務員懲戒委員會提出，糾舉案則向被糾舉人的主管長官或其上級長官提出。（3）糾舉權重在迅速，彈劾權重在慎重。

3.後果

被糾舉人員的主管長官或其上級長官,對於糾舉案不依法定程序辦理,或處理後監察委員認為不當時,得改提彈劾案。如該長官未依程序處理或決定不應處分,倘若被糾舉人員因改被彈劾而受懲戒時,該長官應負失職責任。

4.問題

臺灣的糾舉制度也存在著以下問題:糾舉原以中下級公務員為主要對象,對簡任職以上高級文官,亦得行使,可對其停職或為其他急速處分,至於五院院長,有人認為雖是「最高」主管機關首長,然而總統對五院院長負相當的監督責任,故五院院長仍屬於糾舉的對象。然而,五院院長、司法院的「大法官」、考試院的考試委員、監察院的監察委員等,均具有一定的獨立地位,是否應該列入糾舉對象的範圍,值得進一步研究。

(三)糾正權

監察院可按照行政院及其各部會的工作,分設若干委員會,調查一切設施,注意其是否違法或失職。監察院在調查行政院及其所屬各機關的工作及設施後,經各有關委員會審查及決議,得由監察院提出糾正案,移送行政院或有關部會,促其注意改善。

根據憲法和「監察法」的規定,糾正權的行使主要有下列特色:(1)糾正權的行使對象,為行政院及所屬機關的工作及一切設施,因此是對事而非對人,故與彈劾權、糾舉權的行使是對人而非對事者有所不同。(2)糾正權的行使內容,以對於違法失職的工作及設施,加以糾正,促其注意、改善為限,與彈劾權、糾舉權的行使是要使被彈劾人、被糾舉人受到懲戒處分者不同。(3)糾正權的行使範圍,是以行政院及其所屬的行政機關為限,

而彈劾權及糾舉權的行使範圍，則不以行政院為限，而及於司法院、考試院人員，或依憲法增修條文第7條第4項規定甚至及於監察院人員。（4）糾正權的行使程序系向行政院或有關部會提出；彈劾權的行使系向公務員懲戒委員會或國民大會等懲戒機關提出；糾舉權的行使則系向被糾舉人員的主管長官或其上級長官提出。（5）糾正權的行使效力，乃是行政院或有關部會接到糾正案後，應立即作出適當的改善與處置，並應以書面答覆監察院，如逾2個月仍未將改善與處理的事實，答覆監察院時，監察院可以提出質問，而彈劾權、糾舉權的行使效力則在使被彈劾人、被糾舉人受到懲戒的處分。

糾正權雖為監察院的重要職權，但以其僅「促其注意改善」，效果有限而備受訾病。監察院為落實糾正權，以發揮監察功能，於1993年11月9日第十一次會議決議，責成各委員會採行以下各項具體措施：（1）行政院或有關部會就糾正案函覆後，各有關委員會應詳實審核；必要時得推派委員調查，或指定調查委員或原協查祕書親赴實地核查。（2）行政機關負責人員對糾正事項，如置之不理或敷衍塞責或故意延宕不結而有廢弛職務情事者，監察院應對違法失職人員提出糾彈。（3）糾正案件如認為行政人員涉有刑事責任者，監察院應主動移送軍法或司法機關偵辦。（4）提出糾正案後，行政機關是否已切實依法行政，仍應繼續追蹤考查，以期落實糾正權的功能。

另外，監察院為臺灣的「最高監察機關」，其行使糾正權的對象，除行政院及其各部會外，應否及於立法、司法、考試、監察各院的「行政」職能？而憲法上雖未明文規定監察院可對省、縣地方行使糾正權，但實際上監察院也對省、縣地方行使糾正權，故應否經由「修憲」加以規定？另外，對地方行使糾正權，是否僅以「中央」立法交由地方執行的事項為限，不應涵蓋地方立法並執行的事項？均值得進一步探討。

以上彈劾、糾舉與糾正三者，密切關聯，但仍有所不同，現將它們的比

較情況列表如下：

表8-1：彈劾、糾舉與糾正之比較表

	彈劾	糾舉	糾正
原因	公務員違法、失職	公務員違法、失職而有急速處分之必要者	行政機關的工作、設施違法或不當
對象	「中央」及地方公務人員（包括司法、考試、監察人員）	「中央」及地方公務人員（五院首長、司法及考試人員應除外）	「行政院」及其各部會（應包括地方行政機關）
性質	對人監督	對人監督（緊急監督）	對事監督（行政監督）
提案者	「監察委員」（對一般公務員的彈劾須經2人以上提議）	「監察委員」（經「監察委員」1人以上提議）	有關委員會
程序	經提案者外其他「監察委員」9人以上審查及決定	經提案者外其他「監察委員」3人以上審查及決定	經各委員會的審查及決議
目的	懲戒違法失職的公務員	對違法失職的公務員停職或急速處分，並進一步懲戒	促請注意改善工作或設施
案件成立後受理機關	向公務員懲戒委員會提出	向公務員的主要長官或上級長官提出	向「行政院」或有關部會提出

（資料來源：陳志華著：《中華民國憲法》，臺北，三民書局股份有限公司。）

（四）審計權

　　審計權為審核各機關財務收支的職權，可分為綜合審計權與普通審計權兩種。（1）綜合審計權。其主要負責全國總決算的審查。依憲法第60條規定，行政院應於會計年度結束後4個月內將決算提出於監察院，由審計部審核，而審計部則依「審計法」第68條規定的審核「中央政府」總決算應注意事項辦理。對於地方政府總決算的審核，依「審計法」第86條第2項規定辦理。（2）普通審計權。此系「審計法」第2條所規定的審計職權。審計部行使上述綜合審計權、普通審計權後，依憲法第105條規定，審計長應於行政院提出決算後3個月內，依法完成其審核，並提出審核報告於立法院，而總決算最終審定數額表，依「決算法」第28條規定，由監察院咨請總統公告。

依臺灣「審計法」規定,審計權共分為7項:監督預算的執行;核定收支命令;審核財務收支,審定決算;稽查財物及財政上的不法或不忠職務的行為;考核財務效能;核定財務責任;其他依法律應當辦理的審計事項。

按照現行體制,審計權雖然屬於監察院的重要職權,但近些年來,卻有人主張應將審計權從監察院中分離出來,並將其劃歸立法院,從而圍繞著審計權是否應該劃歸立法院問題引發了激烈的學術爭論。為了更深入地理解這一問題,謹將雙方的論點及其依據,列舉如下:

1.反對審計權歸屬立法權的理由

(1)審計法賦予審計機關的準司法權,一般稱為政府財務司法。如將擁有準司法權的審計機關改隸於立法院,是否符合政府權力分立的原則,有待於進一步斟酌。(2)臺灣審計機關的組織,系採用一條鞭制,在「中央」層級設審計部,並由審計部在各直轄市設審計處,在各縣市設審計室,由「中央」直貫地方,使事權能統一,審核結果的處理易獲致公平、公正、一致性,以維持獨立超然的立場。如審計部改隸立法院,則地方審計機關也將改隸地方議會,審計工作勢將受地方議會的影響以當前議會的政治環境來看,地方審計機關恐將成為派系傾軋的工具,如何能維持其超然地位,值得商榷。(3)審計權重在依法獨立行使,不受任何干涉,尤應注意避免政黨或派系的不當介入,立法院為民意機關,系政黨或派系權力競爭場所,如有「立委」將調查權作為政治鬥爭的手段,勢將影響審計權的超然獨立,殊值顧慮。另外,政府機關發生很多行政上的違法或不當,尤其在重大工程方面所生弊案常常與民意代表的介入有關,如將審計權改歸立法院,可能會衍生很多的負面影響。

2.贊成審計權歸屬立法權的理由

(1)決算與預算有關,預算審查、決算審核均歸屬立法院,兩者可以相互配合,可使預算支出合法又合理。(2)審計有消極與積極雙重意義,

消極方面是財務稽查，側重數字是否相符；積極方面是對公有投資利益的衡量，側重施政計劃的績效。若審計權歸屬於監察院，由於監察權是事後監督，僅可以做到審計的消極方面任務。如將審計權劃歸立法院，則因立法院可以過問政策，不僅消極方面可以不辱使命，且積極方面也可以改進施政計劃，提高施政績效。（3）現代的綜合審計與績效預算密不可分，而績效預算不能離開政策，綜合審計也不能離開政策，但監察院於理不應過問政策，因此，欲求綜合審計的實現，審計權歸屬於「立法權」為宜。（4）審計長經立法院同意而須向立法院負責，卻又因隸屬於監察院而須對監察院負責，造成上有兩個性質不同、系統不同的上級監督機關。倘若監察權歸併到立法院，審計權歸併到立法院，便可一併解決雙重監督問題。

（五）調查權

憲法第96條規定：「監察院得按行政院及其各部會之工作，分設若干委員會，調查一切設施，注意其是否違法或失職」，此為調查權的來源依據。憲法第95條規定：「監察院為行使監察權，得向行政院及其各部會調閱其所發布之命令及各種有關文件」。此為調閱權的來由。

監察院的調查權，依其職權性質分為兩類：（1）糾正調查權。為糾正行政院所屬部門的工作及設施所作的調查，由監察院依行政院各部會而設的委員會行使糾正調查權。為避免干涉行政權並影響行政院對立法院負政策責任的體制，該項調查權應謹慎行使，否則容易引起政治爭議。（2）糾彈調查權。為提出彈劾、糾舉案，對於受糾彈的公務人員所作的調查。該項調查權頗近似司法調查權，所以，如果不是非常必要，就不應行使該項職權，以確保監察權與司法權的分際，並避免擾民。

監察委員得持監察證或指派院內職員持調查證，赴各機關部門或團體調查。必要時得通知書狀具名人或被調查人員就指定地點詢問。調查人員得存

封或攜去受調查機關的有關資料；調查工作於必要時，得知會當地政府或法院等機關請求協調，並得就指定事件或事項，委託其他機關調查。

　　1992年「修憲」後，監察院不再具有議會性質。這樣一來，監察院應否還可以行使調查權備受關注，有立法委員主張監察院應將調查權歸還作為國會的立法院。立法院為這一問題與監察院曾發生爭議，更進而聲請司法院解釋。司法院即作出釋字第325號解釋，該解釋指出：監察院雖不再為民意機關，但五院體制並未改變，「原屬於監察院職權中之彈劾、糾舉、糾正權及為行使此等職權，依憲法第95條、第96條具有之調查權，憲法增修條文亦未修改，此項調查權仍應專由監察院行使」。該解釋並且肯定立法院為行使憲法所賦予的職權，亦得依一定程序，要求有關機關就議案涉及事項提供參考資料，必要時並得經院會決議調閱文件原本（即文件調閱權）；受要求的機關，非依法律或其他正當理由不得拒絕。依據司法院大法官會議的解釋，調查權（即為追究行政機關有無違法失職而調查一切設施的職權）屬於監察院；立法院所享有的僅僅是文件調閱權。故監察院與立法院各自於其職權範圍內，得行使不同的調查職務，分際清楚，當不致引起衝突。

（六）監試權

　　依臺灣「監試法」規定，政府舉行考試時，除檢復考試外，考試院或考選機關，應分請監察院或監察委員行署派員監試。凡組織典試委員會辦理的考試，應咨請監察院派監察委員監試；凡考試院派員或委託有關機關辦理的考試，得由監察機關就地派員監試。監試人員在監試時，如發現有違法舞弊情節，應由監試人員報請監察院依法處理。

（七）受理公職人員財產申報

　　監察院設有公職人員財產申報處，依法受理公職人員財產申報。臺灣的

「公職人員財產申報法」第4條規定,應向監察院申報財產的公職人員有總統、副總統、行政、立法、司法、考試、監察各院院長、副院長、政務官、有給職的「總統府資政」、「國策顧問」、戰略顧問、依法選舉產生的鄉鎮市級以上政府機關首長及縣(市)級以上各級民意代表、公立學校校長等。公職人員的配偶及未成年子女所有的財產,應一併申報。除公職人員本身之外,該法僅將公職人員的配偶與未成年子女列入申報範圍,而不包括成年子女及一定親等的姻親(例如媳婦、女婿、岳丈等),這應該說是一個重大漏洞,且罰款數額也顯得過輕。

二、監察院職權的行使方式及特點

(一)獨立性

監察院職權的行使,就其體制來說,屬於合議制;就其精神來說,則具有獨立性。即使是監察院院長,對於彈劾案及糾舉案,也不得指使或干涉;審計人員依法獨立行使其審計職權,不受干涉。憲法增修條文第7條第5項規定,監察委員須超出黨派以外,依據法律獨立行使職權。所謂超出黨派,即監察委員應不得具有黨籍,原具有黨籍者,應放棄黨籍,也不能參與政黨活動。原監察委員具有民意代表的言論免責權與不逮捕特權,因其職權變更而不再享有。

(二)主動性

監察委員職司風憲,特別是對行政機關具有「外律監督」的功能,不像司法權(消極性權力)運作一樣,不告不理,但是否會發生因監察院怠惰行使監督權,致使公務員敗壞,而發生「賠償法」第2條第2項所謂的「公務員怠於執行職務」的問題?有學者認為,「賠償法」該項規定所稱的「公務

員」應不包括監察委員;另外,官員敗壞對人民的損害並非個案發生,故無法從個案索賠。據此,監察委員擁有很大的職權,卻僅負「道德責任」,是否有違背「權責統一」的民主原理,似有商榷的餘地。

第四節　監察院體制評議

一、監察院體制的主要特點

與域外的監察機構相比,臺灣以孫中山先生「五權憲法」和監察權獨立思想設立的監察院在機構設置、基本原則方面很有些獨特之處。主要表現在:

(一)位高權重

與域外的監察機構比,臺灣監察院的地位是很高的,與包括立法院在內的其他四院地位平等,保證了可以不受立法、行政等機關的挾制和干涉,獨立行使監察權。從理論上來說,這是監察院高度獨立的模式。1948年後在長達近半個世紀的時間內,監察院作為兼有民意和議會性質的監察機關,而地位又與立法院平行,並將立法院也納入監察範圍,這種模式在世界上怕是獨一無二的。另外,監察院掌有重權。在相當長的時期內,監察院既擁有對總統、副總統等「最高」層次官員的彈劾權,又具有對司法院、考試院主要官員任命的審查、同意權。監察機關擁有如此之大的權力,這也是域外的監察機關中所僅見的。

(二)彈劾與懲戒適度分離

依憲法第98條規定,監察院對於「中央」及地方公務人員的彈劾案,須

經監察委員1人以上提議，9人以上審查及決定，始得提出。依此規定，監察院僅得提出彈劾案，並無懲處的權力。依「監察法」第8條的規定：「彈劾案經提案委員外之監察委員9人以上之審查及決定成立後，監察院應即向懲戒機關提出之。」而另依「公務員懲戒法」第18條規定：「監察院認為有第二條所定情事，應付懲戒者，應將彈劾案連同證據，移送公務員懲戒委員會審議。」且依同法第21條規定：「公務員懲戒委員會審議案件，依職權自行調查之。」再另依同法第24條規定：「被付懲戒人有第二條各款情事之一者，應為不受懲戒之決議。」顯然，臺灣監察院僅能就公務人員提出彈劾案，至於是否應受懲戒，卻須另交由隸屬於司法院的公務員懲戒委員會審議，將彈劾與懲戒分割為二，分屬監察院與司法院。這樣，容易造成監察院以公務人員有違法或失職為理由而提出的彈劾案，卻經司法院所屬的公務員懲戒委員會以「證據不足」或「並無違法或失職」而不予懲戒的議決，造成司法權得以否定監察權，形成司法權對監察權的制約。

（三）行政監察與經濟審計一體化

審計是監察院工作的一個重要內容，監察院負責審計，有其優點：一是可以強化監察。財政經濟是監察的內容之一，監察院兼管審計，便於及時瞭解財務狀況，隨時行使監察權，加大財務監督的力度。二是可以促進審計。職掌糾彈的監察院負責審計，審計便有了堅強的後盾，受審計者不得不考慮審計後果，因此會更好地配合審計工作，並在經濟活動中加強自律。近些年來，適應臺灣經濟發展的需要，為加強對經濟活動的監控，避免和減少經濟領域中違法行為的發生，監察院的審計權能也有了很大程度的增強。這主要表現在：一是依據1972年頒布的「審計法」，監察院在省、市、縣普遍設立了審計機構，加強對經濟活動的審計。二是審計業務的內容和範圍向綜合性發展，即審計機構不僅對預算執行、財務收支等硬性指標進行審核，而且還

對財務效能、財務責任等軟指標加以考核,從而深化了審計權,強化了對整個經濟活動的監督和控制。

二、關於監察院體制改革的爭議

關於監察院體制的改革問題也是近些年來學界和政界所廣泛關注和討論的熱點問題之一。對於其未來的改革方向,雖然意見不一,但主要的觀點有以下兩種:

(一)反對監察權歸併到立法權者的意見

第一,監察業務、審計業務均應具有相對的獨立性,只有這樣才能讓受冤屈的民眾有申訴的管道,同時因有獨立審計單位,公務人員使用公款,才有監督制衡機制。許多國家和地區逐步開始仿效設置監察權,或許制度設計與臺灣的監察體制不盡相同,但防弊、防止行政機關濫權的監察制度已獲得普遍的認同,因此,監察權有獨立行使的必要,政府體制可朝保存監察權的四權分立考慮,保留院級層次的監察權,才能對違法亂紀的公務人員有監察制衡效果。當行政院和立法院有法律概念的競合問題時,不宜動輒聲請「釋憲」,透過第四權或許可找到一個平衡點。

第二,「五權分立」有其理論結構與基礎,將權力作了更細的劃分,使得政府專權的可能性更小。就現代民主理論而言,行政、立法、司法,乃結構性民主;而考試與監察,屬於功能性民主。事實上監察院的設立,有其歷史淵源及背景,「民國」以來,承襲舊制,將監察權提升至院級的層級,意在確立其尊崇的地位,確保獨立運作的精神。

第三,從現代化與效率的思維來看,行政院執行政策,立法院經由預算與立法等權限制衡行政,監察院則進行行政效率的檢核。換言之,在現代組

織管理理論中設計、執行與驗收三個層面，立法院制定法令、提撥預算，屬設計決策階段；行政院負責執行；監察院扮演的則是控制、驗收及考核的角色，如此建構成現代而有效率的政府。監察院有其獨立自主的地位，才能更好地發揮其監督的功能。現行憲法中，監察院超乎黨派獨立行使職權的設計，可以降低行政與立法之間的衝突，提供緩衝的機制。

第四，依法行政是對行政機關的基本要求，當法令無法適應時代的變遷時，行政執行中難免會產生爭議，這時必須有公正的第三者居間斡旋，而大法官會議在解釋時效上常常緩不濟急，且為解決司法制度上的盲點，由同屬院級的監察院依法調查處理，至為妥當。民眾對政府不滿意，選擇向立法院陳情或向行政院抗議，均沒有向監察院申訴更為妥當，監察院既非立法者，亦非執行者，其獨立第三者的角色，更能妥善、公正地處理案件，來消除民眾的挫折感、失落感與無力感，這可從監察院歷來所處理的案例獲得印證。

第五，近些年來，臺灣的「陽光法案」獲得臺灣民眾的高度重視，監察院榮膺受理重要公職人員財產的申報，該項制度設計，主要原因即在借助監察院的獨立存在，其特殊超然的地位、公正性亦為臺灣各界所信賴。監察院嚴格執行該項任務，結合既有的監察功能，兩者相輔相成，已建構成完整的廉政體系，不宜再行切割與矮化，徒增困擾。

第六，監察院現為「國際監察組織」成員之一，環視117個設置監察制度的成員單位，其監察機關名稱、監察使產生資格標準、職權行使方式各有所異，規格建制亦不盡相同，然而基本特色均在保護民權，並以分權制衡的方式來避免權力的專制與腐化，「國際監察組織」所訂的「監察法基準建議書」，明載應於憲法中保障監察使獨立行使職權，不受其他機關干涉。而只有監察層級愈高，才能愈確保其超然獨立，臺灣獨立設立監察院的做法，已獲得了國際社會的廣泛認同與讚賞，不宜再改弦更張。

第七，一般而言，監察權從立法機關獨立出來有兩點好處：其一，立法

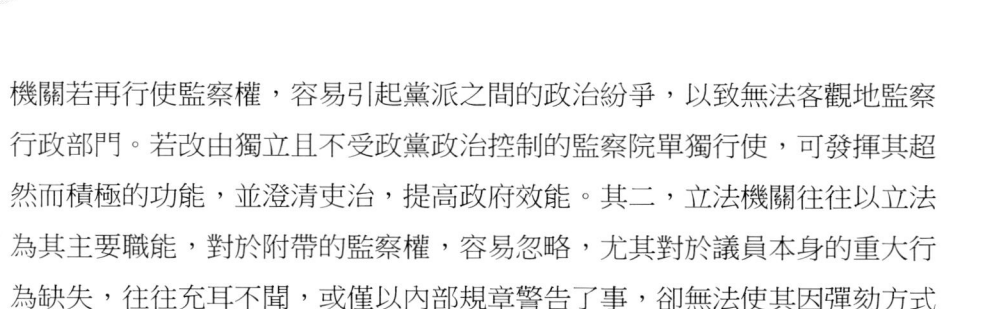

機關若再行使監察權,容易引起黨派之間的政治紛爭,以致無法客觀地監察行政部門。若改由獨立且不受政黨政治控制的監察院單獨行使,可發揮其超然而積極的功能,並澄清吏治,提高政府效能。其二,立法機關往往以立法為其主要職能,對於附帶的監察權,容易忽略,尤其對於議員本身的重大行為缺失,往往充耳不聞,或僅以內部規章警告了事,卻無法使其因彈劾方式去職。若將監察權從立法機關中獨立出來,由專門機關單獨行使,可以很好地避免這一不足。

（二）贊成監察權歸併到立法權者的意見

第一,彈劾權在西方政治傳統中,只是議會職權的一部分,而且只追究政府官員的政治責任,並且由具民意基礎的議會議員來行使。到了20世紀,各國憲法已不再重視彈劾權,大多不對彈劾權作相關規定。唯獨孫中山先生主張把彈劾權從立法權中獨立出來,另設一院與立法院分庭抗禮,實在怪異。至於官員的法律責任,則由檢察系統處理,其他行政監督只是政府職能的一部分,不適合獨立出來,與立法、行政權相提並論。

第二,監察權從立法權中獨立出來,有兩個謬誤:其一,用以防範國會議員忙於彈劾行政、司法官員而荒於其立法職責。但以美國為例,開國迄今僅彈劾15人,怎會使國會議員忙於彈劾而荒廢立法?其二,孫中山先生強調監察、糾彈制度,中國自漢唐三司三省制度即有之,自可沿襲採用。然而,中國古代的御史糾彈文武百官,乃是在君主行政,肅箴文武百官的行監督或督察,與歐美三權分立體制中,由議會來運作屬於立法權能的彈劾權,藉以發揮立法權與行政權的權力制衡功能意義者,實不相同。

第三,雖然孫中山先生的學說提到五權分立,但並未主張五權都必須為「院」這一層級,而國、親兩黨主張的三權分立是指行政、立法、司法三權,並未揚棄考試、監察兩權,而是在尊重其獨立性的原則下,改以獨立委

員會的形式存在，根本不違背憲法總綱及孫中山先生的學說。從域外通行做法來看，考試權、監察權都是以獨立而不受干涉的方式運作，其位階都沒有提升到「院」的層級。

　　第四，現行體制下，監察院雖可提出彈劾案和糾舉案，但都須送司法院公務員懲戒委員會，做最後的審議定案，這種特殊制度設計，使監察權淪為司法權的工具，與孫中山先生所主張的五權分工合作體系有所不同，更對監察權的獨立有所損傷。對人的彈劾及糾舉，因為制度上必須由司法院的公務員懲戒委員來判定，監察院在行使彈劾及糾舉事權上，可以說只有建議權，而沒有決定權。加之「修憲」後，對總統、副總統的彈劾提案權歸屬立法院，監察院對總統、副總統的監督權也被剝奪，以至監察權的功能更為弱化。雖規定行政機關必須在2個月內有所答覆及改善，但是，憲法及相關法律皆未規範行政機關未能改善時的後續處理方法，這既是過去監察院在行使糾正權時，曾經有過連續對同一機關糾正多次的情況之發生的原因，也是監察制度的缺陷之一。

　　第五，彈劾制度系議會代表人民對於違法或失職的高級官員，實施「民主的罷免」，「以濟司法之窮，而達成民主法治之目的」的制度。彈劾案一旦成立，只有去職一途。因此，不論從其理由、程序、結果來看，彈劾制度均有其政治性的一面，為達成這一效果，非具有高度的政治力量不可。1993年「修憲」前，監察院尚具有國會性質，政治力量的行使尚有可能，1993年「修憲」後，監察院已不具有國會性質，政治力量的作用已不復可期，因此，它與滿足民眾「反貪腐」的期待，可謂相去甚遠。

　　第六，英美法系地區重在政策責任的追究，而對事務官責任的追究，並非監察人員注意的重點。至於大陸法系地區，監察人員對違法失職的公務員追究責任時，則通知該公務員的行政長官，由該行政長官決定如何懲戒，至於懲戒程序及其結果，當然仍在監察的範圍。然而，臺灣的情形大異其趣，

它以監察院的彈劾作為懲戒的發動機關,以公務員懲戒委員會為懲戒機關兼懲戒救濟機關。這一制度設計有兩項重大錯誤,結果極為嚴重:(1)「有任命權者有懲戒權」是政治實踐中的通例,如今由監察院彈劾,公務員懲戒委員會懲戒,造成無任命權者有免職權的怪異現象;(2)公務員懲戒委員會作為懲戒機關又兼具懲戒救濟機關的角色,無形中剝奪了當事人的利益,而且影響公務人員保障暨培訓委員會救濟功能的發揮;(3)由於公務員懲戒委員會將懲戒業務視為刑事審判業務,因此,欠缺行政監督與懲戒應有的明確、迅速態度,懲戒案件往往延宕歲月、久懸不決,對公務員的警惕效果大打折扣;(4)公務員懲戒委員會的成員來自司法界,對行政業務的熟諳程度以及行政監督效率等的認知,自與行政體系的考量不同,所作出的決定也與民眾的期待有很大落差。

第七,司法院釋字第325號解釋,調查權專屬於監察院行使,立法院僅能擁有調閱權,造成立法院行使職權受到相當限制,尤其是立法院有憲法賦予彈劾總統、副總統的提案權,卻因無調查權而影響了其對事實真相的瞭解。此外,立法院基於權力分立理論,本有監督行政機關、司法機關的職責,卻因無調查權,而無法深入瞭解行政機關的違法失職情形,也影響立法院制衡的機制。而三權分立體制下,議會擁有調查權是天經地義的事情,臺灣因實施「五權分立」體制,而將立法權所應擁有的調查權割裂,實屬不當。故若將監察權歸併入立法院,可一併解決調查權的歸屬問題。

(三)簡要評析

監察院體制改革的理論爭議與第六章所討論的考試院體制改革的理論爭議是緊密聯繫在一起的。因為這兩院的改革走向直接關係到未來臺灣的政治體制是「五權體制」還是「三權體制」。「五權體制」與「三權體制」之爭的背後有著複雜的政治背景及目的。主張將監察權併入立法權者,其真實目

的在於透過將「五權」變為「三權」，以最終實現臺灣的「去中國化」。學者李鴻禧曾將考試院和監察院視為「中華民國憲法」的主要弊病。他認為，考試院所掌考試事務儘管需要一定的超然性，但沒有達到非從行政權獨立出來，另設一個專門的考試院與行政院分庭抗禮不可的地步；而世界各國議會的監察功能都已經退化，孫中山先生卻主張設立與立法院分庭抗禮的監察院，且取走應留給諸立法機關的調查權和審計權，因而他認為，監察院和考試院兩院的設立，「使價值觀、建構功能迥不相伴之思想、制度，雜亂混處、紊亂不成章法，嚴重妨礙憲法之發展。」李鴻禧的言論指向，與其說是「五權憲法」，不如說是從大陸遷入臺灣的所謂「外來憲法」，他的根本目的在於透過評判「五權憲法」，貶損監察權和考試權，以達到動搖1946年憲法的理論基礎，進而達到「去中國化」的目的。事實上，1992年第二次「修憲」後，臺灣把監察院定位為「準司法機關」，就是要於「五權憲法」瓦解後在「三權分立」框架中找到其恰當的位置。

目前，儘管「五權體制」在實質上已蛻變為「三權體制」，但在形式上還保留著「五權體制」的外觀。這種形式或外觀的存在並不是可有可無的，而具有重要的政治象徵意義，它至少表明臺灣與中國現代史上曾存在過的中華民國之間具有一定歷史連續性。如果一旦把這種形式也取消，等於切割了目前臺灣與中國的歷史聯繫；無疑，這意味著臺灣在「去中國化」的道路上就又向前邁進了一步。

未來臺灣的監察院究竟該怎樣改革，其所涉及的問題並不僅僅在於監察院本身，而且還涉及臺灣整個政治體制結構的改革與調整，其複雜程度可想而知。臺灣面對這一複雜的體制問題，今後是否要一定改革，或者究竟該如何改革，我們可拭目以待。

第九章　臺灣地方自治制度

憲法僅規定省、縣為地方自治團體，並沒有規定鄉（鎮、市）為地方自治團體。但實際上鄉（鎮、市）也推行自治，並使地方自治落實到基層組織。那麼，鄉（鎮、市）究竟是法人抑或縣政府的派出機關，歷來就有爭議。由此而引出另一個問題，即臺灣的政府體系究竟是「中央」、省、縣三級制，抑或為「中央」、省、縣、鄉（鎮、市）四級制，目前尚無定論。但學界普遍認為，雖然憲法未規定地方自治的層級及於鄉（鎮、市），但鄉（鎮、市）也應屬於地方自治團體。因此，本章中的地方自治團體既包括省、縣兩級自治單位，也包括鄉、鎮、縣轄市一級自治單位。

第一節　臺灣地方自治的歷程

臺灣的地方自治制度源於孫中山先生的地方自治思想，其目的在於實現全民政治。依照憲法規定，全國分為省、縣兩級地方政權。省、縣實行自治。所謂「自治」，一是指「中央」、省、縣的權限由憲法以明文列舉方式劃分開來，互不干涉；二是指省、縣可以依據「中央」的自治通則，制定自治法；三是指省、縣自行選舉產生省、縣議會，選舉產生省、縣政府，管轄本省、縣。以臺灣地方自治的重要法規為依據，可將臺灣地方自治的歷程劃分為以下幾個時期：

一、「綱要時期」（1950—1993）

1950年4月，臺灣省政府頒行「臺灣省各縣市實施地方自治綱要」（以下簡稱「地方自治綱要」），臺灣的地方自治進入所謂「綱要時期」。該時期一直「延續」到1994年7月「省縣自治法」和「直轄市自治法」的公布。

「地方自治綱要」制定後，雖然經過多次修正，但就臺灣地方自治制度本身而言，並沒有太大的變化，只是在地方自治的運作過程中，對於制度操作的技術性細節進行了一些變革。總體而言，「行憲」後臺灣的地方自治並非依據憲法而施行，而系依1950年行政院核准臺灣省政府頒布的「地方自治綱要」這一行政命令來實行的。該綱要基本上並未依照憲法的規定，而系以「中央」集權的模式，將地方自治團體單純視為下級行政機關。如此由行政命令推行的地方自治，無論從程序上，還是從具體條文上，都明顯「違憲」。同時這種以行政命令為依據的地方自治，缺乏制度保障，隨時都有可能被更改，其確定性比較弱。於是，由行政命令推行地方自治，在臺灣產生了長期爭議的「臺灣地方自治法制化」問題或曰「違憲自治」問題。

另外，從「地方自治綱要」第2條關於地方自治團體的規定來看，並沒有提及省自治，也就是說，臺灣地方自治空間僅限於臺灣各縣市，而不涉及省，從法律上看，省不是具有法人資格的地方自治團體，省主席和省政府委員均由上級任命而非民選；省議會對省政府官員只有質詢權而無選舉權、罷免權，省議會也沒有議決省自治事項的權力，因此省議會作用也被虛化；並且國民黨政權後來又相繼將臺北（1968年）、高雄（1978年）升格為直轄市，退出自治範圍，與省平級，實行地方自治的版圖更加縮小。由於地方自治法制化問題沒有解決，省的地方自治定位也比較模糊，整體上來說臺灣地方自治還不徹底。所以，有人稱這場地方自治為僅限於縣市級的「半自治制」。

國民黨政權透過有限度地實施地方自治，既在表面上實行民主，藉以最大限度地取得政權的正當性，至少是在基層政權的正當性，來維系政權；同時又透過各種制度化和非制度化的手段來控制地方自治，防止地方勢力坐大，進而威脅到「中央」的執政根基。

儘管「地方自治綱要」名為「地方自治」，但在實質上是將地方自治團

體視為上級行政機關的下屬機關，各地方自治團體辦理自治事項和執行上級交辦事務並重，自治事項雖多卻沒有實質性的自治權利，還需受到自治監督機關的嚴格監督。臺灣多數學者將這一地方自治模式稱為「監護型之地方自治」。

二、「自治二法」時期（1994—1999）

1987年臺灣解除戒嚴後，尤其是1991年結束「戡亂時期」後，臺灣地方自治法制化的呼聲越來越高。為應對這一局面，1994年7月，立法院根據第二個憲法增修條文透過了「省縣自治法」和「直轄市自治法」，開啟了臺灣地方自治的新篇章，從此臺灣的地方自治進入「自治二法」時期。

制定「省縣自治法」和「直轄市自治法」時，臺灣已進行兩次「憲政改革」。「臺灣省各縣市實施地方自治綱要」規定的地方自治制度被第二個憲法增修條文第17條所取代。對照1946年憲法的規定，第二個憲法增修條文第17條實際上恢復了1946年憲法所規定的地方自治制度。「省縣自治法」正是依據第二個憲法曾修條文第17條制定的。該法規定，省以及省以下的縣（市）、鄉（鎮、市）均為法人，辦理地方自治事項並執行上級政府委辦事項；市以下設區（鄉、鎮及縣轄市區），區內住民編組為村、裡，市設區公所，為市政府的派出機關，承市長之命綜理區政指揮監督所屬人員，該法第12條詳細列舉了省自治的事項；第13條列舉了縣市自治事項。在省縣地方自治機構方面，「省縣自治法」規定，設置省議會和縣議會，並在鄉（鎮、市）設鄉（鎮、市）民代表會。省議會、縣議會和鄉（鎮、市）民代表會職權基本相同。值得指出的是，「自治二法」雖名為順從民意推進地方自治法制化的成果，但其實際上是對「地方自治綱要」法制化的結果，「自治二法」的主要內容與「地方自治綱要」並無太大差別，三者之間的重疊程度非常高。

「自治二法」的頒行，結束了1950年後依行政命令實施地方自治的歷史，標誌著地方自治由「非憲化」走向「合憲化」，由命令化邁入法制化，開啟了臺灣地方自治發展史上的新紀元。隨後，1994年底舉行了臺灣省第一次的省長選舉，直轄市市長的直選也得以如期舉辦。「自治二法」的意義雖然值得肯定，但也應當看到臺灣地方自治存在的問題並沒有根本解決，最明顯的例證是地方自主性的提升沒有真正落實。憲法增修條文第17條，將原來必須依據憲法制定的「省縣自治通則」，改為由立法院制定「自治二法」，作為地方自治的根據，表面上看解決了法制化、「合憲化」問題，實際上是暗中將地方自治的法律地位降格，由「憲法保留」變成「法律保留」，憲法對地方自治的保障無形中弱化，同時也將地方自治範圍的決定權，一併交給了「中央」。

　　「自治二法」帶來的更嚴重的問題是省自治。依據「省縣自治法」實施的省自治，很快就發現了其中的問題，這就產生了後來的「省之虛化」或「凍省」問題。

三、「地方制度法」時期（1999—）

　　1998年10月28日，立法院三讀透過「臺灣省政府功能業務與組織調整暫行條例」（簡稱「精省條例」）。1999年1月25日公布施行「地方制度法」，取代原「省縣自治法」與「直轄市自治法」，於是臺灣的地方自治又進入了一個新的時期。至此，臺灣地方制度的法律體系形成，包括「地方制度法」、「精省條例」和釋字467號解釋在內的三個主要法律文件，臺灣地方自治進入「地方制度法」時期。

　　依「地方制度法」，省不是地方自治團體，直轄市及縣（市）、鄉（鎮、市）自治，成為地方自治制度的新生態。「地方制度法」賦予地方自治團體充分的自治權，基本排除了「中央」行政部門的掌控。至此，臺灣才

有了真正的地方自治。

　　1990年代，民進黨透過選舉不斷擴大政治地盤，提出「地方包圍中央」的路線，從爭取縣市執政權作為走向全面執政的基礎，因此，他們強烈要求擴大地方自治權力。1994年7月，臺灣立法院透過「省縣自治法」和「直轄市自治法」，對地方自治內容作了大幅度的修改。其中最重要的是開放省市長民選，使省和直轄市成為一級自治單位。然而省自治僅實行兩年多後，1996年底，臺灣召開「國家發展會議」，在國民黨和民進黨的共同支持下，達成「凍省」共識。1997年臺灣正式「修憲」，凍結了省長和省議員民選，並精簡和裁撤省政府機構。臺灣省被定位為「有條件之公法人」，而非地方自治團體，省政府在性質上系行政院的派出機構，承行政院之命，監督縣（市）自治事宜。為因應這一變化，1999年1月，臺灣立法院三讀透過「地方制度法」，原「省縣自治法」和「直轄市自治法」隨之廢止。臺灣的地方自治層級由原來的「省市-縣市-鄉鎮市」三級減少為「縣市（含直轄市）-鄉鎮市」兩級。依「地方制度法」，直轄市、縣（市）、鄉（鎮、市）為地方自治團體，地方自治團體即依地方制度法實施地方自治，具有公法人地位的團體。地方政府機關的人事權，除主計、人事、警察及政風機關的首長（縣市一級加上稅捐主管機關），由行政院任免，其餘機關首長均由地方行政長官任免。

第二節　地方自治的權限和層級

一、地方自治的權限

（一）通常事務管轄權

　　地方自治團體的通常事務管轄權係指鄉鎮在其領域內，如果法律沒有特別規定，該團體即是所有公共任務專有的主體。依照該定義，屬於這種通常

事務範圍的事務，不僅僅限於存續的任務，同時應包括經濟、社會與文化設施的創造。例如運動場的興建、養老院、育幼院或托兒所的興辦，甚至包括動物飼養及管理等。

（二）地域權

地方自治團體的地域權主要是指其土地領域範圍的維持，基於制度性保障的法理，「中央」有義務尊重各地方自治團體領域的範圍。除非有更高層次的公共利益的考量，應不得任意對歷史上存在的地方自治團體予以解散、合併、分割及其他領域的變更，即使加以變更，也應徵詢當地住民的意見。現行「地方制度法」第7條規定，直轄市、縣（市）、鄉（鎮、市）和區的設置、廢止與該行政區域的劃分、調整，依法律規定辦理。村（裡）、鄰的編組和調整辦法，由直轄市、縣（市）另行規定。

（三）立法權

依「地方制度法」第25條至第32條的規定，地方自治團體所能制定的自治法規包括：（1）自治條例。自治條例是指地方自治團體就其自治事實或依法律或上級法規授權，經地方立法機關透過公布的規範性文件。依「地方制度法」第28條的規定，「法律或自治條例規定應經地方立法機關議決者；創設、剝奪或限制地方自治團體居民權利義務者；關於地方自治團體及所營業機構的組織者；其他重要事項，經地方立法機關議決應以自治條例定之者」等四大類事項應制定自治條例。（2）自治規則。自治規則指地方行政機關依職權或法律和自治條例授權，在自治事項範圍內制定的規範性文件。根據「地方制度法」第27條的規定，依法律制定的自治規則應報「中央」主管機關備查，依法定職權或自治條例制定的自治規則應分別函送上級政府和地方自治團體議會備查。第27條沒有列舉應制定為自治規則的情形，而是採

用概括授權的方法,將除應制定為自治條例外的全部自治事項,一併授權給地方行政機關制定自治規則。自治條例和自治規則受自治監督機關的合法性監督。(3)委辦規則。委辦規則指地方行政機關為辦理上級機關委辦事項,得依其職權或基於法律、「中央」法規的授權而制定的規範性文件;地方行政機關就委辦事項享有立法權,但應接受委辦機關的合法性和合目的性監督。

(四)自主組織權及人事權

地方自治團體的人事權包括自主組織權和個案人事任命權,主要包括選擇、僱用、晉升與解僱地方自治團體公務人員等職權。司法院釋字第527號解釋稱:「地方自治團體在受憲法及法律規範之前提下,享有自主組織權及對自治事項制定規章並執行之權限。」地方公務人員的任用資格仍須由「中央」銓定,所以地方自治團體雖有選擇其公務員的權限,但沒有為選拔公務員而組織有關考試的權限。現行「地方制度法」第62條第5項規定各級政府具體的考銓業務須受「中央」的節制。

(五)財政權

地方自治權中若欠缺財政權,則地方自治團體將形同空殼。這一財政權旨在保障地方自治團體在法律所規定的預算範圍內有獨自負責的經濟收入與支出的權限。基於地方財政自主權,若「中央」立法賦予地方財政義務,該法的制定,應讓地方共同參與。司法院釋字第550號解釋稱:「地方自治團體受憲法制度保障,其施政所需之經費負擔乃涉及財政自主權之事項,固有法律保留原則之適用,但於不侵害其自主權核心領域之限度內,基於國家整體施政之需要,對地方負有協力義務之全民健康保險事項,中央依據法律使地方分擔保險費之補助,尚非憲法所不許。關於中央與地方辦理事項之財政

責任分配,憲法並無明文。……法律之實施須由地方負擔經費者,如本案所涉全民健康保險法第27條第1款第一、二目及第2、3、5款關於保險費補助比例之規定,於制定過程中應予地方政府充分之參與。行政主管機關草擬此類法律,應與地方政府協商,以避免有片面決策可能造成之不合理情形,並就法案實施所需財源事前妥為規劃;立法機關於修訂相關法律時,應予地方政府人員列席此類立法程序表示意見之機會。」現臺灣已訂有「地方稅法通則」,各地方自治團體可依該法進行徵收地方稅,以充實其財政。

(六)計劃權

地方性建設的主要計劃屬地方自治團體的固有事務。這種計劃權對地方自治團體整體發展的重要性,至二戰結束後才被強調。這種計劃權包括地方自治團體領域內的都市計劃、建築計劃、文化發展與保存的計劃等及其相關措施,例如,為保存文化古蹟或創造建築景觀,各縣(市)得規定在特定區域內的建築外觀風格與材料,與舊有的建築景觀保持和諧。

二、地方自治團體的層級

從地方自治的效能來講,地方自治的單位不可過大,否則,住民的同質性降低,所謂同質性是指各住民間有休戚與共的利害關係,各住民間如果同質性太低,就不易進行地方自治。所以,孫中山先生以省為聯絡「中央」與地方的機關,而非自治單位,是有其根據的。故只有縣才實施地方自治。省以當時「制憲」時的規模而言,誠屬過大,不適合自治。換言之,在理論上,省不必非成為自治單位不可。1996年底,「國家發展會議」達成共識,擬將調整精簡省府功能與組織,同時自下屆起凍結省自治選舉,以及取消鄉(鎮、市)級的自治選舉,鄉(鎮、市)長改為依法派任。這種作法,首先將省虛級化。按照1997年第四次憲法增修條文的規定,省不再是地方自治團

體，省政府成為「中央」派出機關，從而使省回覆了其傳統的歷史地位。但該憲法增修條文並未將鄉（鎮、市）行政機關化予以明文規定，而授權立法加以形成。若以目前鄉（鎮、市）的行政能力及人員配備而言，其尚不足以擔負起地方自治團體的所有職責，但不可否認其具有一定的自治功能。故從長期觀點來看，鄉（鎮、市）住民之間仍有一定的「住民共同體」關係，仍應將鄉（鎮、市）作為地方自治法人，並應積極培養其各方面作為自治法人的能力和責任意識。綜上所述，從政治實踐的角度來看，目前臺灣地方自治團體包括直轄市、縣（市）、鄉（鎮、市）三級。

第三節　省自治制度

1946年憲法規定，省是自治團體，僅次於「中央」，1949年後，臺灣實際控制的行政區域僅侷限於臺灣島及其附屬島嶼。根據第一個增修條文的規定，中華民國治權及於所謂「自由地區」，包括臺灣和「福建」兩省，但以臺灣省為主。依「省縣自治法」和「直轄市自治法」，省、直轄市均屬於實施地方自治的公法人。1997年「憲政改革」以及隨後開展的「精省」工程結束後，省的地位發生了實質性的變化。

一、「精省」工程改革

（一）「精省」的背景

國民黨政權退臺後，在臺灣推行地方自治，在省、縣之下，還推行鄉（鎮、市）自治，如此，除「中央政府」外，省、縣及鄉（鎮、市）四級政府即存設於臺灣。行政層級過多，而臺灣省所轄地區與「中央政府」所轄地區有98%的重疊，人口則有80%的重複。在這種情況下，「中央」與省如何劃分權限，自然更要審慎地考量；同時，省的地位與功能則不免備受質疑。

由此而引發了各種不同的改革意見,其中最主要的是「多省制論」與「省虛級化論」。

1.關於「多省制」的理論爭議

主張「多省制」者認為,將臺灣省劃分為數省,具有以下的優點:(1)提高人民的政治參與,符合民主憲政的精神;(2)可以化解單一省長民選,其民意基礎與總統相當的疑慮;(3)臺灣都會區已形成,且環保、交通等問題,非縣所能獨立解決;(4)分設多省,程序簡易,由「中央」立法即可,不必「修憲」;(5)憲法採行省自治,分設多省,能發揮憲法上省的功能;(6)多省制可以緩和「中央」集權與地方分權兩極化的緊張局勢。

但反對「多省制」者認為,「多省制」具有很多不足,主要表現在:(1)臺灣省幅員有限,再分設多省,恐怕失去省的地位與職能;(2)多省制將使臺灣具備「國家」形式,進而引發「臺獨」與「獨臺」的爭論;(3)行政單位增加,將有礙於行政效率的提高;(4)行政區域增加,地方利益更為多元,無異於增加社會政治的不安定,難以整合。

2.關於「省虛級化」的理論爭議

主張「省虛級化」者認為,省虛級化(或裁撤省組織),具有以下好處:(1)化解「中央」與省轄區重疊的困境;(2)減少政府層級,提高行政效率;(3)提升縣的地位,有效落實地方自治的理想;(4)省的人力、財力可分配到「中央」及縣(市)地方,平衡雙方資源;(5)節省省級選舉經費,有助於充實地方財源;(6)「臺灣國」之說,與臺灣省名義的有無並非有必然的聯繫。

但反對「省虛級化」者認為,「省虛級化」具有以下不足:(1)憲法上省自治的規定將流於形式,而與憲法精神不免牴觸;(2)「統」、

「獨」之爭必更趨激烈，導致社會不安定；（3）「中央」直接面對21個縣（市），其間缺乏調配的中介組織，協調聯繫困難；（4）省議會議員、省府首長俱為重要的政治精英，一旦省虛級化，精英參與政治的機會減少，不合民主政治的時代潮流。

「精省」工程改革是臺灣地方自治制度史上的重大事件，其間經歷了多次爭論。由於國民黨和民進黨兩大政黨在「國家發展會議」上就「精省」議題已經達成共識，雖然引發諸多爭議和討論，但1997年「憲政改革」仍然將「精省」條款列入了第四個憲法增修條文。最終的結果，除採取民進黨省政府委員設9人的意見外，其餘均按照國民黨擬定的提案透過。

（二）「精省」的內容

根據第四次憲法增修條文第9條及相關法制的規定，「精省」的主要內容包括：（1）「凍結」省的自治地位。省由地方自治團體改為行政院的派出機關，承行政院之命，監督縣的自治事項；（2）停止辦理臺灣省議會議員及臺灣省省長的選舉；（3）省議會改為省諮議會，省諮議會置議員若干人，省諮議會成為非代表民意性的議事諮詢機關；（4）省政府的功能、業務與組織授權立法院透過法律加以規定。

「精省」工程明確了精簡省政府功能與業務組織、取消省級自治選舉的地方制度調整方向，即省不再具有自治團體的地位，省諮議會議員由行政院院長提請總統任命，不再具有立法權，省長選舉和省議會議員選舉也一併取消。

（三）「精省」的影響

第一，「精省」的實行，美其名曰簡化行政層級，提高行政效率，實系

取消省級地方自治，重新構建「中央」與地方之間的權力博弈關係。「精省」後，縣（市）地位有所提高，「中央」實際上直接與縣（市）發生權力劃分關係，但地方更加倚賴「中央」，權力向「中央」集中。「中央」可以透過委辦事項，號令地方，使得「中央」與地方的權責界限難以明確，「中央」與縣（市）之間的衝突與對立，又成為新的政治問題，「中央」與地方的關係依然緊張。

第二，將臺灣省由地方自治團體精簡為行政院的派出機關，省級建制在臺灣名存實亡。與省的地位的削弱相比，縣（市）地位逐漸上升，尤其在臺灣省級建制精簡之後，原屬臺灣省的各縣（市）直轄市化。臺灣還透過增加縣（市）副職，強化地方自治團體的職權，同時醞釀將鄉鎮及縣轄市從自治團體改為派出機關。縣（市）職權的擴大，客觀上有利於臺灣民眾實現地方自治權。

第三，對臺灣的地方制度產生重要的影響。在1997年「精省」後，省雖然仍是臺灣地方制度層級中的一環，但是已不再是地方自治團體，僅在法律規定或行政院授權的情況下，就某些特定事項享有獨立的權利能力，為獨立的行政主體，為類似公共營造物性質的公法人；但在原則上，即在現行法律和行政院並未授權的情形下，省充其量只是臺灣行政層級中的一環，為一個不具有公法人地位的行政區域。至此，臺灣的地方制度發生了重大變化——從過去單一性質的地方制度（即地方單位均為自治團體），轉變為現在二元性質的地方制度（即地方單位既有自治團體又有非自治團體）；換言之，臺灣的地方制度從過去的「任何一地方均實施地方自治」，轉變為現在的「地方制度層級中，有地方自治團體性質的地方，也有非地方自治團體性質的地方」。

（四）「精省」後省的地位

對於「精省」改革後「省」的地位，司法院大法官釋字第467號解釋指出，「精省」後省為地方制度層級的地位仍然存在，只是不再享有憲法規定的自治事項，不具備自主組織權，也不再是地方自治團體性質的公法人。

根據第四個憲法增修條文第9條、「地方制度法」第5條和第二章、「精省條例」第2條和司法院大法官釋字第467號解釋，目前臺灣省的法律地位如下：

第一，省為非自治團體性質的公法人。「省」的地位，在「修憲」理由中，雖載明為「省仍為公法人」，但從「修憲」結果來看，憲法增修條文僅規定「省承行政院之命，監督縣自治事項」，並未載明「省仍為公法人」，故省與「中央」就該問題發生很大的爭議。臺灣省政府認為，憲法增修條文仍維持省作為一地方層級，故仍具有公法人資格，只是不具備作為地方自治團體的公法人資格；行政院所屬的「內政部」則認為，省的層級雖被維持，但僅是行政單位，並非自治團體，故不具備公法人資格，臺灣省政府所持具備行政公法人資格的主張於法無據。事實上，省是否具有公法人的地位，對其行政權並無影響，有影響者，乃是因省不具有法人地位以後，就不是權利主體，故所有「省產」即須移交給「中央」，此為省與「中央」爭議的焦點。為此，1998年12月21日，司法院大法官作成釋字467號解釋，傾向「內政部」的主張，認為省因不再有憲法規定的自治事項，不具備自主組織權，因而省不再為地方自治團體性質的公法人；但是，「若未劃歸國家或縣市等地方自治團體之事項，而屬省之權限得為權利義務主體者，於此限度內，省自得具有公法人資格。」以上表明，「省」雖已非地方自治團體的公法人，但在省制依舊維持的情形下，其公法人人格不受影響，除非未來憲法增修條文廢止憲法規定所保障的省之法人地位。所以，問題的爭議不在於省是否仍為公法人，而在於省成為了何種性質的公法人。從第四次「修憲」的相關規定來看，其並沒有廢除「省制」，省僅僅不再為地方自治團體性質的公法人而已，但仍可以是由法律賦予其他地位的公法人，例如公法上社團法人、公法

上財團法人或具有專業功能的公法上營造物法人等。

第二，省雖然不再是地方自治團體，但仍具有地方制度層級的地位。儘管「精省」改革已經將省「精」到近乎「廢」的程度，但憲法增修條文並沒有真正或徹底廢除省級建制，所用法律語言也不過是「停止辦理」，臺灣省在名義上還是存在於法律文本之中。依據1997年司法院釋字第467號解釋文，「省為地方制度層級之地位仍未喪失，惟不再有憲法規定之自治事項，亦不具備自主組織權，亦非地方自治團體性質的公法人」。該解釋表明，省從「修憲」前「地方制度層級」與「地方自治團體性質公法人」兩者兼而有之的地位，轉而成為：省雖然不再是「地方自治團體性質公法人」，但仍是「地方制度」中的「地方層級」。臺灣省還是一個省級單位，與「內政部」平級。

第三，省諮議會為諮詢顧問機關，無立法權。省諮議會是否是省議會的延續？此問題關係到省能否對外作為有獨立意志的法人。根據「省縣自治法」，省議會由民選產生，為與省政府並立的地方自治機關。但第四個憲法增修條文第9條凍結臺灣省議會議員的選舉，改設省諮議會，規定省諮議會議員由行政院院長任命，省諮議會不是民選機關，民意基礎已不存在。另外，「地方制度法」第25條在賦予直轄市、縣（市）、鄉（鎮、市）立法權時，並未賦予省諮議會相應職權。因此，依體系解釋的方法，省諮議會並非立法機關；根據「地方制度法」的規定，省諮議會對省政府的業務提供諮詢及改革意見，臺灣省諮議會的職權多具有諮詢、顧問的性質。由此可見，省諮議會並非省議會的延續，而是作為行政主體的臺灣省政府的顧問機關。設置省諮議會還有另一目的，即安排多餘省議員和原省議會的工作人員。1997年「憲政改革」提出「精省」動議時，為防止臺灣省議會反對過於強烈，憲法增修條文將立法院擴增至225人，以吸收部分省議員，但仍有相當一部分省議員無法進入立法院，且有數百名省議會工作人員無法安置，遂設置省諮議會以安排這些富餘人員。從這一目的也能看出，省諮議會完全是一個虛設

的閒散機關。

　　第四，臺灣省政府和諮議會為行政院的派出機關。雖然第四個憲法增修條文並未明確規定臺灣省政府和諮議會的派出機關性質，但省政府主席由行政院院長提請總統任命和諮議會議員由行政院院長任命，已經清晰地證明了這一點。「精省條例」第2條明確規定，臺灣省政府為行政院派出機關。「地方制度法」第13條也規定，省政府組織規程和省諮議會組織規程，均由行政院制定。「地方制度法」第5條的「立法說明」則直接指明：「省政府及省諮議會為行政院之派出機關」，省政府受行政院指揮監督，省諮議會負責對省政府業務提供意見。「精省」後，臺灣省的職責是：受行政院指揮監督，監督縣（市）自治事項、執行省政府行政事務、辦理其他法令授權或行政院交辦事項。

二、省的組織

（一）「精省」前省的組織

　　概括起來，「精省」前，省的組織體制具有以下特色：

　　第一，省政府組織採行首長制。省政府組織依據憲法和「省縣自治法」，置省長1人，綜理省政，並指揮監督所轄縣（市）自治，為省政府的首長。國民黨政府退臺後，臺灣省政府依「省政府組織法」，採行合議制，以省政府委員會為決策機關，省政府主席為省政府委員會議主席，其地位和職等與各廳首長和省府委員相同。「省縣自治法」依據憲法，僅規定省長1人為民選，各廳處首長由省長任免，對省長負責，省長綜理省的政務併負其責任，體制上明顯採行首長制。

　　第二，省府兼具自治體與行政體。不論是憲法、「省縣自治法」的規定，還是實際的現實需要，省必須兼具自治體與行政體雙重角色。也就是

說，省一方面為法人，系自治團體，辦理自治事務；另一方面，省又系第一級地方自治團體，執行「中央」委辦事務，並監督下級地方自治團體。另外，省不論是屬於自治體還是屬於行政體，其所作出的處分，均不得牴觸「中央」法規，否則「中央主管機關」得報請行政院將其予以撤銷或改變。

第三，立法與行政機關分立。省議會為省的立法機關，省政府為省的行政機關，分別由省民選舉省議員與省長組織產生。這二個機關之間雖有覆議體制，但省議會不得迫使省政府改組，省長也不得解散省議會，而是各自有其法定任期，只能由選民罷免，不像議會內閣製作徹底對抗，故屬機關分立的關係。

第四，與「中央」有密切合作關係。業務上，地方執行「中央」委辦事項。財政上，地方從「中央」得到補助，也得對「中央」提供協助。憲法第109條明確規定，省辦理自治事項，如經費不足，經立法院議決，由國庫補助。可見，臺灣的「中央」與地方之間在事務委任、財政支持等方面，具有緊密的合作關係。

（二）「精省」後省的組織

依憲法增修條文第9條的規定，省的組織只有省政府和省諮議會。1998年12月20日依選舉產生的臺灣省省長和省議會任期屆滿，並由「中央政府」派任的省政府主席和省諮議會取代，組成省政府委員會和省諮議會。

1.省政府

依「臺灣省政府暫行組織規程」的規定，臺灣省政府受行政院指揮監督，辦理監督縣（市）自治事項，執行省府行政事務，以及其他法令授權或行政院交辦事項。

依「臺灣省政府暫行組織規程」的規定，省政府置9位省政府委員，其

中1人為主席，特任，綜理省政業務；1人為副主席，職務比照簡任第十四職等，襄助主席處理業務；其餘委員職務比照簡任第十三職等，襄理主席督導業務，均由行政院院長提請總統任命。

省政府置祕書長1人，職務為簡任第十三或十四職等，或比照第十三職等，得為政務官或事務官，承主席之命、副主席指導，處理省府事務並指揮監督省府所屬員工。另置副祕書長2人，職務為簡任第十二職等至第十三職等，襄助祕書長處理省府業務。省政府則分設業務單位為民政、文教、經建、公共安全、福利服務、衛生行政及行政管理等七組；幕僚單位有人事、會計及政風三室；並特設法規、訴願、經建及研究、原住民4個專門委員會。

2.省諮議會

依「臺灣省諮議會組織規程」的規定，省諮議會組織如下：（1）置諮議員。本會置諮議員21人至29人，任期3年，由行政院院長提請總統任命。（2）置諮議長。本會置諮議長1人，由行政院院長從諮議員中遴選1人提請總統任命，綜理會務；諮議長因故不能執行職務時，由諮議長指定諮議員1人代理，並報行政院備查。（3）置祕書長、副祕書長。本會置祕書長1人，副祕書長1人；祕書長承諮議長之命處理本會事務；副祕書長襄助祕書長處理本會事務。（4）內部分組。本會設議事組、研究組、行政組三組，分別掌理有關事項。

由於省諮議會會期短暫（每年不超過20天），職掌限於諮詢研發事項，對省預算編制及省施政不能參與，功能有限。依「臺灣省諮議會組織規程」，省諮議會的主要職掌是：關於省政府業務的諮詢與建議事項；關於縣市自治監督與建設規劃的諮詢事項；關於地方自治事務的調整、分析與研究發展事項；其他依法律或「中央」法規賦予的職權。

表9-1：臺灣省「精省」改革前後變化表

影響	「精省」前	「精省」後
是否地方自治團體	省是地方自治團體	省不是地方自治團體
省的主體性	省是地方自治主體	省政府是「中央派出機關」
省的立法權	省有立法權，由省議會行使	省無立法權
省級公職人員的產生	省長及省議員均由選民直接選舉產生	省主席及省諮議員均由「行政院院長」提請「總統」任命
省的定位	省為自治團體性質的公法人	省為非自治團體性質的公法人
地方事務	28項自治事項	在「行政院」的指揮監督下辦理3項監督及執行事項
業務量	各廳處會掌理233項業務（「省縣自治法」）	各組室掌理38項業務（「台灣省政府暫行組織規程」）

（資料來源：薄慶玖著：《地方政府與自治》，臺北，五南圖書出版股份有限公司。）

三、特殊的「福建省政府」

除臺灣省外，臺灣還設有一個虛設的省級政權單位，即「福建省政府」。不過近年「福建省政府（辦事處）」似乎不復存在。「福建省政府」下轄金門、連江兩縣，管轄金門、馬祖、大擔、二擔等島嶼。其中連江縣的行政區域與大陸的福建省連江縣有重疊。「福建省政府」機構的存在純粹為襯托臺灣為所謂「中央政府」的需要而虛設，幾乎沒有什麼活動。

1949年冬，隨著國民黨政權敗退臺灣，原「福建省政府」也撤退到金門縣，1956年，國民黨當局所謂的「福建省政府」遷往臺灣。截止到「憲政改革」之前，臺灣所謂的「福建省」，置省主席，由總統派任，下轄金門、連江兩縣。金門、連江兩縣又分別管轄6個鄉（鎮）和4個鄉（鎮），實施「戰地政務」，分別隸屬於金門防衛司令部和馬祖防衛司令部，縣長由軍方指派軍人出任。

1996年，「福建省政府」重新遷回金門縣，結束40年在臺灣「客居」的

歷史。依「福建省政府組織規程」，「福建省」設省政府委員會，置委員7至12人，省主席1人，由行政院院長，提請總統任命。「福建省政府」的職權包括：（1）本省行政事務的督導；（2）「中央」及地方事務的承轉；（3）縣自治的協調監督；（4）「本省大陸地區各地計劃資料的蒐集編審和方案設計」等。「福建省政府」下設三組，分別辦理前述事項。較之臺灣省在1997年「憲政改革」和「精省」工程後才被虛級化，「福建省」則早已被虛置。根據臺灣有關法律和司法院釋字第481號解釋，「福建省」被定位為「轄區不完整之省」。1999年4月16日，立法委員陳清實等105人提出聲請，要求司法院大法官就行政院所訂的「福建省政府組織規程」未規定由「福建省」居民選舉省長及省議員是否有違平等原則「釋憲」。司法院大法官認為，「福建省」為「轄區不完整之省」，行政院依「省縣自治法」所訂章程為事實上所必需，並未違反平等原則，雖經1997年「修憲」和「地方制度法」的頒布，「福建省」的地位仍不受影響。

第四節　直轄市自治制度

　　直轄市是指直接隸屬於行政院管轄的市，所以又稱「院轄市」，其地位與省相當。1967年7月和1979年7月，原作為臺灣省管轄的臺北市、高雄市先後分別升格為行政院直轄市，為省級單位。1998年底在臺灣省成為虛化的省級單位後，該兩市成為臺灣僅有的實際「省級」單位。自1994年底，兩市成為地方自治單位，除了市議會議員由直接民選產生以外，市長也由直接民選產生，享有地方自治立法權和執行權。

　　依「地方制度法」第4條規定，人口聚居達125萬以上，且在政治、經濟、文化及都會區域發展上，有特殊需要者，得設直轄市。直轄市以下設區。區以內的編組為裡，裡以內的編組為鄰。區設區公所，裡設裡辦公處，而形成「市—區—里—鄰」的行政層級體系。

一、直轄市的地位

臺北市、高雄市實行省級地方自治機關。1949年後,臺灣在行政區劃上長期呈現「一省兩市」的格局,即臺灣省和臺北、高雄兩個直轄市。臺灣所有縣(市)均由臺灣省統轄,「中央」僅負責臺灣省和兩個直轄市。根據臺灣有關法律和司法院大法官解釋,直轄市的地位如下:

第一,直轄市為地方自治團體,具有公法人地位。「地方制度法」明確規定,直轄市為地方自治團體,地方自治團體具有公法人地位,得依據法律辦理自治事項和委辦事項。直轄市辦理自治事項時,受行政院的監督。

第二,直轄市的自主性完全確立。1946年憲法對於直轄市僅有一個概括性的授權規定,而無具體規定。「自治二法」時期,「直轄市自治法」和「省縣自治法」並列,但其中內容多有重疊。隨著臺灣地方自治的開展,兩大直轄市的地位更加重要。「地方制度法」將直轄市的法律定位予以明確,更加凸顯直轄市的重要地位。

二、直轄市的組織

直轄市的組織主要有二,即市議會及市政府。

(一)直轄市議會

直轄市議會為直轄市的立法機關,由市民依法直接選舉產生的議員組成,市議員任期4年,連選得連任。市人口在150萬人以下者,其市議員總額不得超過44人,特殊情況最多不得超過52人。根據這一規定,臺北市現有議員52人,高雄市現有議員44人。

1.機構設置

市議會置議長、副議長各1人,並設程序委員會、紀律委員會、民政委員會、財政建設委員會、教育委員會、交通委員會、警政衛生委員會、工務委員會、法規委員會等。為處理日常行政事務,市議會設祕書長、副祕書長各1人,指揮監督下屬祕書室、議事組、總務組、文書組、公共關係室、法規研究室及資訊室的職員。臺北市為了加強市民服務,設立了市民服務中心,由全體議員組成,每週輪值3人,受理市民請願、查催、建議及其他便民服務事項。

2.主要職權

依「地方制度法」第35條的規定,直轄市市議會的主要職權如下:議決直轄市法規;議決直轄市預算;議決直轄市特別稅、臨時稅及附加稅;議決直轄市財產的處分;議決直轄市政府組織自治條例和市屬事業機構組織自治條例;議決直轄市政府提案事項;審議直轄市決算的審核報告;議決直轄市議員提案事項;接受人民請願;其他依法律或「中央」法規賦予的職權。

(二)直轄市政府

市政府為直轄市的行政機關,依「地方制度法」第55條的規定,直轄市政府置市長1人,對外代表該市,綜理市政,由市民直接選舉產生,任期4年,連選得連任1次。直轄市另置副市長2人,協助市長處理市政,由市長任命;其中1人的職務比照簡任第十四職等,另一人的職務則列簡任第十四職等。職務比照簡任第十四職等的副市長,由市長報請行政院備查,市長辭職、去職或死亡時,應隨同離職。市政府所屬祕書長1人及一級機關首長,除了主計、政風、人事、警察4個部門外,均由市長任免。

1.機構設置

首先,臺北市政府和高雄市政府置祕書長1人,內設民政局、財政局、

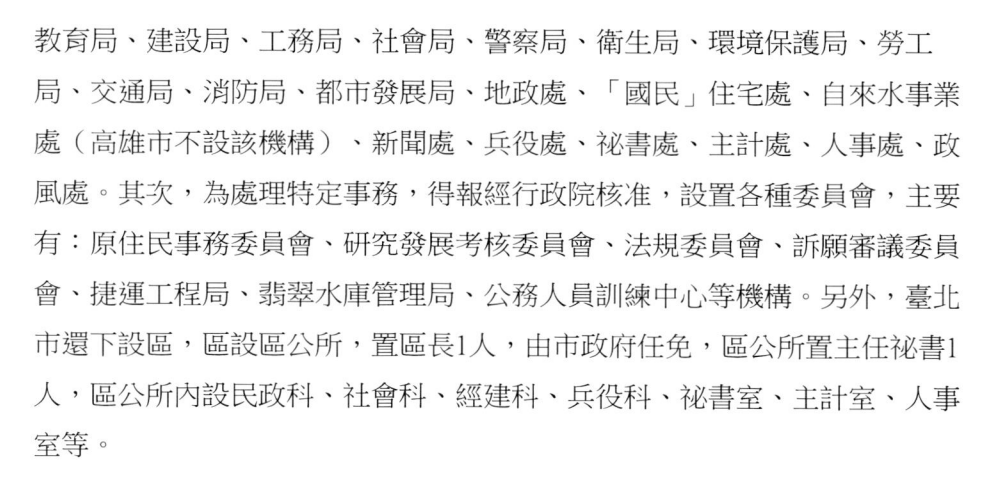

教育局、建設局、工務局、社會局、警察局、衛生局、環境保護局、勞工局、交通局、消防局、都市發展局、地政處、「國民」住宅處、自來水事業處（高雄市不設該機構）、新聞處、兵役處、祕書處、主計處、人事處、政風處。其次，為處理特定事務，得報經行政院核准，設置各種委員會，主要有：原住民事務委員會、研究發展考核委員會、法規委員會、訴願審議委員會、捷運工程局、翡翠水庫管理局、公務人員訓練中心等機構。另外，臺北市還下設區，區設區公所，置區長1人，由市政府任免，區公所置主任祕書1人，區公所內設民政科、社會科、經建科、兵役科、祕書室、主計室、人事室等。

2.主要職權

直轄市政府的職權為依「地方制度法」辦理直轄市的自治事項，並執行上級政府委辦事項。具體說來，直轄市享有稅課收入、工程收益收入、營業盈餘及事業收入、公債及賒借收入、自治稅捐收入等12項自治財政來源的收集和使用權。

（三）直轄市議會與直轄市政府的關係

市議會與市政府的關係，主要體現在以下幾個方面：（1）直轄市政府必須向市議會提出施政報告，市長和各局處首長必須接受市議員的質詢；（2）市政府應執行市議會決議案，如認為窒礙難行，可提出覆議案，如經市議會覆議有出席人員2/3以上維持原案，市政府應接受；（3）「直轄市政府組織規程」由直轄市政府擬訂，經市議會同意後，報請行政院備查；（4）市政府對市議會議決案應予執行，如延不執行或執行不當，市議會得請其說明理由，必要時得報請行政院邀集有關機關協商解決。

從市議會與市政府的關係來看，臺灣直轄市體制劃一，屬市長議會制；同時採行立法與行政分立，市長與市議員各有一定任期，分別由市民選舉，

對市民負責。相互間雖有覆議制度,但無責任內閣制的關係。在市政複雜、議員問政日亟的情況下,府會關係多呈緊張難諧狀態。另外,直轄市議會會期短暫,且直轄市的自治條例及自治規則不得與法律及法律授權的法規相牴觸。

三、「中央」與直轄市的關係

關於「中央」與直轄市的關係,主要有:(1)直轄市辦理自治事項,違背憲法、法律或基於法律授權的法規者(有無違背發生疑義須經司法院解釋),由「中央」各該主管機關報行政院予以撤銷、變更、廢止或停止其執行。其辦理委辦事項違背憲法、法律、「中央」法令或踰越權限者,由「中央」各該主管機關報行政院予以撤銷、變更、廢止或停止其執行。(2)直轄市依法應作為而不作為,致嚴重危害公益或妨礙地方政務正常運作,其適於代行處理者,由行政院命其於一定期限內作為,逾期仍不作為者,得代行處理。但情況急迫時,得逕予代行處理。直轄市對前項處分如認為窒礙難行時,應於期限屆滿前提出申訴。(3)「中央」與直轄市之間遇有爭議時,由立法院院會議決。(4)直轄市市長如涉嫌犯有內亂、外患、貪汙罪條例或組織犯罪防治條例規定的罪行,經第一審判處有期徒刑以上刑罰者(涉嫌貪汙治罪條例之圖利罪者,須經第二審判處有期徒刑以上刑罰者);涉嫌犯前項以外,法定刑為死刑、無期徒刑或本刑為5年以上有期徒刑之罪,經第一審判處有罪者;依刑事訴訟程序被羈押或通緝者;依檢肅流氓條例被留置者,由行政院停止其職務,並由副市長代理。(5)直轄市議員如經法院判決當選無效,或犯罪經法院判決有期徒刑以上刑罰(未受緩刑之宣告或未執行易科罰金者),由行政院解除其職務,應補選者依法辦理補選。

四、區非自治法人

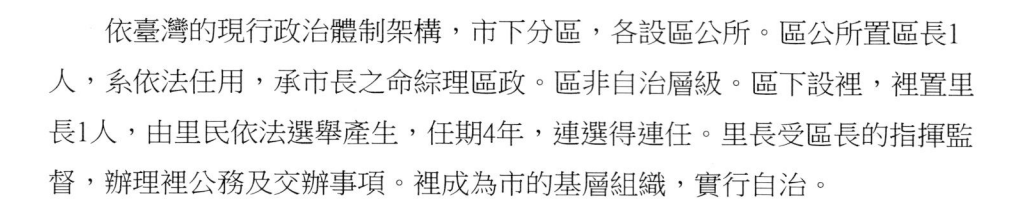

依臺灣的現行政治體制架構，市下分區，各設區公所。區公所置區長1人，系依法任用，承市長之命綜理區政。區非自治層級。區下設裡，裡置里長1人，由里民依法選舉產生，任期4年，連選得連任。里長受區長的指揮監督，辦理裡公務及交辦事項。裡成為市的基層組織，實行自治。

（一）區制的特徵

就區的地位而言，區為市的分支組織，不屬地方自治團體。究竟區應否改為地方自治團體，具法人性質，延伸地方政府的層級，備受矚目。而目前的區制，具有以下幾項特徵：（1）市為法人，區為市的派出機關，屬地方行政單位。（2）市設市政府、市議會；區則不設置自治組織。（3）市長、市議員經民選產生，區長則由市長依法任命，並無區議員的選舉。（4）市有稅課收入的財源，區則無此項財源，其預算統由市政府編列撥付。

（二）區制簡評

目前區為市的分支組織，非自治團體，得以減少政府層級，提升行政效能，同時，各區得以統合規劃，可以收到市政統一的效能而避免各自為政。但也存在一些問題。概括起來，主要有：（1）市政趨於集權，不符合地方自治的精神。（2）區長不由區民選舉，減少人民參政機會；區政非由地方居民決定，難免不合民意。（3）區公所為市的分支單位，職權有限，常常造成其有責無權的窘境，服務效果不佳。（4）區長不是由地方居民選舉產生，其領導統合區級各單位的能力不免有所折扣。

第五節　縣（市）自治制度

一、縣（市）建置

1950年8月，臺灣調整行政區劃，設臺北、宜蘭、桃園、新竹、苗栗、臺中、彰化、南投、雲林、嘉義、臺南、高雄、屏東、臺東、花蓮、澎湖等16個縣，臺北、基隆、臺中、臺南、高雄5個省轄市。從此臺灣省下轄21縣、市的格局基本奠定。1967年和1979年臺北市、高雄市分別升格為直轄市後，臺灣又於1982年將新竹、嘉義兩個縣轄市升格為省轄市，使臺灣省所屬縣、市總數仍保持21個。現在的16個縣是：臺北、桃園、新竹、苗栗、臺中、彰化、南投、雲林、嘉義、臺南、高雄、屏東、澎湖、宜蘭、花蓮、臺東。5個省轄市是：新竹、臺中、嘉義、臺南、基隆。其中，新竹、臺中、嘉義、臺南四者既設縣又設市。

　　至今臺灣省的縣、市一直保持為21個，開放競選的縣、市長職位為21個。但1993年11月的第十二屆臺灣縣、市長選舉時，臺灣正式將屬於「福建省」的金門、連江兩縣也開放同時競選。於是，自此臺灣實行地方自治選舉的縣級單位有23個。即臺灣省16個縣、5個省轄市、「福建省」的金門、連江2縣。

二、縣（市）的組織

　　依「省縣自治法」，省以下設縣，人口聚居地區在政治、經濟和文化上地位重要且人口在60萬以上的，設置市建制。縣（市）設縣（市）議會與縣（市）政府，分別為縣（市）的立法機關及行政機關。

（一）縣（市）議會

　　縣（市）議會為縣（市）的立法機關，由縣（市）議員組成，縣（市）議員由縣（市）民依法直接選舉產生，任期4年，可連選連任。目前縣議員總額計算，凡縣人口在1萬人以下者，不得超過11人；人口在20萬人以下者，不得超過19人；人口在40萬人以下者，不得超過33人；人口在80萬人以

下臺,不得越過43人;人口在160萬人以下者,不得超過57人;最多不得超過65人。縣議員依「地方制度法」第50條的規定,享有在開會時,對於有關會議事項所為之言論及表決,對外不負責任。而同法第51條也規定,縣議員除現行犯外,在會期內,非經縣議會的許可,不得逮捕或拘禁。

縣(市)議會設議長、副議長各1人,由縣(市)議員互選產生,任期與議員相同,可連選連任。議長、副議長除因任期屆滿去職外,也可以因辭職、死亡、喪失議員資格或被罷免而去職,但議長、副議長就職未滿1年者,不得對其提出罷免案。議長主要職權是綜理會務,召集並主持會議,對外代表議會。議長因故不能執行職務時,由副議長代理。

各縣(市)議會,每6個月集會一次,議員人數在40人以下者,每次集會不得超過30日;41人以上者,不得超過40日。縣(市)議會置主任祕書1人,分設5至7個組室,如議事組、總務組、法制室、公共關係室、資訊圖書室等。縣(市)議會並置程序委員會、紀律委員會及3至6個議案審查委員會。

「地方制度法」第36條規定,縣(市)議會的職權如下:議決縣(市)規章;議決縣(市)預算;議決縣(市)特別稅、臨時稅及附加稅;議決縣(市)財產的處分;議決縣(市)政府組織自治條例及所屬事業機構組織自治條例;議決縣(市)政府提案事項;審議縣(市)決算的審核報告;議決縣(市)議員提案事項;接受人民請願;其他依法律、「中央」法規或省自治法規賦予的職權。

(二)縣(市)政府

「地方制度法」第56條對於縣(市)政府的組織有如下規定:(1)縣政府置縣(市)長1人,對外代表該縣(市),綜理縣(市)政,縣(市)長並指導監督所轄鄉(鎮、市)自治。縣(市)長均由縣(市)民依法選舉

產生，任期4年，連選得連任一次。置副縣（市）長1人，襄助縣（市）長處理縣政，職務比照簡任第十二職等；人口在120萬人以上的縣（市），得增置副縣（市）長1人，均由縣（市）長任命，並報請「內政部」備查。（2）縣（市）政府置主任祕書1人，由縣（市）長依「公務人員任用法」任免；其一級單位主管或所屬機關首長，除了主計、人事、警察、稅捐及政風等部門的主管或首長以外，依照專屬人事管理法律任免；人口在100萬人以上，未滿125萬人者，得增置1人；人口在125萬人以上者，得增置2人外，其餘均由縣長依法任免。（3）副縣（市）長和以機要人員方式任用的一級單位主管，於縣（市）長卸任、辭職、去職或死亡時，隨同離職。

縣（市）政府的職權為依「地方制度法」辦理縣（市）自治事項並執行上級政府委辦事項。

（三）縣（市）議會與縣（市）政府的關係

自治法人內行政機關與立法機關之間的關係，在「地方制度法」的設計上，基本上模仿了「中央」行政與立法關係的制衡監督模式，但地方自治團體畢竟屬基層行政組織，故其間仍有受上級監督機關監督的空間。

1.自治事項的立法與執行關係

「地方制度法」第38條規定，縣（市）政府對縣（市）議會的議決案應予執行。如延不執行或執行不當，縣（市）議會得請縣（市）政府說明理由，必要時得報請「內政部」邀集各有關機關協商解決。另外，「地方制度法」第39條第2項規定，縣（市）政府對縣（市）議會有關縣（市）議員提案事項及接受人民請願的議決案，如執行有困難時，應說明理由函覆縣（市）議會。

2.施政報告、列席說明與接受質詢關係

「地方制度法」第48條第1項規定，縣（市）議會定期會間會時，縣（市）市長應提出施政報告；縣（市）政府各一級單位主管及所屬機關首長，均得應邀就主管業務提出報告。同條第2項又規定，縣（市）議員在縣（市）議會開會時有向縣（市）長或單位主管就其主管業務質詢的權利；其質詢分為施政總質詢與業務質詢，業務質詢時，由相關業務主管備詢。又依同法第49條規定縣（市）議會、縣（市）議會委員會開會時，對特定事項有明了必要者，得邀請縣（市）長、有關業務機關首長或單位主管列席說明。

3.縣（市）規章、預算、稅課、財產處分、組織條例及提案事項的議決與覆議關係

依「地方制度法」第36條規定，縣（市）議會有議決縣（市）的規章、預算、稅課、財產處分、縣（市）政府組織自治條例及所屬事業機構組織自治條例與縣（市）政府提案事項。而依「地方制度法」第39條規定，縣（市）政府對縣（市）議會上述事項的議決案以及縣（市）議會就其他依法律或上級法規賦予職權所作的議決案，如認為窒礙難行，應於該議決案送達縣（市）政府30日內，就窒礙難行部分敘明理由送請縣（市）議會覆議。而縣（市）議會對於縣（市）政府所移送覆議案，依「地方制度法」第39條第4項規定，應於送達15日內作成決議。如為休會期間，應於7日內召集臨時會，並於開議3日內作成決議。覆議案逾期未議決者，原決議失效。覆議時，如有出席議員、代表2/3維持原議決案，縣（市）政府應即接受該決議。另外，依「地方制度法」第39條第5項規定，縣（市）總預算案的覆議案，如原決議失效，縣（市）議會就縣（市）政府原提案重行議決，並不得再為相同的決議，各該行政機關亦不得再提覆議。

4.縣（市）總預算案的提出與審議關係

「地方制度法」第40條第1項規定，縣（市）總預算案，縣（市）政府應於會計年度開始2個月前送達縣（市）議會。縣（市）議會應於會計年度

開始1個月前審議完成,並於會計年度開始15日前由縣(市)政府發布。縣(市)總預算案在年度開始後3個月內來完成審議,則依「地方制度法」第40條第4項規定,縣(市)政府得就原提總預算案未審議完成部分,報請「內政部」邀集各有關機關協商,於1個月內決定;逾期未決定者,由「內政部」直接作出決定。另外,依「地方制度法」第40條第5項規定,縣(市)總預算案經覆議後,仍維持原決議,或依前條第5項重行議決時,如對歲入、歲出的議決違反相關法律、基於法律授權的法規規定或踰越權限,或對維持政府施政所必須的經費、法律規定應負擔的經費及上年度已確定經費的刪除已造成窒礙難行時,準用前項規定。

5.縣(市)決算案的提出與審議關係

「地方制度法」第42條第1項規定,縣(市)決算案,應於會計年度結束後4個月內,向審計機關提出,審計機關應於決算送達後3個月內完成其審核,編造最終審定數額表,並提出決算審核報告於縣(市)議會。縣(市)議會審議此報告時,得邀請審計機關首長列席說明。

6.縣(市)政府與縣(市)議會的爭議關係

縣(市)政府與縣(市)議會之間的爭議關係,主要有二:(1)縣(市)政府對縣(市)議會的議決案延不執行或執行不當所發生的爭議關係,可依「地方制度法」第38條的規定解決;(2)縣(市)議會對縣(市)總預算案未在年度開始後3個月內完成審議所生的爭議關係,可依「地方制度法」第40條第4項規定解決。

三、縣(市)的地位

1997年「憲政改革」及隨後的「精省工程」後,省的自治法人地位被「凍結」,因此憲法上規定的地方自治制度只剩下縣這個層級了,因此,縣

（市）地位大幅提升，逐漸直轄市化。「地方制度法」也肯定這一變化。不僅二者的機構設置完全相同，連自治事項也大體相同。根據臺灣有關法律和司法院大法官的解釋，縣（市）的地位如下：

（1）縣（市）為地方自治團體，具有公法人地位。「地方制度法」明確規定，縣（市）為地方自治團體，地方自治團體具有公法人地位，得依據法律辦理自治事項和委辦事項。

（2）縣（市）地位直轄市化，其法律地位得到提升。「自治二法」時期，省縣自治法以省為中心設計，縣（市）為省屬地方自治團體，受省指揮監督，縣（市）的法律地位不高。1996年「國家發展會議」上，國民黨和民進黨就「縣市增設副市長，縣（市）政府職權應予增強」達成共識。「地方制度法」規定，縣（市）可根據人口數量依此增設副職，且縣（市）政府獲得依法定職權或基於法律授權制定自治規則的權力，取得相當程度的行政立法權。同時，縣（市）議會根據「地方制度法」第26條獲得制定行政處罰的權力，縣（市）議會的立法權限與直轄市議會的立法權限已無區別，縣（市）地位與直轄市也無太大區別。

需要說明的是，縣（市）作為地方自治單位，其自治事項有縣（市）公職人員選舉罷免實施事項，縣（市）地政事項，縣（市）財政、縣（市）稅捐、縣（市）債，縣（市）警衛的實施等28項，對於自治事項遇有爭議時，由立法院院會議決。縣（市）政府辦理自治事項違背「中央」或省法規，由省政府予以撤銷、變更、廢止或停止其執行。

四、縣（市）自治的特點

縣（市）自治及其組織，具有以下幾項特色：

（一）具有自主組織權

縣（市）政府的組織，系由省政府擬訂準則，報請行政院核定，各縣（市）政府再依據該準則擬訂組織規程，報請省政府核定。據此，縣（市）屬機關的職掌、單位組設及員額編制既有準則可循，而各縣尚得因地制宜，根據特殊情況擬訂適當的組織規程，以符合地方需要，落實憲法規定地方自治的意旨。但縣（市）政府一級單位主管，包括人事、主計、警政、政風四位主管的人事任免權，非由縣（市）長主導，與省（市）的一級單位主管由省（市）長主導有所不同。

　　依「地方制度法」，縣（市）長得任命政務職副縣（市）長1人；人口在125萬人以上者，得增置副縣（市）長1人。此外，人口在100萬人以下者，縣（市）長得任用3位機要人員；人口在100萬人以上，125萬人以下者，得任命4位機要人員；人口在125萬人以上者，得任命5位機要人員。

　　「地方制度法」有關地方議會會期的規定，頗為嚴格，如縣（市）議會每年召開臨時會，不得超過6次，每次不得超過5日（覆議案在送達議會15日內應作成決議；如為休會期間，應於7日內召集臨時會，並於開議3日內作成決議）。至於縣（市）議會亦應設新聞、資訊和助理人員，以發揮立法功能。

（二）受上級監督

　　縣（市）議會議決的事項，與「中央」法規、省法規牴觸者無效。縣（市）政府辦理委辦事項或自治事項，應符合「中央」或省法令規章，依法辦理，否則省政府得予以撤銷、變更、廢止或停止其執行。至於地方總預算案如未能在法定期間完成審議，「地方制度法」規定經報請上級機關邀集各有關機關協商，而未在法定期間（1個月內）決定，由邀集協商的上級機關直接作出決定。縣（市）固然實行縣（市）自治，為憲法所規定，但它們要受上級監督，這也是地方自治團體的共同特徵。

（三）立法與行政機關分立

縣（市）議會議員與縣（市）長，分別由縣（市）民選舉產生，各自有一定任期，對選民負責並由選民罷免。縣（市）議會的決議，縣（市）政府應予執行，如延不執行或執行不當，縣（市）議會得說明理由，必要時報請省政府核辦。縣（市）議會與縣（市）政府之間，雖有類似覆議制度的關係，但二者之間並無議會內閣制相互徹底的對抗，屬於機關分立的關係。

第六節　鄉（鎮、市）自治制度

一、鄉（鎮、市）的地位

依「地方制度法」第3條第2項，縣劃分為鄉（鎮、市）；規定鄉（鎮、市）為法人，辦理自治事項，並執行上級政府委辦事項。鄉（鎮、市）地位明確，為臺灣地方政權的一個層級。

這裡需要特別指出的是，這裡的「市」是指縣轄市。所謂縣轄市是直接隸屬於縣政府管轄的市，其地位與鄉、鎮相當，為最基層的自治組織。縣轄市的設置標準，依「地方制度法」第4條的規定，凡人口聚居地區，工商業發達，自治財源充裕，交通便利及公共設施完備，且人口在15萬人以上未滿50萬人者，得設縣轄市。「地方制度法」施行前已設的縣轄市，其人口數得不適用超過15萬人的規定。

臺灣的地方基層組織是鄉之下的村和鎮、縣轄市之下的里，村和里為同級的基層組織。村、里都設置辦公處，設村、里長1人，村、里長由村、里民眾選舉，任期4年，連選可連任。但是，按照臺灣地方自治的有關法律規定，鄉、鎮、縣轄市才是具有法人地位的一級自治單位，村、里不是自治單位，村、里長受鄉、鎮、縣轄市區長的指揮監督，辦理村、裡的公務及交辦

的事項。村長、里長不是公務員,也不是民意代表或法人。

二、鄉(鎮、市)的組織

鄉、鎮、縣轄市分別有各自的立法機關與行政機關,鄉、鎮、縣轄市的立法機關為鄉、鎮、市民代表會,行政機關則為鄉、鎮、市公所。

(一)鄉(鎮、市)民代表會

鄉(鎮、市)民代表會由鄉(鎮、市)民依法選舉產生的代表組成。鄉(鎮、市)民代表任期均為4年,連選得連任。其代表名額為:鄉(鎮、市)人口在1000人以下者,不得超過5人;人口在10000人以下者,不得超過7人;人口在50000人以下者,不得超過11人;人口在150000人以下者,不得超過19人;最多不得超過31人。鄉(鎮、市)有平地原住民人口在1500人以上者,前項總額應有平地原住民選出的代表名額。各選舉區選出的代表名額在4人以上者,應有婦女當選名額。

代表會設主席、副主席各1人,由代表會代表互選產生。代表會主席負責綜理會務,召集並主持會議,對外代表代表會,主席因故不能執行職務時,由副主席代理。下置祕書1人,處理日常事務,並可分設議事、總務二組辦事。代表會內設紀律小組及2至3個議案審查小組。

鄉(鎮、市)民代表會的職權,依「地方制度法」第37條的規定,有下列幾個方面:(1)議決鄉(鎮、市)規約;(2)議決鄉(鎮、市)預算;(3)議決鄉(鎮、市)臨時稅;(4)議決鄉(鎮、市)財產的處分;(5)議決鄉(鎮、市)公所組繳自治條例及所屬事業機構組織自治條例;(6)議決鄉(鎮、市)公所提案事項;(7)審議鄉(鎮、市)決算報告;(8)議決鄉(鎮、市)民代表提案事項;(9)接受人民請願;(10)其他

依法律或上級法規、規章賦予的職權。

鄉（鎮、市）民代表會定期會每6個月開會一次；代表總額20人以下者，每次會期不得超過12日；21人以上者，不得超過16日。

（二）鄉（鎮、市）公所

鄉（鎮、市）的行政機關，稱為鄉（鎮、市）公所，依「地方制度法」第57條的規定，置鄉（鎮、市）長1人，對外代表該鄉（鎮、市），綜理鄉（鎮、市）政，由鄉（鎮、市）民依法選舉產生，任期4年，連選得連任一次；其中人口在30萬人以上的縣轄市，得置副市長一人，襄助市長處理市政，以機要人員方式任用，在市長卸任、辭職、去職或死亡時，隨同離職。山地鄉鄉長以山地原住民為限。另外，鄉（鎮、市）公所除了主計、人事、政風的主管依照專屬人事管理法律任免外，其餘一級單位主管均由鄉（鎮、市）長依法任免。

鄉（鎮、市）公所的職權主要有：辦理鄉（鎮、市）自治事項，並執行上級政府委辦事項。鄉（鎮、市）公所應執行鄉（鎮、市）民代表會議決案，如延不執行或執行不當，代表會得請其說明理由，必要時得報請縣政府各有關機關協商解決。鄉（鎮、市）公所對代表會議決的規約、預算等案，如認為窒礙難行時，應於該議決案送達公所30日內，敘明理由送請代表會覆議。

（三）鄉（鎮、市）公所與鄉（鎮、市）代表會之間的關係

鄉（鎮、市）公所與鄉（鎮、市）代表會之間的關係，類似於縣政府與縣議會之間的關係，其具體內容，請參閱本章第五節「縣（市）自治制度」

中的有關分析，此不贅述。

三、鄉（鎮、市）的自治事項

依「地方制度法」第20條規定，鄉（鎮、市）自治事項主要包括：（1）關於組織及行政管理事項；（2）關於財政事項；（3）關於社會服務事項；（4）關於教育文化及體育事項；（5）關於環境衛生事項；（6）關於營建、交通及觀光事項；（7）關於公共安全事項；（8）關於事業的經營及管理事項；（9）其他依法律賦予的事項。

而有關自治事項遇有爭議時，根據憲法第111條、「省縣自治法」第15條的規定，由立法院加以解決。縣與鄉（鎮、市）間，自治事項遇有爭議時，由「內政部」會同「中央」各主管機關加以解決。

四、鄉（鎮、市）的自治監督

鄉（鎮、市）公所辦理委辦事項違背「中央」、省或縣法令，超越權限者，由縣政府予以撤銷、變更、廢止或停止其執行。其辦理自治事項，違背憲法、法律、「中央」法令、縣規章者（是否違背有爭議時須經司法院作出解釋），由縣政府予以撤銷、變更、廢止或停止其執行。

鄉（鎮、市）公所應該行為而不作為，其適於代行處理者，各該自治監督機關得命令其在一定期限內作為，如逾期仍不作為者，各該自治監督機關得代行處理。但情況急迫時，得逕行代為處理。縣與鄉（鎮、市）之間，自治事項遇有爭議時，由「內政部」會同「中央」各主管機關加以解決。各鄉（鎮、市）之間的事權爭議，由縣政府加以解決。

鄉（鎮、市）總預算案在年度開始後3個月內未完成審議，鄉（鎮、市）公所得就原提總預算案未審議完成部分，報請縣政府邀集各有關機關協

商,於1個月內作出決定,逾期未作出決定,由邀集協商的機關直接作出決定。

五、關於鄉（鎮、市）法人地位的爭議

鄉（鎮、市）在「省縣自治法」公布實施前,應否為法人並施行自治,備受社會所關注討論。因此,鄉（鎮、市）長應否民選或改為官派委任,即成為「憲政改革」的重要議題。反對鄉（鎮、市）應為法人者,其理由要為：（1）鄉（鎮、市）自治事權極為有限,除了辦理選舉、貧民救助、役男身家調查、糾紛調解外,重要事項例如戶籍管理、土地登記及測量、國民教育、環保衛生、稅課等,均非屬於鄉（鎮、市）的事權。鄉（鎮、市）徒有自治之名而少其實。（2）鄉（鎮、市）財源短缺,且無固定稅收,故常需依賴上級補助,而難以推動自治工作。（3）鄉（鎮、市）地方狹小,首長及民意代表經由選舉產生,多年來造成地方派系傾軋,已是不爭的事實。其施行自治反而導致地方的對立衝突,恐不免得不償失。（4）基層事務具體而繁瑣,與政策無關,是否應經人民選舉行政首長及議會代表,值得商榷。

至於主張鄉（鎮、市）應為法人,由地方居民選舉行政首長及民意代表組織自治機關,推動地方自治者,其理由則不外乎順應民主潮流、地方事務得以切實執行、有效訓練人民行使政權等。

至1997年「修憲」,經朝野政黨協議,決定廢除鄉（鎮、市）的選舉,使此一層級、組織成為縣的分支單位,其首長由縣政府就合格人員委任。鄉（鎮、市）將不再是政府層級,也不再是地方自治團體。2000年5月14日,即將就任的新「內閣」即考慮2002年起,鄉（鎮、市）長改為派任。但到2001年8月,決定下屆（2002年1月選舉2月就職）仍以選舉產生,至2007年2月任滿始改為派任新制。

第七節　地方自治制度評議

　　地方自治制度是臺灣政治制度的重要組成部分。地方自治既是臺灣早期政治民主化的原點，也是臺灣歷次「憲政改革」所關注的重點之一。從「自治綱要」時期，經過「自治二法」時期，再到「地方制度法」時期，臺灣的地方自治從監護型走向各自治團體享有更多自治權的法制型，已成為臺灣政治轉型和「憲政改革」的重要動力。

　　儘管目前臺灣的地方自治尚存在著許多不盡完美之處，國民黨當局起初開放地方選舉也並非真正是為了實踐民主，但這並不影響其對臺灣民主的貢獻。

一、對於臺灣民眾民主意識的培育作用

　　在臺灣施行地方自治的早期，缺乏民主賴以生存的民情基礎。臺灣社會受傳統文化的影響，民眾的權利意識、平等意識、民主意識、法治意識都很淡漠。在這種背景下，臺灣地方自治選舉的週而復始地舉辦，選舉往往成為促使民眾政治社會化的主要機制，特別是在民主價值取向方面，不斷的選舉，就會推動民主價值取向的加深和普及，對民主意識的養成，產生了重要影響。

　　臺灣地方自治是臺灣人民行使民主權利的重要渠道和模式。作為政治民主的一種具體實現形式，從1950年代初到80年代中期，地方自治這種「部分的民主實踐」使臺灣民眾對民主的概念、價值和態度習以為常。在落實地方自治制度的過程中，透過民主政治運作（主要是借助於選舉），喚起了民眾權利意識的覺醒，確立了民主政治的機制，形成了民主政治的意識，培養了民主的技術和規則，鍛鍊了民主政治的人才。這為1980年代末開始的政治轉型奠定了社會、政治和文化基礎。

地方自治選舉不僅僅是民主的制度實踐，也是對民眾進行民主教育的過程。儘管早期由國民黨政權所推行和操控的地方自治屬於是「中央」監護式或指導式的自治，並且也確實存在著「有名無實」問題，但並不能因此否認地方自治中所包含的「民主」的合理內核，不能否認在地方自治選舉中，臺灣民眾所受到的啟蒙、教育和宣傳。透過地方自治的民主實踐，臺灣民眾的自主意識、競爭意識、平等意識、法律意識不斷養成。人們逐漸瞭解、適應民主政治的「遊戲規則」，也只有參與到民主的「遊戲」中來，才能體現自己的意思，才能維護自己的利益，才能不會被忽視。隨著選舉的不斷舉辦，臺灣民眾由「動員性」參與逐漸發展為「自主性」參與，1980年代以後，民眾的參與意識變得比較獨立和自主，民眾也會透過各種開放的渠道表達自己的意見。簡言之，在地方自治的過程中，臺灣民眾的民主習慣和民主意識逐步養成。

二、對於臺灣政治轉型的促進作用

臺灣長期舉辦的地方自治，是其政治轉型的重要誘導因素之一，在其政治轉型過程中起了舉足輕重的作用。1950年代，由於國民黨退臺後面臨著「合法性」不足、民意支持率低的困境，臺灣有意開放地方層級民意代表和行政首長的選舉。除臺灣省主席和北、高兩個直轄市市長外，地方上的一切公職均向公眾開放。國民黨當局雖然透過開放地方層級選舉，達到了收編地方精英，緩解「合法性」危機、培植組織力量的目的，但是，透過地方自治實踐，自治團體的自治權逐步得到擴大和落實，臺灣對地方自治權的控制力越來越弱。由於地方自治民主運作日益深入人心，地方自治技術規則不斷完善，國民黨當局對於基層選舉對威權體制的衝擊表現得無能為力。同時，由於「解嚴」、「開放黨禁」，也為持不同政見者提供了合法挑戰執政黨的公共空間，形成所謂「地方包圍中央」的格局。黨外人士可以經由地方層級的

選舉達到表達政治意圖、參與政治活動的目的。早在1950年代，就有非國民黨籍人士在地方選舉中獲勝，黨外人士及之後的民進黨也正是在地方選舉中不斷壯大。伴隨著黨外反對勢力形成與反對黨的誕生，反對黨和廣大民眾的政治參與層面逐步擴大。隨著政治反對力量的迅速發展，威權主義體制逐步弱化，並進而導致政治轉型。因此說，臺灣地方自治是臺灣政治轉型的關鍵性誘導因素，是削弱威權統治，推動政治轉型的主要政治動力。

三、對於臺灣民主成果的鞏固作用

按照學界的主流看法，目前臺灣已結束了政治轉型期，而步入了民主鞏固期。也就是說，今後臺灣的民眾在政治發展問題上的主要任務是，如何進一步鞏固這些年來所取得的民主成果，使臺灣的民主政治走向穩定和成熟。在這一時期，臺灣的自治制度及其實踐對於其民主成果的鞏固仍發揮著不可替代的積極功效。

臺灣作為一個缺乏民主精神的社會，由地方自治入手，逐步培養民主的民情。每次選舉都要進行選舉公告、選民登記、候選人登記、競選、投票、開票等一系列程序，選民都可以參與。臺灣的地方自治選舉，改變了數千年來中國傳統的政治權力結構，權力運作的方向由「自上而下」變成了「自下而上」。臺灣的地方自治透過地方民眾選出民意機關和地方行政機關的首長及組成人員，透過民意機關的提案、諮詢、監督及制定地方法規，地方政府代表地方民意施政，實現地方事務由地方民眾自行辦理，這一系列民主政治運作，長期延續下來，為地方民眾的政治參與提供了制度化的渠道與方式，造成了一種地方民主的政治文化氛圍，完成了民主參與實際能力的訓練。在民主政治運作中，地方民眾學習了民主政治知識、形成了政治參與習慣，提高了民主素養，培養了地方民眾的民主意識，奠定了地方民主政治生活的基礎，探索和積累了民主建設的經驗。當大多數民眾意識到自己的民主權利和

責任的時候，就會形成民主的社會要求和社會氛圍，將選舉視為政治生活中不可或缺的組成部分。這種民主意識的養成和逐步成熟，不僅對於臺灣的政治轉型具有重要的促進作用，而且對於今後臺灣的民主政治建設的進一步鞏固和完善也奠定了堅實的政治基礎、觀念基礎和制度基礎。

第十章　臺灣「中央」與地方關係

　　臺灣中央與地方的關係問題，是臺灣政治體制（特別是縱向政治體制）中的一個非常重要的問題，而且由於臺灣實　行地方自治，使得臺灣的中央與地方關係富有自己的特色。圍繞著如何理順臺灣中央與地方的關係，多年來臺灣頒布了一系列的法律和法規，從而形成了一套較為完善的制度。

第一節　處理中央與地方關係的原則

　　依憲法規定，臺灣處理中央與地方關係的原則為均權主義原則，而這一原則最早是孫中山先生的創見。也就是說，臺灣現行憲法的這一規定是根據孫中山先生的均權主義思想而制定的。

一、孫中山先生的均權主義思想

　　孫中山先生在地方自治制度方面認為，把權力劃歸中央，易造成集權專制，若全部交由地方而造成地方分權，易造成國家分裂，於是他認為採行均權制是最好的制度。那何謂均權制？即不偏不倚，不把所有事權劃歸中央或地方的制度。他在《中華民國建設之基礎》（1922年）一文指出了中央集權與地方分權的不足，並提出以事（權）的性質作為中央與地方權限劃分的標準。在該文中，孫中山先生指出：「權之宜屬於中央者，屬之中央可也，權之宜屬於地方者，屬之地方可也。例如軍事外交，宜統一不宜分裂，此權之宜屬於中央者也。教育衛生，隨地方情況而異，此權之宜屬地方者也。更分析言之，同一軍事也，國防固宜屬之中央，然警衛隊之設施，豈中央所能代勞？是又宜屬之地方矣。同一教育也，濱海之區宜側重水產，山谷之地宜側重礦業或林業，定固宜予地方以措置之自由。然早制及義務教育年限，中央

不能不為劃一範圍，是中央亦不能不過問教育事業矣。定則同一事業，猶當於某程度以上屬之中央，某程度以下屬之地方。」根據這一基本精神，孫中山先生在1924年起草的《國民政府建國大綱》中，將均權的中央與地方關係規範了下來：「中央與省之權限系均權制度。凡事務有全國一致之性質者，劃歸中央；有因地制宜之性質者，劃歸地方。不偏於中央集權或地方分權」。孫中山先生的均權主義思想，為臺灣處理中央與地方的關係提供了理論基礎和實踐原則。

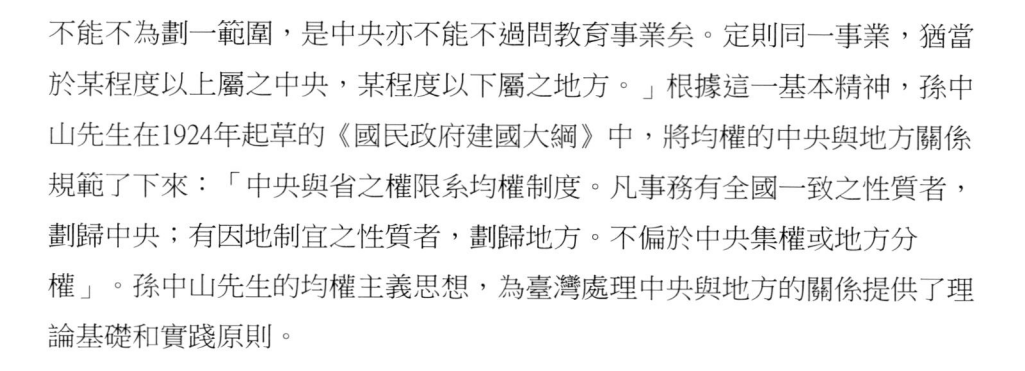

二、憲法設定的均權主義原則

憲法採取均權主義，規定中央與地方的權限劃分。憲法第111條規定：「如有未列舉事項發生時，其事務有全國一致之性質者屬於中央，有全省一致之性質者屬於省，有一縣之性質者屬於縣，遇有爭議時，由立法院解決之。」從憲法規定來分析，該均權主義原則包括以下兩個方面的內容：

一是事務的性質。「事務具有全國一致之性質者，劃歸中央。」從實質上說，這裡所謂的事務的「性質」也包含事務的種類，如「國防」、軍事、「外交」等事項，兼具性質與種類雙重因素。

二是因地制宜。「事務有因地制宜之需要者，劃歸地方。」如森林工礦、教育制度（中等教育、義務教育）、公共衛生等等。這些事務既是「種類」又有地方性質，故劃歸地方。

第二節　中央與地方的事權劃分

一、事項種類與事權劃分

臺灣依均權主義原則對中央與地方的事權加以劃分。憲法自第107至111

條採用列舉的方式將中央與地方的事權劃分為以下五類：（1）由中央立法並執行的事項；（2）由中央立法並執行或交由省、縣執行的事項；（3）由省立法並執行或交由縣執行的事項；（4）由縣立法並執行的事項；（5）未列舉的事項。但在1997年第四次「修憲」後，省已被「虛級化」，所以，上述五類事項中的第三類事項（即「由省立法並執行或交由縣執行的事項」）已在事實上不再存在。因而，下面只分析其他四類事項。

（一）由中央立法並執行的事項

依憲法第107條的規定，由中央立法並執行的事項，屬於中央的專屬事項。對於中央專屬事項，中央保留全部立法權和執行權，地方自治團體不僅不能行使地方立法權，連參與執行權也沒有。這些事權包括：（1）「外交」；（2）「國防」與「國防軍事」；（3）「國籍法」及刑事、民事、商事法律；（4）司法制度；（5）航空、「國道」、「國有」鐵路、航政、郵政及電政；（6）中央財政與「國稅」；（7）「國稅」與省稅、縣稅的劃分；（8）「國營」經濟事業；（9）幣制及「國家」銀行；（10）度量衡；（11）國際貿易政策；（12）涉外的財政經濟事項；（13）其他依憲法所規定的關於中央的事項。

以上13項中央固有的事權，大致可分為三類：

（1）「國家主權」事項。「國防」、「外交」事務，關係到國家主權的獨立運作，依各國體制，由中央政府統一掌理。至於司法制度、國際貿易政策、涉外的財政經濟事項，亦均與維護國家主權有關，故由中央全權掌理。

（2）全國一致事項。「國籍法」、刑事法律、民事法律、商事法律、幣制、度量衡等，具有全國一致的必要，自古以來即由「中央政府」立法並執行，以免政出多門，標準不一，造成人民生活不便。

（3）概括規定事項。第13項，即「其他依本憲法所定關於中央之事項」，除「憲政」機關如國民大會、總統及五院之外，人民基本權利及義務與基本「國策」等，有關中央事權的規定，也包含在該條規定。

（二）由中央立法並執行或交由省、縣執行的事項

依憲法第108條規定，下列事項由中央立法並執行或交由省、縣執行：（1）省縣自治通則；（2）行政區劃；（3）森林、工礦及商業；（4）教育制度；（5）銀行及交易所制度；（6）航業及海洋漁業；（7）公用事業；（8）合作事業；（9）二省以上的水陸交通運輸；（10）二省以上的水利、河道及農牧事業；（11）中央及地方官吏的銓敘、任用、糾察及保障；（12）土地法；（13）勞動法及其他社會立法；（14）公用徵收；（15）全國戶口調查及統計；（16）移民及墾殖；（17）警察制度；（18）公共衛生；（19）振濟、撫卹及失業救濟；（20）有關文化古籍、古物及古蹟的保存。

因憲法增修條文第9條第1項規定：「省、縣地方制度，……以法律定之，不受憲法第108條第1項第1款的限制。」故「中央政府」是以制定法律（即「地方制度法」）的方式來規範省、縣地方制度。

要正確把握該類事項的歸屬，需要把握以下幾個要點：

（1）執行權的彈性。憲法所列舉的該類事項，系將立法權與執行權分開，除由中央立法外，其執行權不專屬於中央，可以視事務的性質、各地的需要及地方自治能力，決定其執行權的歸屬。中央既可以自己執行，也可以交由省、縣執行。省、縣在執行此類事務時，即形成中央的間接行政或委辦行政，與地方處理自治事項的自治行政有所不同。

（2）事權劃分的概括性

該類事項，或以事務種類為標準，如行政區劃、森林工礦及商業、教育制度等；或以事務涉及的地域為標準，如二省以上的水陸交通運輸、二省以上的水利河道及農牧事業、全國戶口調查及統計等。中央與地方事權的劃分，採取各種不同標準作彈性考慮，以適合臺灣的實際情況。

（3）對於中央委辦事項，中央保留立法權，省或縣可分享執行權，在一定情況下省享有制定單行法規權，「精省」後，臺灣中央委辦事項的執行者為直轄市、縣（市）。

（三）地方自治事項

臺灣「精省」改革後，省不再是地方自治團體，依「地方制度法」，省已無自治事項。故在此只討論直轄市及縣（市）的自治事項。

1.由直轄市立法並執行的事項

直轄市自治事項由「地方制度法」第18條列舉，地方自治團體得就自治事項享有完全的立法權和執行權，但要受自治監督機關的監督。這些事項主要包括：（1）關於組織及行政管理事項；（2）關於財政事項；（3）關於社會服務事項；（4）關於教育文化及體育事項；（5）關於勞工行政事項；（6）關於都市計劃及營建事項；（7）關於經濟服務事項；（8）關於水利事項；（9）關於衛生及環境保護事項；（10）關於交通及觀光事項；（11）關於公共安全事項；（12）關於事業主經營及管理事項；（13）其他依法律賦予的事項。

2.由縣（市）立法並執行的事項

依憲法第110條規定，下列事項由縣（市）立法並執行：（1）縣（市）教育、衛生、實業和交通；（2）縣（市）財產的經營和處分；（3）縣（市）公營事業；（4）縣（市）合作事業；（5）縣（市）農林、水利、漁

牧及工程；（6）縣（市）財政和縣（市）稅；（7）縣（市）債；（8）縣（市）銀行；（9）縣（市）警衛的實施；（10）縣（市）慈善及公益事業；（11）其他依中央法律和「省縣自治法」賦予的事項。

從本條規定來看，縣（市）具有廣泛的自治事項，並為憲法明確保障。縣（市）雖實行縣（市）自治仍需彼此合作，以共同辦理相關事務。本條更概括規定，縣（市）應執行「國家」法律及「省縣自治法」所賦予的事項，因為縣（市）為行政區域，非「獨立王國」，還應執行上級政府委辦事項，以維護政治權力的統一。

另外，依照「地方制度法」第19條，有關縣（市）自治事項詳列13項，與前述直轄市的自治事項項目相同。縣（市）的地位提升，自治事項較前更為充實。

（四）剩餘事項

中央與地方的事權分配，憲法第107、第108、第109、第110條均明文列舉，但若有事項不在這些條文列舉範圍內時，如何解決呢？對此，憲法第111條提出了一個劃分的原則：「如有憲法未列舉事項發生時，其事務有全國一致之性質者屬於中央，有全省一致之性質者屬於省，有一縣之性質者屬於縣。遇有爭議時，由立法院解決之。」按照該規定，對於「剩餘事權」的歸屬（究竟應交給中央或地方），亦依據均權主義來作決定。而其間的權限爭議，則由立法院予以解決。第四次憲法增修條文中的「凍省條款」，已經取消了憲法規定的本來屬於省的執行權限或立法權限的事項。

（五）問題說明

對專屬事項與自治事項、委辦事項的區分並無多少爭議，但自治事項和

委辦事項的區分,是臺灣地方自治制度中富有爭議的問題之一。根據「地方制度法」第2條第3款和第4款所作的立法解釋,自治事項是指地方自治團體依憲法或「地方制度法」,得自為立法並執行,或法律規定應由該團體辦理的事務,而負其政策規劃及行政執行責任的事項,前者可稱為自願辦理事項,後者可稱為法定自治事項;委辦事項是指地方自治團體依法律、上級法規或規章規定,在上級政府指揮監督下,執行上級政府交辦的非屬該團體的事務,而負行政執行責任的事項。儘管自治事項與委辦事項均羅列於憲法及其增修條文、「地方制度法」和其他法律中,但兩者之間的關係仍難以區分,成為纏繞臺灣中央與地方關係的主要問題,更關係到地方自治團體自身的定位。

二、事權行使的名義與責任

若確認某一事項屬於地方自治事項,則該事項的立法、執行均應以該地方自治團體的名義進行。換言之,作為自治法人的直轄市、縣(市)可對該事項加以立法並執行,如因該項立法或執行而對人民產生損害,自應由該地方自治團體負行政責任與民事損害賠償責任。如果屬中央事項,而仍委任直轄市、縣(市)執行,此時,基於法規規定,若直接以直轄市、縣(市)名義為之,即屬直轄市、縣(市)義務自治事項,若直轄市、縣(市)只是執行機關,名義仍屬中央,亦即法律效果仍歸於中央,則屬一般委辦事項。此時,具有違法性的積極作為或消極不作為,而侵害人民的權利時,應由中央與地方共同負責。只有如此,才能稱得上權責分明。

而中央立法,應從各種事務規定的模式著手。如果屬法定義務性地方自治的事項,則應將地方自治團體作為主管機關加以規定,此時,上級機關不得再規定為上管機關,而應只規定為監督機關。如果某一事項,將地方自治團體作為主管機關加以規定,則客觀上該事項自可視為法定義務性自治事

項。如此其他周邊的問題，包括不作為責任的歸屬、執行方式、立法權、行政處罰權等問題上，均可獲得解決。若規定模式上，地方自治團體非主管機關，只是作為執行機關，則該事項並非自治事項。

第三節　中央對地方自治的監督

雖然中央與地方自治團體各自擁有固有的事權，彼此尊重、相互協助，但中央對地方自治團體仍可行使各種監督權，從而形成了中央對地方的監督關係。其監督的內容和方式主要如下：

一、監督的內容

（一）立法監督

1.對自治條例的監督

自治條例由地方民意代表機關制定，是地方性法律。「地方制度法」第25條規定，直轄市、縣（市），鄉（鎮、市）得就其自治事項或依法律及上級法規的授權，制定自治法規。自治法規經地方立法機關透過並由各該行政機關發布者稱自治條例；自治法規由地方行政機關制定並發布或下達者稱自治規則。同法第28條規定，下列事項以應透過自治條例來規定：（1）法律或自治條例規定應經地方立法機關議決者；（2）創設、剝奪或限制地方自治團體居民之權利義務者；（3）關於地方自治團體及所營事業機構的組織者；（4）其他重要事項，經地方立法機關議決應以自治條例來規定者。同法第26條第4項規定：「自治條例經各該地方立法機關議決後，如規定有罰則時，應分別報經行政院、中央各該主管機關、縣政府核定後發布；其餘除法律或縣規章另有規定外，直轄市法規發布後，應報中央各該主管機關轉行政院備查；縣（市）規章發布後，應報中央各該主管機關備查；鄉（鎮、

市）規約發布後，應報縣政府備查。」

2.對自治規則的監督

自治規則系由地方行政機關所制定，等同於地方的法規命令。「地方制度法」第27條第3項規定：「直轄市政府、縣（市）政府及鄉（鎮、市）公所訂定的自治規則，除法律或自治條例另有規定外，應於發布後依下列規定分別函報有關機關備查：（1）其屬法律授權訂定者，函報該法律所定中央主管機關備查；（2）其屬依法定職權或自治條例授權訂定者，分別函送上級政府及各該地方立法機關備查或查照。」本條就地方自治規則的監督，除法律或自治條例另有規定外，僅以「備查」為已足，採取資訊性管理的措施，談不上監督。

3.對委辦規則的監督

「地方制度法」第29條第2項規定：「委辦規則應函報委辦機關核定後發布之」，此對委辦規則採取較為嚴格的監督。因為委辦規則系屬委辦機關的法規整體的一部分，故採用嚴格的監督方式。委辦規則並非地方自治法規，故其名稱雖與自治規則相同，但不必冠上地方自治團體名稱。

（二）行政監督

依憲法第108條的規定，「中央政府」對於委辦行政事項有監督的權限，另對憲法第109、第110條的地方自治行政也有監督權。故「中央政府」透過考試院對地方公務人員的考試、任用、銓敘、考績、升遷、保障、退休等加以掌控，加之透過監察院對地方公務人員的失職、違法情事加以糾舉、彈劾等，均可在人事上有效監督地方政府。「地方制度法」對於中央與地方間的關係有全盤性的調整，中央對地方的行政監督關係如下：

1.省政府受行政院指揮監督

「地方制度法」第8條規定，省政府受行政院指揮監督，辦理下列事項：（1）監督縣（市）自治事項；（2）執行省政府行政事務；（3）其他法令授權或行政院交辦事項。另依「地方制度法」第75條第1項規定，省政府辦理第8條事項違背憲法、法律、「中央法令」或超越權限者，由中央各主管機關報行政院予以撤銷、變更、廢止或停止其執行。

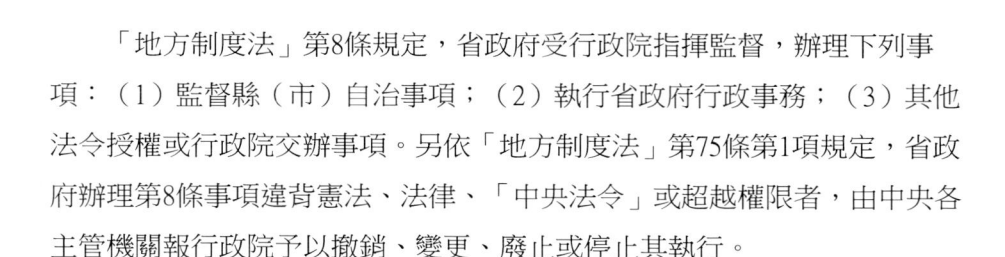

2.中央對直轄市政府辦理自治或委辦事項的監督

「地方制度法」第75條第2項規定，直轄市政府辦理自治事項違背憲法、法律或基於法律授權的法規者，由中央各該主管機關報行政院予以撤銷、變更、廢止或停止其執行。同條第3項又規定，直轄市政府辦理委辦事項違背憲法、法律、「中央法令」或超越權限者，由中央各該主管機關報行政院予以撤銷、變更、廢止或停止其執行。

3.中央對縣（市）政府辦理自治事項或委辦事項的監督

「地方制度法」第75條第4項規定，縣（市）政府辦理自治事項違背憲法、法律或基於法律授權的法規者，由中央各該主管機關報行政院予以撤銷、變更、廢止或停止其執行。縣（市）政府辦理委辦事項違背憲法、法律、「中央法令」或踰越權限者，由委辦機關予以撤銷、變更、廢止或停止其執行。

4.中央對地方政府違法不作為時的代行處理

「地方制度法」第76條規定，直轄市、縣（市）、鄉（鎮、市）依法應作為而不作為，致嚴重危害公益或妨礙地方政務正常運作，其適於代行處理者，得分別由行政院、中央各該主管機關、縣政府命其於一定期限內作為；逾期仍不作為者，得代行處理。但情況急迫時，得逕予代行處理。直轄市、縣（市）、鄉（鎮、市）對於代行處理的處分，如認為有違法時，依行政救濟程序辦理。

5.中央對地方政府首長違法時的停止職務權

「地方制度法」第78條規定,直轄市長、縣(市)長、鄉(鎮、市)長、村(裡)長,有該條所列情事之一者,分別由行政院、「內政部」、縣政府、鄉(鎮、市、區)公所停止其職務,不適用「公務員懲戒法」第3條的規定。另外,停止職務的人員,如經改判無罪時,或經撤銷通緝或釋放時,於其任期屆滿前,得準其先行復職。另予以停止其職務的人員,經依法參選,再度當選原公職並就職者,不再適用該項規定。而予以停止其職務的人員,經刑事判決確定,非第79條應予解除職務者,於其任期屆滿前,均應準其復職。直轄市長、縣(市)長、鄉(鎮、市)長,於本法公布施行前,非因第1項原因被停職者,於其任期屆滿前,應即準其復職。

6.中央對地方政府首長或民意代表的解除職務權

直轄市議員、直轄市長、縣(市)議員、縣(市)長、鄉(鎮、市)民代表、鄉(鎮、市)長及村(裡)長有「地方制度法」第79條所列情事之一者,直轄市議員、直轄市長由行政院分別解除其職權或職務;縣(市)議員、縣(市)長由「內政部」分別解除其職權或職務;鄉(鎮、市)民代表、鄉(鎮、市)長由縣政府分別解除其職權或職務,並通知各該直轄市議會、縣(市)議會、鄉(鎮、市)民代表會;村(裡)長由鄉(鎮、市、區)公所解除其職務。應補選者,並依法補選。不過,如有法定情事之一者,而地方政府首長或民意代表的原職任期未滿,且尚未經選舉機關公告補選時,則上述解除職權或職務的處分均應予撤銷。

7.中央對地方政府首長罹患重病的解除職務權

「地方制度法」第80條規定,直轄市長、縣(市)長、鄉(鎮、市)長、村(裡)長,因罹患重病,致不能執行職務繼續1年以上,或因故不執行職務連續達6個月以上者,應依法定程序解除其職務;直轄市議員、縣(市)議員、鄉(鎮、市)民代表連續未出席定期會達兩會期者,也解除其

職權。

8.中央對地方政府首長辭職、去職或死亡時的派員代理權

「地方制度法」第82條規定,直轄市長、縣(市)長、鄉(鎮、市)長及村(裡)長辭職、去職、死亡者,直轄市長由行政院派員代理;縣(市)長由「內政部」報請行政院派員代理;鄉(鎮、市)長由縣政府派員代理;村(裡)長由鄉(鎮、市、區)公所派員代理。同條第2項又規定,直轄市長停職者,由副市長代理,副市長出缺或不能代理者,由行政院派員代理。縣(市)長停職者,由副縣(市)長代理,副縣(市)長出缺或不能代理者,由「內政部」報請行政院派員代理。鄉(鎮、市)長停職者,由縣政府派員代理,置有副市長者,由副市長代理。村(裡)長停職者,由鄉(鎮、市、區)公所派員代理。另外,地方政府首長的辭職,應以書面形式提出,直轄市長應向行政院提出並經核准;縣(市)長應向「內政部」提出,由「內政部」轉報行政院核准;鄉(鎮、市)長應向縣政府提出並經核准;村(裡)長應向鄉(鎮、市、區)公所提出並經核准,均自核准辭職日生效。

上述各級地方自治團體對上級監督機關的監督處分,認為違法或不當,致損害其權利或利益者,依「訴願法」第1條第2項規定,得依「訴願法」提起訴願救濟。除此之外,如符合「司法院大法官審理案件法」第5條第1項第2款規定,在窮盡訴訟的審級救濟後,聲請司法院大法官解釋,以求獲得救濟。但若無關地方自治團體決議事項或自治法規效力問題,亦不屬得提起行政訴訟的事項,而純粹為中央與地方自治團體之間或上下級地方自治團體之間的權限爭議,則依司法院大法官釋字第527號解釋,應按「地方制度法」第77條規定,由立法院會議作出決定,且不得向司法院聲請解釋。

(三)司法監督

司法監督是中央司法機關基於司法執掌,以解釋法律或命令等方式,監

督地方自治團體，一方面藉以防止地方當局違法濫用權力，另一方面則為人民生命財產自由的保障。

1.憲法解釋

憲法第78條及第79條規定，司法院大法官會議掌理憲法解釋。由於地方法規有無牴觸憲法，屬於憲法解釋的範疇，故大法官會議得運用其「違憲」審查權對地方法規進行司法監督。「地方制度法」第30條和第43條也分別規定：「自治法規與憲法、法律，基於法律授權之法規、上級自治團體自治條例或該自治團體自治條例有無牴觸發生疑義時，得聲請司法院解釋之。」「直轄市議會、縣（市）議會、鄉（鎮、市）民代表會議決自治事項與憲法、法律、中央法規、縣規章有無牴觸發生疑義時，得聲請司法院解釋之。」這是司法院對於地方自治團體行使司法監督權的證明，司法院不但行使憲法解釋權，而且有統一解釋法律、命令權，這樣一來，直轄市立法機關所立之法，或直轄市行政機關的行政命令，均在司法院的監督之列；至於縣（市）的自治法規，自然也應在受監督之列。

2.地方公務人員的懲戒

對於自治人員的監督，司法院為臺灣的「最高司法機關」，掌理民事、刑事、行政訴訟的審判及公務員的懲戒。依「地方制度法」第80條規定：「直轄市長、縣（市）長、鄉（鎮、市）長適用公務員服務法；其行為有違法、廢弛職務或其他失職情勢者，準用公務人員之懲戒規定。」由上可見，司法院所屬的公務員懲戒委員會，有權對地方自治團體的公務人員作出懲戒。

（四）考試監督

考試監督是指考試院以考試、銓敘、保障、撫卹、退休等權，對地方自

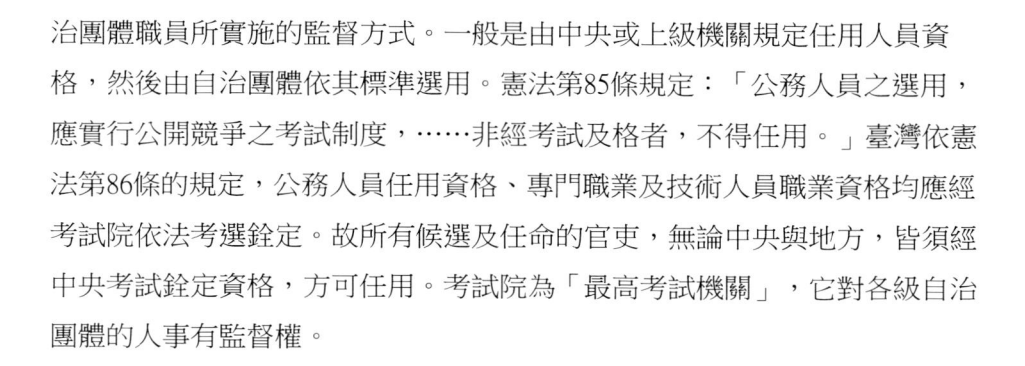

治團體職員所實施的監督方式。一般是由中央或上級機關規定任用人員資格，然後由自治團體依其標準選用。憲法第85條規定：「公務人員之選用，應實行公開競爭之考試制度，……非經考試及格者，不得任用。」臺灣依憲法第86條的規定，公務人員任用資格、專門職業及技術人員職業資格均應經考試院依法考選銓定。故所有候選及任命的官吏，無論中央與地方，皆須經中央考試銓定資格，方可任用。考試院為「最高考試機關」，它對各級自治團體的人事有監督權。

（五）監察監督

監察院作為臺灣的「最高監察機關」，以糾舉、彈劾、財務審計等方式對地方自治團體或個人實施監督。憲法第97條規定：「監察院對於中央及地方公務人員認為有失職或違法情事，得提出糾舉案或彈劾案，如涉及刑事，應移送法院辦理。」另外，審計權也是監察院的重要職權之一，依照「審計法」第5條的規定：「各省政府、院轄市及縣市政府及其所屬機關財務之審計，由審計部就各該省及院轄市所設之審計處辦理之。」故財務審計的對象，地方自治團體也包含在內。

二、監督的方式

中央對地方自治團體的監督，可分為合法性監督與適當性監督（亦稱專業監督或合目的性監督）。這是由於事務屬性不同，故有不同的監督密度。一般而言，對於自治事項，上級機關只作合法性監督，對委辦事項則作適當性監督。依所監督事項不同，「地方制度法」設計有以下三類監督方式，分述如下：

（一）備查

臺灣「地方制度法」第27條規定：「直轄市政府、縣（市）政府及鄉（鎮、市）公所訂定之自治規則，除法律或自治條例另有規定外，應於發布後依下列規定分別函報有關機關備查：（1）其屬法律授權訂定者，函報各該法律所定中央主管機關備查。（2）其屬依法定職權或自治條例授權訂定者，分別函送上級政府及各該地方立法機關備查或查照。」而備查係指下級政府或機關間就其得全權處理的業務，依法完成法定效力後，陳報上級政府或主管機關，使其知悉情況。亦即備查時監督機關不能逕予修正，但仍可發揮一定程度的抽象監督作用。

（二）糾正

糾正權系針對地方自治團體抽象的法規範的監督措施，例如，「地方制度法」第75條規定：縣（市）政府辦理自治事項違背憲法、法律或基於法律授權的法規者，由中央各該主管機關報行政院予以撤銷、變更、廢止或停止其執行。縣（市）政府辦理委辦事項違背憲法、法律、「中央法令」或踰越權限者，由委辦機關予以撤銷、變更、廢止或停止其執行。但自治事項有無違背憲法、法律、「中央法規」、縣規章發生疑義時，得聲請司法院解釋；在司法院解釋前，不得予以撤銷、變更、廢止或停止其執行。

（三）代行

基於行政一體原則，上下級行政機關負有互相協助的義務，地方自治團體依法應作為而不作為，其適於代行處理者，各該自治監督機關得命其在一定期限內作為，如逾期仍不作為者，各該自治監督機關得代行處理。為此，「地方制度法」第76條規定，直轄市、縣（市），鄉（鎮、市）依法應作為而不作為，致嚴重危害公益或妨礙地方政務正常運作，其適於代行處理者，得分別由行政院、中央各該主管機關、縣政府命其於一定期限內為之；逾時

仍不作為者,得代行處理。但情況急迫時,得逕予代行處理。直轄市、縣（市）、鄉（鎮、市）對前項處分如認為窒礙難行時,應於期限屆滿前提出申訴。行政院、中央各該主管機關、縣政府得審酌事實變更或撤銷原處分。行政院、中央各該主管機關、縣政府決定代行處理前,應函告被代行處理的機關及該自治團體相關機關,經權責機關通知代行處理後,該事項即轉移至代行處理機關,直至代行處理完畢。代行處理所支出的費用,應由被代行處理的機關負擔,各該地方機關如拒絕支付該項費用,上級政府得自以後年度補助款中扣減抵充。直轄市、縣（市）、鄉（鎮、市）對於代行處理的處分,如認為有違法時,依行政救濟程序辦理。

第四節　中央與地方爭議的解決機制

中央與地方關係所涉及的問題中最重要的是中央與地方關係的衝突及其解決機制。中央與地方的爭議關係可分成兩種,憲法第111和第117條分別規定了其解決方法,即中央與地方之間發生權限爭議時,由立法院解決,而中央法律與地方法規有無歧異牴觸發生爭議時,則由司法院解決。分述如下：

一、權限爭議的解決

（一）法律規定

憲法第107條至第110條,雖然分別列舉中央與省、縣的事權,但中央與地方的事權繁雜,其間難免因劃分不明確而引起爭議,尤其是隨著社會經濟的發展,新興事務不斷出現,政府事權難以逐一列舉。

前已所述,憲法第111條規定,「除憲法明文列舉事項外,如遇到未列舉事項發生時,其事務有全國一致之性質者屬於中央,有全省一致之性質者屬於省,有一縣之性質者屬於縣。遇有爭議時,由立法院解決之。」此為憲

法關於剩餘事權的劃分原則與爭議解決途徑的規定。

有關事權分配，憲法分別列舉中央與地方的專有事權，並規定省、縣地方應執行中央及上級政府委任事項，這類事權固然因法條規定而頗為明確，但因時空的演變，不免有剩餘權分配的問題。剩餘權的歸屬如同中央與地方事權的劃分，也採行均權主義原則。

對於中央與地方之間的權限爭議，「地方制度法」規定：（1）中央與直轄市、縣（市）之間，權限遇有爭議時，由立法院院會議決。（2）縣與鄉（鎮、市）之間，自治事項遇有爭議時，由「內政部」會同中央各該主管機關解決。（3）直轄市之間、直轄市與縣（市）之間，事權發生爭議時，由行政院解決。（4）縣（市）之間，事權發生爭議時，由「內政部」解決。（5）鄉（鎮、市）之間，事權發生爭議時，由縣政府解決。

（二）制度評議

至於中央與省、縣事權的劃分，如有爭議，則由立法院解決，即依立法或修法的方式解決其間的爭議。之所以採取這一方式，是因為立法委員由臺灣各地各階層選民選舉產生，能瞭解中央與地方的實況與需求，賦予立法院解決中央與地方的權限爭議，較之其他方式更切合實際。也有學者主張應改採司法院解釋的方式較為客觀公正。其理由是：其一，司法院依據法律獨立行使職權，不受利益團體或選民的影響。其二，此種爭議，多屬憲法解釋的爭議，尤以交由司法院解釋為宜。其三，中央事權原由立法院立法，以作為執行的依據，立法院實為中央與地方事權立法定製的「當事人」，倘由立法院出面解決爭議，作為當事人的一方則成為了仲裁者，其不合理之處顯而易見。

案例一：以省市主計、人事、警政、政風四主管的任免權歸屬為例。1994年省、市長改由人民選舉後，此四主管是否一如其他廳處（局）長，由

省、市長任免,一時成為各方議論的焦點。行政院人事行政局與省、市首長的見解各異其趣。此外,究竟地方自治法規的解釋權應歸屬行政院還是考試院,備受各界關注。最後由考試院決定,省市該四主管應由省、市長任免,但應依據有關法律的規定。考試院列舉四項理由,說明考試院有權解釋地方自治的法律法規:(1)根據「省縣自治法」第42條及「直轄市自治法」第31條的規定,各級政府的組織規程及準則,其有關考銓業務事項,不得牴觸中央考銓法規,並應函送考試院備查;(2)「省縣自治法」第35條及「直轄市自治法」第30條所列各職,包括政務官與事務官,二者都涉及官制官規,「銓敘部」基於職掌,有權研議解釋,並送請考試院決議;(3)依「公務人員任用法」,各機關擬任人員(事務官),必須在派任代理3個月內送請「銓敘部」審查,如果該四主管為事務官,應當依此程序辦理;(4)該四主管的任用,涉及「公務人員任用法」及相關各種專業人員設置條例,這些法律皆由考試院研訂,或由考試院會同行政院研訂,再送請立法院完成立法,故考試院應為這些法制的主管機關。從此案例可以看出,對中央與地方之間的權限爭議,憲法第111條僅規定由立法院加以解決,不免有所缺失。

案例二:以2002年臺北市政府決定延後里長選舉一案為例。2002年4月4日,臺北市公布「臺北市行政區劃及裡鄰編組自治條例」。依該「自治條例」,臺北市裡鄰區域將有重大變動。因此,臺北市政府決定先調整裡區域,後辦理里長選舉,遂根據「地方制度法」第83條第1項和第3項,以「特殊事故」為由擬延後選舉。臺北市政府的理由是:依憲法第118條,臺北市為憲法保障實施地方自治的團體;其次,「地方制度法」第83條規定,基於「特殊事故」,市政府有決定里長延後選舉的裁量權。「內政部」認為,本案並不符合「地方制度法」之「特殊事故」要件,多次函告臺北市政府撤銷該決定,未果後,報請行政院撤銷臺北市的決定。2002年5月2日,行政院採納「內政部」意見,撤銷臺北市延選里長的決定;臺北市政府不服,為此聲

請司法院解釋。司法院大法官依「地方制度法」第75條第8項受理本案,並於2002年12月20日作成釋字553號解釋指出:「行政院撤銷臺北市政府里長延後選舉的決定,系屬就具體個案的事實認定,為行政處分,臺北市政府有所不服,乃與中央監督機關間公法上的爭議,該爭議應尋行政爭訟程序處理。」

在臺北里長延任案中,大法官雖受理臺北市政府的聲請,但鑒於自治監督機關所作出的「行政處分」不屬於司法院審查的範圍,故對本案不作實質性處理。臺北市里長延任案與釋字第553號解釋,儘管無助於爭議的解決,但釋字553號解釋對於臺灣中央與地方關係的協調機制具有重大影響,它確認地方自治團體對於自治監督機關侵犯其自治權的爭議,應透過訴願或行政訴訟尋求救濟。這也表明中央與地方之間的權限爭議,非立法院所能獨自解決的。

因此,中央與地方權限爭議的處理途徑應多元化,除由立法院解決(各級政府間的爭議)外,也採取行政協商、行政訴訟、司法解釋等多元管道。

二、法令爭議的解決

(一)法律規定

關於中央與地方之間法令爭議的解決,「地方制度法」第43條規定:(1)直轄市議會議決自治事項與憲法、法律或基於法律授權的法規牴觸者無效;議決委辦事項與憲法、法律、「中央法令」牴觸者無效。(2)縣(市)議會議決自治事項與憲法、法律或基於法律授權的法規牴觸者無效;議決委辦事項與憲法、法律、「中央法令」牴觸者無效。(3)鄉(鎮、市)民代表會議決自治事項與憲法、法律、「中央法規」、縣規章牴觸者無效;議決委辦事項與憲法、法律、「中央法令」、縣規章、縣自治規則牴觸

者無效。（4）前三項議決事項無效者，除總預算案應依第40條第5項規定處理外，直轄市議會議決事項由行政院予以函告；縣（市）議會議決事項由中央各該主管機關予以函告；鄉（鎮、市）民代表會議決事項由縣政府予以函告。（5）第1項至第3項議決自治事項與憲法、法律、中央法規、縣規章有無牴觸發生疑義時，得聲請司法院解釋。

（二）制度評議

臺灣的憲法和有關法律關於中央與地方立法權限方面的規定，看似條理清楚，實際上仍有一些問題存在：

第一，地方自治立法能否與中央立法相牴觸。地方自治團體的立法權限為針對自治事項和委辦事項進行立法，但據憲法第125條和「地方制度法」第43條的規定，臺灣處理中央立法與地方自治立法關係的原則為「中央法破地方法原則」，即地方自治團體議會議決的自治事項與憲法、法律或基於法律授權的法規牴觸者無效；議決委辦事項與憲法、法律、「中央法令」牴觸者無效。此規定毋寧承認中央立法對地方立法的優位性，為中央侵奪地方的自治權打開缺口。當中央法律與地方自治精神相違背，或其規定陳舊無法適應社會變遷時，地方自治法規若不能突破中央立法的限制，將嚴重阻礙地方的發展。

第二，地方自治法規和委辦規則之間的效力關係。依「地方制度法」的規定，中央立法與地方立法的效力位階依次為憲法、法律、法律授權的法規、自治條例、自治規則；按照規定，委辦規則效力低於中央法令，與地方自治法規效力如何並無規定。依一般法理，委辦規則雖由地方行政機關制定，但其效力來源於法律授權或上級機關委辦，系中央層級事務在地方自治團體內的延伸，並且其經過委辦機關合法性和合目的性的雙重審查，與地方自治立法的效力層級，必然影響中央與地方關係的協調。相關法律對兩者之

間的效力關係並無規定,容易導致中央借監督委辦規則的名義侵犯地方自治權。

　　基於本章前述四節內容的分析,最後需要指出的是,近半個世紀以來,中央與地方的關係已有明顯的轉變,傳統的「監督與臣服」關係,已經逐漸被「服務與協助」關係所取代。按照憲法的規定,中央與地方是合作而非對立的關係。各級政府的權限劃分,旨在達成其間合理協調的關係。由於社會結構不斷改變,人民對政府的需求不斷增加,地方政府的職權也隨著人民的需求而擴張,地方政府現有的人力、物力及既有的法定權力,均不足以應付這一變動的環境,勢必要仰賴「中央政府」提供知識和技術的協助,而「中央政府」也有責任和義務針對地方政府的需求,提供適當的協助與服務,才能應付日益變化的環境。隨著這一情勢的發展,中央與地方的關係也就有了急速的改變,「中央政府」似乎不再扮演命令者、監督者,而逐漸轉變為顧問、諮詢、協助與服務的角色。中央與地方在互動的過程中,需要協調合作、相互支持。這無疑是臺灣中央對地方自治團體進行監督的新趨勢。

臺灣政治體系運作的發展與分析

第十一章　臺灣檢察體制

　　檢察體制屬於司法體制的一部分，但臺灣的司法體制比較特殊，儘管在審判機關和檢察機關的設置上實行審檢合署制，但檢察機關並不隸屬於司法院，而隸屬於行政院所屬的「法務部」。因此，本書在第六章介紹司法院體制時，就無法涉及臺灣檢察體制的內容。為了全面介紹臺灣司法體制的內容構成，特設本章專門介紹臺灣的檢察體制。

第一節　檢察機關的性質和地位

　　臺灣檢察機關是指在臺灣從事犯罪偵查、追訴犯罪人、指揮刑事裁判的執行、監督刑事司法、擔任公益代表人及保障人權的刑事司法機關。

一、檢察機關的性質

（一）檢察機關的雙重性質

　　臺灣的檢察機關是介於行政機關與司法機關之間的「中間形態」。首先，檢察機關隸屬於行政院下轄的「法務部」，當然具有行政機關的特性，上級檢察機關與下級檢察機關之間是命令與服從的關係。其次，檢察機關又配置於同級法院，對法院獨立行使職權，擔任公訴案件原告的角色，具有司法機關的功能。再次，檢察官偵查刑事案件的檢察事務，依檢察一體的原則，檢察總長及檢察長享有「法院組織法」第63條及第64條所規定的檢察事務指令權，檢察官依臺灣「刑事訴訟法」執行職務，受檢察總長或其所屬檢察長的指揮監督。

（二）檢察機關功能的雙重性質

臺灣檢察機關的性質由其職權、角色來決定。檢察機關有刑事偵訊權、刑事犯罪起訴權和刑事自訴協助權、民事權利的監督保護權、刑事裁判執行指揮權等等。因此，臺灣的檢察機關不只是一般意義上的公訴機構。檢察機關一方面是刑事案件的偵查機關及控訴機關，代表公權力追訴犯罪，擔負維護公共利益的職責，但在實際上，刑事案件的第一線偵查職責則由司法警察機關擔負，而檢察機關則擔負監督司法警察機關偵查犯罪工作的合法性（尤其是被告人的人權）的職能，檢察機關又以起訴、上訴、非常上訴等程序限製法院的審判權及監督法院的裁判權的合法性，擔負保障人權、保障被告人的職能。

二、檢察機關的地位

首先，從管理體制上看，檢察機關隸屬於行政院下轄的「法務部」。在臺灣，行政院為臺灣的「最高行政機關」，而「法務部」隸屬行政院，其主要職責是掌握檢察、監所、司法保護及行政院的法律事務。需要指出的是，不能因為檢察機關在性質上屬於司法機關，就誤認為檢察機關隸屬於司法院。

其次，從檢察機關與法院關係來看，臺灣的檢察機關附設於各級法院內，無獨立的檢察院系統。此種於普通法院內附設檢察署的體制，乃是大陸法系地區的一般體制。各級檢察機關雖配置於各級法院，但其地位與法院的地位則是完全平行的，不僅檢察機關與法院平等，而且各級檢察機關的檢察官的職位與同級法院的法官也相當，即主任檢察官的職位與同級的庭長相當，檢察長的職位與同級法院的院長相當，「最高法院檢察署」檢察總長的職位與最高法院的院長相當。檢察官對於法院獨立行使其職權。

第二節　檢察機關的設置和組織

一、檢察機關的設置

　　臺灣的檢察機關在設置上實行審檢合署制，但在隸屬關係上則實行審檢分隸制。所謂審檢合署，是指檢察機關與法院合署辦公，在各級普通法院及其分院內部分別設立各級檢察機關，配備檢察官；所謂審檢分隸，是指檢察機關雖然設在各級普通法院內，但法院與檢察機關卻分別隸屬於司法院和行政院所屬的「法務部」。

　　1980年以前，臺灣的檢察系統一直沿用1949年以前國民黨政府的檢察體制，除最高法院隸屬於司法院以外，臺灣的各級地方法院及整個檢察系統都隸屬於行政院的「司法行政部」。依當時「法院組織法」的規定，檢察機關僅有「最高法院檢察署」的設置，高等以下各級法院及分院僅配置檢察官，而無檢察機關的名稱與組織，即通常說的檢察官配置法院制度。

　　1980年7月，臺灣實行審檢分隸，即各級法院隸屬司法院，各級檢察署隸屬於行政院下轄的「法務部」。具體說來，臺灣高等法院及以下各級法院和分院均改隸司法院，自「最高法院檢察署」以下各級法院檢察署均仍隸屬「司法行政部」。這樣「分隸」，從機構設置來看，臺灣的檢察機關在1980年以後並沒有發生變化，仍實行審檢合一制，各級檢察機關仍相應設於各級法院之中，檢察機關獨立行使檢察權的地位也沒有改變，「分隸」帶來的改變，大約只是行政監督指導關係的改變而已。

　　實施審檢分隸後，根據臺灣的「法院組織法」第1條的規定，法院分為三級，即地方法院、高等法院和最高法院。以三級三審製為原則，以地方法院為第一級，不服其裁判時，須抗告或上訴於其隸屬的高等法院；高等法院為第二級，不服其裁判時，須抗告或上訴於最高法院；最高法院為第三級，即終審法院。與此相適應，該法第58條規定：「各級法院及其分院各配置檢

察署」，確定檢察機關為三級：「最高法院檢察署」、高等法院（分院）檢察署和地方法院（分院）檢察署。目前，臺灣檢察署轄區分配如下：臺高檢轄臺北、士林、板橋、基隆、桃園、新竹、宜蘭、苗栗等地檢署，臺中高分檢轄臺中、彰化、南投等地檢署，臺南高分檢轄雲林、嘉義、臺南地檢署，金門高分檢轄金門、馬祖等地檢署。

根據臺灣「法院組織法」第59條的規定，各級法院及分院檢察署置檢察長，「最高法院檢察署」以1人為檢察總長，其他法院及分院檢察署各以1人為檢察長，分別管理各該署行政事務，各級法院及分院檢察署檢察官員額在6人以上的，得分組辦事，每組以1人為主任檢察官，監督各該組業務，以此強化檢察機關配置法院的制度。

儘管各級檢察機關配置於各級法院，但其地位與同級法院的地位完全平等，不僅檢察機關與法院一樣，而且各級檢察機關檢察官的職位與同級法院的法官相當。即主任檢察官的職位與同級法院的庭長相當；檢察長的職位與同級法院的院長相當；「最高法院檢察署」的檢察總長與同級最高法院的院長相當。

二、檢察機關的組織

（一）最高法院檢察署

最高法院檢察署內部機構主要是：

（1）檢察總長。檢察總長負責指揮監督最高檢察署的行政事務和檢察事務，並且在臺灣的整個檢察系統中，享有最高的指揮監督權，對各級檢察機關的檢察事務負有監督職責。另外，檢察總長還享有一項法律所規定的專門職權：對確定的判決，發現有違背法律情形時，可以提起非常上訴，以對原判決進行補救。檢察總長因故不能執行職務時，呈報「法務部」後由資深

檢察官或檢察長指定的檢察官代行其職權。

新的「法院組織法」對檢察總長的提名、任命作了重大調整，根據新法第66條第7項規定，最高法院檢察署檢察總長由總統提名，經立法院同意後任命，任期4年，不得連任。該規定改變了舊法由總統直接任命檢察總長的方式，意在減少行政權對檢察機關的不當干預，強調檢察總長的中立化以及對檢察職權的保障。

（2）檢察官。檢察官依法行使其職權。最高法院檢察署置檢察官若干人。檢察官須分組辦事，每組以1人為主任檢察官，監督各該組事務。

（3）書記廳。書記廳置書記官長1人，書記員若干人。書記廳視業務需要分科辦事，各科在必要時須再分股。書記官長承檢察總長的命令處理行政事務。書記官分掌記錄、文書、研究考核、總務、資料及訴訟輔導等業務。

（4）人事室。人事室置主任、副主任各1人，科員若干人。人事室須分股辦事，股長由科員兼任。人事室依法辦理人事管理、人事核查等事項。

（5）會計室。會計室依法辦理會計、歲計等事項。會計室置主任1人，必要時須依法置佐理人員若干人。會計室置主任1人，必要時須依法配置佐理人若干人。會計室須分股辦事，股長由佐理人兼任。

（6）統計室。統計室依法辦理統計事項。統計室的人員和機構設置與會計室相同。

（7）資訊室。資訊室設主任1人，承檢察長之命處理資訊室的行政事項；另設設計室、資訊管理師、操作員若干人，處理資訊事項。

（8）通譯、技士、錄事。置通譯、技士、錄事若干人。

（9）法警。為辦理值庭、執行、警衛、解送人犯及有關司法警察事務，置法警若干人，法警長1人，並須置副法警長。

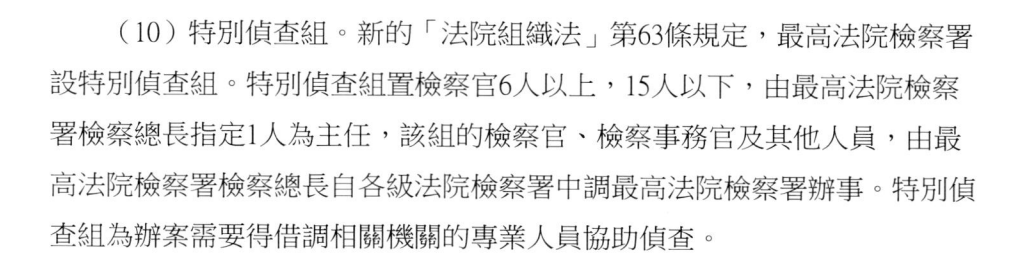

（10）特別偵查組。新的「法院組織法」第63條規定，最高法院檢察署設特別偵查組。特別偵查組置檢察官6人以上，15人以下，由最高法院檢察署檢察總長指定1人為主任，該組的檢察官、檢察事務官及其他人員，由最高法院檢察署檢察總長自各級法院檢察署中調最高法院檢察署辦事。特別偵查組為辦案需要得借調相關機關的專業人員協助偵查。

（二）高等法院檢察處

高等法院及其分院設檢察處，置檢察長和檢察官若干人，以及書記室、刑事資料室、人事室、會計室等機構。

首席檢察官負責該院及所屬法院檢察事務。檢察官具體執行檢察業務，受首席檢察官指揮監督。書記室由主任書記官、書記官、通譯、錄事等組成，辦理有關事務。刑事資料室由檢察官1人兼理並主持工作。人事和會計兩室分別負責有關人事和會計工作。

檢察長依臺灣的法院組織法及其他法律的規定指揮監督該署檢察官及其所屬檢察署檢察官，並管理本署的行政事務。檢察長鬚親自處理其所監督指揮的檢察官的事務，並須將該事務移轉於其所指揮監督的其他檢察官處理。高等法院檢察長鬚派本署檢察官兼行其分院檢察署檢察官的職務。

檢察長、書記處、人事室、會計室、統計室、法警等人員配置及職責與最高法院檢察署同類機構基本相同。所不同的有：（1）法醫師；（2）檢驗員；（3）執行科；（4）所務科。

（三）地方法院檢察處

地方法院及其分院檢察處設檢察長、檢察官、書記室、人事室、會計室。

首席檢察官負責該院檢察事務，對所屬職員的工作、操作、學識、才能隨時記錄並加以考查。假日由檢察官和書記官輪值。值日檢察官辦理事項為：（1）以言詞告訴告發或自首事件；（2）司法警察機關將人犯隨案移送的案件；（3）因拘提或通緝到場的案件；（4）依臺灣的刑事訴訟法第92條送交現行犯的案件；（5）應迅速搜索、扣押和勘驗事件；（6）其他應及時辦理的事件。值日檢察官承辦的事件，無論是否辦理完畢，均應於次日上午交收發室登記分辦。值日檢察官遇有應予迴避的情形時，應依法自行迴避，並報首席檢察官核辦。

檢察長、檢察官、書記處、法醫師、檢驗員等的職責，人員配置及機構與高等法院及分院檢察署的同類機構基本相同。其所特有的機構是觀護人室，觀護人室置觀護人，觀護人在2人以上的，置主任觀護人。

第三節　檢察機關的職權

一、檢察機關的主要職權

根據臺灣的「刑事訴訟法」、「調度司法警察條例」和「檢察官與司法警察機關執行職務聯繫辦法」、「律師法」等法律的有關規定，臺灣的檢察機關擁有以下職權：

（一）實施偵查或指揮偵查權

檢察官在刑事訴訟中有權蒐集證據，調查案情，為提起公訴作準備。刑事案件除自訴案件外，由檢察官負責偵察，並指揮監督司法警察進行偵察工作。在偵查過程中，檢察官可依法進行傳喚、訊問、勘驗、鑒定等調查活動，也可依法採取搜查、扣押、羈押、通緝、逮捕等強制措施。透過偵查，檢察官獲得了對案件的瞭解，進而依據法律作出起訴或不起訴的決定。

（二）提起公訴、實行公訴權

這是檢察機關在刑事訴訟中的主要權力。檢察官對刑事案件經過偵查，認為犯罪嫌疑人確有犯罪嫌疑應予刑事制裁時，應向法庭提起公訴。法庭開庭時，檢察官作為一方當事人出庭實行公訴，參加法庭調查，同被告及其辯護人進行法庭辯論。對判決不服，可向上級法院提起上訴。

（三）參與自訴權

檢察官在刑事自訴案件中，不具備當事人身分，但可以出庭陳述意見，協助公民當事人自訴。「檢察機關辦理刑事偵查及執行案件應注意事項」第92條規定：「檢察官有協助自訴之義務，務於審判期日出庭陳述意見。」在自訴案件中，由於自訴人本身出現無正當理由不到庭、到庭不作陳述、喪失行為能力或死亡且無承受訴訟人等情況使該案件訴訟程序無法正常進行時，法院可通知檢察官由檢察官擔當自訴案件的訴訟行為。法院對自訴案件作出判決後，如檢察官對該判決不服，可獨立提起上訴。

（四）民事非訟事件及訴訟的參與權

臺灣的「民法」規定，檢察官有權向法院聲請對失蹤滿7年的人宣告死亡；對於因心神喪失或因精神耗弱而不能處理自己事務的人，檢察官可以聲請法院宣告禁治產；法人的目的或其行為違反法律、公共秩序或善良風俗，檢察官可請求法院予以解散；除此之外，檢察官還可以向法院聲請宣告社團解散、聲請對財團組織作出必要處分；等等。這種權力可以成為對公民、法人的民事權利的重要監督保護權。

（五）刑事執行指揮權

刑事裁判的執行，除根據法律規定應由法院或審判法官、受命法官、受託法官行使指揮權等以外，一般情況下由檢察官行使對刑事裁判執行的指揮、監督權，具體包括裁判的執行、被告財務的發還、保安處分的執行、對監所人員違法行為的監督等。檢察官在指揮執行刑事裁判的過程中，若發現原判決認定事實不當，可以請求原審法院對案件進行再審；如果發現原判決違背法律，可申請檢察總長提起非常訴訟。

（六）對律師公會的監督指揮權

地方法院檢察署對於地方律師公會有指揮、監督權；律師公會舉行會員大會時，地方法院檢察署有權派出檢察官列席會議；律師公會違反法律或律師公會組織章程時，地方法院檢察署或上級檢察署有權對其作出警告或撤銷決議的處分；律師違反律師法或違背律師公會章程，或者有犯罪行為而需懲戒者，由檢察署依照職權送請律師懲戒委員會處理；檢察機關可以依法撤銷律師公會的決議；等等。

二、檢察機關行使職權的方式

檢察機關依法獨立行使刑事檢察職權，不受任何干涉，這是臺灣檢察機關行使職權的一個重要原則。所謂不受任何干涉，是指檢察機關在獨立行使職權時，既不受行政機關、立法機關的非法干涉，也不受社會團體及個人的非法干涉。

但在檢察院內部，不實行檢察獨立原則，因為臺灣實行的是類似於大陸法系的檢察體制，按照該體制，上級檢察院與下級檢察院之間有領導與被領導的關係，上級檢察院對下級檢察院有指揮、命令和監督的權力，下級檢察院應服從上級檢察院的指揮、命令和監督，這與法院系統內部的上下級之間的關係是根本不同的。另外，和法院司法獨立體現為法官獨立不同，檢察院

的相對自治和獨立性並不能體現為檢察官獨立辦案。檢察院內部實行層級領導體制，檢察官之間具有等級從屬關係，下級檢察官應服從上級檢察官，全體檢察官皆服從檢察總長，接受檢察總長的指示和領導。

第四節　檢察官制度

一、檢察官的性質

　　檢察官在法律上的性質問題，即檢察官是行政官還是司法官的問題，在臺灣歷來備受爭議。然而，無論從大陸法系檢察官制的創設目的來看，還是從臺灣現行的相關規定以觀，檢察官既不可能被定位為「一般的行政官」，也不可能被解釋為「獨立的法官」，而是自成一格，居於兩者之間中介的「司法官署」或稱「自主的司法機關」。一方面，從大陸法系檢察官制的創設目的來看，檢察官向來居於法官與警察、行政權與司法權兩者之間的中介樞紐。另一方面，從臺灣現行的規定來看，雖然在組織設計上，檢察機關採行階層式建構，因而才有上命下從的規定，但是不得踰越法定性義務及客觀性義務，而這正是檢察官作為自主的司法官署的具體表現，並且借此區分檢察官與一般行政官的地位。因此，檢察官的性質應該說是處於兩者之間、實現客觀法意旨並追求真實與正義的司法官署。

二、檢察官的分類

（一）基於任用資格的分類

　　就檢察官的任用資格來劃分，分為候補檢察官、試署檢察官及實授檢察官。根據臺灣「司法人員人事條例」規定，所謂候補檢察官，初任檢察官者，地方法院分院檢察署檢察官，但得暫時以候補檢察官分發辦事；所謂試

署檢察官，即檢察官在其候補期間滿5年後，考查其服務成績及格者，予以試署，不及格的延長候補期間1年，仍不及格者，停止候補；所謂實授檢察官，即試署1年後，其服務成績經考查及格者，予以實授，又稱實任檢察官，不及格者，延長試署期間6個月，並經再次審查其服務成績，如仍不及格者，則停止試署。

（二）基於官等的分類

以檢察官的官等為標準，可分為薦任檢察官、簡任檢察官與特任檢察官。所謂薦任檢察官，即地方法院及分院檢察署的主任檢察官、檢察官、高等法院及分院檢察署的檢察官中有薦任的。所謂簡任檢察官，即地方法院及分院檢察署的檢察長、主任檢察官、檢察官及最高法院的主任檢察官與檢察官。所謂特任檢察官，即最高法院檢察署的檢察總長。

三、檢察官的任免

（一）檢察官的任用資格

依「司法人員人事條例」的規定，檢察官的任用是以地方法院或分院檢察署檢察官的任用資格為起點，所以此等檢察官的任用資格也即檢察官任用的基本資格。具體說，地方法院或其分院檢察署檢察官應就具有以下資格之一者任用：經司法官考試及格的；曾經推事、法官、檢察官經銓敘合格的；經律師考試及格，並執行律師職務3年以上，成績優良，具有薦任職任用資格的；曾經在公立或經立案的私立大學、獨立學院任教授、副教授3年或講師5年，講授主要法律科目2年以上，有法律專門著作，經司法院或「法務部」審查合格，並具有薦任職任用資格的。

關於檢察官不得任用的情形，在臺灣「司法人員人事條例」中雖無特別

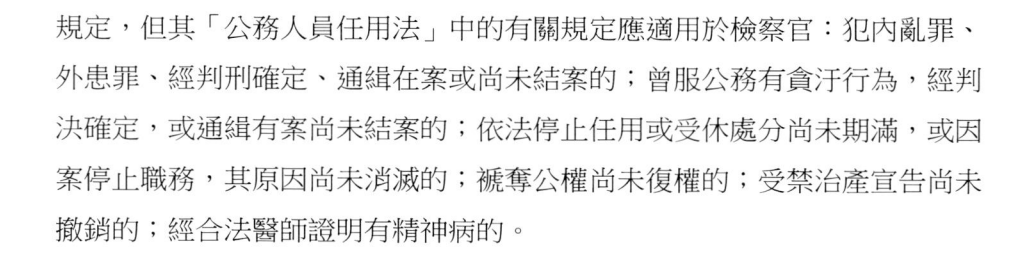

規定，但其「公務人員任用法」中的有關規定應適用於檢察官：犯內亂罪、外患罪、經判刑確定、通緝在案或尚未結案的；曾服公務有貪汙行為，經判決確定，或通緝有案尚未結案的；依法停止任用或受休處分尚未期滿，或因案停止職務，其原因尚未消滅的；褫奪公權尚未復權的；受禁治產宣告尚未撤銷的；經合法醫師證明有精神病的。

（二）檢察官的任免

「法務部」人事審議委員會審議各級檢察機關檢察官的任用、升遷、轉調及重大獎懲案件。「法務部」決定簡任、薦任檢察官的派免、遷調，但應報行政院核定。檢察長決定最高法院檢察署的委任檢察官的任免。高等法院檢察處首席檢察官決定所屬委任檢察官的任免。

根據新的「法院組織法」第59條規定，「法務部」設檢察官人事審議委員會，審議高等法院檢察署以下各級法院及其分院檢察署主任檢察官、檢察官的任免、轉任、遷調、考核及獎懲事項。前項審議之決議應報請「法務部」部長核定後公告。檢察官人事審議委員會置委員17人，由「法務部」部長指派代表4人、檢察總長及其指派的代表3人與全體檢察官所選出的代表9人組成，由「法務部」部長指派具有司法官身分的次長為主任委員。前項選任委員的任期均為1年，連選須連任1次。全體檢察官代表以全臺灣為單一選區，以祕密無記名及單記直接選舉產生每一檢察署以1名代表為限。

本次修改首次以法律的形式確立了檢察官人事審議委員會，並且在檢審會組織方式上更加體現民主性，減少「法務部」部長指定委員人數，增加檢察官互選人數，儘量切斷行政部門干預檢察人事的途徑。新的「法院組織法」還規定：「法務部部長遴任檢察長前，檢察官人事審議委員會應提出職缺二倍人選，由法務部部長圈選之。檢察長的遷調應送檢察官人事審議委員會徵詢意見」。同時，檢察官人事審議委員會的組成方式、審議對象、程

序、決議方式及相關事項的審議規則由「法務部」徵詢檢察官人事委員會後作出規定。此規定增強了檢察長選任的客觀性，降低了政治對檢察人事權的掌控程度，防止檢察官淪為政治鬥爭的工具。

（三）檢察官的保障

臺灣法律規定，檢察官的職位保障除了不受「不得調轉」的保障以外，其他保障與法官的職位保障相同，即檢察官為終身職，非受刑事或懲戒處分或禁治產的宣告，不得免職；非依法律不得停職、轉任或減薪。臺灣檢察官的俸給適用「公務人員俸給法」的規定，並給予專業加給。根據臺灣有關法律規定，檢察官的退休根據「公務員退休法」辦理，即分為自願退休和命令退休。但臺灣的檢察官為終身職，考慮到檢察官若年老力衰，難以達到正常運作的目的，臺灣法律特別規定，實任司法官（包括檢察官）官職15年以上滿70歲者，應停止辦理案件；從事研究工作滿65歲者，須減少辦理案件數量。實任司法官任職15年以上年滿65歲身體衰弱不能勝任職務者，停止辦理案件。停止辦理案件的司法官仍為司法官，支領原有俸薪，這樣便於保障檢察官的利益。

第五節　檢察機關的領導體制

一、實行「檢察一體」制

雖然各級檢察機關相應地附設於各級法院之中，但檢察機關獨立行使檢察權，不受審判機關的干涉。檢察官除遇有緊急情形外，雖只能在其所配置的法院管轄區域內執行職務，但是檢察官對法院是獨立行使其職權的，不受法院的干涉及指揮監督。

臺灣檢察機關實行檢察一體制，即最高法院檢察署檢察總長、高等法院

檢察署及地方法院檢察署的檢察官上下一體,彼此一貫,成為一個完整體系,以充分發揮其職能。也就是說,上級檢察機關對於下級檢察機關有指揮和監督的權力,下級檢察機關必須服從上級檢察機關的命令。按照這一原則,檢察總長在整個檢察系統中享有最高指揮監督權,對各級檢察機關的檢察事務負有監督職責。對檢察署自身的各項行政事務,檢察總長享有決定權。檢察總長因故不能執行職務時,呈報「法務部」後由資深檢察官或者檢察總長指定的檢察官代行其職務。所有檢察官均有服從其上級長官的義務,檢察官及首席檢察官除了親自處理所屬檢察官事務外,還可以將所屬檢察官的事務轉移給其他檢察官處理。此外,因檢察機關採取分層管理制度,因而下級檢察官非受上級檢察官的命令,不得執行上級檢察官的職務。

對於檢察一體的目的何在,存在著不同的看法。有的主張檢察機關縱橫一體的目的在於有效打擊犯罪,有的則認為檢察一體在於防範下級檢察官濫權誤斷。但通說認為,檢察一體的目的主要在於統一臺灣全體檢察官追訴與裁量的基準,尤其是適用便宜原則的案件,如果臺灣全體檢察官的裁量實務差異過大,雖說並不違法,但難免危及法安定性與法平等性,因此才容許用檢察一體來填補追訴與裁量實務的差異。

二、由法務部部長統一監督指揮

法務部是行政院的一個部門,具體掌握檢察、監獄、司法保護及行政院的法律事務。依臺灣「法院組織法」的規定,法務部部長監督各級法院及分院檢察署,可以對檢察總長、各級檢察長及檢察官發布命令促其注意職務上事項,如有廢弛職務、侵越權限、行為不檢的情形,並可以加以警告。如情節較重經警告不悔者,可依「公務員懲戒法」辦理。臺灣「法務部組織法」還規定,法務部主管整個臺灣的檢察行政事務,對於檢察總長、高檢署檢察長執行檢察行政事務有指示、監督的責任,如對於檢察總長、高檢署檢察長

有關檢察行政的命令或處分，認為有違背法令或踰越權限的情形，可以提經行政院會議議決後，停止或撤銷。然而，法務部部長的監督指揮權和檢察官內部的上命下從依然有著很大的不同，一是因為法務部部長不具備，也無須具備檢察官的身分，因此凡是刑事訴訟法賦予檢察官的任務，諸如偵查、起訴、不起訴、出庭、上訴等，法務部部長都沒有親自處理的權限。二是因為法務部部長乃是典型的政務官，為政府效勞，與政府共進退，其行事準則也與檢察官不同。因此，基於上述理由，法務部部長的指揮監督權受到了更為嚴格的限制。就法務部部長的指揮監督權而言，法務部部長對下屬檢察官的指揮監督權以行政監督事項為限。

第十二章　臺灣公務員制度

在通常體制下，公務員事項屬於行政部門管理。但由於臺灣實行五權分立體制，使得其公務員管理事項不是由單一部門全權管理，而是由兩個部門聯合行使管理權，即一部分事項由行政院下設的人事行政局掌理，另一部分事項則由考試院掌理。這樣一來，使得公務員管理事務在臺灣成為一項跨院際的事務。正由於如此，在前面第四章、第七章分別介紹行政院體制或考試院體制時，儘管也涉及公務員管理，但均無法全面展開論述，故在此專辟該章加以介紹。

第一節　公務員的分類和特點

在臺灣，公務員的定義有廣義和狹義之分。最廣義的公務員是指依法令從事公務的人員，即各級政府機關、公立學校、公營事業機構擔任組織法所定編制內職務支領俸給的人員，具體範圍包括：政務人員、常務人員、司法審檢人員、公營事業人員及民選地方首長。而狹義的公務員僅僅指政府機關文職人員中的事務官。

一、公務員的分類

根據不同的標準，可以將公務員區分為不同的類別。按照任用方式，事務官可分為任用人員、聘用人員和派用人員。任用人員根據「公務人員任用」或其他法令任用；聘用人員根據「聘用人員聘用條例」，由各機關以合約方式定期聘用；派用人員根據「派用人員派用條例」臨時專任某一職務，或在臨時機關任職。按照所擔負的職權，可分為長官、主管人員和輔佐人員。按照職務性質，可分為文職人員和軍職人員。文職人員根據公務員法實

行官職合一制,軍職人員基本上不適用公務員法,並實行官職分立制,先行任官而後授職,有時可以有官無職。

公務員制度通常以文職人員為主體,文職人員中又有司法官和行政官的區別。

司法官是指從事審判工作的人員,主要是各級法官,而法院的檢察官、書記官及立法機關中的行政人員,不屬於這一類別,屬於行政官。司法官與行政官除職責不同外,其法律地位也有許多不同。例如,法官依據法律獨立審判,不受任何干涉,行政官卻必須服從上級長官的命令。法官的任用資格有專門規定,不適用「公務人員任用法」關於文官任用資格的規定。

行政官又劃分為政務官和事務官。兩者的角色定位不同,主要表現在:第一,政務官須經政治任命,依附其所屬政黨而進入政府機關任職;而事務官經由公開考試、甄選而進入政府機關工作。第二,政務官決定政策,負有政治責任;而事務官執行政策,負有行政責任。第三,政務官的去留跟政黨與選舉結果密切相關,沒有任期的保障,以政策成敗為進退,隨時可以免職;而事務官的任期受到法律的保障,除非具有法定原因並按照法定程序,不得將其免職。儘管政務官和事務官的區別很多,但二者的根本區別是政務官參與決策,決定大政方針,而事務官卻是執行政策的,專職從事非政治性的公共事務工作。政務官和事務官的區別不在於級別,而在於職責和性質。司法院、考試院的祕書長是特任高官,但卻是事務官;而行政院各部的政務次長雖為簡任官,級別低於五院祕書長,但卻是政務官。政務官的副業化和事務官的專業化是二者性質上的根本區別。政務官可以不是一個終身職業,儘管在臺灣終身為官的政務官很多,但這只是上一個時代的遺留。在臺灣,教授、律師、實業家都可以一躍而為政務官,而事務官則必須扎紮實實地從基層做起,儘管學歷高的人起點可能會高一些。在臺灣,政務官的具體範圍通常包括:(1)依憲法規定由總統任命的官員;(2)依憲法規定由總統提

名,經立法院同意任命的官員;(3)依憲法規定由行政院院長提請總統任命的官員;(4)特任、特派人員;(5)各部政務次長;(6)特命全權「大使」及特命全權「公使」;(7)其他依法律規定的中央或省(市)政府比照簡任第十三職等以上職務的官員。

二、公務員的行政中立性

所謂「行政中立」意指政府機關的公務員不偏不倚、公正客觀地執行行政政策,處理行政事務。從政治學的學理上分析,一個國家或地區的公務員(即文官)所考慮的乃是公共利益,因此其執行、推動行政事務,不應考慮一黨一派的政策。在現代民主國家或地區,政權會發生輪替,政策也會發生改變。但國家或地區的行政不能空轉,有其一致性與一貫性,其關鍵就在於文官的行政能夠客觀、公正及中立。只有如此,才能維持政治的穩定性和連續性,從而避免因執政權的更替而造成混亂,甚至引發政治危機。公務員(即文官)不涉入政治黨派之爭,行政不受執政權輪替的影響,已成為現代民主政治的一個重要原則。基於以上認識,有學者認為,為了使臺灣的行政得到民眾信賴而獲得正當性基礎,應釐清政府與政黨之間的分際,推動行政中立的政治文化與建立行政中立的文官體制,是臺灣公務員制度改革過程中,具有時代意義和價值的一項政治建設。

行政中立也是臺灣公務員制度的一個重要特點。臺灣的行政中立有兩個方面的要求:一方面基於「政教分離」,對宗教應保持中立;另一方面,特別系針對公務員應獨立於政黨運作之外。公務員保持行政中立系義務,同時也是權利,故可稱之為「義務權」。公務員應為全體人民服務,而不是為特定的政黨服務。維持行政中立,公務員可以避免捲入不必要的政治漩渦之中。公務員的行政中立性雖然要求公務員對政黨保持一定距離,但並不禁止一般公務員擁有政黨黨籍,因為一般公務員也有結社自由,不應過度限制。

但基於行政中立，禁止公務員擔任政黨及其附屬團體有給或無給職務，也限制公務員不得在公開場合為特定政黨或候選人從事助選活動，即使於下班或請假期間，亦不許可。

至於憲法要求超越黨派獨立執行職務的公務員（法官、考試委員、監察委員及職業軍人），學者認為也應禁止其擁有黨籍，即使任命時有政黨分配的事實，擔任該職位以後，也應公開宣示脫離原來政黨。

第二節　公務員的考試

依據憲法第85條：「公務人員之選拔，應實行公開競爭之考試制度」，並明定「非經考試及格者，不得任用」。公務員考試制度之所以能發揮選拔人才、革除政治分贓，進而安定政局的功能，就在於其為公務人員任用的主要管道。政府以考試為選拔官員的主要管道，人民以考試為踏入仕途的主要通口。可見，考試在臺灣的政治運行中具有重要的地位和意義。

一、公務人員考試的種類

依臺灣「公務人員考試法」第2條規定，公務人員的考試應本著「為事擇人、考用合一」的原則，以公開競爭的方式進行。依「公務人員考試法」的規定，臺灣公務人員的考試可分高等考試、普通考試兩種，遇有高等考試及普通考試及格人員不足或不能適應特殊需要時，得舉行特種考試。特種考試，分為甲乙丙丁四等，應分別舉行。

高等考試的應考資格是：（1）公立或立案的私立專科以上學校，或經正式承認的島外專科以上學校相當系科畢業者；（2）高等檢定考試相當類科及格者；（3）普通考試相當類科及格滿3年者。

普通考試的應考資格是：（1）符合高等考試應考資格的第1或第2項規

定者；（2）公立或立案的私立高級中等學校畢業者；（3）普通檢定考試相當類科及格者。

特種考試中的甲等考試資格是：（1）在公立或立案的私立大學研究院、所，或經正式承認的島外大學研究院、所，獲得博士學位，並任專攻學科有關工作2年以上，成績優良有證明文件者；（2）在公立或立案的私立大學研究院、所，或經正式承認的島外大學研究院、所，獲得碩士學位，並任專攻學科有關工作4年以上，成績優良有證明文件者；（3）曾任公立或立案的私立專科以上學校教授，或曾任副教授滿2年以上，經「教育部」審查合格，成績優良有證明文件者。

公務人員特種考試中的乙等和丙等考試應考資格，分別適用考試法中關於高等考試和普通考試的應考資格的規定；丁等考試的應考資格由考試院另行規定。

關於特考，在此進一步說明以下兩個問題：（1）何謂「特殊需要」？特種考試是適應特殊需要而舉辦的考試，那麼，究竟什麼樣的需要屬於「特殊需要」？其實在臺灣的有關法律上並未明確界定。有學者認為，「特殊需要」應包括：政策上的特殊需要和機關實際用人上的特殊需要兩大類。前者如照顧退伍軍人政策、殘障福利政策、弱勢族群政策，以及特定社群政策等；後者的範圍很廣，包括因應組織特性需求、人選條件特定需求（如對年齡、性別、體格、資格等有特殊需求）、一時性用人需求等。（2）特考特用，限制轉任。特種考試錄取人員僅取得申請舉辦特種考試機關及其所屬機關有關職務任用資格，不得轉調其他機關。高等、普通、初等考試及格者，則沒有該限制。特考特用、限制轉調政策，主要目的有二：其一是避免某些錄取偏高的特種考試錄取人員，借由轉調製度，輕易取得各種不同職務的任用資格，影響正規考試，特別是高等普通考試及格人員的權益；其二是配合用人機關特殊用人需要留住人才，避免辦理考試及訓練之後的及格人員商調

離職，造成資源浪費。

二、公務人員考試的原則

依憲法第85條的規定，考試應本著「公開競爭」的原則舉行。這一原則符合人事行政公開、平等及競爭擇優三大原則的要旨。所謂的「公開競爭」，係指凡符合應考資格條件者，均可參加考試，並以考試成績高低決定錄取與否。應考資格條件的設定，不得有基於工作能力以外因素產生的歧視規定。在實務上，除了因特殊需要而舉辦的特考和公務員內部晉升的升等考試以外，其他考試原則上必須符合公開競爭的精神。

憲法第85條原規定「按省區分別規定名額」，即由於：（1）破壞考試擇優取才的公平原則；（2）造成狹隘的地域觀念；（3）所選拔者為事務官非政務官，不必考慮地區代表性；（4）如今交通發達資訊暢通，教育文化提升，考試上不需對某些省區特別保障，故不宜採行。因此1992年第二次「修憲」，即修訂這一不合憲法精神（平等原則及公開競爭的考試原則）的條文，而停止其適用。

至於現行基層公務人員特種考試，采分區報名、分區錄取及分區分發，並限定錄取人員必須在原報考區內服務滿一定期間，系因應基層機關人力需求及考慮應考人員志願，所採取的必要措施，與憲法第7條平等權的規定，尚無牴觸。因為這樣，考試機關基於職權，斟酌各縣市提報的缺額及應考人員的考試成績，分別決定各考區各類科的錄取標準，致同一類科各考區錄取標準有所不同，乃屬當然，並為應考人員所預知，應合乎憲法平等原則的精神。

再如過去甲等特考，即以違背公平競爭原則，成為社會各界的議題。「考選部」力主廢除該項考試，其主要理由是，甲考如同在一般高普考試之外另闢蹊徑，錄取者即可從高階職位開始任用，不合公平、公開競爭的取才

之道,並且為尚未取得任用資格的高級行政人員有合法化機會,如同「黑官漂白」。立法院法制委員會於1993年4月21日透過公務人員考試法及任用法的修正讀會,刪除甲等特考的依據條文。1994年12月終於完成立法,廢止甲等特考的法源。

至於如何落實公開競爭的考試原則,也與考試方法有關。依公務人員考試法,各種考試得合併或單獨舉行,並得分試、分區、分地、分階段舉行(第12條),除分區、分地略如上述外,分試、分階段舉行考試,也頗為重要。而為進一步確保公務人員的素質,「考選部」推行「分試制度」。所稱「分試制度」,即將考試程序分隔,在前一試系以一般科目及測驗題方式,測驗應專人員的基本學識,注重其廣博性。第一試及格者,方得參加第二試的篩選,如有必要再進行第三試。並儘量採納各種測驗工具,包括筆試、口試、實地觀察等,以科學化方法建立考試逐次篩選淘汰的模式,希望以此增加考試的信度與效度,實現公平競爭的意旨。2004年5月6日,考試院院會透過決議,未來公務人員高考方式將有變革。其中,高考一級分三試舉行,第一試列考專業科目、策略規劃與問題解決。

三、公務人員考試取才制度

現代公務人員考試取才制度系基於功績制度與職位考制度而建立起來的一項制度。

所謂功績制度係指公務人員的選拔與專業人員資格的銓定,完全以才能智識為準。由於採行功績制度,公務員資格的取得常具有競爭性,故公務人員各種考試須以公開競爭方式進行,且非經考試及格不得任用。這裡所說的公務人員應包括中央與地方公務人員。公開考試制度主要目的在於其所彰顯出來的功績制度與平等原則的精神。立法機關就公務人員的類別及考試種類雖有立法裁量的空間,但仍不得違反憲法所規定以功績制度為目的的公務人

員考選制度。所以,同種職務公務人員的考試,即不應有不同的考試方式與錄取管道,否則不但有違考試功績主義,而且顯失公平。

　　所謂職位考制度系與資格考制度相對應的制度。職位考也稱為「任用考」,臺灣就公務員考選與任用制度是基於「職位分類」與「專才專用」的制度。職位考的方式基本上系「學力檢測方式」,以各種職務需求量(人員編製表)作為考選人才的依據,公務員考試及格等於取得「可得特定之職位」,但此種考試結果常容易漠視教育學歷制度的成果,例如,取得博士、碩士學位(學歷)者,如果沒有參加過「國家考試」,連普考的任用資格都沒有。由於職位考受錄取名額的限制,常會發生「千中選一」的情形,對考試資源形成頗大浪費,但事實上各級政府基於用人需要,常自行晉用非經考試及格的人員,普遍形成一個機關內,不具有依法任用資格者(聘僱人員)多於具有任用資格者的狀況。

　　與「職位考」相對應的「資格考」,其僅僅銓定某人有擔任何種等級公務員的資格,至於要擔任何種職務,仍須由考試及格者自行依市場需求尋覓,這種制度可以使公務員考試錄取率大幅提高,也能與學歷制度結合,較不易發生人才浪費的現象。

第三節　公務員的任免

　　依「公務人員任用法」的規定,具備能力要件和資格要件者方可被任命為公務員。能力要件有以下三點:具備「本國國籍」;具有行為能力;不具有「公務人員任用法」規定的限制情況。「公務人員任用法」規定,有下列情事之一者,不得為公務員:(1)犯內亂外患罪經判決確定或通緝有案,尚未結案者;(2)曾服公務有貪汙行為,經判決確定或通緝有案,尚未結案者;(3)依法停止任用或受休職處分,尚未期滿,或因案停止職務,其原因尚未消滅者;(4)褫奪公權尚未復權者;(5)受禁治產宣告,尚未撤

銷者；（6）經合格醫師證明有精神病者。

考試及格和考績合格是任用公務員的主要資格要件。資格要件一般不適用政務官，以及各機關機要人員，而適用於事務官。選任公務員的主要途徑是考試，按考試成績擇優錄取。可見，臺灣「考試法」中對於公務員考試的規定相當完備。

除了公務員任用的能力要件和資格要件之外，「公務人員任用法」對公務員的素質及其他條件還有若干規定，主要是：（1）任用公務人員時，應注意其品行及對「國家」的忠誠，其學識、才能、經驗、體格，應與擬任職務的種類性質相當。如系主管職務，應注意其領導能力。（2）各機關長官，對於配偶及三親等以內血親姻親，不得在本機關任用，或任用為直接隸屬機關的長官。對於本機關各級主管長官的配偶，及三親等以內血親姻親，在其主管單位，應迴避任用。（3）已屆公務人員命令退休年齡的人員，各機關不得任用，但公務人員退休方法另有規定者，不在此限。

根據「公務人員任用法」的規定，任用公務員的程序是：「各機關擬任簡任、薦任、委任人員，先派代理，於1個月內送請銓敘機關審定後，由原機關分別呈請委任之。但銓敘機關審查不合格者，應即停止其代理。」

臺灣現行公務人員任用制度系「官等、職等並立制」，依官等及職等任用，使兩制結構合二為一。根據臺灣「公務人員任用法」第3條、第5條的規定，公務人員的官等系任命層次及所需要的基本資格條件範圍的區分。官等分委任、薦任、簡任；職等分第1至第14職等，以第14職等為最高職等。委任官為第1至第5職等；薦任官為第6至第9職等；簡任官為第10至14職等。簡任之上還有特任。參見下表：

表12-1：臺灣公務員的官等與職等對應表

官等	委　任					薦　任				簡　任				
職等	一	二	三	四	五	六	七	八	九	十	十一	十二	十三	十四

（資料來源：劉國深等著：《臺灣政治概論》，北京，九州出版社。）

現行臺灣公務人員任用制度的精神，系能夠建立一個「官職並立」的制度，一方面符合用人的傳統觀念，另一方面達成專才專業、適才適所、人與事密切配合的理想。

公務員身分的解除，有兩種情況：一是出於一定的事實，一是出於一定的行為。前者如死亡、喪失「國籍」、被褫奪公權、停職期滿而仍未復職和受到刑事處分的；後者如辭職、免職等。公務員除了法律上有明文規定不準辭職者以外，一般都可以辭職，獲得有關機關批準後即解除公多員身分。免職一般是作為對公務員的懲戒的結果。法律規定司法官無故不得免職，行政官中，法律上對事務官未作此類規定，但實際上事務官也不得無故免職，而政務官則較容易免職。

第四節　公務員的考績

考績是對公務員的工作績效所作的一種評價，這一評價涉及薪給、晉升等事項，故也屬於「制度性保障」所應建構的事項。

一、考績的內容

考績內容有以下三個方面：

第一，工作績效，是考績中最重要的部分，占總成績的60%。一般根據職位說明書訂定出一定的標準，而公務員的完成任務情況也都記錄在案。從數量、質量和時限等多方面對公務員的工作情況進行考評。這方面的考評還包括公務員的學識和才能。臺灣關於公務員的考績採用百分制。關於工作績效考評的評分標準如下：（1）工作成績超過工作標準者，根據其超過程度，評80至100分；（2）工作成績達到工作標準者，根據其達到程度，評60

至79分；（3）工作成績未達工作標準者，根據其實際情況，最高不得超過59分。

第二，出勤情況，占考績總成績的20%。平時對公務員的出勤設有記錄卡或記錄簿，並訂定有標準，送請銓敘機關備查。關於出勤情況的評分標準是：（1）全年請病假不超過10天，事假不超過7天，並且沒有曠職、早退記錄者，根據其具體情況評80至100分；（2）全年出勤未達前述標準，但超過後述標準者，酌評60至79分；（3）全年請病假或事假超過規定天數，或曠職1天以上，或遲到、早退合計超過10次以上者，最高評分不得超過60分。

第三，品德生活，占考績總成績的20%。同樣定有細目和標準，一般都要送銓敘機關備查。其具體評分標準是：（1）有優良記錄者，評80至100分；（2）優劣記錄均有或均無者，評60至79分；（3）有不良記錄者，最高評59分。

二、考績的種類

臺灣公務員的考績可分為四類：（1）年終考績。其於每年年終舉行，如因特殊情況不能按期舉行時，可預先報經銓敘機關核准延期舉行，最長以不超過第二年6月為限；年終考績以平時考核為依據，對公務員的全年工作作出整體評價。（2）專案考績。指公務員平時有重大功過時，隨時舉行；其重大功過，既不能相互抵消，又不得累積，因而與平時考核中的功過截然不同。所謂重大功過，皆有詳細的具體標準。（3）另予考績。實授人員任現職至年終考績時，不滿1年而已達6個月者，應另予考績。另予考績的內容、評分標準、考績程序和考績表等，均與年終考績相同。（4）平時考績。由主管長官對公務員平時成績進行的考核與記錄，包括其平時出勤記錄；平時考核中也有獎懲，功過可以抵消，也可以累積。

三、考績的程序

臺灣公務員的考績程序一般包括以下五個步驟：

第一，設置考績委員會。考績委員會委員由機關首長在本機關人員中指定，並指定1人為主席。平時功過的考績分數，均應在考績委員會中作出。

第二，填表評分。由機關人事部門查明應參加考績的人數，分別填寫考績表有關項目，送受考人主管，由其與同單位的其他相同職級人員比較評分後再送回人事部門，匯送考績委員會核議，最後送請機關首長覆核。

第三，覆議。機關長官對考績委員會核議結果如有不同意見時，應交回覆議，覆議結果仍不同意時，可以變更，但應在考績案內註明事實及理由。

第四，造冊送核。考績案經機關長官覆核後，應由人事部門造冊，第二職等以下人員的考績，由各機關自行核定執行，並將考績清冊送銓敘機關備查；而第三職等以上人員的考績，則徑送銓敘機關核定。

第五，通知執行。考績案核定後，應書面通知各受考人。第二職等以下人員考績核定後即可執行；第三職等以上人員的考績，均自第二年1月開始執行。至於專案考績，自銓敘機關核定之日起執行。

另外，為維護受考入的正當權益，有關法規規定了救濟辦法。這有兩種情況：一種是情事機關如對考績結果有疑問時，可通知其主辦考績的機關詳述事實和理由，或重新考核。該機關應在文到15天內覆核，如逾期不覆核時，銓敘機關可派員實地核查，或調卷核查。如認為考績確實不實時，可徑行變更考績等次、分數或獎懲。

另一種是年考列丁等及專案考績應行免職人員，可在收到通知書第二天起的30日內，檢送有關文件，按下列程序申請覆審、再覆審：（1）不服本機關核定者，可向其上級機關申請覆審，如無上級機關，向本機關申請；

（2）不服本機關或上級機關覆審的核定者，可向銓敘機關申請再覆審；覆審或再覆審，認為原處分理由不充足時，應由核定機關，或通知原核定機關撤銷原處分，或改予處分。如認為原處分有理由時，則應駁回其申請。申請再覆審以一次為限。

四、考績的分等

臺灣公務人員的考績分為：甲、乙、丙、丁四等。甲等，考績總分在80分以上者；乙等，考績總分在70分以上者，不滿80分者；丙等，考績總分在60分以上，不滿70分者；丁等，考績總分不滿60分者。列甲等和乙等者，考績甲乙等皆可以晉本俸一級，丙等不予獎勵，丁等免職。

五、公務人員的褒獎

公務人員的褒獎制度是與公務人員考績制度相聯繫，但又不完全屬於考績制度範疇的一項制度。在此也簡要介紹如下：臺灣公務人員的褒獎分為褒揚、勛章、獎章三種。褒揚由總統特別頒發或行政院呈請，褒揚方式包括明令褒揚和題頒匾額兩種。勛章分采玉大勛章、中山勛章、中正勛章、卿雲勛章、景星勛章五種，授勛由總統特贈或特授外，又稽勛委員會審核。獎章分功績獎章、楷模獎章、服務獎章和專業獎章四種。

第五節　公務員的懲戒

在臺灣，對於違法、失職公務員的懲戒權屬於司法權的一部分，由司法院所屬的公務員懲戒委員會掌理。1985年臺灣修正、公布了新的「公務員懲戒法」，對違法、失職公務員的懲戒內容和懲戒程序作了明確規定。

一、懲戒對象

「公務員懲戒法」的適用對象非常廣泛，既包括制定方針政策的政務官，又包括執行方針政策的事務官。但是，總統和副總統卻不包括在內，因為對於總統、副總統的彈劾，法律另有規定，不適用於普通的懲戒程序。

公務人員有下列兩種行為之一，應受到懲戒：

第一，違法行為。所謂違法，指違反法律和命令，包括對於憲法、立法機關透過的法律、條例、通則等法規以及其他各機關發布的規程、規則、細則、辦法、綱要、標準、準則等行政命令的違反。

第二，廢弛職務或其他失職行為。該條內容包括甚廣，凡是公務人員根據其職務應從事的行為而未從事，皆屬廢弛職務；另外，執行職務失當，或者執行職務發生錯誤，也屬於失職範圍。臺灣的「刑法」第130條規定：「公務員廢弛職務釀成災害者，處3年以上10年以下有期徒刑。」這就是說，公務人員對自己的行政行為要負刑事責任。

公務員懲戒委員會對於受移送的懲戒案件，認為情節重大，有先行停止其職務必要的，可通知其主管官員，先行停止其職務。某些情況下，主管官員也可依職權，直接先行停止被懲戒人的職務。此外，公務員有下列情形之一，其職務應當停止：（1）依刑事訴訟程序被通緝或羈押者；（2）依刑事確定判決，受褫奪公權之宣告者；（3）依刑事確定判決，受徒刑宣告，在執行中者。

無論是被當然停止者，還是職務先行被停止者，他們在停職期間所做的職務上的行為，皆不發生效力。公務員因案在公務員懲戒委員會審議中者，不得資遣或申請退休。公務員經監察院提出彈劾者，也不得資遣或退休。

二、懲戒處分

依「公務員懲戒法」的規定，臺灣主管部門對公務員的懲戒處分有六種，即撤職、休職、降級、減俸、記過、申誡。

撤職即撤銷其職務，這是行政處分中最重的一種。根據有關法規規定，被撤職者停止任用期至少1年，多則不限。撤職是一種淘汰性懲戒，即將被撤職者被排除在公務員職列之外；而其他五種懲戒處分均屬於矯正性懲戒，只要求被懲戒者接受教訓，改過自新，而不將其排除在公務員職列之外。

在一定期間內停止公務員的現任職務，就是休職。受休職處分者，停發薪給，同時，也不得在其他機關任職。休職期間最短為6個月。公務員休職期滿後，允許其復職。受休職處分者，自復職之日起2年內不得升職或調任主管職務。

降級是根據其現職俸給降一級或二級後改任他職。如果受處分者無級可降，則按該職等內每級差額，減其月俸。按級差減月俸的期間為2年。受降級處分者，自改任他職之日起，在2年之內不得升職或調任主管職務。

減俸即削減其月俸。按有關俸給規定，受減俸處分者，根據其現職之月俸，減10%或20%的支給。減俸期間，至少6個月，至多不超過1年。受減俸處分者，自減俸之日起，1年內不得升職或調任主管職務。

記過本身並不引起受處分者職位的降低或薪俸的減少，它的直接後果是受處分者自記過之日起，1年內不得升職或調任主管職務。如果公務員1年之內被記過3次，則依其現職降一級改任他職。對於1年之內被記過3次、又無級可降者，也比照降級處分的相關規定，按其所屬職等內每級差額，減其月俸。

申誡是公務員懲戒處分中最輕的一種。申誡處分對於受處分者，既無職務上直接的後果，也不對其薪俸發生直接的影響，只是一種警告性處分。

上述六種懲戒處分對於所有事務官都是適用的；但若政務官違法、失

職,應受懲戒處分時,只適用撤職和申誡處分,其餘四種不適用。

三、懲戒程序

公務員懲戒委員會行使對於公務員懲戒處分的審議權,其審議程序是移送、審議和再審議。

(一)移送

臺灣的五院體制中,監察院是「最高監察機關」,行使彈劾、糾舉等職權。各院、部、會長官,地方最高行政長官或其他相當的主管長官,認為所屬公務員有違法、廢弛職務或其他失職行為時,應以書面形式說明事由,連同證據一起,送監察院審查,由監察院決定是否移送公務員懲戒委員會。但對於所屬九職等或相當於九職等以下的公務員,各院、部、會長官可直接移送公務員懲戒委員會。另外,對於九職等或相當於九職等以下的違法、失職公務員給予記過或申誡處分時,不須送監察院或移送公務員懲戒委員會,其主管長官可直接執行。

(二)審議

公務員懲戒委員會收受移送案件後,即應將移送書繕本送達被付懲戒人,並命其於指定期間內提出申辯書,必要時可通知被付懲戒人到場申辯。被付懲戒人無正當理由而不在指定期間內提出申辯書,或者不按指定日期到場申辯,公務員懲戒委員會可直接議決:公務員懲戒委員會審議案件,應有委員總額過半數出席;議決案件,應由出席委員過半數同意。在審議過程中,公務員懲戒委員會可以根據職權,直接進行案情調查,也可以委託其他機關進行調查。根據案件的不同情形,公務員懲戒委員會可作出不同的議

決，這包括：（1）不受理議決。有兩種情形可作出不受理議決：一種是移送程序違背規定；另一種是被付懲戒人已經死亡。（2）懲戒處分議決。經過審查，確認被付懲戒人有違法、廢弛職務或其他失職行為，應依法作出懲戒處分議決，並應審酌情狀，給予恰當的懲戒處分。（3）不受懲戒議決。證明被付懲戒人的違法、廢弛職務或其他失職行為的證據不足，或者被付懲戒人並沒有上述行為，公務員懲戒委員會可以作出不受懲戒的議決。（4）免議議決。懲戒案件有下列情形之一者，可作出免議議決：第一，同一行為已受公務員懲戒委員會懲戒處分者；第二，被付懲戒人受褫奪公權的宣告，對其再行處分已無必要者；第三，自違法、失職終了之日起，至移送公務員懲戒委員會之日止，已超過10年者。

公務員懲戒委員會作出議決後，應在7日內，將議決書正本送達移送機關、被付懲戒人及其主管長官。主管長官收到懲戒處分的議決書後，即執行該項懲戒處分。

（三）再審議

公務員懲戒委員會就懲戒案件作出議決後，原移送機關或受懲戒人可依法移請或申請再審議。移請或申請再審議，由原移送機關或受懲戒人向公務員懲戒委員會提出。提出日期以30日為限。在法定期間內，即使原處分已執行完畢，也可提出移請或申請再審議。原移送機關或受懲戒人提出移請或申請後，在公務員懲戒委員會作出議決之前，可撤回移請或申請。但經議決後，則不得撤回移請或申請。

公務員懲戒委員會受理再審議的移請或申請後，應將移請或申請書的繕本及附件函送原移送機關或受懲戒人，由其在指定期間內提出意見書或申辯書。原移送機關或受懲戒人未在指定期間內提出意見書或申辯書，且無正當理由者，公務員懲戒委員會可直接議決。

公務員懲戒委員會認為再審議的移請或申請不合法或者無理由,應作出駁回的議決。若該移請或申請有理由,則應撤銷原議決或更改原議決。

第六節　公務員的俸給、福利、退休和撫卹

在現代人事管理中,公務員的待遇措施非常重要。臺灣的公務員依法享有多種待遇。大體說來,臺灣公務員的待遇可分為俸給、小型福利、保險、退休和撫卹等數種。

一、公務員的俸給

臺灣簡薦委任公務員的俸給,分為本俸、年功俸及加給。本俸是指各官等、職等人員應領取的基本俸給;年功俸是指依年資和考績晉敘高於本職或本官等最高職等本俸的俸給;加俸是指因所任職務種類、性質與服務地區的不同,而另加的給予,分職務加給、技術或專業加給、地域加給。臺灣公務員俸給變更有兩種情況:一是晉敘,二是降敘。晉敘依「公務人員考績法」的規定進行,降敘則依「公務員懲戒法」及其他有關法規進行。

二、公務員的小型福利

臺灣公務員的小型福利主要有以下一些:(1)定期休假。臺灣的休假制度以服務年資為標準,服務年資越長休假時間也越長。(2)必要的假期。臺灣公務員的必要假期有事假、婚假、生育假、喪假和災害假等多種。(3)宿舍及交通工具供應。政府機關多配有宿舍,又因宿舍較遠,故又備有交通工具。(4)各種補助。大體有結婚補助、喪葬補助、父母或配偶及子女的重大疾病補助、配偶或本人的分娩補助、子女教育補助等多種。(5)輔購住宅。有家屬的公務人員,凡在編制之內並任職達3年以上者,即

具有享受輔購住宅的權利。輔購住宅的方式，以由政府機關興建公教住宅貸款配購為主，以貸款由公務人員自由向外界選購為輔。

三、公務員的保險

保險是臺灣公務員的重要待遇措施之一。臺灣在1958年制定了「保險法」，以後又多次修訂。依臺灣「保險法」的規定，公務員的保險對象包括其共同生活的家屬，保險範圍也比較廣泛，包括生育、疾病、傷害、殘廢、養老、死亡、眷屬喪葬等七項，並附離職退費。幾乎有關公務人員生老病死等一切危險，均已有所保障，尤其是生育、疾病、傷害三項，均系免費醫療。

臺灣的「保險法」規定，公務人員投保每月應繳納投保費，具體數目是其月俸的7%至9%，其中65%由政府負擔，投保人自己只需付給35%。關於投保人的給付資格，除養老保險規定必須交費5年後才有領受資特別，其餘均沒有任何規定。保險法提供的免費醫療和免費長期保健是臺灣公務人員享受的最重要的福利。其他項目，如養老、殘廢、死亡和眷屬喪葬等都採取一次性付給的辦法，並規定：「依本法支付之現金給付，經承保機關核定後，應在15日內給付之。如逾期給付歸屬於承保機關者，其逾期部分，應加給利息。」

四、公務員的退休

依臺灣「公務人員退休法」的規定，凡服公務的人員因一定服務年資，不願或不得繼續擔任公務人員而退休者，政府給予退休金。臺灣公務員的退休有自願退休和命令退休兩種。

公務員有下列情形之一，即可準其自願退休：（1）任職5年以上，年滿

60歲者；（2）任職滿25年以上者。以上年資之計算，均以在公務機關服務者為限。在公私合營之機關任職者，如公股超過50%的，得並計年資。

公務員任職5年以上，具有下列情形之一，即應命令退休：（1）年滿65歲者，對於從事具有危險性工作或勞力性工作的，可以放寬至55歲；（2）心神喪失或身體殘疾不堪勝任職務者。

公務員退休後可領取退休金，其退休金也有兩種領取方法，一種是一次性付給，另一種是按月領取。任職滿15年以上者，可由退休人員就兩者之間選擇其一；而任職在5年以上，但未滿15年者，只能領取一次性退休金。

五、公務員的撫卹

依臺灣「公務員撫卹法」第23條的規定，對於經「銓敘部」審定資格登記有案者，凡因公死亡或者病故或意外死亡，其遺屬可以依法領受撫卹金。撫卹金請求權，不得扣押、讓與或供擔保。撫卹金分為一次性撫卹金和年撫卹金兩種，具體領取標準如下：（1）在職3年以上但不滿15年者，發給一次性撫卹金。滿3年發給5個基數，以後每增半年，加給1個基數，不另發年撫卹金。此外，遺屬原領取的實物配給及眷屬補助費等，一次發給2年應領數額。（2）在職15年以上者，除每年發給6個基數的年撫卹金外，並按以下標準發給一次性撫卹金。（3）在職15年以上但不滿20年者，發給25個基數。（4）在職20年以上但不滿25年者，發給27個基數。（5）在職25年以上但不滿30年者，發給29個基數。（6）在職30年以上者，發給31個基數。以上公務員的遺族，按規定所領的實物配給應折合代金，連同眷屬補助費等，隨年撫卹金十足發給。

關於領受年限，「撫卹法」也有規定：領受年撫卹金的遺屬，其撫卹金自公務員亡故的次月開始發給，其發給年限如下：（1）病故或意外死亡者，給予10年；（2）因公死亡者，給予15年，如系戰地殉職者，給予20

年；（3）冒險犯難或戰地殉職者給予20年；（4）因公死亡、冒險犯難或戰地殉職公務員的遺族，如系獨子（女）的父母，或無子（女）的寡妻，得給予終身。

公務員在職亡故時，除其遺屬可領受撫卹金外，並由政府給予殮葬補助費。同時，為保障遺屬的生活，公務員調整俸給時，年撫卹金也應按在職的同職等人員調整。如公務員退休後再任公職時，其撫卹金年資的計算，應扣除其已領退休金的年資。

第七節　公務員制度評議

臺灣公務員制度之所以能得到臺灣執政者的支持，是因為其對於穩定臺灣政局發揮著重要的作用。早在國民黨退臺初期，實行公開考選制度無疑為許多原為臺灣農村社會人士有機會成為新的中產階級提供了一個通道，這有助於臺灣社會各階層之間的流動，因此，透過公開競爭考試選拔公務人員的執行過程雖非順暢，但隨著考試用人制度深獲臺灣社會的支持而擁有極高的正當性，即使是威權體制時期的執政者也深知公務員考試制度對於其政權穩固的益處，因此「臨時條款」和後來的幾次「修憲」都未曾對原憲法條文的內容有所更動，也願意逐步地落實該項制度。從近些年的情況來看，臺灣報考公務員的人數逐年增加，這也從一個側面表明，公務員制度正在臺灣的政治運行中發揮著越來越重要的作用。

迄今，臺灣的公務員制度已形成了比較完備的制度體系。就關於公務人員的法規而言，已形成了由「公務人員考試法」、「公務人員考績法」、「公務員懲戒法」、「公務人員任用法」、「公務人員退休法」等組成的配套法律體系，從而使得臺灣公務員制度的運行有法可依。就實務而言，從公務人員的考試、訓練、任用，到公務人員的淘汰、救濟等環節，臺灣都已形成了比較完整而配套的人事行政制度，並且這一制度正在進一步走向成熟和

穩定。

儘管我們可以肯定臺灣公務員制度在臺灣的政治生活中發揮著積極的功效，但是，我們也不能否認，臺灣的公務員制度也存在著一些缺失，主要表現在：

第一，機關用人過於多元分歧。對於各個機關的延攬用人，考銓機關在人事法制上，雖然也配合研究並採行相關措施，但仍不足以適應實際用人的需求。各個機關依照法定考試途逕取才用人，因而各自另闢用人之道，導致人員的進用形成「多軌並行、多元管理」的現象。這不僅不能克服其用人問題，更使人員權利義務失衡，且竟相比較援引，在法制上和實務上紛擾不已。

第二，文官體系活絡性不足。考試及格人員固然需要保障，但並非經考選出來的人才進入公務員系統後，即終身耗留。為讓更多有志於服務公職的人，能進入政府部門服務，透過制度性設計，似宜有一套開放性的離休制度，使那些考試及格但無意留在公務員系統的公務人員，可以提前離職或退休，使有意服務公職者得以進入，以活絡整個公務員系統。

第三，缺乏對公務人力的全盤規劃。人力規劃對於現代化管理非常重要，應從發展的觀點對人事行政作出前瞻性的規劃和思考；但由於臺灣受到過去的管理、控制觀念的影響，以致目前對人力資源的長遠規劃缺乏應有的重視，缺乏對未來發展所需要的人力、專長等作事先預估和規劃。各訓練機構在擬訂訓練計劃時，也沒有對未來的需要進行規劃與設計，一旦需要人才就顯得人才難尋或緩不濟急。

第四，由於臺灣公務人員考選都交由考試院負責，考試院不論是針對一般性組織的用人，還是針對特殊性組織的用人需要，通常每年多以辦理一次為原則。在這樣的流程下，儘管用人機關的需求很早就已提出，但仍需等待很久後才辦理考試，實際上等到分發人力又需要幾個月的時程。另一方面，

組織人力職缺需求一旦提出，該職缺就必須受到控管而不得再進用人力，機關可能因為如此冗長的人力甄補和考選流程而影響了某些工作的開展。人力需求和供給間的時間落差如此之長，也影響了機關採取考試分發的意願。

目前臺灣相關部門和學界也正在圍繞著上述問題，積極探索如何進一步改進和完善臺灣的公務員制度，使其更好地在未來的臺灣政治生活中發揮積極作用。

第十三章　臺灣選舉制度

　　從歷史上看，臺灣在日本殖民統治時期曾舉行過幾次「民意代表」選舉，1935年11月舉行的臺灣第一屆市會議員及街莊協議會員選舉，是臺灣有史以來的第一次民眾性的投票選舉。國民黨退臺後，開始在臺灣推行地方自治，定期辦理村里長、縣市長、縣市議員、省議員等各種地方公職人員選舉。但由於當時處於所謂的「動員戡亂時期」，其選舉也只能是局部的、有限的、象徵性選舉，其民主意義大打折扣。在臺灣實施政治轉型以後（特別是「憲政改革」以後），臺灣才具有了真正民主意義上的選舉，其選舉制度建設也取得了前所未有的發展，選舉規範日臻健全和完善。分述如下：

第一節　選舉制度的基本內容

一、選舉的主要對象

　　依憲法規定，以下公職人員由選舉產生：總統、副總統；中央公職人員，主要是指立法院的立法委員；地方公職人員，具體包括：省（市）議會議員，縣（市）議會議員，鄉（鎮、市）民代表會代表，縣（市）長，鄉（鎮、市）長，村（裡）長。唯一不經過選舉產生的是省政府的行政首長。

二、選舉的基本原則

　　就選舉程序而言，臺灣選舉制度具體堅持並體現了以下幾個基本原則：第一，普遍性原則。只要年滿20歲，在選舉區內居住年限滿4個月的公民都有選舉權，但被剝奪公權尚未恢復者、受禁治產宣告尚未撤銷者除外。第二，平等性原則。即凡是具有投票權的公民，對於某一項選舉，每人僅能投

一票,而且每張選票的票值相等,即所謂的「一人一票,票票等值」。第三,直接性原則。即公職人員一般均由選民直接投票選出;自1996年第九任總統、副總統選舉起,改由公民投票直接選舉產生。第四,祕密性原則。即無記名投票原則。選舉人在列有候選人姓名的選票上,圈選支持對象,無須標記自己的姓名或書寫任何文字。如此可確保選舉人的自由意志不受威脅。為使這個原則得以實現,投票所在地有相應的技術保障和人員監督。

三、選舉的具體種類

經過多年的發展,臺灣選舉形成三個主要的法律依據:憲法、「總統副總統選舉罷免法」和「公職人員選舉罷免法」。臺灣選舉主要有以下幾種形式:

臺灣的中央公職人員選舉分為中央行政首長和中央民意代表的選舉。中央行政首長即總統和副總統,在1948—1996年,每屆任期6年;1996年起改為任期4年,由公民直選。在中央公職人員中,國民大會代表1996年前每屆任期6年,由國民大會選舉產生;1996年後改為任期4年,任期與集會期間為1個月,應選名額300名;2005年6月,國民大會被廢除,其多數職權被轉移至立法院;立法委員的任期為3年,自第四屆開始,應選名額225名;2007年第七屆立法委員選舉「立委」席次減為113名,任期4年。

地方公職選舉分為地方行政首長和地方民意代表的選舉,地方公職人員即直轄市長、縣(市)長、鄉(鎮、市)長、村(裡)長和地方民意代表,即直轄市議會議員、縣(市)議會議員、鄉(鎮、市)民代表會代表,任期均為4年。1994年以前,直轄市市長都是官派,1994年後改為直選。2005年開始推行「三合一」選舉,所謂的「三合一」包括縣(市)長選舉、縣(市)議員選舉以及鄉(鎮、市)長選舉三者一併進行。縣(市)長選舉,臺灣的「正規」說法,叫做「臺閩地區縣(市)長選舉」,言外之意是臺灣省和

「福建省」所轄縣（市）行政首長的選舉，而臺北市和高雄市是所謂的行政院管轄的城市，自然不在此列。臺灣有關方面推估，「三合一」可以減少選務成本大約8億到10億元。當然，合併舉行出錯的機率和風險也會比較大。

需要注意的是，臺灣為解決中央與臺灣省的過度重疊，透過了省虛級化（即「精省」）方案，同時透過「地方制度法」以加強縣（市）政府的地位與功能，臺灣省政府自此成為諮詢機關，組織被大量精簡，功能大幅萎縮，省政府的首長由行政院派任。臺灣省議會也改為臺灣省諮議會，沒有實行地方自治或是監督施政的權力。雖然這其中也可能包含著與合法化相關的政治鬥爭（地方性直選代表的民意將更具合法性，影響到總統的權威），但從積極方面來看，這也表示臺灣更為實際，正日漸朝完全「精省」、政府組織精簡化的方向邁進。

四、選舉經費的來源、支出和限制

候選人的競選經費主要來源於自有資產和外來捐贈；各政黨的選舉經費主要來自政黨補貼、黨員交納的黨費、黨內的集資或競選分擔金以及政治捐款、募款等。由於實行所謂的公費選舉制度，候選人凡達到法定得票數以上的，由政府補貼候選人每票競選費30元。各政黨在立法委員選舉中所推候選人，總得票率超過5%，由政府補貼政黨每票競選費50元。

候選人的競選經費支出，符合相關法律規定的項目包括：交納保證金、自辦競選宣傳費（包括自辦政見發表會、印發宣傳標語、廣告、名片、宣傳單、製作看板和旗幟等費用）、競選機構日常費用（包括助選人員薪貼、交通費以及辦公用房房租、水電、電話、郵資等費用）、宣傳工具使用費（包括租用車輛、使用擴音設備等費用）及按一定標準付給支持候選人選民的餐飲補貼（每人每次不得超過30元）等。

在臺灣的各項選舉中，對候選人的競選經費總額均有所限制。1983年11

月11日頒布的「公職人員選舉候選人競選經費查核准則」，在1994年9月22日作了修訂，對各項選舉的競選經費限額都有明確規定。競選經費的額度限制，由「中央選舉委員會」核定並在選舉前公布。除了競選經費的限制外，候選人參選還要交納保證金，縣（市）長、立法委員候選人每人需要交納保證金20萬元。如果候選人得票超過所在選區選舉人總數除以應選名額達10%以上者，於公布當選人名單後10日內退回保證金。

五、競選活動的限制

候選人資格確定後，可以開展競選活動，但競選活動不能妨害自由、平等、公正的選舉原則，因此，對競選活動必須有所限制。臺灣在這方面的限制由有下幾點：

（1）時間上的限制。各種不同類型的候選人競選活動的時間長短不同。根據規定：省長為25天；直轄市長為15天；國大代表、立法委員、省（市）議員、縣（市）議員、縣（市）長、鄉（鎮、市）長為10天；鄉（鎮、市）民代表、村、里長為5天。

（2）競選辦事處的限制。有關法規規定：候選人於競選活動期間，得在其選舉區設立競選辦事處，但不得設於機關、學校、團體或經常作為投（開）票的場所及其他公共場所。

（3）助選員的限制。在人數上，不同類型的候選人可置的助選員人數不同。例如省長選舉，每一候選人可置助選員100人，而直轄市長只有50人，村（裡）長則只有3人。其他類型選舉的候選人的助選員人數也都有相應的規定。關於助選員的資格，也有一些限制性的規定，例如公職人員不得擔任助選員；再如已登記的候選人，一般也不得擔任助選員；等等。

（4）車輛的限制。根據法律規定：「候選人為競選活動使用宣傳車，

其數量,每人不得超過20輛。但以直轄市或縣(市)為其選舉區者,每人不得超過10輛,以鄉(鎮、市)為選舉區者,每人不得超過3輛。以村(裡)為選舉區者,每人不得超過1輛。」而「候選人為競選活動使用之播音器,以裝置於宣傳車輛或競選辦事處為限,並不得妨害其他候選人發表政見。」

(5)言論上的限制。候選人或助選員不得有下列情事:煽惑他人犯內亂罪或外患罪;煽惑他人以暴動破壞社會秩序;觸犯其他刑事法規規定的罪行。

(6)關於宣傳品方面的限制。候選人印發以文字、圖畫從事競選的宣傳品,應親自簽名,除候選人競選辦事處和宣傳車輛外,不得張貼。如候選人懸掛或豎立標語、旗幟、布條等廣告物,不得妨礙公共安全或交通秩序,並應於投票日後7日內自行清除;違者將依有關法令規定處理。

(7)競選經費的限制。對競選經費的限製表現在三方面:一是規定競選經費最高限額,不同類型的選舉其競選經費的最高限額也不一樣;二是設置競選經費收支帳簿,候選人必須在投票日後30日內申報,並接受檢驗、核查;三是對各種捐助有一些限制性的規定。

(8)政黨助選行為的限制。政黨印發的競選宣傳品,應載明政黨名稱,除政黨辦公處及宣傳車外,不得張貼。同樣,政黨懸掛或豎立標語、旗幟、布條等廣告物,不得妨礙公共安全和交通秩序,並應於投票日後7日內自行清除。

除以上一些限制外,其他如強暴、脅迫、賄賂或以其他非法方法競選或妨礙他人競選或使他人放棄競選的行為,也都在禁止之列。

六、選舉訴訟的種類和受理法院

臺灣的選舉訴訟大體可分為兩類,一是選舉無效之訴,一是當選無效之

訴。前者是指因主辦選舉事務的機關在辦理選舉時違反選舉法規，因而影響當選與落選，經提起告訴，被法院判決確定其選舉不發生效力；後者是指因當選人候選資格不實，或當選票數不實，或競選時違反選舉法規，經提起告訴，被法院判決確定當選人的當選不發生效力。這二者的主要區別是：選舉無效之訴是對事，其訴訟以構成選舉無效的事實所發生的地區為範圍，不影響其他地區的選舉；當選無效之訴是對人，其訴訟以特定當選人為對象，不影響其他當選人當選。

臺灣的選舉訴訟由法院審理。法律規定：「第一審訴訟，由選舉行為地之該管地方法院或其分院管轄，其行為地跨連或散在地方法院或分院管轄區域內者，各該地方法院或分院具有管轄權。不服地方法院或分院第一審判決而上訴之選舉訴訟事件，由該管高等法院或其分院管轄。」

第二節　主要選舉方式

對於不同的選舉對象，臺灣採取不同的選舉方式。臺灣各級行政首長（主要指總統與縣市長）的產生方式採用「單一選區相對多數決制」，2008年以前，各級民意代表（包括區域立法委員及縣市議員）採用「複數選區單記不可讓渡制」，全國不分區及僑選「立委」採用「一票制的政黨比例代表制」，2008年後，地方議員選舉仍使用「複數選區單記不可讓渡投票制」，而第七屆立法院區域「立委」選舉將改為「單一選區兩票制」。現將以上四種選舉制度作一概述。

一、單一選區相對多數決制

該選制是指每個選區只選出1名代表，每一選民只能投一票，由選區內得票最高的人當選的制度。單一選區相對多數決制主要有兩大特點：一是容

易走向兩黨競爭及兩黨制,首先,在「贏者全拿」的規則下,小黨在先天上就不容易生存;其次,選民為了不浪費選票,一般都會把票投給當選機會較大的黨,以防止自己最不喜歡的政黨上臺,這在後天上不利於第三黨的生存。故臺灣縣(市)長選舉到最後階段時一般都呈現出兩個主要政黨對決的趨勢,雖然也不乏無黨籍候選人「出線」,但一般都有政黨的背後支持或禮讓。二是政見訴求比較溫和,為爭取絕大多數而非特定選民的支持,政黨或候選人如欲獲勝,在政見訴求上就不能太偏激或太保守,而趨向以多數選民較關切的公共政策、福利政策作為主要選舉訴求。如在臺灣歷屆縣(市)長選舉中,「統獨矛盾」等具高度爭議性的話題經常被淡化,公共政策反成熱門話題。

二、複數選區單記不可讓渡制

複數選區單記不可讓渡制,通常簡稱「SNTV制」,臺灣在2005年「修憲」前的一段時期內曾採用過該制度。即每個選區都可產生1名以上的立法委員,每個選區的名額視人口多寡而定,每位選民只能投一票且選票不能在候選人之間轉移,由得票數最高的幾名候選人當選的制度。

這一制度的主要特點:一是採取複數選區,意指選區應選名額大於1,通常習慣上將應選2至5名的選區稱為中選區,而將應選6名或6名以上的選區稱為大選區;二是選票「單記」,即不論選區的名額是多少,每位選民只享有投一票的權利,每個候選人的得票都單獨計算;三是選票不可讓渡,無論是當選者超過當選所需票數的多餘選票還是落選者所贏得的選票,都不能轉移給同黨或同聯盟的其他候選人;四是有利於小黨生存,使一些人可以透過固定的支持者低票當選。如1992年臺北縣選舉,因趙少康以第一高票當選所在選區的立法委員,竟出現其他立法委員不到3%的得票即當選的奇怪現象;五是候選人只要擁有固定的支持者,即使不顧該選區大多數人的訴求,

也可能當選。這樣的制度可能會造成地方派系的長期存在和紛爭,並且對各黨在選區的提名要求頗高。提名太多會使同黨競爭而可能票數低於其他黨派候選人以致落選,提名太少則會因本黨票源過於集中而使他黨候選人低票當選,影響席位總數。

三、政黨比例代表制

該選制僅適用於民意代表的選舉,基本上系以政黨作為候選人以計算政黨可以分配席次的選舉制度。在此以前,臺灣並不直接以政黨為候選人,而是以各候選人所屬政黨的選票加計成為總數,推定為各政黨得票總數。臺灣1991年「修憲」後,為維護其所謂代表「全中國」的「法統地位」,在立法委員選舉中增加全國不分區及僑選代表席次,並採用一票制的政黨比例代表制,即根據各個政黨的總得票率來分配席次的制度,凡區域「立委」選舉總得票率超過5%的政黨,即可分配一定的全國不分區及僑選「立委」名額。各黨得票席次的計算,「選罷法」第65條第3項相關規定如下:(1)以各政黨得票數,除以全部政黨得票總數,求得各該政黨立法委員得票比率;(2)以應選名額乘前款得票比率所得積數的整數,即為各政黨分配的當選名額;(3)依前款規定分配當選名額,如有剩餘名額,應按照各政黨分配當選名額後的剩餘數大小,依次分配剩餘名額。剩餘數相同時,以抽籤決定;(4)各政黨分配的婦女當選名額,不得低於1/2。

該選制的主要特色:一是小黨的生存空間比較大,只要在選舉中得到一定的選票,它便有可能分得若干席位。但若黨派眾多,實力接近,也可能形成小黨林立的局面;二是在競選活動中,候選人個人的聲望與魅力比較淡化,政黨所代表的意識形態、政綱政見是選民投票時的主要考慮因素;三是一票制指政黨比例代表附掛在區域「立委」的選票上,而不是選民在區域「立委」選舉之後對各政黨的另行投票。

四、單一選區兩票制

　　2005年6月7日，臺灣任務型國大代表投票透過「修憲」案複決，「立委」選舉制度改為單一選區兩票制。單一選區兩票制即區域選票與政黨選票分別投票，是選區相對多數制與政黨比例代表制混合，每位選民投兩票，一票投區域「立委」，一票投給政黨。席位的換算上，分為聯立式兩票制和分立式兩票制。聯立式兩票制是指一張選票同時有區域候選人及政黨兩個選項，選民投區域候選人一票，政黨一票，但分配席位時，先按政黨得票數分配各黨總席位，扣掉區域當選的席位後，再由政黨名單補足。例如某黨在政黨得票率中分得30席，但區域席位已經獲得了16席，所以只能被再分給14席。分立式兩票制則是指選民有兩張選票，區域席位與政黨席位分開計算，若一黨在區域中獲得30席，按政黨比例分得20席，則總席位為50席。這種選舉制度的特點是融合了政黨比例代表制和單一選區相對多數決制的優點，臺灣採用的是日式的兩票制。根據任務型國民大會透過的「修憲」案，從2007年第七屆「立委」選舉起將實行單一選區兩票制。按照新的選制，臺灣自第七屆「立委」起，立法院席次由原來的225席減為113席，其中區域「立委」73席，不分區仍僑選「立委」34席，原住民6席。其中，原住民「立委」由直接選舉產生，73名區域「立委」將從73個選區直接投票選出，再依另一張政黨選票的得票比例，分配34個不分區及僑選「立委」席次，未達5%得票率的政黨不能參與分配。單一選區兩票制已於2008年1月12日舉行的第七屆「立委」選舉中首次實施。

表13-1：立法委員新舊選制比較表

名稱	新制	舊制
	單一選區兩票制	複數選區單票制
選制	結合比例代表和小選區制的選舉制度	複數選區的選舉制度

續表

名稱	新制	舊制
選民可投票數	兩票，一票選區域候選人，一票選政黨	一票，僅能投給該選區一名候選人
「立委」總席次	113席	225席
區域「立委」席次	73(PLURALITY-SMD)	168(SNTV-MMD)
原住民席次	6(SNTV-MMD)	8(SNTV-MMD)
席位分配方式	並立式兩票制	並立式一票制
不分區政黨門檻	5%	5%
不分區政黨名單	封閉式政黨名單	封閉式政黨名單
區域「立委」產生方式	一區只選一席，候選人必須取得該選區最高票，才能勝出	一選區能選出多名「立委」，民眾投票時圈選一名，以該選區應選席次相對高票的幾位當選
不分區席位計算	最大餘數法	最大餘數法
不分區產生方式	政黨取得多少政黨票，便能得到相同比例不分區席次	區域候選人所獲得選票，視同支持該候選人所屬政黨，加總該政黨候選人取得選票比例，換算後即為不分區代表席次
「立委」任期	4年	3年
優點	區域候選人較難靠偏激言論或炒作特定議題當選，須採中庸路線	選票較易集中高知名度形象候選人
缺點	易造成政黨對決，對大黨有利，小黨生存更加困難	戰略性投票空間大，政黨為確保選票能平均分配給同黨候選人，產生配票策略

（資料來源：作者自制）

單一選區兩票制的最大特色就是融合了比例代表制與單一選區相對多數決制的主要優點，因而能夠更好地反映主流民意。概括起來，該選制的優點是：

第一，席次分配簡單易行。各選區以相對多數產生唯一當選人，不分區的席次以政黨票得票比例產生，計算簡便，易為民眾理解和接受，不會產生多大的爭議。

第二，有助於政黨團結。從理論上說，單一選區兩票制會增加政黨的內聚力，黨員在單一選區中須仰賴政黨的組織力量；在比例代表制的職務中，

須一直保持黨籍，黨員會因此而與政黨保持著較為密切關係，而較少出現個人化的傾向。

第三，有助於防止賄選。在單一選區兩票制下，候選人在競選時通常必須有過半數的選票始能當選，這一規定使得賄選的成本大大增加，這在一定程度上會產生防止賄選的效果。

第四，有助於穩定政局。採取綜合選舉制度形態，不但利用單一選區制產生多數代表穩定政局，而且也兼顧比例代表制的小黨利益，充分反映國會的政黨比例性。

第五，有助於意識形態與公共政策上向中間靠攏，有助於社會往中間溫和方向發展。通常要贏得過半數的選票才能勝選，這就促使候選人必須採取中間立場，以爭取多數選民的支持，極端訴求出現的概率較低，因而有助於社會向溫和的中間道路方向發展。

第六，有助於高品質的專業人才脫穎而出。在單一選區兩票制下，不分區名額勢必會多很多，政黨可以提名一些有專業素養但卻不擅長「選戰」的人才，後者沒有地方派系眼界狹小的問題，格局較大，看得較遠。

但這種選舉制度也存在著一定的缺失，主要有以下五點：

第一，政黨席次與得票率易形成落差。比如某黨在73個選區中贏得38個席位，政黨得票率為40%，則其所獲總席數為38+40×40%=54席，較之比例代表制下及單一選區聯立兩票制下應獲的45席多出9席。

第二，有利於大黨和既有政黨，而不利於小黨和新興政黨。單一選區兩票制下席次減半，選票的計算方法存在「損不足以奉有餘」的現象，同時又有5%的門檻限制，這降低了小黨或新成立政黨獲勝的概率。

第三，在單一選區兩票制下，每一個選區都不可避免地產生相當多的「死票」、「剩票」，從而導致少數群體無法推出自己的代表，甚至可能出

現得票較少但卻獲得較多席位的現象,因而會導致民意的扭曲。如果是在「內閣制」條件下,那麼得票較少的政黨可能因獲得議會多數而組閣的情形就無法避免。

第四,政黨酬庸的成本加重,凡是有比例代表制的地方,就會有政黨內部的名位爭鬥,大家均希望政黨名單的順序越前面越好,這也給政黨精英留下了操作的空間,破壞了民主選舉制度的擇優原理。

第五,這種選舉制度是建立在政黨政治的基礎之上,這種選舉制會進一步加強政黨對於政策的控制力,不論單一選區制形成的兩黨制格局,還是比例代表制形成的政黨比例分配議席格局,均表明政黨控制政權機器的力量得以加強,人民主權在一定的程度上被剝奪。

第三節　公職人員選舉制度

公職人員係指下列人員:(1)中央公職人員:立法院的立法委員;(2)地方公職人員,主要包括:直轄市議會議員、縣(市)議會議員、鄉(鎮、市)民代表會代表、直轄市長、縣(市)長、鄉(鎮、市)長、村(裡)長。

公職人員選舉以普通、平等、直接及無記名單記投票的方法進行。「全國不分區及僑居國外國民立法委員」選舉,依政黨名單投票選出。公職人員罷免,由原選舉區的選舉人以無記名投票的方法來決定。

一、選舉機關

依臺灣「公職人員選舉罷免法」第6條、第7條的規定,中央、直轄市、縣(市)分別設立選舉委員會辦理公職人員選舉。具體說來:(1)立法委員、直轄市議員、直轄市長、縣(市)議員及縣(市)長選舉,由「中央選

舉委員會」主管，並指揮、監督直轄市、縣（市）選舉委員會辦理；（2）鄉（鎮、市）民代表及鄉（鎮、市）長選舉，由縣選舉委員會辦理；（3）村（裡）長選舉，由各該直轄市、縣（市）選舉委員會辦理。直轄市、縣（市）選舉委員會辦理前二項選舉，並受「中央選舉委員會」的監督。辦理選舉期間，直轄市、縣（市）選舉委員會並於鄉（鎮、市、區）設辦理選務單位。

「中央選舉委員會」隸屬行政院，置委員若干人，由行政院院長提請總統派充，並指定1人為主任委員。直轄市、縣（市）選舉委員會隸屬「中央選舉委員會」，各置委員若干人，由「中央選舉委員會」提請行政院院長派充，並指定1人為主任委員。各選舉委員會委員，應有無黨籍人士；其具有同一黨籍者，在「中央選舉委員會」不得超過委員總額2/5，在直轄市、縣（市）選舉委員會不得超過各該選舉委員會委員總額1/2。

各級選舉委員會分別辦理下列事項：選舉公告事項；選舉事務進行程序及計劃事項；候選人資格的審定事項；選舉倡導的策劃事項；選舉的監察事項；投票所、開票所的設置及管理事項；選舉結果的審查事項；當選證書的製發事項；訂定政黨使用電視及其他大眾傳播工具從事競選宣傳活動的辦法；其他有關選舉事項。

直轄市、縣（市）選舉委員會就下列各種公職人員選舉事務，指揮、監督鄉（鎮、市、區）公所辦理：選舉人名冊公告閱覽的辦理事項；投票所、開票所設置及管理的辦理事項；投票所、開票所工作人員遴報事項；選舉、罷免票的轉發事項；選舉公報及投票通知單的分發事項；選舉法令的倡導事項；其他有關選舉、罷免事務的辦理事項。

「中央選舉委員會」置巡迴監察員若干人，由「中央選舉委員會」遴選具有選舉權的公正人士，報請行政院院長聘任，並指定1人為召集人；直轄市、縣（市）選舉委員會各設監察小組，置小組委員若干人，由直轄市選舉

委員會及縣（市）選舉委員會分別遴選具有選舉權的公正人士，報請「中央選舉委員會」聘任，並各指定1人為召集人。

二、選舉人

依臺灣「公職人員選舉罷免法」第14條、第15條的規定，「中華民國國民」年滿20歲，除受禁治產宣告尚未撤銷者外，有選舉權。有選舉權人在各該選舉區繼續居住4個月以上者，為公職人員選舉各該選舉區的選舉人。

選舉人投票時，應憑本人「國民身分證」領取選舉票。選舉人領取選舉票時，應在選舉人名冊上簽名或蓋章或按指印，按指印者，並應有管理員及監察員各1人蓋章證明。選舉人名冊上無其姓名或姓名不符者，不得領取選舉票。但姓名顯系筆誤、因婚姻關係而冠姓或回複本姓致與「國民身分證」不符者，經主任管理員會同主任監察員查明後，應准領取選舉票。

選舉人領得選舉票後應自行圈投。但因身心障礙不能自行圈投而能表示其意思者，得依其請求，由家屬1人在場，依據本人意思，眼同協助或代為圈投；其無家屬在場者，亦得依其請求，由投票所管理員及監察員各1人，依據本人意思，眼同協助或代為圈投。為防止重複投票或冒領選舉票的情事，應制定防範規定；其辦法由「中央選舉委員會」具體規定。

選舉人應於規定的投票時間內到投票所投票；逾時不得進入投票所。但已在規定時間內到達投票所尚未投票者，仍可投票。兩種以上公職人員選舉或公職人員選舉與公民投票同日於同一投票所舉行投票時，選舉人應一次進入投票所投票，離開投票所後不得再次進入投票所投票。

三、候選人

依臺灣「公職人員選舉罷免法」第24條的規定，選舉人年滿23歲，得於

其行使選舉權的選舉區登記為公職人員候選人。但直轄市長、縣（市）長候選人須年滿30歲；鄉（鎮、市）長候選人須年滿26歲。選舉人年滿23歲，得由依法設立的政黨登記為「全國不分區及僑居國外國民立法委員」選舉的全國不分區候選人。「僑居國外之中華民國國民」年滿23歲，在「國內」未曾設有戶籍或已將戶籍遷出「國外」連續8年以上者，得由依法設立的政黨登記為「全國不分區及僑居國外國民立法委員」選舉的「僑居國外國民」候選人。

有下列情事之一者，不得登記為候選人：「動員戡亂時期」終止後，曾犯內亂、外患罪，經依刑法判刑確定；曾犯貪污罪，經判刑確定；曾犯臺灣「刑法」第142條、第144條之罪，經判刑確定；犯前三款以外之罪，判處有期徒刑以上之刑確定，尚未執行或執行未畢（但受緩刑宣告者，不在此限）；受保安處分或懲訓處分之裁判確定，尚未執行或執行未畢；受破產宣告確定，尚未復權；依法停止任用或受休職處分，尚未期滿；褫奪公權，尚未復權；受禁治產宣告，尚未撤銷。

下列人員不得登記為候選人：現役軍人；服替代役的現役役男；軍事學校學生；各級選舉委員會的委員、監察人員、職員、鄉（鎮、市、區）公所辦理選舉事務人員及投票所、開票所工作人員；依其他法律規定不得登記為候選人者。

依法設立的政黨，得推薦候選人參加公職人員選舉，經政黨推薦的候選人，應為該政黨黨員，並檢附加蓋中央主管機關發給該政黨圖記的政黨推薦書，於候選人申請登記期間內，向選舉委員會辦理登記。經登記為候選人者，不得撤回其候選人登記。經政黨推薦的區域、原住民立法委員及地方公職人員選舉候選人，政黨得於登記期間截止前，備具加蓋中央主管機關發給該政黨圖記的政黨撤回推薦書，向原受理登記的選舉委員會撤回推薦，逾期不予受理。經政黨登記的「全國不分區及僑居國外國民立法委員」選舉候選

人名單,政黨得於登記期間截止前,備具加蓋中央主管機關發給該政黨圖記的政黨撤回或更換登記申請書,向原受理登記的選舉委員會撤回或更換,逾期不予受理。

登記為候選人時,應繳納保證金。保證金應於當選人名單公告日後30日內發還。但有下列情事之一者,不予發還:「全國不分區及僑居國外國民立法委員」選舉候選人未當選;其他未當選的候選人,得票不足各該選舉區應選出名額除該選舉區選舉人總數所得商數10%。

四、選舉區

立法委員選舉,其選舉區依下列規定:(1)直轄市、縣(市)選出者,應選名額1人的縣(市)以其行政區域為選舉區;應選名額2人以上的直轄市、縣(市),按應選名額在其行政區域內劃分同額的選舉區。(2)「全國不分區及僑居國外國民」選出者,以全國為選舉區。(3)平地原住民及山地原住民選出者,以平地原住民、山地原住民為選舉區。

地方公職人員選舉,其選舉區依下列規定:(1)直轄市議員選舉,以其行政區域為選舉區,並得在其行政區域內劃分選舉區;其由原住民選出者,以其行政區域內的原住民為選舉區。(2)縣(市)議員、鄉(鎮、市)民代表選舉,以其行政區域為選舉區,並得在其行政區域內劃分選舉區;其由原住民選出者,以其行政區域內的原住民為選舉區,並得按平地原住民、山地原住民或在其行政區域內劃分選舉區。(3)直轄市長、縣(市)長、鄉(鎮、市)長、村(裡)長選舉,各依其行政區域為選舉區。

五、選舉公告

選舉委員會應依下列規定期間,發布各種公告:(1)選舉公告,須載

明選舉種類、名額、選舉區的劃分、投票日期及投票起止時間，並應於公職人員任期或規定的日期屆滿40日前發布。但總統解散立法院辦理的立法委員選舉、重行選舉、重行投票或補選的公告日期，不在此限。（2）候選人登記，應於投票日20日前公告，其登記期間不得少於5日。但鄉（鎮、市）民代表、鄉（鎮、市）長、村（裡）長的選舉，不得少於3日。（3）選舉人名冊，應於投票日15日前公告，其公告期間，不得少於3日。（4）候選人名單，應於競選活動開始前1日公告。（5）選舉人人數，應於投票日3日前公告。（6）當選人名單，應於投票日後7日內公告。

公職人員選舉應於各該公職人員任期或規定日期屆滿10日前完成選舉投票。但重行選舉、重行投票或補選的投票完成日期，不在此限。總統解散立法院後辦理的立法委員選舉，應於總統宣告解散立法院之日起，60日內完成選舉投票。

六、選舉活動

公職人員選舉，候選人競選活動期間依下列規定：直轄市長為15日；立法委員、直轄市議員、縣（市）議員、縣（市）長、鄉（鎮、市）長為10日；鄉（鎮、市）民代表、村（裡）長為5日。

各種公職人員競選經費最高金額，除「全國不分區及僑居國外國民立法委員」選舉外，應由選舉委員會在發布選舉公告之日同時公告。競選經費最高金額，依下列規定計算：（1）立法委員、直轄市議員、縣（市）議員、鄉（鎮、市）民代表選舉為以各該選舉區的應選名額除以選舉區人口總數70%，乘以基本金額新臺幣30元所得數額，加上一固定金額之和。這裡所定固定金額，分別定為立法委員、直轄市議員新臺幣1000萬元、縣（市）議員新臺幣600萬元、鄉（鎮、市）民代表新臺幣200萬元、直轄市長新臺幣5000萬元、縣（市）長新臺幣3000萬元、鄉（鎮、市）長新臺幣600萬元、村

（裡）長新臺幣20萬元。（2）直轄市長、縣（市）長、鄉（鎮、市）長、村（裡）長選舉為以各該選舉區人口總數70%，乘以基本金額新臺幣20元所得數額，加上一固定金額之和。競選經費最高金額計算有未滿新臺幣1000元的尾數時，其尾數以新臺幣1000元計算。

候選人除「全國不分區及僑居國外國民立法委員」選舉外，當選人在1人，得票數達各該選舉區當選票數1/3以上者；當選人在2人以上，得票數達各該選舉區當選票數1/2以上者，應補貼其競選費用，每票補貼新臺幣30元。但其最高額不得超過各該選舉區候選人競選經費最高金額。

「全國不分區及僑居國外國民立法委員」選舉，「中央選舉委員會」應以公費，在「全國性」無線電視頻道，供登記的政黨從事競選宣傳，每次時間不得少於1小時，受指定的電視臺不得拒絕；其舉辦次數、時間、程序等事項的辦法，由「中央選舉委員會」自行規定。

七、選舉投票

公職人員選舉應視選舉區的廣狹及選舉人的分布情形，就機關（構）、學校、公共場所或其他適當處所，分設投票所。原住民公職人員選舉，選舉委員會得斟酌實際情形，單獨設置投票所或於區域選舉投票所內辦理投票。投票所於投票完畢後，即改為開票所，當眾開票。開票完畢後，開票所主任管理員與主任監察員即依投開票報告表宣布開票結果，除於開票所門口張貼外，並應將同一內容的投開票報告表副本，當場簽名交付推薦候選人的政黨，及非經政黨推薦的候選人所指派的人員；其領取以一份為限。投、開票完畢後，投、開票所主任管理員應會同主任監察員，將選舉票按用餘票、有效票、無效票及選舉人名冊分別包封，並於封口處簽名或蓋章，一併送交鄉（鎮、市、區）公所轉送直轄市、縣（市）選舉委員會保管。

投票所、開票所置主任管理員1人，管理員若干人，由選舉委員會派

充,辦理投票、開票工作。投票所、開票所置警衛人員,由直轄市、縣（市）選舉委員會洽請當地警察機關調派。投票所、開票所置主任監察員1人,監察員若干人,監察投票、開票工作。

選舉投票日前或投開票當日,發生或可預見將發生天災或其他不可抗力情事,致個別投開票所,不能投票或開票時,投票日前應由直轄市、縣（市）選舉委員會報「中央選舉委員會」核准,改定投、開票日期或場所；投、開票當日,應由各該投、開票所主任管理員報經直轄市、縣（市）選舉委員會核准,改定投、開票日期或場所,縣（市）級以上選舉,並報「中央選舉委員會」備查。

八、選舉結果

公職人員選舉除另有規定外,按各選舉區應選出名額,以候選人得票比較多數者為當選；票數相同時,以抽籤決定結果。「全國不分區及僑居國外國民立法委員」選舉當選名額,依下列規定分配：（1）以各政黨得票數相加之和,除以各該政黨得票數,求得各該政黨得票比率。（2）以應選名額乘前款得票比率所得積數之整數,即為各政黨分配的當選名額；按政黨名單順位依序當選。（3）分配當選名額後,如有剩餘名額,應按各政黨分配當選名額後的剩餘數大小,依序分配剩餘名額。剩餘數相同時,以抽籤決定。（4）政黨登記的候選人名單人數少於應分配的當選名額時,視同缺額。（5）各該政黨的得票比率未達5%以上者,不予分配當選名額。（6）各政黨當選的名額,婦女不得低於1/2。各政黨分配的婦女當選名額,按各政黨登記的候選人名單順位依序分配當選名額；婦女當選人少於應行當選名額時,由名單在後的婦女優先分配當選。婦女候選人少於應分配的婦女當選名額時,視同缺額。

區域立法委員、直轄市長、縣（市）長選舉結果,得票數最高與次高的

候選人得票數差距，或原住民立法委員選舉結果得票數第三高與第四高的候選人得票數差距，在有效票數0.3%以內時，次高票或得票數第四高的候選人得於投票日後7日內，向管轄法院聲請查封全部或一部分投票所的選舉人名冊及選舉票，就查封的投票所在20日內完成重新計票，並將重新計票結果通知各主管選舉委員會。各主管選舉委員會應於7日內依管轄法院重新計票結果，重行審定選舉結果。審定結果有不應當選而已公告當選的情形，應予撤銷；有應當選而未予公告的情形，應重行公告。

候選人數未超過或不足各該選舉區應選出的名額時，以所得票數達下列規定以上者，始為當選：（1）區域立法委員、直轄市長、縣（市）長、鄉（鎮、市）長選舉，為各該選舉區選舉人總數20%。（2）原住民立法委員、直轄市議員、縣（市）議員、鄉（鎮、市）民代表選舉，為各該選舉區應選出的名額除以該選舉區選舉人總數所得商數10%。但村（裡）長選舉不在此限。

當選人應於規定之日就職，重行選舉或重行投票的當選人未能於規定之日就職者，其任期仍應自該規定之日起算。當選人因徵集入營服役，尚未就職者，不得就職；已就職者，視同辭職。

立法委員於就職後因死亡、辭職、經判決當選無效確定或其他事由出缺時，依下列規定辦理：（1）區域選出者，應自死亡之日、辭職之日或選舉委員會收到法院確定判決證明書之日或其他出缺事由發生之日起3個月內完成補選投票。但其所剩任期不足1年時，不予補選。（2）原住民選出者，同一選舉區內缺額達1/2時，應自死亡之日、辭職之日或選舉委員會收到法院確定判決證明書之日或其他出缺事由發生之日起3個月內完成補選投票。但其所剩任期不足1年時，不予補選。（3）「全國不分區及僑居國外國民」選出者，其所剩缺額，除以書面聲明放棄遞補者外，由該政黨登記的候選人名單按順位依序遞補；如該政黨登記的候選人名單無人遞補時，視同缺額。

「全國不分區及僑居國外國民立法委員」，在就職後喪失其所屬政黨黨籍者，自喪失黨籍之日起，喪失其資格，由「中央選舉委員」會函請立法院予以註銷，其所遺缺額，除以書面聲明放棄遞補者外，由該政黨登記的候選人名單按順位依序遞補；如該政黨登記的候選人名單無人遞補時，視同缺額。

「全國不分區及僑居國外國民立法委員」選舉婦女當選人，於就職後因死亡、辭職、經判決當選無效確定、喪失其所屬政黨黨籍或其他事由出缺，致該政黨婦女當選人不足婦女應當選名額時，其所遺缺額，除以書面聲明放棄遞補者外，由該政黨登記的候選人名單中的婦女候選人順位依序遞補；如該政黨登記的候選人名單無婦女候選人遞補時，視同缺額。

當選人經判決當選無效確定，依法院確定判決認定的事實，候選人得票數有變動致影響噹選或落選時，主管選舉委員會應依法院確定判決認定的事實，重行審定。審定結果，有不應當選而已公告當選的情形，應予撤銷；有應當選而未予公告的情形，應重行公告，不適用重行選舉或缺額補選的規定。

地方民意代表當選人因法律規定的情事，經法院判決當選無效確定者或當選人有褫奪公權尚未復權的情形時，其缺額由落選人依得票數的高低順序遞補，不適用重行選舉或缺額補選的規定。但遞補人員的得票數不得低於選舉委員會原公告該選舉區得票數最低的當選人得票數的1/2。

九、選舉訴訟

選舉訴訟可分為選舉無效之訴與當選無效之訴兩種。依「公職人員選舉罷免法」的規定，說明其主要內容如下：

（一）選舉無效之訴

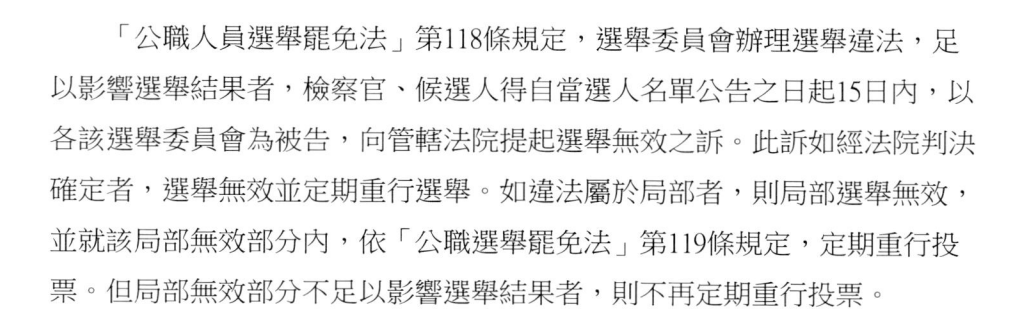

「公職人員選舉罷免法」第118條規定，選舉委員會辦理選舉違法，足以影響選舉結果者，檢察官、候選人得自當選人名單公告之日起15日內，以各該選舉委員會為被告，向管轄法院提起選舉無效之訴。此訴如經法院判決確定者，選舉無效並定期重行選舉。如違法屬於局部者，則局部選舉無效，並就該局部無效部分內，依「公職選舉罷免法」第119條規定，定期重行投票。但局部無效部分不足以影響選舉結果者，則不再定期重行投票。

（二）當選無效之訴

整個選舉雖然有效，但當選人若有違法情事者，依「公職人員選舉罷免法」第120條規定，選舉委員會、檢察官、候選人得以當選人為被告，自公告當選人名單之日起15日內，向該管轄法院提起當選無效之訴。選舉訴訟影響候選人的權益，也影響公益，因此，選舉訴訟應設選舉法庭，采合議制審理，且應先於其他訴訟審判，以二審終結並不得提起再審之訴，而受理選舉訴訟的法院應於6個月內審結，以保障人民的參政權。

第四節　總統選舉制度

一、選舉機關

依「總統副總統選舉罷免法」第6條規定，總統、副總統選舉，由「中央選舉委員會」主管，並指揮、監督省（市）、縣（市）選舉委員會辦理。

「中央選舉委員會」辦理下列事項：選舉的公告事項；選舉事務進行程序及計劃事項；候選人申請登記事項；候選人資格的審定事項；選舉倡導的策劃事項；候選人電視政見發表會的辦理事項；選舉的監察事項；選舉結果的審定事項；當選證書的制發事項；候選人競選費用的補貼事項；其他有關選舉事項。

省選舉委員會指揮、監督縣（市）選舉委員會辦理「總統副總統選舉罷免法」所規定的事項。

直轄市、縣（市）選舉委員會分別辦理下列事項：投票所、開票所的設置及管理事項；選舉票的印製事項；選舉人名冊公告閱覽的督導事項；選舉公報的印製事項；選舉倡導的執行事項；選舉的監察事項；其他有關選舉、罷免事項。

直轄市、縣（市）選舉委員會就下列選舉事務，指揮、監督鄉（鎮、市、區）公所辦理：選舉人名冊公告閱覽的辦理事項；投票所、開票所設置及管理的辦理事項；投票所、開票所工作人員的遴報事項；選票的轉發事項；選舉公報及投票通知單的分發事項；選舉法令的倡導事項；其他有關選舉事務的辦理事項。

二、選舉人

依「總統副總統選舉罷免法」第11條規定，「中華民國自由地區」人民，年滿20歲，除受禁治產宣告尚未撤銷者外，有選舉權。有選舉權人具下列條件之一者，為選舉人：（1）現在「中華民國自由地區」繼續居住6個月以上者；（2）曾在「中華民國自由地區」繼續居住6個月以上，現在國外，持有效「中華民國護照」，並在規定期間內向其最後遷出「國外」時的原戶籍地戶政機關辦理選舉人登記者。選舉人除另有規定外，應在戶籍地投票所投票。「返國」行使選舉權的選舉人，應於最後遷出「國外」時的原戶籍地投票所投票。投票所工作人員，得在戶籍地或工作地的投票所投票。但在工作地的投票所投票者，以戶籍地及工作地在同一直轄市、縣（市）為限。總統、副總統選舉與他種公職人員選舉同日舉行投票時，並應在該選舉人行使他種公職人員選舉權的選舉區內。

三、候選人

「總統副總統選舉罷免法」第20條規定，在「中華民國自由地區」繼續居住6個月以上且曾設籍15年以上的選舉人，年滿40歲，得申請登記為總統、副總統候選人。回覆「中華民國國籍」、因歸化取得「中華民國國籍」、大陸地區人民或香港及澳門居民經許可進入臺灣者，不得登記為總統、副總統候選人。

總統、副總統候選人，應備具「中央選舉委員會」規定的表件及保證金，在規定時間內向該會聯名申請登記。未聯名申請登記、表件或保證金不合規定，或未於規定時間內辦理者，不予受理。

依政黨推薦方式向「中央選舉委員會」申請登記為總統、副總統候選人者，應檢附加蓋「內政部」發給該政黨圖記的政黨推薦書；二個以上政黨共同推薦一組候選人時，應檢附一份政黨推薦書，排列推薦政黨的順序，並分別蓋用圖記。同一政黨，不得推薦二組以上候選人，推薦二組以上候選人者，其後登記者，不予受理。

依聯署方式申請登記為總統、副總統候選人者，應在選舉公告發布後5日內，向「中央選舉委員會」申請為被聯署人，申領聯署人名冊格式，並繳交連署保證金新臺幣100萬元。「中央選舉委員會」受理申請後，應定期公告申請人為被聯署人，並函請直轄市、縣（市）選舉委員會在公告次日起45日內，受理被聯署人或其代理人提出聯署書件。但補選或重行選舉時，應在公告次日起25日內進行。

「總統副總統選舉罷免法」第26條規定，有下列情事之一者，不得登記為總統、副總統候選人：「動員戡亂時期」終止後，曾犯內亂、外患罪，經判刑確定者；曾犯貪汙罪，經判刑確定者；曾犯刑法第142條或第144條之罪等，經判刑確定者；曾犯組織犯罪防治條例之罪，經判刑確定者；犯前四款

以外之罪,判處有期徒刑以上之刑確定,尚未執行、執行未畢或於緩刑期間者;受死刑、無期徒刑或10年以上有期徒刑的判決尚未確定者;受宣告強制工作的保安處分或流氓懲戒處分的裁判確定,尚未執行、執行未畢或執行完畢未滿10年者;受其他保安處分的裁判確定,尚未執行或執行未畢者;受破產宣告確定,尚未復權者;依法停止任用或受休職處分,尚未期滿者;褫奪公權,尚未復權者;受禁治產宣告,尚未撤銷者。

另外,「總統副總統選舉罷免法」第27條規定,下列人員不得申請登記為總統、副總統候選人:現役軍人、辦理選舉事務人員、具有外國國籍者。

總統、副總統候選人名單公告後,經發現候選人在公告前或投票前有不符合規定者,投票前由「中央選舉委員會」撤銷其候選人登記;當選後依法提起當選無效之訴。經登記為總統、副總統候選人者,不得撤回其總統、副總統候選人登記。經政黨推薦為總統、副總統候選人者,其推薦的政黨,不得撤回其推薦。登記為總統、副總統候選人時,各組應繳納保證金新臺幣1500萬元。保證金應於公告當選人名單後10日內發還。但得票數不足選舉人總數5%者,不予發還。

四、選舉公告

選舉委員會應依下列規定期間,發布各種公告:(1)選舉公告,須載明選舉種類、選舉區、投票日期及投票起止時間,並應於總統、副總統任期屆滿120日前發布。但重行選舉、重行投票或補選公告日期,不在此限。(2)候選人登記,應於投票日50日前公告,其登記期間,不得少於5日。但補選或重行選舉的候選人登記,應於投票日35日前公告,其登記期間,不得少於3日。(3)選舉人名冊,應於投票日15日前公告,其公告期間,不得少於3日。(4)候選人名單,應於競選活動開始前1日公告。(5)選舉人人數,應於投票日3日前公告。(6)當選人名單,應於投票日後7日內公告。

五、選舉活動

總統、副總統選舉,候選人競選活動期間為28日(不過,該規定並沒有得到嚴格執行,實際上各政黨早在舉行選舉1年前就開始以各種方式進行宣傳造勢活動)。

政黨及候選人不得接受下列競選經費的捐贈:(1)外國團體、法人、個人或主要成員為外國人的團體、法人;(2)大陸地區人民、法人、團體或其他機構,或主要成員為大陸地區人民的法人、團體或其他機構;(3)香港、澳門居民、法人、團體或其他機構,或主要成員為香港、澳門居民的法人、團體或其他機構;(4)其他政黨或同一種選舉其他組候選人,但共同推薦候選人政黨,對於其所推薦同一組候選人的捐贈,不在此限;(5)公營事業或接受政府捐助的財團法人。

政黨、候選人或為其助選之人,不得向不特定人以發行定期、不定期的無息、有息債券或其他有價證券方式,募集競選經費。同一組候選人競選經費最高金額,由「中央選舉委員會」規定,並於發布選舉公告之日同時公告。競選經費最高金額,應以「中華民國自由地區」人口總數70%,乘以基本金額新臺幣20元所得數額,加上新臺幣1億元之和。競選經費最高金額計算有未滿新臺幣1000元的尾數時,其尾數以新臺幣1000元計算。

個人對於候選人競選經費的捐贈,不得超過新臺幣2萬元;其為營利事業捐贈者,不得超過新臺幣30萬元。同一組候選人接受競選經費捐贈的總額,不得超過第38條規定的候選人競選經費最高金額。個人對於候選人競選經費的捐贈,個人得於申報所得稅時,作為當年度列舉扣除額;其為營利事業捐贈者,得列為當年度的費用或損失。營利事業連續虧損3年以上者,不得捐贈競選經費。

各組候選人選舉得票數達當選票數1/3以上者,應補貼其競選費用,每票

補貼新臺幣30元。但其最高額不得超過候選人競選經費最高金額。政黨推薦的候選人其補貼費用，應由該推薦的政黨領取；兩個以上政黨共同推薦一組候選人時，應共同具名領取。

總統、副總統選舉，「中央選舉委員會」應以公費在「全國性」無線電視頻道提供時段，供候選人發表政見，同一組候選人每次時間不得少於30分鐘，受指定的電視臺不得拒絕；其實施辦法，由「中央選舉委員會」另行規定。經兩組以上候選人同意，個人或團體得舉辦「全國性」無線電視辯論會，電視臺應予受理，並得向「中央選舉委員會」申請經費補助；其補助辦法，由「中央選舉委員會」具體規定。

六、選舉投票

總統、副總統選舉，應視選舉人分布情形，就機關（構）、學校、公共場所或其他適當處所分設投票所。關於選舉投票與開票的基本程序和規範，與前述的「公職人員選舉」的投票規定基本相同，詳細請參見本章第三節的「選舉投票」部分。

七、選舉結果

選舉結果以候選人得票最多的一組為當選者；得票相同時，應自投票之日起30日內重行投票。候選人僅有一組時，其得票數須達選舉人總數20%以上，始為當選。選舉結果未能當選時，應自投票之日起3個月內，完成重行選舉投票。

同一組副總統候選人死亡，該組總統候選人仍當選為總統時，其副總統視同缺位。總統或副總統當選人之一在就職前死亡或就職前經判決當選無效確定者，視同缺位。總統、副總統當選人在就職前死亡或就職前經判決當選

無效確定，致同時視同缺位時，應自死亡之日或「中央選舉委員會」收到法院判決書之日起3個月內，完成重行選舉投票。

總統、副總統當選人應於現任總統、副總統任滿之日就職，重行選舉或重行投票的當選人，未能於現任總統、副總統任滿之日就職者，其任期仍應自該日起算。

總統、副總統的當選證書由「中央選舉委員會」製發。副總統缺位時的補選當選證書由立法院製發。

當選人經判決當選無效確定，依法院確定判決認定的事實，候選人得票數有變動致影響噹選或落選時，「中央選舉委員會」應依法院確定判決認定的事實，重行審定。審定結果有不應當選而已公告當選的情形，應予撤銷；如有應當選而未予公告的情形，應重行公告，不適用重行選舉的規定。

副總統缺位時，總統應於3個月內提名候選人，由立法院補選。立法院補選的副總統應於當選後20日內就任。

八、選舉訴訟

選舉訴訟共分為二種：

1.選舉無效之訴

選舉委員會辦理選舉違法，足以影響選舉結果者，檢察官、候選人，得自當選人名單公告之日起15日內，以各該選舉委員會為被告，向管轄法院提起選舉無效之訴。選舉無效之訴，經法院判決無效確定者，其選舉無效，並定期重行選舉。其違法屬選舉之局部者，局部選舉無效，並就該局部無效部分，定期重行投票。

2.當選無效之訴

當選人有當選票數不實，足以影響選舉結果之虞者；或有暴力或賄選行為介入選舉之情事者，選舉委員會、檢察官或同一選舉區的候選人得以當選人為被告，自公告當選人名單之日起15日內，向該管轄法院提起當選無效之訴。當選人參選時的資格不符規定者，於任期屆滿前，均得提起當選無效之訴。當選無效之訴經判決無效確定者，原當選人的當選無效；如已就職，應自判決確定之日起解除職務。

選舉無效或當選無效的判決不影響原當選人就職後職務上的行為。選舉人發覺有構成選舉無效、當選無效的情事時，得於當選人名單公告之日起7日內，檢具事證，向檢察官或選舉委員會舉發。選舉訴訟專屬臺北高等法院管轄。

選舉訴訟采合議制審理，並應先於其他訴訟的審判。選舉訴訟制度采兩審制，受理法院應於6個月內審理終結，不得延宕時日，以保護當事人權益。

第五節　選舉制度評議

臺灣的選舉，就其制度設計和運作效能而言，已經基本達到西方發達國家競爭性選舉的水平，選舉基本上能做到公正、公平、公開，充滿競爭性，民眾可以從不同的訊息來源對各位候選人進行比較，已經可以透過選舉完成政權的和平轉移，選票已經真正成為執政合法性的基礎。

選舉使民眾有了自己挑選從總統到鄉（鎮）長，以及各級「民意代表」的機會，各政黨為了在競選中獲勝，就必須提名那些道德形象較好、業績較優秀的人選。為了能吸引選票，各政黨都要認真研究選民的願望和要求，並盡力在競選綱領中滿足選民的利益要求。當選的公職人員在任期內，也必須顧忌民意的壓力而在施政問政時力求作出成績。凡此種種，均成為推動臺灣

政治向良性方向發展的積極因素。

　　選舉為處於在野地位的政治反對派提供了一條參政渠道。任何政黨都只有在爭得多數民眾的支持後才有執政的資格。選舉引入競爭機制之後，自然帶動言論自由的擴大和訊息來源的多元化，民眾的知情權獲得了進一步的保障，政治過程特別是權力運作的內幕趨於透明化，政治人物更加受到輿論和民眾的監督。

　　頻繁舉行的不同類型選舉不斷地呼喚人民提高政治參與水平、增強政治識別力，不斷地吸引人們參加到民主的實踐中去，這對於民主觀念的普及、民主力量的增長、民主遊戲規則的形成、民主價值的確立，都發生潛移默化而又不可低估的良性影響。

　　儘管臺灣的選舉制度及其實踐還存在諸多問題，但它畢竟在朝著逐步完善的方向發展。而選舉的逐步趨向完善也就是臺灣民主化進程的縮影。換言之，透過選舉這一特定角度，我們可以看到臺灣民主發展的步伐漸漸加快，民主不僅作為一種政治制度，而且作為一種生活方式普及到了社會民眾。無論當今的臺灣選舉還存在怎樣的不足，但對於選舉同民主的這種伴生關係以及透過選舉而大大加快了臺灣政治民主化的步伐這一點，應當予以實事求是的肯定。

　　但從消極方面看，「選舉門類太多，選舉太頻繁，勢必造成社會動員過度，浪費大量的人力、物力，也不可避免地影響了社會秩序的穩定。」

第十四章　臺灣政黨與政黨體制

　　1980年代，臺灣宣布「解嚴」，開放黨禁後，出現了建黨的熱潮，自此臺灣陸續建立了許多政黨。目前在臺灣政壇上比較活躍的政黨大多是上個世紀80年代成立的。截止到2009年9月「人民最大黨」成立，經登記註冊的臺灣政黨有153個。但是這150多個政黨大多數是「泡沫黨」，既沒有宗旨，也沒有健全的組織，更談不上影響力了。目前在臺灣比較有影響的政黨僅有中國國民黨、親民黨、新黨、民進黨和團結聯盟等幾個。

第一節　政黨體制的變遷

　　臺灣的政黨政治從起初1949年的國民黨一黨專政到1987年後的國民黨主導、多黨林立，再到2000年的民進黨執政、泛藍泛綠兩大陣營對峙，也反映出臺灣的政治發展是一個逐步民主化的過程。有學者將臺灣政黨政治變遷的過程劃分為以下三個階段。

一、威權一黨制時期（1949—1986）

　　自1949年至1986年，國民黨政權在臺灣一直實行「威權政治」。所謂的威權政治，是指介於極權主義的全面壟斷政治資源與多元民主的充分自由開放政治競爭兩者之間的政治體制。因為在臺灣，執政的國民黨長期壟斷政治固然是事實，但也提供部分競爭機會，提供反對人士以個別方式來從事政治參與。臺灣在名義上仍是堅持民主「憲政」，形式上也維持「憲政」所規定的政治運作，但反對團體卻長期被壓抑，甚至被視為「叛亂組織」而加以懲罰。在政黨的從政機制上則實行「以黨領政」甚至「以黨代政」。臺灣在1986年以前，並沒有所謂「民主的政黨體制」。當時執政的國民黨是一個專

制型的政黨；其他像徵性地存在的民社黨、青年黨同樣是跟著國民黨由大陸搬遷來的，既缺乏本地基礎，也沒有挑戰國民黨的實力。這兩個政黨被戲稱為「花瓶黨」，它們在政治權力運作中根本不發揮任何作用，更像是國民黨的外圍組織。它們只是被拿來像徵民主，不具實質政治意義。這時期臺灣的政黨體制，可以說是實質的「一黨制」。在這個時期，國民黨當局對反對勢力或任何可能的反對勢力採取「強力鎮壓」的政策，便使得反對勢力很難對國民黨的執政地位形成挑戰。此外，國民黨自1949年在全臺灣實施戒嚴起，即長期限制新政黨的組織。但是，此時一些代表新興階級利益的在野「黨外」勢力逐漸形成和崛起，他們製造輿論、籌建組織、公開同國民黨對抗，要求「解除戒嚴」、「開放黨禁」，實施民主政治，參與權力分配。特別是民進黨等黨外勢力不顧國民黨的禁令，積極籌組政黨的活動給國民黨造成了巨大的壓力。1970年代以後，黨外政治人士因在縣（市）議員選舉中獲勝而受到鼓舞，開始做有組織的競選努力。在此之後的選舉中，黨外先後採取的競選活動，已類似準政黨組織的活動。從1978年起，「黨外人士助選團」、「美麗島雜誌社」、「中央後援會」、「黨外中央後援會」、「黨外選舉中央後援會」、「黨外公職人員公共政策研究會」等組織、提名與輔選的動作，基本上已與政黨活動無異。可以說，這是一個新政黨體制醞釀的時期。只不過這時在正式的法制上仍處於戒嚴狀態，臺灣還不能說有競爭性的政黨體制。

二、政黨體系轉型時期（1986—2000）

在國民黨正式宣布解除黨禁之前的1986年，民進黨便率先組黨。該黨主張，「各政黨和平共存、公平競爭」，建立西方式的政治制度。民進黨的成立通常被人們視為臺灣民主轉型和政黨體系轉型的開始。民進黨成立後，打破了國民黨長期壟斷政權的局面，臺灣便進入了「一黨務實制」，也有學者

稱之為「一個半」政黨制。即國民黨雖然擁有政治上的絕對優勢，但在選票及國會議席上的分配比例是國民黨擁有2/3，民進黨占有1/3的形態。

　　1986年臺灣正式解除黨禁之後，臺灣臺灣掀起了組黨的熱潮，組黨數目急劇增加。在原有的國民黨、青年黨、民社黨之外，又增加了中國自由黨、民主自由黨、中國民主正義黨、工黨、中國民眾黨、勞動黨、和平統一黨、自由民主黨等數十個合法存在的政黨，至2002年6月，臺灣有合法政黨達99個。其中，在1986年至2000年期間成立的政黨近90個。參見下表：

　　表14-1：臺灣政黨概況一覽表

編號	政黨名稱	成立日期	備案日期
01	中國國民黨	1894.11.24	1989.02.10
02	中國青年黨	1923.12.02	1989.02.24
03	中國民主社會黨	1932.04.16	1989.03.01
04	工黨	1987.11.01	1989.02.24
05	中國民主黨	1988.08.14	1989.04.20
06	中國民主正義黨	1987.12.25	1989.03.15
07	中華共和黨	1988.03.09	1989.03.16
08	中國聯合黨	1989.02.12	1989.03.16
09	中國新社會黨	1947.11.12	1989.03.30
10	中國民眾黨	1987.11.21	1989.04.08
11	中國中和黨	1894.04.05	1989.04.12
12	中國統一黨	1988.03.09	1989.04.14
13	統一民主黨	1988.03.02	1989.04.14
14	中國忠義黨	1989.03.26	1989.05.01
15	勞動黨	1989.03.29	1989.05.05
16	民主進步黨	1986.09.28	1989.05.05
17	中華青少黨	1989.02.26	1989.05.05
18	中國老兵統一黨	1988.11.12	1989.05.20
19	青年中國黨	1923.12.02	1989.05.26
20	忠義致公黨	1989.03.29	1989.05.27
21	中國民主青年黨	1953.03.21	1989.05.31

續表

編號	政黨名稱	成立日期	備案日期
22	中國鐵衛黨	1989.03.24	1989.05.31
23	中國團結黨	1989.05.21	1989.06.14
24	中國自由民主黨	1987.08.02	1989.06.19
25	中國復興黨	1989.05.30	1989.06.21
26	大同黨	1989.05.20	1989.06.21
27	中國國安黨	1989.06.28	1989.07.06
28	中國和平黨	1989.06.04	1989.07.11
29	中國民主革新黨	1987.09.13	1989.07.11
30	民主自由黨	1989.01.01	1989.07.26
31	民主行動黨	1981.03.01	1989.07.26
32	中國民主憲政黨	1989.07.15	1989.07.31
33	中國大同民主黨	1988.10.10	1989.08.07
34	中國洪英愛國黨	1989.07.20	1989.08.05
35	大公黨	1989.01.07	1989.08.05
36	中國自強黨	1989.07.07	1989.08.09
37	中國中青黨	1923.12.02	1989.08.15
38	中華正統黨	1989.08.25	1989.09.11
39	中國民主統一黨	1989.09.26	1989.10.27
40	中國全民黨	1989.10.30	1989.11.14
41	中國保民黨	1989.12.16	1990.02.12
42	農民黨	1987.02.03	1990.02.15
43	中國崇尚正義黨	1990.02.13	1990.03.07
44	中國民治黨	1990.02.03	1990.03.09
45	中國人權促進黨	1989.10.10	1990.03.23
46	中國民政黨	1990.03.31	1990.04.10
47	中國台灣原住民黨	1990.03.18	1990.04.11
48	中興黨	1990.04.05	1990.04.30
49	中國民富黨	1990.04.16	1990.05.01
50	民主共和黨	1990.05.05	1990.05.18
51	自主民行黨	1990.05.08	1990.05.18
52	中華全民均富黨	1990.05.08	1990.05.21

續表

編號	政黨名稱	成立日期	備案日期
53	中國大同社會黨	1990.05.11	1990.05.30
54	天下為公黨	1990.07.12	1990.07.30
55	中國青年民主黨	1990.08.06	1990.08.27
56	真理黨	1990.09.18	1990.10.08
57	中國大同統一黨	1990.10.07	1990.11.07
58	中國檳英富國黨	1990.09.05	1990.12.07
59	中華社會民主黨	1990.11.18	1990.12.19
60	新中國民主建設黨	1990.12.25	1991.01.18
61	中國自由社會黨	1991.01.13	1991.01.28
62	中國自立黨	1991.05.11	1991.05.23
63	中國全民福利黨	1991.07.28	1991.08.13
64	中國婦女黨	1991.08.15	1991.08.27
65	中國婦女民主黨	1991.08.18	1991.08.27
66	全國民主非政黨聯盟	1991.10.16	1991.10.19
67	中國人民行動黨	1991.09.28	1991.10.28
68	中華勞工黨	1991.10.25	1991.11.19
69	全國勞工黨	1992.05.01	1992.06.12
70	中華少數民族正義黨	1992.06.21	1992.09.03
71	中華民族共和黨	1992.09.06	1992.09.24
72	中華安青黨	1992.09.19	1992.12.07
73	公民黨	1993.03.07	1993.04.03
74	新黨	1993.08.28	1993.08.25
75	青年協和進步黨	1994.08.09	1995.10.05
76	中國國家黨	1995.07.17	1995.08.14
77	人民團結黨	1995.09.18	1993.10.18
78	先進黨	1996.01.01	1996.01.25
79	綠黨	1996.01.25	1996.01.31
80	國家民主黨	1996.04.04	1996.04.23
81	自然律黨	1996.09.22	1996.10.30
82	建國黨	1996.10.06	1996.10.30
83	中華新民黨	1997.05.18	1997.06.06

續表

編號	政黨名稱	成立日期	備案日期
84	社會改革黨	1997.07.19	1997.08.11
85	民主聯盟	1998.06.24	1998.08.06
86	新國家連線	1998.09.18	1998.09.29
87	台灣民主黨	1998.12.20	1999.01.22
88	中國天同黨	1999.04.18	1999.05.10
89	中山黨	1999.11.12	1999.12.14
90	親民黨	2000.03.31	2000.04.05
91	中國共和民主黨	2000.03.12	2000.04.12
92	大中華統一陣線	2000.07.07	2000.09.05
93	新中國統一促進黨	2000.08.13	2000.09.08
94	慧行黨	2000.12.12	2001.01.03
95	台灣團結聯盟	2001.08.12	2001.08.15
96	台灣族群統一聯盟	2001.08.17	2001.08.29
97	台灣吾黨	2001.09.21	2002.10.04
98	中國台灣致公黨	2002.04.21	2002.05.16
99	富民黨	2002.05.04	2002.06.24

（資料來源：臺灣中央通訊社編：《2003世界年鑑》，臺北，中央通訊社印行。）

在這些新建的政黨中，除民進黨有一定規模和實力外，其他數目眾多的政黨由於力量單薄，沒有實質的政治影響，皆是默默無聞的小黨。這些政黨成立後隨即投入了臺灣的各種選舉活動。

在這一時期，對臺灣的政黨體系產生最大影響的事件是1986年民進黨的出現，它從根本上改變了臺灣原有政黨體系的格局和性質。正如有學者所指出：「經過了將近40年的威權統治後，臺灣政治終於出現以政黨形態的政治競爭，雖然民進黨在組織及人力資源上無法與國民黨分庭抗衡，但是畢竟它的出現，使臺灣的『政治反對』落實於『借由政黨而實現和平、合法的反對活動』，這在中國政治發展歷程中，無疑是歷史性的轉折」。民進黨成立

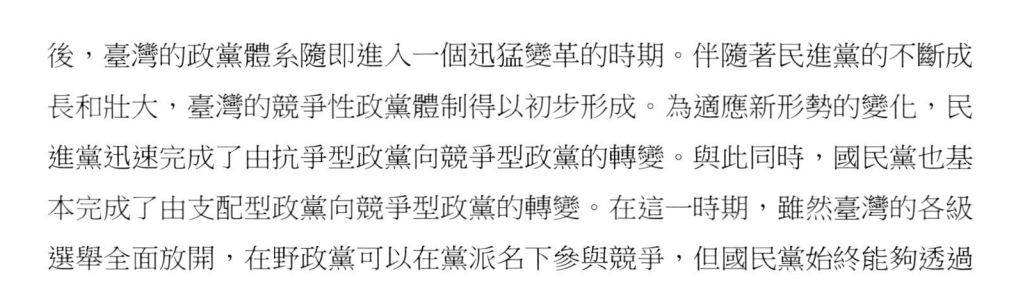

後，臺灣的政黨體系隨即進入一個迅猛變革的時期。伴隨著民進黨的不斷成長和壯大，臺灣的競爭性政黨體制得以初步形成。為適應新形勢的變化，民進黨迅速完成了由抗爭型政黨向競爭型政黨的轉變。與此同時，國民黨也基本完成了由支配型政黨向競爭型政黨的轉變。在這一時期，雖然臺灣的各級選舉全面放開，在野政黨可以在黨派名下參與競爭，但國民黨始終能夠透過選舉勝利來維持它對臺灣政局的主導，保持了一黨獨大的地位。

三、轉型後多黨競爭時期（2000—）

民進黨從一開始就是在國民黨主導下的政權體制之外成立的，屬於外生型政黨。民進黨的外生型特性決定了其反體制性、革命性，以及草根性，所以它不可能認同國民黨到臺灣後建構起來的一整套的政治理念和秩序，它的成長和壯大必然地成為國民黨在臺灣政治舞臺上的強勁對手。

民進黨成立之初，仍然延續了以往體制外街頭暴力抗爭的路線。但伴隨自身力量的發展、壯大，以及對民眾期望其能夠在體制內制衡國民黨意願的體認，它很快就將目標轉向執政權力的角逐。尤其是第二屆立法委員選舉後，民進黨的實力得到一定擴張，民眾支持率不斷上升，顯示民進黨仍有相當大的發展空間，這更加堅定了民進黨走議會道路的信心，增加了透過政黨競爭和議會講壇來實現制衡國民黨邁向執政之路的可能性。在這種形勢下，民進黨制定出三階段執政藍圖，計劃在以後陸續舉行的縣市長選舉、省市長選舉乃至總統選舉中，傾全力一搏，與國民黨展開激烈的競爭。民進黨在地方上實施「地方包圍中央」戰略，在中央透過議會道路，向國民黨展開了爭奪「中央政權」的鬥爭，這樣，選舉成為民進黨得勢的階梯。2000年3月民進黨在總統大選中獲勝，在臺灣第一次和平地實現了政黨輪替。自此，國民黨一黨長期執政的局面宣告結束。但迄今為止，臺灣政黨政治的基礎仍尚未健全，政黨公平競爭的環境仍尚未形成。政黨輪替以來，兩大陣營對抗成為

臺灣政黨互動最顯著的特徵。

客觀地說，2000年臺灣的政黨輪替具有非常重大的歷史意義。這是繼民進黨組黨成功以後臺灣民主政治發展的又一個階段性成果。沒有政黨輪替，臺灣民眾就不能夠對執政的國民黨形成一種硬約束，國民黨自身存在的缺陷也不能夠得到及時的袪除，國民黨威權統治的弊端就不能徹底革除，臺灣社會的發展將繼續受制於高昂的制度成本和僵硬的政治瓶頸。從另一個側面講，沒有政黨輪替，反對黨民進黨自我標榜的所謂清廉、民主、愛本土是否果真如此就始終無法在實踐中得到求證，民進黨自身存在的問題同樣也得不到全面的暴露。應當承認，2000年臺灣政黨的和平輪替是臺灣民主發展的重大成就，是臺灣政治發展史上的新階段。

就目前的情勢而論，臺灣政黨政治基本上是延續了此前以國、民兩大政黨的角逐為主軸的態勢。兩大政黨以外，其他政黨始終不能夠跳出兩大政黨鬥爭的漩渦而發展成為獨立的第三政治勢力。實際上，它們都程度不同地出現了泡沫化傾向。為了避免這一命運，這些政黨選擇了在國民黨和民進黨之間縱橫捭闔以維持生計並拓展空間的策略。結果是，臺灣臺灣出現了政黨總體上分作藍、綠兩營，兩大陣營內各政黨既合作又鬥爭，同時它們又分別與對立陣營中的政黨既合作又鬥爭的局面。

第二節　主要政黨及其組織體系

一、國民黨的組織體系

國民黨由孫中山先生創立，其前身為中國同盟會。1912年，同盟會聯合4個小黨派改組為國民黨。1919年正式稱為中國國民黨。國民黨在成立之初是一個組織紀律鬆散、組織結構薄弱的政黨組織，後經多次改造，成為一個組織機構健全、紀律嚴明、領袖高度集權的政黨。

國民黨過去長期在臺灣扮演執政黨的角色，黨務運作與行政管理部門的運作高度同質化，各地黨部甚至成為輔佐施政及協助民眾解決問題的機構。「動員戡亂時期」結束後，「人民團體法」明確規定了政治團體成立的要件，國民黨開始向黨政分開的現代民主政黨轉型。2000年政黨輪替後，基於政黨轉型的需要，國民黨不斷強化中央組織體系在整個黨務體系中的地位和作用。「十六全」後國民黨的組織系統，經過2001年7月的「組織精實案」，以及2003年「十六全」中常會裁撤投資事業管理會後，國民黨的中央組織架構基本穩定下來，並經2005年「十七全」後一直維持至今。如圖14-1。

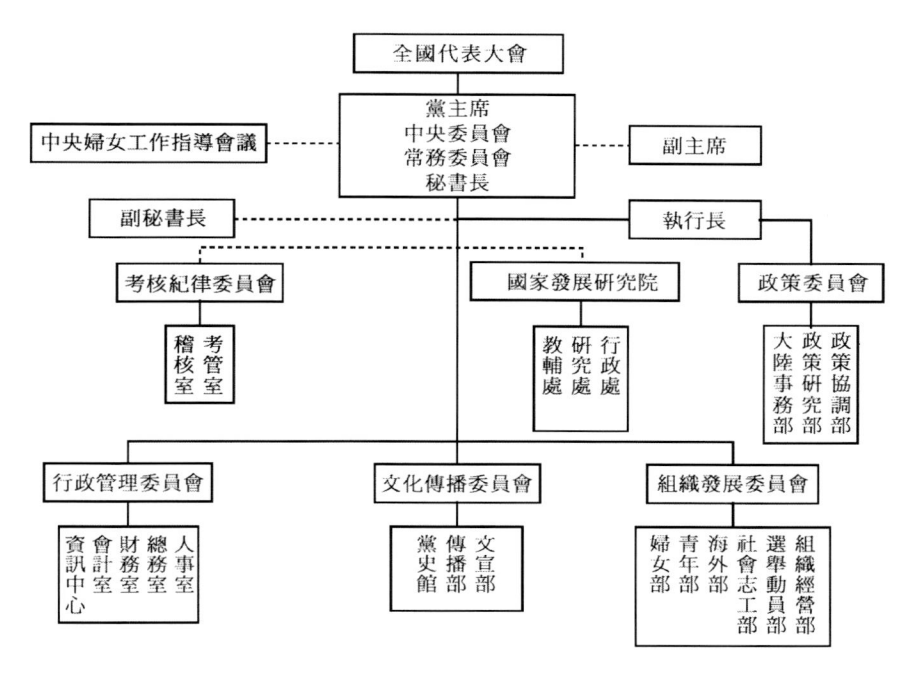

圖14-1:「十七全」後國民黨中央組織架構示意圖（資料來源：彭懷恩著：《臺灣政黨論》，臺北。）

根據國民黨黨綱及有關組織章程的規定，其組織機構可以分為中央層級的組織與地方層級的組織。

（一）中央層級的組織架構

中央層級的組織主要由全國代表大會、中央委員會、中央常務委員會、黨主席和多位一級主管組成。

1.全國代表大會

簡稱「全代會」，是國民黨的最高權力機關，每2年舉行一次，由中央委員會召集。全國代表大會代表任期4年，由各級黨部選舉的代表、中央委員、中央常務委員會核定的代表組成。在全國代表大會閉會期間，中央委員

會為最高權力機關，日常黨務則由中央常務委員會（中常會）負責。「全代會」開會日期及重要議題，須於2個月前通告全體黨員。中央委員會認為必要，或有直轄市及縣（市）級黨部半數以上請求時，得召集臨時「全代會」。「全代會」的職權是：（1）修改黨章；（2）決定政策綱領；（3）檢討中央委員會的工作；（4）討論黨務與政治議題；（5）同意任命本黨主席提名的副主席；（6）透過或追認本黨主席提名的中央評議委員；（7）選舉中央委員會委員；（8）選舉中央常務委員會常務委員；（9）透過本黨提名的總統、副總統候選人。

從黨章上看，「全代會」是國民黨的最高決策機關，但是在實際的決策過程中，「全代會」的決策權非常有限。「全代會」雖然只是形式上的最高決策機構，但其在黨的決策過程中扮演著一個重要的溝通者的角色，在國民黨的決策結構中仍居重要地位。

2.中央委員會

從理論上說，中央委員會是全國代表大會的決策執行機構，而非決策者。根據新黨章規定，中央委員會置委員210人、候補委員105人，由全國代表大會代表選舉產生。根據「中央委員會委員選舉辦法」第4條規定，中央委員會委員選舉的候選人數，以委員名額加倍為限（即420人），由黨主席提名210人，其餘210名候選人由全國代表大會代表聯署提名。中央委員任期4年，每年召開中央全會一次，必要時可以召開臨時中央全會。中央委員會全會每年舉行一次，由中央常務委員會召集，必要時可召集中央委員會臨時全會。中央委員會職權是：（1）執行全國代表大會的決議，並對外代表本黨；（2）討論及處理黨務與政治事項；（3）組織並指揮各級黨部；（4）培養並管理黨的幹部；（5）執行黨的紀律；（6）籌集並支配黨務經費。中央委員會全體會議閉會期間，由中央常務委員會執行職務，並對其負責。中央委員會置祕書長1人、副祕書長1至2人；中央委員會組織設政策、組織發

展、文化傳播及行政管理4個委員會及「國家發展研究院」、考核紀律委員會2個直屬單位。各置主管1人，其任命方式，均須依照中央委員會的組織規程。

3.中央常務委員會

中央常務委員會（簡稱中常會）是在中央委員會閉會期間執行職務。中央委員會是全國代表大會閉會期間的執行機構，在理論上，中常會也應是中央委員會閉會期間的執行機構。事實上，中常會在國民黨的組織系統中處於最高決策機構的地位。黨內決策的最後決定權賦予了中常會。所以，研究國民黨的組織體系，最值得研究的即為中常會。關於中央常務委員會，其置常務委員31人，由全國代表大會代表從中央委員中票選產生。中常委任期1年，每週召開一次中常會，必要時可以召開臨時中常會。中央諮議委員會由黨主席從中央委員會卸任委員及資深黨員中提名230人，經中央委員會透過後組成，任期4年，擔任黨務最高諮詢機構。中常會的表決以舉手方式進行。會議以委員總額1/2以上出席為法定人數。其決議以出席委員過半數透過，方為有效。換言之，中常會採取多數決主義的表決規則。

在中常委的決策程序中，黨主席是中常委的主席。由於歷史和制度的原因，黨主席實際上是最有權力的人，透過對決策擁有最終的決定權。因為黨主席掌握著7個一級委員會正副主委、正副祕書長的提名權，掌握著部分中央委員和中常委的提名權。限於國民黨的政治倫理，副主席一般是榮譽職，實權有限。中常會名義上是「全代會」和中全會閉會期間的最高權力機構，但中常委一般都是黨主席的「禁衛軍」，所以中常會常常淪為黨主席的「一言堂」。

4.黨主席

主席由全體黨員直選產生，任期4年，可連選連任一次；主席綜理全黨黨務，為全國代表大會、中央委員會及中央委員會常務委員會（以下簡稱中

常會）主席。國民黨設副主席若干人，由主席提名後，經全代會同意後任命；副主席輔佐主席處理黨務，為全國代表大會、中央委員會全體會議及中常會會議的當然出席人。主席缺位時由副主席依全代會透過的順序代理，並於3個月內按規定選舉新主席，補足所剩任期。補選的新主席應提名副主席若干人，經中常會同意後任命。主席缺位所剩任期不足1年，則由副主席依全國代表大會透過的順序代理至次任主席就職之時。副主席缺位時，由主席另行提名，經中常會同意，並於「全代會」召開時提請追認。

中央黨部置祕書長、副祕書長、執行長、副執行長輔佐黨主席推動各項黨務。祕書長、副祕書長、執行長、副執行長由黨主席提名經中央常務委員會透過後任命。中央黨部名義上是屬於中央委員會，但實際上已成為黨主席的祕書處，成為黨主席直接控制全黨的機器。

5.中央直屬各委員會

中央委員會下設中央政策委員會、「國家發展研究院」、投資事業管理委員會、考核紀律委員會、組織發展委員會、文化傳播委員會及行政管理委員會7個一級單位。黨的組織運作以黨主席及祕書處為統籌協調中心。經常性重大黨務決策與黨務發展議決事項，都須經中常會審議，再交由祕書處及各單位執行。中常會為日常黨務決策單位，而祕書處為推動執行的主要單位。中央黨部7個一級委員會之下，設有25個二級單位，連同主席、祕書長、副祕書長辦公室，編制共計專職黨工200人，義務黨職幹部21人。

中央黨部7個一級單位中最重要的是中央政策委員會，簡稱「中央政策會」。一般來說，中央政策會、中常會和立法院黨團形成「政策鐵三角」（有時是中央政策會、智庫和立法院黨團形成政策「鐵三角」）。中常會形成決策，由中央政策會負責聯繫、協調立法院黨團，再由黨團在立法院議事中，根據中常會的決策投票贊成或反對。如果說中常會是國民黨的大腦，那麼中央政策會就是脊柱與傳導神經，而立法院黨團則是國民黨監督其他政黨

執政或參政的主要陣地。

由上可見，「十七全」後國民黨內的權力結構更趨於民主化。就黨內決策過程而言，雖然四年一次的「全代會」仍僅僅是政治性的集會，一年一次的中委會也無法成為名副其實的決策機關，但它們的意見表達及確立政策議程的功能還是大大強化了；儘管還是會出現主席控制祕書長、政策會，繼而獨攬中央各部會人事和政策權的狀況，但他畢竟是黨員直選出來的，要對全體黨員負責。同時，他所做出的決定也還是會受到正常的監督和制約，後者來自一個敢於表達不同意見的中常會，該會也因產生於公開、民主的選舉而變得越發獨立自主。這在以往非正式的黨內派系政治中是不可能的。

（二）地方層級的組織架構

國民黨的地方黨部分為縣市黨部、區黨部、區分部、黨小組。縣市黨部以中央黨部組織發展委員會為上級聯繫單位，區黨部以各縣市黨部為上級聯繫單位，區分部以區黨部為上級聯繫單位。縣市級與區級、區級與區分部之間，均為上下從屬關係。

各縣市黨部置主任委員（主委）1人，副主任委員2至3人及執行長（書記長），其下設行政室、第一組、第二組、第三組四個單位。行政室根據主委的指示，處理日常黨務，負責本黨部考核、紀律、人事、財務、總務、文書及其他不屬於各組業務的雜務工作。第一組負責組織訓練、選舉動員、黨籍管理、黨政關係、考紀。第二組負責服務、社團、勞工、婦女工作、青年工作。第三組負責文宣、新聞聯繫等。參見圖14-2。

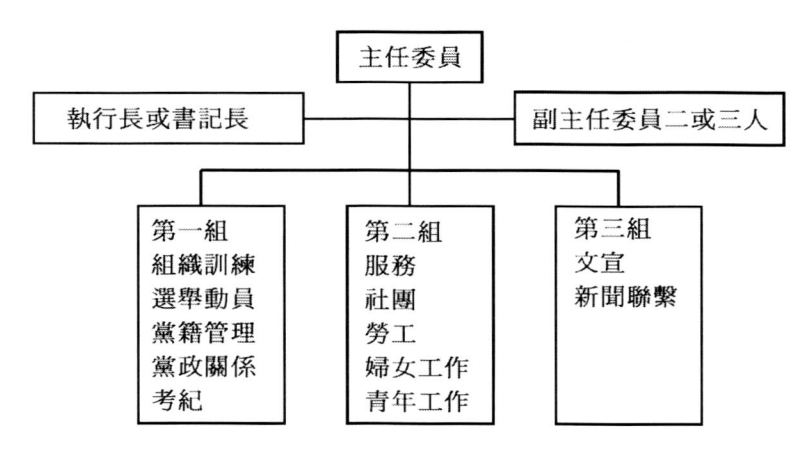

```
                    主任委員
  執行長或書記長  ┃  副主任委員二或三人
        ┏━━━━━╋━━━━━┓
     第一組      第二組    第三組
     組織訓練    服務      文宣
     選舉動員    社團      新聞聯繫
     黨籍管理    勞工
     黨政關係    婦女工作
     考紀        青年工作
```

圖14-2：國民黨地方黨部組織架構示意圖（資料來源：中國國民黨全球資訊網）

區黨部置執行長1人，其下設業務組負責各區分部的聯繫與經營，並根據縣市黨部的決策推動相關黨務工作。區黨部亦可根據業務發展需要，設青年工作委員會、婦女工作委員會、文化傳播委員會、社會志工委員會等，各工作委員會正副召集人均由義工擔任相關職務。

區分部為黨部組織動員最基層的組織，以村（裡）為單位，由黨員組成，隸屬於區級黨部之下。區分部的常委、書記、委員、小組長等幹部均為義務職，由黨員互選擔任，不配任何專職黨工。區分部常委及區部書記每月定期參與者區黨部相關會議，聯繫黨務工作，並在選舉期間擔任基層村、裡的動員輔選任務。

從活動原則上講，國民黨的組織體系屬於中央集權體系，大小事項均由中央黨部決定，地方黨部負責實施，並層層下達至分區黨部和黨小組。但在各地方黨部內部，則實行首長負責制。

在組織目標和組織定位方面，國民黨面對競爭的需要，開始把各級黨部的組織目標調整為「選舉機器」。其主要職能由過去「協助政府推動政策、建設社會與發展經濟、實行三民主義、建設均富平等統一民主社會、保證永

續執政」，調整為「提名理想候選人、贏得執政機會、宣揚三民主義政治理念爭取選民認同、培育政治人才提名政黨形象、研究政策法案監督當局行政、彙集人民利益服務選民」等。然而，政黨文化和政黨組織的改造，並非可以一蹴而就，國民黨要把自己打造成一個功能強大的選舉動員機器，還有漫長的路要走。

二、民進黨的組織體系

民進黨於1986年9月28日在臺北成立，是由原「編聯會」、「公政會」等黨外組織為基礎而建立的以國民黨為對手的在野「反對黨」。黨內主要派別有美麗島系、新潮流系、前進系等。其黨綱和黨章主張「各政黨和平共存、公平競爭」，建立西方資本主義國家式的政治制度。1987年國民黨當局宣布「解嚴」之後，臺灣政黨政治迅速發展。1989年，立法院透過了「動員戡亂時期人民團體法」。民進黨則於2月13日同意依法登記為政黨，4月29日向「內政部」正式辦理。民進黨堅持認為「臺灣是獨立的國家」，並且在黨綱中明確支持成立「臺灣共和國」。

1986年11月10日，民進黨舉行第一屆全國黨員代表大會，透過了該黨黨章，確立了其黨組織的基本架構。截止到2006年，民進黨的黨章經歷了18次的修改，但組織機制方面沒有發生根本的變化。民進黨的黨組織主要包括三個部分：黨的區域組織（自上而下分為中央、縣市和鄉鎮三級）、議會黨團和在各個領域中設立的特種黨部。如下圖：

臺灣政治體系運作的發展與分析

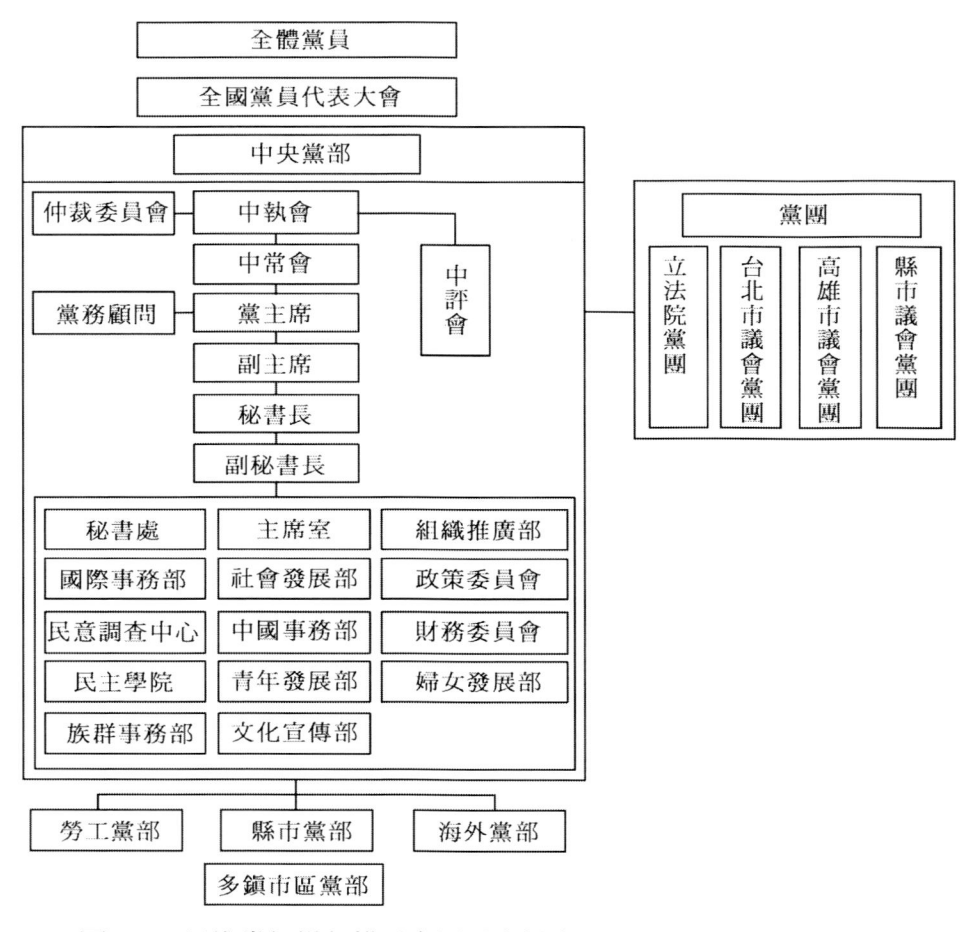

圖14-3：民進黨組織架構示意圖（資料來源：彭懷恩著：《臺灣政黨論》，臺北，米羅文化有限公司。）

（一）民進黨的區域組織

民進黨的各級區域組織主要由全國黨員代表大會、執行委員會和評議委員會三部分組成。其中全國黨員代表大會為最高權力機關，執行委員會和常務執行委員會為執行機關，評議委員會為紀律機關。全國黨員代表大會由全體黨員選舉產生的黨代表，以及包括歷任黨主席、現任中執委、中評委、祕

書長、各縣市黨部及特種黨部主委、黨籍民選首長、黨籍中央及直轄市民意代表、「中央政府」正副首長及各院部會政府首長等在內的當然黨代表組成。必要時召開臨時會，其主要職責是：負責修訂黨綱黨章；聽取討論中執委、中評委、仲委會、直轄市議會黨團以及縣市以上行政首長的工作報告；選舉或罷免中央執行委員、評議委員和仲裁委員等。

1.中央黨部

民進黨中央黨部主要由中央執行委員會（簡稱「中執委」）、中央常務執行委員（簡稱「中常委」）以及中央黨務工作單位所組成。中央黨部於公元偶數年5月第四週日辦理全國黨員代表選舉，並於同年7月第三週日，召開「全代會」，進行中執會及中常會、中評會的改選。改選日後二周內完成交接事宜。中執會為民進黨最高執行機關，在休會期間，其大部分職權交由它的常務執行委員會代行。事實上，中常委是民進黨真正的最高權力核心，對修正黨章、黨綱和對其他重大事項有決定性作用。中常委由中執委互相推選產生，中執委由全體黨員代表大會成員選舉產生。民進黨執政後，中執委增加為35人，其中30人由「全代會」選出，其餘5人，在總統兼任黨主席時，由黨主席指定3人為中執委和中常委，主要包括副總統和立法院黨團的主要幹部等；若總統不兼任黨主席，則立法院黨團總召集人、幹事長和書記長，再加上縣市長互推1人擔任當然中執委和中常委。

中央執行委員會主要職責是：執行「全代會」的決議，制定執行黨政計劃，制定民進黨內規，編制預算和決算，決定重要的人事任命案（如副主席的任命就必須經過中執委的同意）等。中執委每3個月召開一次會議，閉會期間由中央常務執行委員會代行職權。民進黨的黨章規定，其主席「綜理全黨事務，對外代表本黨」。中執會和中常會開會採用合議制，均由黨主席主持召開。

與中執會平行的還有中評會和仲委會。中評會主管黨紀，置委員11人，

候補3人,全部由「全代會」選出,該會主委則由中評委選舉產生。仲委會負責協調民進黨內各部門、黨員或組織之間的各項重大爭議。該會委員必須是「學養俱佳、立場超然、處事公正的黨內外人士」,由中常會推薦並經「全代會」批準。該會主委由全體仲委會委員互相推舉產生。

中執會及中常會由主席召集和主持會議。主席由黨員直選產生,也曾經由該黨籍的臺灣領導人兼任,負責綜理全黨事務,對外代表民進黨。由於民進黨中執會、中常會決策時採用合議制的形式,是故民進黨的主席並沒有國民黨主席那麼大的權力。主席辦公室置特別助理1名、行政助理1至3人,其任期與主席同。中央黨部置祕書長1人,副祕書長1至2人,均為專任,由主席任命,其任期與主席同。祕書長承主席之命綜理全黨事務。副祕書長承主席及祕書長之命,襄助祕書長處理黨務工作。

民進黨中央的具體辦事機構是中央黨部的黨務工作部門。根據1987年首次制定的「中央黨部組織規程」規定,中央黨部下設8個部,分別是企劃部、組織部、文宣部、外交部、社運部、僑務部、政策研究中心和《民進報》;2002年7月第七屆一次中執會後,擴張到13個部,後又有所增刪。目前,民進黨中央黨部機關主要包括13個部門,分別是祕書處、組織推廣部、文化宣傳部、國際事務部、社會發展部、婦女發展部、青年發展部、中國事務部、族群事務部、民意調查中心、財務委員會、政策委員會和臺灣民主學院。

2.地方黨部

民進黨地方黨部包括縣市(包括省轄市和院轄市)黨部和鄉鎮黨部。總體上,民進黨的中央和縣市黨務機構比較健全,鄉鎮一級比較薄弱,執政後雖努力加強,但尚未取得明顯進展。民進黨成立後不久,便將成立地方黨部組織發展列為工作重點之一。1987年8月1日,民進黨在高雄市成立了該黨的第一個縣市黨部。緊接著高雄市黨部的成立,臺北市黨部也於次日8月2日成

立。按民進黨黨章規定，凡黨員人數達200人的縣市，離島或偏遠地區，黨員達100人，經審查就可成立地方縣市黨部。縣市黨部成立1年後，黨員人數超過500人時，鄉鎮市區黨員人數達100人時，經審查就可成立鄉鎮市區黨部。

截止到2005年，民進黨在臺灣所有的23個縣市均設立了縣市黨部，在許多鄉鎮設立了鄉鎮黨部。地方黨部成為民進黨發展黨員、組織動員群眾、輔選公職、宣傳理念、服務選民的重要據點，是民進黨向下紮根的橋頭堡。地方黨部的另一個重要職能就是決定黨員參加地方公職選舉的提名，以及為上一級常務機關選舉黨代表。因此，地方黨部也是民進黨權力結構中很重要的一環。

民進黨地方黨部的組織架構與其中央黨部相似。縣市黨員代表大會為縣市黨部的最高權力機關，設立執行委員會為執行機關，評議委員會為紀律機關。縣市黨員代表大會每年由執行委員會召集一次，必要時可召開臨時黨員代表大會。執行委員會設主任委員1名，由全體黨員直接選舉產生，主管地方黨部事務，地方黨部設主任委員1人，執行長1人和評委召集人1人。縣市地方黨部下設黨務工作單位主要有8個，包括行政組、組訓組、活動組、宣傳組、財務委員會、入黨審查委員會、選舉對策工作小組、黨政協調工作小組，可以根據需要增減機構的設置。

（二）民進黨的立法院黨團

民進黨在各級民意機構裡設立民進黨議會黨團。民進黨的立法院黨團與民進黨中央相互平行，互不隸屬，其在民進黨的黨務決策中具有重要地位，因而成為民進黨的另一個權力中心。經過多年的實踐，形成了一套自成體系的規章制度，主要包括：「民主進步黨立法院黨團組織規程」、「民主進步黨立法院黨團利益迴避辦法」等，確立了該黨在立法院中基本組織體系和權

力架構。

民進黨的立法院黨團主要由黨團會議、黨團幹部會議、黨團紀律會議，黨團助理人事及管理小組（簡稱「人評小組」）構成。黨團會議是民進黨在立法院中的最高決策機關，其成員既包括具有民進黨籍的委員，也包括不具有該黨黨籍的委員。黨團會議以黨團幹部會議為自己的執行機關。黨團由自己選舉產生的「黨鞭」來召集、領導。民進黨在立法院的「黨鞭」是包括總召集人、副總召集人和幹事長在內的「黨團三長」。其中，總召集人對外代表黨團；副總召集人襄助總召集人；幹事長為黨團發言人，執行黨團會議及黨團幹部會議的決議。副幹事長承幹事長之命，襄助處理黨團行政、政黨協商、黨政協商與「議會外交」等事務。「黨團三長」長期以來按照「派系均衡」的原則產生，各主要派系輪流坐莊。「利益均霑」雖有利於平衡各派系利益，但因會期改選、變動頻繁，不利於民進黨在立法院內形成專業和資深人才，影響民進黨的問政質量。為扭轉這一局面，2001年12月25日，民進黨立法院黨團透過了「民進黨立法院黨團組織規程部分條文修正案」，規定從2002年新一屆立法委員開始，「黨團三長」由連任三屆以上的資深立法委員中選出，任期由每會期改選改為每年一選，可連選連任，有利於「黨團三長」的穩定性和提高民進黨的問政質量。

民進黨「立委」分別參與立法院各個委員會的活動，接受本黨在各委員會中召集人的領導。委員會召集人負責處理本委員會的相關議事事項，平時應掌握委員會的議事進度與法案進度，主持召開政策小組會議（與立法院各常設委員會對應，民進黨黨團會議設立了內政及民族、「外交」和僑務、科技及資訊、「國防」、經濟及能源、財政、預算及決算、教育及文化、交通、司法、法制、衛生環境及社會福利等12個政策小組，每個黨團成員最多參加其中的2個黨團），且邀請相關部會首長參加黨政協調會議，彙總政策建議。

在立法院開會期間，民進黨黨團會議每兩週召開一次，必要時可召開臨時會議。黨團會議一般由總召集人任主席主持召開，總召集人缺席時由幹事長任主席，幹事長缺席時由書記長任主席，會議必須有1/3以上的成員出席才有效，重大事項則必須有1/2的成員出席才能決議。黨團的決議由出席的多數成員決定，反對和贊成票數相同時由會議主席決定。如下圖：

```
                    ┌──────────┐
                    │ 黨團會議  │
                    └────┬─────┘
                    ┌────┴──────┐
                    │黨團幹部會議│
                    └────┬──────┘
┌────────┐          ┌────┴─────┐          ┌────────┐
│ 書記長 │----------│ 總召集人 │----------│ 幹事長 │
└───┬────┘          └────┬─────┘          └───┬────┘
┌───┴────────┐     ┌─────┴────────┐      ┌───┴────────┐
│ 執行書記長 │     │政策小組召集人│      │ 執行幹事長 │
└────────────┘     └─────┬────────┘      └────────────┘
                   ┌─────┴────────┐
                   │立法院常設委員│
                   └──────────────┘
```

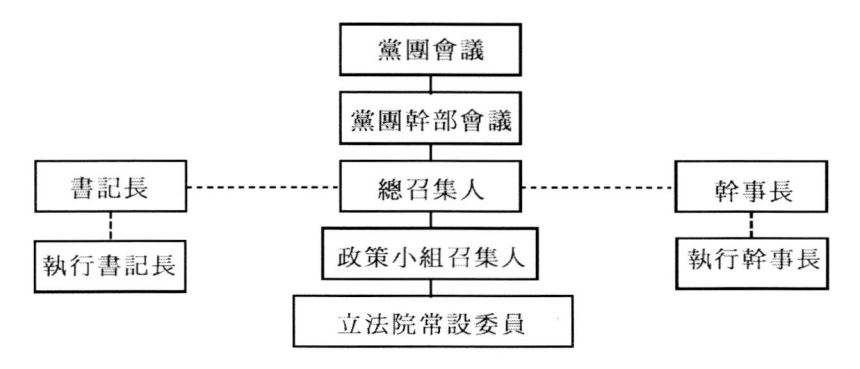

圖14-4：2000—2005年民進黨議會黨團組織架構示意圖

（資料來源：鄭明德：《民進黨立法院黨團組織問題之研究》，載《政治科學論叢》2005年9月第25期，第152頁。）

（三）民進黨的特種黨部

為了更有效地組織發展自己在各個領域的支持者，擴大自己的影響。民進黨還模仿國民黨在各領域建立了民進黨中央直屬的特種黨部，其組織層級相當於縣市黨部。按照民進黨的黨章，民進黨設立的特種黨部主要包括世界10個海外黨部及勞工黨部。其中，海外黨部以全球各洲為範圍，劃分為拉丁美洲、東北亞、東南亞、非洲、大洋洲、歐洲、美西、美東、美南、加拿大等10個黨部。依民進黨的黨章規定，凡黨員人數達100人，就可設立海外黨部。海外黨部以海外黨員代表大會為最高權力機構，執行委員會為執行機關，評議委員會為紀律機關。海外黨部黨員代表大會每年由執行委員會召集

一次，必要時可召開臨時黨員大會。海外黨部分設的黨務工作單位主要包括行政組、組訓組、活動組、宣傳組、財務委員會和入黨審查委員會，並可視黨務發展需要增設工作單位。

勞工黨部是民進黨為了表明其代表勞工大眾，爭取更多社會底層群眾支持而建立的。依民進黨黨章規定，當各縣市黨部的勞工黨員人數總額達300人時，就可設立勞工黨部；各種產業、職業勞工黨員人數達50人時，可設黨部勞工產業職業分部。勞工黨部設執行長1人，副執行長1人。勞工黨部下設黨務工作單位包括行政組、組訓組、活動組、宣傳組、財務委員會、入黨審查委員會、選舉對策工作小組和黨政協調工作小組。1991年，民進黨勞工黨部從高雄遷往臺北。

透過上述（一）、（二）、（三）的分析，我們可以發現，民進黨的組織體制具有以下幾個特徵：

首先，民進黨帶有強烈的「剛性政黨」色彩。由於長期在體制外進行抗爭為主，以及建黨時間短、主要成員觀念差異大等主客觀因素，民進黨的組織結構在很大程度上模仿了較為成熟的國民黨的「剛性政黨」，強調系統性和內聚力。具體表現在：一是具有明確的政黨理念，主要體現在其黨綱中，要求全體黨員無條件服從並為之努力；二是具有嚴格的入黨標準和程序，入黨後要接受嚴格的黨紀約束，不允許雙重黨籍；三是黨組織上下層級分明、黨務機關分工明確，並設立各種特種黨部，積極介入民間社會的各個領域。

其次，民進黨主席任期短，無實權。最初黨章規定黨主席任期只有1年，且不得連任。1989年後，改為2年一任，可連選連任一次，即最多可任4年。但實際上，民進黨建黨以來，沒有一個黨主席的任期超過2年。除了制度設計上的因素外，黨內為選舉失敗負責的不成文規則也是導致黨主席任期短命的原因之一。黨主席缺乏實權主要表現在兩個方面：一方面由於民進黨的組織原則採行合議制，即組織決議以多數決為原則，但重大事項經出席人

數2/3透過。黨主席除了任命中央黨部祕書長和一級黨務主管外，與中常會其他成員的權力並無太大區別。中常會的成員大多為各派系的主要成員，「合議制」的實質結果是派系利益左右重大決策，黨主席不但沒有絕對權力，相反還要積極扮演協調和妥協的角色，以尋求各方的支持。另一方面，在民進黨權力結構的設計中，黨機器的組織上下有序，完整嚴密。與之平行的還有議會黨團系統，主要是立法院黨團，以及地方縣市議會黨團，兩者互不隸屬。黨團具有獨立運作和單獨決策的權力，黨主席無權要求黨團服從黨務系統的所有決策，還要擔任黨團爭議的協調工作以及黨內初選提名的溝通任務。同時，依靠選舉當選的各級黨籍公職人員，也自成一體，擁有獨立的行政權和人事權，並不完全聽命於民進黨中央。可見，民進黨雖有著類似國民黨的黨機器，但黨主席的權力跟國民黨主席的權力相差甚遠。

三、親民黨的組織體系

親民黨是2000年3月總統大選後從國民黨內分裂出來的一個新政黨。親民黨的成員大部分是前國民黨或新黨內支持宋楚瑜的黨員。之所以命名為「親民黨」，是因為宋楚瑜推崇蔣經國的「親民、愛民」理念，該黨英文名稱為「The People First Party」，意為「人民第一黨」。

親民黨創立初期，組織制度和機制很不健全。2001年進入全盛期後，親民黨中央黨部、各縣市黨部、特種黨部及立法院黨團才形成比較全面系統的組織結構。

（一）中央黨部組織架構

親民黨2000年成立時，在中央黨部下設五個單位，分別是政策研究中心、組織部、文宣部、行政部、財務部。其中政策研究中心負責親民黨政策協調和研擬、民調製作等工作，組織部規劃黨員招募及各黨部成立事宜；文

宣部負責親民黨新聞宣傳活動、「親民卡」辦理及親民黨全球資訊網架設等工作，行政部則負責全國委員會休會期間行政事項及日常行政事宜，財務部負責會計工作並統籌黨部經費使用狀況。此外，親民黨還成立了包括立法院黨團、甘泉黨部、那魯灣黨部等特種黨部。

親民黨於2002年6月召開的第一次全國委員會對黨的組織體系進行了調整。根據黨章，親民黨在組織上分為中央黨部及地方黨部二級制。在中央黨部，親民黨以全國委員會為最高權力機關。全國委員會委員450人，從縣市長、黨籍立法委員、縣議員、鄉鎮長、黨務幹部及各階層有代表性的黨員中選舉產生。原則上，全國委員會每6個月召開一次。

依親民黨黨章的規定，親民黨中央黨部要設立中央執行委員會（中執會），作為黨的決策機構和權力核心。中執會設委員（中執委）21人，任期兩年，連選可連任。中執委中應涵蓋立法委員9人、地方民意代表5人，縣市首長及黨務主管5人，再加上正、副黨主席。中執會每週召開會議一次，采合議制，實行集體領導。

（二）地方黨部

除了兩個特別黨部外，親民黨本應設立各縣市黨部，但限於人力、物力和財力，親民黨一直未能成立縣市黨部，只在25個縣市設有選民服務處。各縣市服務處一般由黨職人員、公職人員代管，黨中央每年補助少許經費，大部分經費由服務處自己解決。因為黨中央無力承擔更多經費，所以各服務處往往淪落為黨職人員、公職人員自己的服務處，純粹是為個人打知名度，很少宣傳黨的理念和政策。也因為缺錢，各服務處活動較少，無法像國民黨黨部那樣向選民送紅白禮帖、辦聯誼會。親民黨沒有下情上達的渠道，地方黨部和基層服務處的聲請難以傳入黨中央，對親民黨組織發展、政策研擬的影響作用不大。

（三）親民黨立法院黨團

親民黨立法院黨團2000年成立時主要由國民黨、新黨及部分無黨籍人士中擁護宋楚瑜的立法委員組成，當時僅有17人，置黨團總召集人、副總召集人、幹事長各1人，任期1年。原則上，黨團三長皆由黨籍立法委員票選產生。

中央黨部與立法院黨團的對口聯繫機構是政策中心。為使兩者結合更為緊密，政策中心主任一職通常由黨籍立法委員擔任。除此之外，政策中心還擔負著政策研擬、政黨交流、媒體聯繫、對外發言的角色，是中央黨部中非常重要的職位。

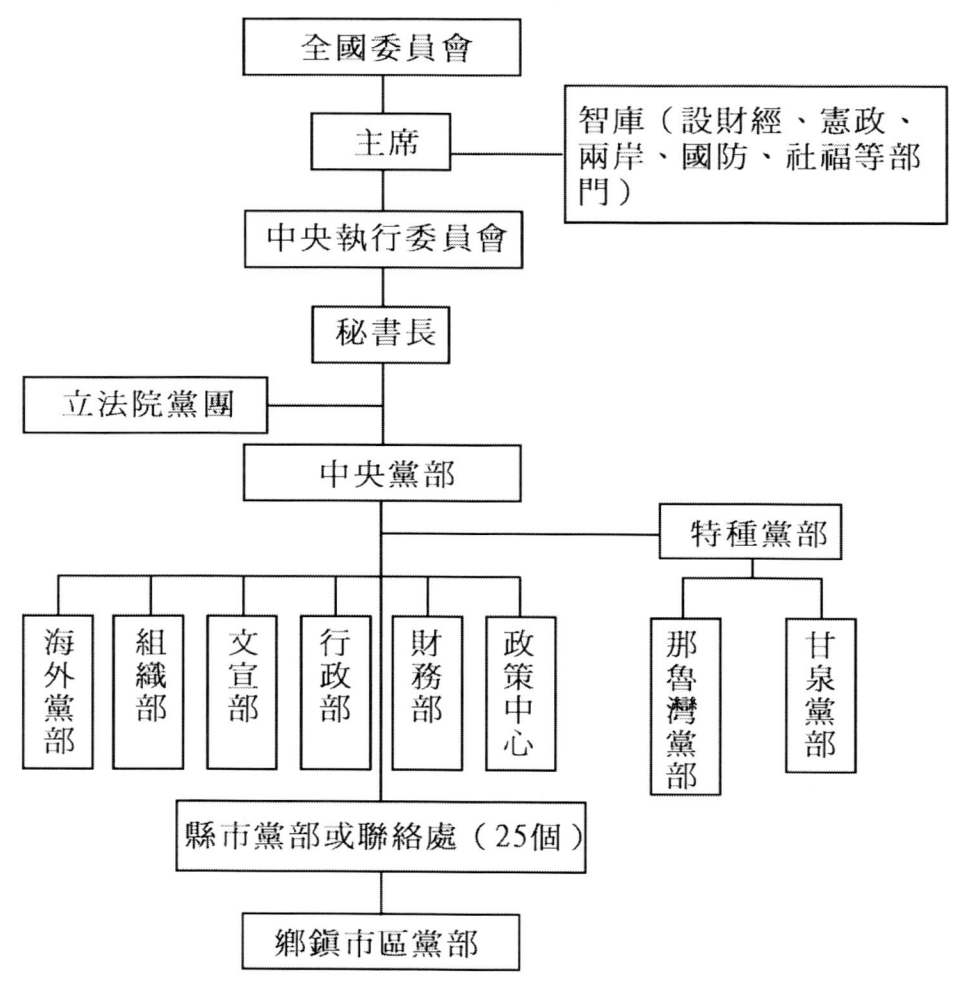

```
                    ┌──────────┐
                    │ 全國委員會 │
                    └─────┬────┘
                          │
                    ┌─────┴────┐      ┌──────────────────┐
                    │   主席   ├──────┤智庫（設財經、憲政、│
                    └─────┬────┘      │兩岸、國防、社福等部│
                          │           │門）              │
                    ┌─────┴──────┐    └──────────────────┘
                    │中央執行委員會│
                    └─────┬──────┘
                          │
                    ┌─────┴────┐
                    │  秘書長  │
                    └─────┬────┘
          ┌───────────────┤
    ┌─────┴─────┐         │
    │ 立法院黨團 │         │
    └───────────┘   ┌─────┴────┐
                    │ 中央黨部 │────────────┐
                    └─────┬────┘     ┌─────┴────┐
                          │          │ 特種黨部 │
                          │          └─────┬────┘
   ┌────┬────┬────┬────┬────┬────┐    ┌────┴────┐
  海外 組織 文宣 行政 財務 政策          邢魯灣   甘泉
  黨部 部   部   部   部   中心          黨部    黨部
```

圖14-5：親民黨組織架構示意圖（資料來源：王建民、趙會可、陳險峰著：《臺灣政壇》（上），九州出版社。）

（四）特種黨部的組織機制

按照新的親民黨黨章，親民黨的地方黨務組織為地方黨部，根據情況可設特種黨部。自成立以來，親民黨黨務發展一直不順。因為資金缺乏、人才

資源不足，黨的各級組織架構的籌設非常緩慢。迄今為止，親民黨只成立了兩個特種黨部，即甘泉黨部和那魯灣黨部。

那魯灣黨部成立於2000年5月，首任主委由原住民立法委員林春德擔任。該黨部是親民黨面向原住民而成立的組織，也是各政黨中第一個成立的原住民黨部。宋楚瑜任省長時曾上山下鄉，深入原住民各部落，為原住民解決過許多實際問題，因此他本人在原住民中很有影響。在2000年「大選」期間，原住民和客家族群對宋楚瑜有很高的支持度。親民黨成立那魯灣黨部，就是繼續做好原住民服務，換取原住民的一貫支持。

甘泉黨部成立於2000年5月17日，黨員以榮民榮眷為主，其組織成員80%以上來自國民黨的黃復興黨部。在「大選」期間，以外省籍為主的軍人、榮民、榮眷是宋楚瑜的「鐵票部隊」，宋楚瑜競選總部內負責動員這部分人的「忠義工作室」，在選後改組為甘泉黨部，黨部機構設於桃園縣。親民黨計劃於桃園全縣86個眷村各設召集人1名，每鄉鎮還要設服務處。甘泉黨部主要在軍人、榮民和榮眷中進行選民服務，平時辦組黨、招募黨員說明會，在選舉時負責選舉動員。

四、新黨的組織體系

新黨成立於1993年8月，由國民黨外省籍的第二代建立，這些人對國民黨黨內的腐敗與本土化政策感到不滿。新黨主張維持「兩蔣時代」的政治意識形態，贊成統一。新黨組織結構比較鬆散，基層組織也很薄弱，是一個典型的選舉黨。該黨黨章明確規定，新黨是以「讓人民有更好的日子過」為宗旨；在組織運作上，則以議會為中心，民意為依歸，選舉為方法，並以民選公職人員為組織運作的核心。

（一）改造前的新黨組織體系

根據新黨成立宣言的有關聲明，加入新黨只需登記，不必宣誓，不必繳納黨費，不必參加黨內會議。新黨自我標榜為「柔性政黨」，在組織結構上與國民黨和民進黨迥然不同，也與同樣標榜是「柔性政黨」的親民黨有所不同，組織結構有其自身的特色。

在黨首職位上，新黨不置黨主席、中常委、中執委、中央委員等官僚職位，只置召集人，由召集人來召集和主持會議。對於認同支持新黨理念而不便登記者，均視之為精神黨員。

由於新黨接納精神黨員，沒有黨費收入，也不開黨小組會議，所以其黨務系統相對簡單。新黨黨章第8條規定：新黨的組織分為全國、地方（直轄市、縣轄市）二級制，新黨黨員得在各地方組織地區性社團，人數以20至100人為原則。各社團推選的負責人，擔任社團與黨組織間的聯絡人。海外地區經全國競選及發展委員會（下稱「全委會」）同意，可以設立「新黨之友會」，宣揚新黨理念。但實際上，新黨的組織結構比黨章規定的還要簡單。新黨的組織系統通常被概括為「一黨、兩腳、三人」。「一黨」是指新黨只有「全委會」，而沒有黨主席。「全委會」採取集體領導，因此不會像國民黨、民進黨那樣形成黨內威權官僚制度。「兩腳」是指新黨的發展和政策的制訂靠兩只腳來完成，一只「腳」是黨務，以公職人員為主，黨工負責黨部的行政運作，另一只「腳」是義工系統，包括所有支持新黨的外圍團體，兩「腳」配合，拓展黨務。「三人」則是各發展委員會召集人、義工組織的報告人和負責各地區義工組織與黨部聯繫的聯絡人。

具體來說，「全委會」由新黨立法委員、國大代表正副召集人、臺灣省和臺北市、高雄市各議會黨團正副召集人、各地方競選及發展委員會召集人組成。「全委會」召集人由「全委會」所有成員於立法委員中互推1人，召集人負責召集主持「全委會」會議，任期1年，不得連任（1996年7月，新黨「全委會」修改黨章，召集人可以連任）。

「全委會」置祕書長1人，祕書長由召集人提名，由「全委會」成員同意後聘任，負責綜理黨內事務，並指揮及監督所屬人員。置副祕書長2人，並設組織組、文宣組、活動組、義工組、雜誌社編輯部、行政組、特別助理等部門協助各項行政事務。

在上述組織架構下，由於黨章中明確規定召集人職務為1年，且只能任一屆，所以在政策方向上，往往因為召集人的更迭而無法連續。祕書長是綜理黨務的核心人物，其不僅要對政黨未來發展方向提出建議，而且必須能夠任勞任怨，處理煩瑣的黨務工作。祕書長由「全委會」召集人提名，因為召集人不穩定，祕書長自然也難以穩定。再加上黨中央「不樹權威」的立黨之風，祕書長也同樣面臨著無力處理黨務的尷尬。

新黨上述組織架構，形式上代表著不樹權威、集體決議、共同執行的理念，但卻忽略了東方民族特有的政治性格。新黨內部成員絕大多數是專家、學者，每個人在其專業領域都是出類拔萃的人物，自然有著誰也不服誰的個性。新黨不樹權威、集體領導的制度缺陷，輕則產生會而不議、議而不決、決而不行的情況，重則出現意見不合、相互叫陣的內訌局面。

（二）改造後的新黨組織體系

1998年1月，新黨修改黨章。按照新黨章第14條規定，全國競選及發展委員會下增設常務委員會，處理本黨日常事務。常務委員會由全國競選及發展委員會召集人、立法院黨團召集人、國民大會黨團召集人及8名選任的常務委員組成，每週開會一次。

由於新黨創黨領袖沒有建立一套完備的制度，使得原本黨內的政治精英侷限在一個空有理想、沒有資源和缺乏執行力的政黨組織裡。2002年2月，新黨又透過了新的黨章。新黨章把新黨由「柔性政黨」轉變為了「剛性政黨」。依新黨章規定，新黨的黨務組織仍然分中央和地方兩級。中央設全國

委員會，地方可設地方黨部或特種黨部。海外另設海外黨部。

新黨的全國代表大會（簡稱「全代會」）為其最高權力機關。「全代會」代表由擔任鄉鎮市民代表以上的公職人員、黨員直選代表（50名，每個縣市至少應有1名代表）組成，每年定期集會一次。其職責包括：選舉「全委會」委員；決議「全委會」所提黨章修正案；罷免黨主席；決議其他重大事項。

「全代會」下設常務機構全國委員會（簡稱「全委會」）。「全委會」委員的人數最多不得超過31人，由黨主席、現任立法委員及縣市以上政府首長、縣市議員以上的現任公職人員（最多10人）及「全代會」所選出的黨員代表（最多10人）組成，其職權包括：選舉黨主席，監督協調黨務運作，向「全代會」提出黨章修正案，擬定本黨政綱，對重要人事任命案行使同意權，辦理黨內各項提名；議決本黨預決算等。另外，「全代會」置黨主席1人，由「全委會」委員互選產生，任期1年，連選得連任一次。黨主席對內綜理黨務，對外代表全黨。全委會置祕書長1人，由黨主席提名、「全委會」行使同意權。

立法院黨團由現任立法委員組成，從委員中互推1人為召集人。新黨黨章中規定的廉政勤政委員會、政策會以及中央黨部的婦女、勞工、青年、弱勢群體、大陸事務委員會，基本上都未能充實起來。

改造後的新黨加強了黨紀對於黨員和黨內公職人員的約束。但目前的問題是，新黨公職人員太少，無法形成嚴密的組織系統，無法支撐起黨務組織的架構，也無法充實黨章所規定的中央黨部各個機關。另外，在經費方面，新黨僅靠政黨補助款和小額捐款賴以運轉。該黨僅有3000餘名黨員，每年的黨費收入也不多。缺人、缺錢、缺資源，是新黨目前發展過程中所面臨的主要困難。

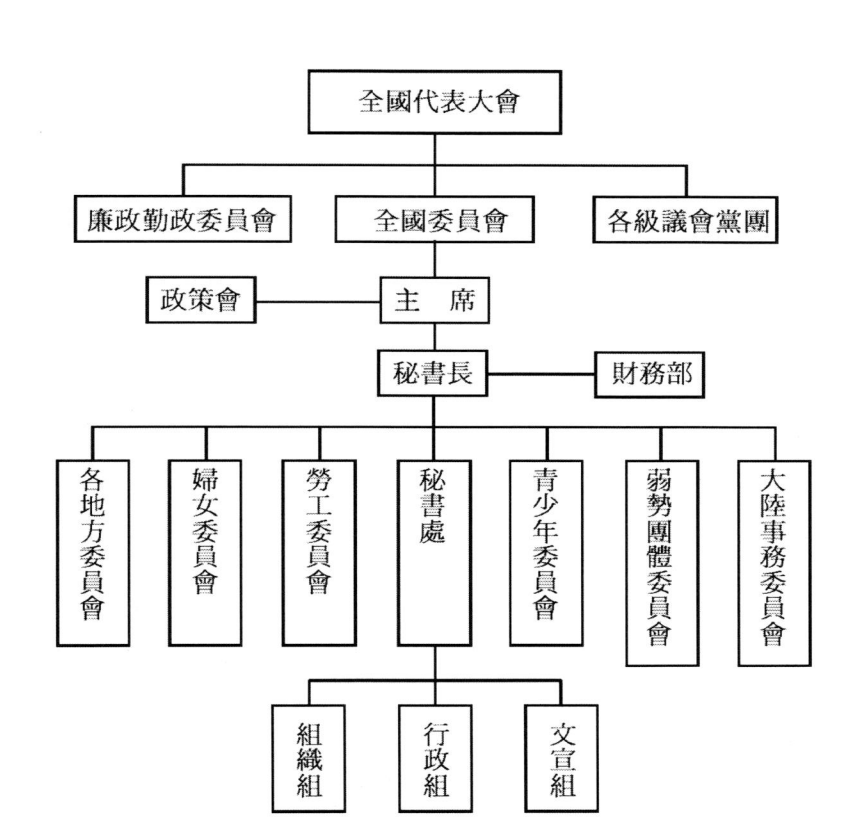

圖14-6：新黨組織架構示意圖（資料來源：王建民、趙會可、陳險峰著：《臺灣政壇》（上），九州出版社。）

第三節　政黨提名候選人制度

　　政黨為政治團體，但具有提出政治綱領、提名候選人參加選舉，並於勝選後有取得執政權的特權。政黨參與選舉的最重要手段之一在於提名本黨的候選人。整體而言，臺灣各政黨的候選人提名制度並不盡相同。政黨提名候選人產生之後，就開始政黨之間的競選。各政黨要為本黨提名人輔選，在單一席次的競選中，輔選的中心內容是要盡一切可能提高本黨提名人選的得

票；在多席次的競選中，除了前項內容外，輔選還包括在本黨提名的幾位候選人之間進行配票，以防在有限的票源中，某一位本黨候選人「吸票」太多以致傷害了另一位本黨候選人的當選機會。在候選人當選之後，政黨的作用和職責應是督促當選者實現本黨理念，兌現競選綱領。雖然各政黨採用的候選人提名制度不盡相同，但論其實質，無非是要解決三方面的問題。

一是如何劃分提名權力。是採用「中央決定」方式、最終提名完全由各政黨中央掌握，還是地方黨部或基層組織亦握有提名候選人參選的決定權；體現的是黨內高度集權還是有限度分權的不同理念和不同做法。由此產生的應是「中央決定」與「地方自主」兩種候選人提名類型。

二是選擇什麼樣的候選人產生機制。是主要透過溝通、協商（包括地方黨部的內部協商、地方黨部與中央協商以及徵召候選人等）產生候選人，還是採用投票方式（包括黨內初選、開放式初選等）產生候選人，體現的是黨內民主的發展程度；由於協商主要在政黨的各級組織之間進行，普通黨員難以參與意見，所以「票選」候選人往往成為各政黨推進黨內民主的重要步驟。

三是如何收集對候選人的反映。是主要依靠幹部評鑒和基層組織、黨員的意見反映，還是主要依靠民意調查，體現的是掌握民意的方法是否科學、公正。

政黨採用何種方式提名候選人，不僅影響選舉的成敗，還是反映黨內民主程度及處理黨內衝突機制是否健全的重要指標。臺灣主要政黨的候選人提名制度，前後大多有過重要變化。

一、國民黨的提名制度

在「解嚴」以前，國民黨實行民主集中制的領導方式。這種領導方式也

相當程度的反映在其黨內的提名制度上。而在外在環境上，國會未全面改選、「黨禁」尚未解除，在一黨獨大的威權體制下，定期選舉的進行僅具有強化國民黨統治正當性的功能。相對的國民黨的提名制度在此時期內，也只是扮演著「恩庇-侍從」關係下，交換地方派系的忠誠與支持的工具性角色而已；提名制度與黨內高層的權力分配無關；其政治精英甄補的功能也相當的有限。而在「解嚴」以後，臺灣政黨政治也逐漸走向政黨競爭的時代。面對外部環境的轉變與黨內民主化的壓力，國民黨的提名制度也開始出現較重大的改革，並在黨內民主的價值、舉才的功能、勝選的壓力、地方派系勢力的坐大與黑金政治的反噬諸因素之間擺盪。縱觀國民黨退臺後過去50多年來黨內提名方式的演變，可分為下列七個階段：

（一）第一階段（1950—1951）：「擇優提名」

當時國民黨政府剛剛遷臺，黨的地方組織尚不健全，國民黨提名制度未曾確立，在第一屆臨時省議員與縣市長的選舉中，曾採取由省黨部與中央主管單位就黨員及非黨員中「擇優提名」的方法。由於「擇優提名」便於暗箱操作，故受到來自各方面的批評，國民黨很快便放棄了這一方式。

（二）第二階段（1954—1957）：「黨員直接投票提名」

國民黨是最早實行黨員直接投票提名候選人的政黨。由於第一屆臨時省議員與縣市長的選舉所採取的「擇優提名」方式遭受到許多批評，因此1954年所舉行的第二屆臨時省議員與縣市長選舉的提名方式便改為「由黨員直接投票，投票後經省黨部審定，再報請中央決定」的方式。1957年臨時省議員與縣市長選舉時，改變做法，臨時省議員由黨員直接投票決定，縣市長候選人則改為徵求黨員意見。此階段的省議員提名雖然由黨員直接投票，但投票結果並不公開，加之投票後還要經省黨部審定，再報請中央決定，與真正

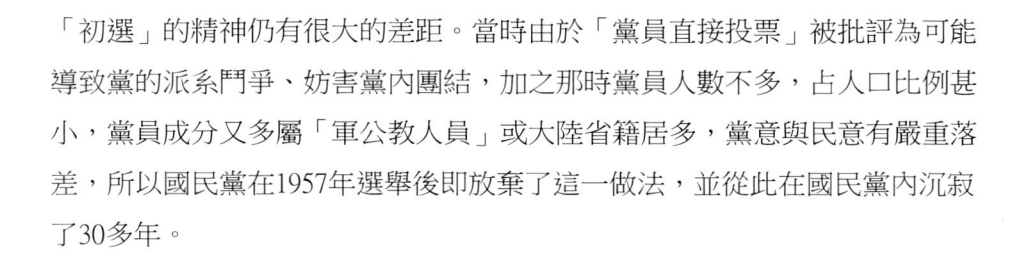

「初選」的精神仍有很大的差距。當時由於「黨員直接投票」被批評為可能導致黨的派系鬥爭、妨害黨內團結，加之那時黨員人數不多，占人口比例甚小，黨員成分又多屬「軍公教人員」或大陸省籍居多，黨意與民意有嚴重落差，所以國民黨在1957年選舉後即放棄了這一做法，並從此在國民黨內沉寂了30多年。

（三）第三階段（1957—1977）：「地方黨部推薦」

第三屆縣市長選舉所採取的黨員意見反映，省黨部審查，再報請中央決定的方式，後來逐漸發展成國民黨此後20年間提名的主要方式。地方黨部的黨員雖然對提名可做意見反映，但決定權事實上是完全掌握於黨中央之手。國民黨在此階段的提名制度，總體上屬於高度中央集權式。

由「地方黨部推薦」，再由「中央決定」的提名方式，明顯帶有以下三個特點：（1）它強調黨員個人對組織的無條件服從；（2）它強調組織內部下級對上級的無條件服從；（3）雖然地方黨部在挑選候選人的過程中通常也會參考基層黨員的意見，而上級黨部在做決定時一般也要尊重地方黨部的建議，但最後的決定權在上而不在下，廣大普通黨員的意向敵不過上級黨部官員的好惡。這種提名方式的優點在於各政黨中央更掌握全局情況，更可能使本黨的人才資源發揮出最大優勢，並可以透過組織協調等手段，照顧各派系的利益，還可以有效地展開與友黨的合作。更為重要的是，各政黨中央只有在握有重要選舉候選人提名主導權的情況下，才能體現出中央駕馭黨務和協調內部矛盾的能力，不至於因提名候選人的分權出現「軟弱的中央」或「一盤散沙」局面，所以臺灣各主要政黨大多保留了「中央決定」的候選人提名方式。但是，這種自上而下的提名制度在大多數情況下成了一種對「效忠者」獎賞或酬庸的方式，也成了一種在地方派系之間縱橫捭闔的工具。隨著臺灣社會的發展，自上而下的提名制度也相應受到挑戰。一些黨內的精英

人物由於各種原因未能得到黨部提名，就憤而自行參選。更有甚者，有些實力雄厚的政治人物已經不滿足於「違紀參選」，而是乾脆「退黨競選」。

（四）第四階段（1980—1986）：「幹部評鑑」與「報備參選」

當反對勢力逐漸興起後，國民黨也在提名方式中增加「幹部評鑑」項目，以提升地方黨部黨工及地方各界精英的參與比重，地方黨部逐漸擁有更大的審核及建議權。即使中央黨部仍具有最後的核定權，但實際上卻不得不愈來愈依賴地方黨部的建議與評估。但在黨外勢力高漲下，為求勝選，地方黨部也不得不愈來愈依賴地方派系，使得地方派系的影響力，也逐漸水漲船高。但無論如何，在這個階段中，最後提名權仍然是掌握在黨中央手中；國民黨的提名制度，依然是偏向中央集權式的。另外值得注意的是，1980年以前的選舉，國民黨不允許未獲提名而違紀參選的情事發生，但在1980年的選舉提名時，為應對黨外人士的競爭壓力，國民黨為求勝選，改變了過去的政策，除了將「提名」一詞改為「推薦」外，並開放黨員報備參選。

（五）第五階段（1989—1992）：「黨員初選」與「幹部評鑑」

從1987年「解嚴」以後，臺灣政治局勢發生了巨大的轉變。1989年的三項公職人員選舉，正是在這種威權體制解體的局面下登場；它不但是蔣經國先生去世後的第一場選舉，也是民進黨第一次以合法政黨的身分參加選戰。國民黨在面臨黨內權力結構重組與黨外其他政黨挑戰時，黨內提名制度在組工會主任關中的大力推動下，也做出重大的變革，開始推動黨員初選制。除了少數選區因黨員投票率未達50%，其結果僅作為提名重要參考外，其餘大多依照初選結果提名。雖然黨中央仍然保留最後提名核定權，但從落實黨內

民主的角度來看，此項變革對始終堅持民主集中制的國民黨而言，仍然具有重大的意義。

然而此種提名方式實施的結果，除了大幅削弱地方黨部專職黨工的提名主導權與地方派系的影響力外，也衍生出不少其他的問題。例如，一般黨員投票率偏低、代表性不足；黨員結構與選民結構有落差；各種黨部動員能力有明顯差距、嚴重影響投票結果；競選時間拉長、候選人經費支出大增；增加黨內對立與分裂的機會；不利於新人參選；政黨輔選功能降低等；這些均使得黨員初選制在黨內遭到部分人士的嚴重質疑。而部分地方實力型政治人物未參加初選，卻直接以徵召、補提名或報準的方式參選，也使得初選的功能遭到重大的扭曲。於是在其後1991年和1992年兩次中央公職人員選舉時，改行所謂「修正式黨員初選制度」，引入「黨員投票」和「幹部評鑑」兩部分，即在保留「黨員投票」方式的同時，增加了「幹部評鑑」項目。國民黨在這個階段由關中所推動的初選制度，在歷經了三次的選舉後，已名存實亡。至1993年「十四全」大會時，儘管國民黨內部對於這一制度有很多爭議，但最終透過決議停止辦理初選。

（六）第六階段（1993—2000）：「黨員意見反映」與「民意調查」

至1993年的縣市長選舉時，國民黨的提名方式改由縣市黨部辦理意見徵詢（黨員意見反映、民意調查，或彈性辦理黨員投票與幹部評鑑），省黨部審核後提加倍建議名單，報由中央核定。而中央則輔以民意調查結果，經中央提名審核委員會（7人小組）的審核，並提報中常會做最後的核定。其後1994年的省市議員選舉、1995年的第三屆「立委」選舉、1996年的第三屆國大選舉及1997年的縣市長選舉（中央提名審核委員會成員增為9人）、1998年的第四屆「立委」選舉的黨內提名，大致上也是依循這種方式。就這幾次

選舉的提名方式來看，國民黨的黨內提名制度（此處指「中央民代」、省議員及縣市長選舉），此時在大方向上似乎已漸漸定型；地方黨部專職黨工擁有提名的建議權，而提名的最後決定權仍掌握在黨中央手中。

至於全國不分區代表及僑選代表方面，由各方向黨中央「推薦」，而名單一向由中央提名審核委員會審核透過，並提報中常會做最後的核定。另外1994年省市長選舉的黨內提名，由於層次較高、牽動較廣，國民黨最後決定由主席、副主席、中央委員、省市級委員，以及全國、省市級代表大會代表投票決定並備報黨中央核備。但事實上，由於層峰早有屬意人選，黨內投票最後僅具有形式意義而已。至於在總統選舉方面，過去八任均是由國民大會以間接選舉的方式產生。而在國民黨的提名制度方面，除了第一任外，七任總統的提名均是由中央委員選舉產生，其中第二至第四任的總統候選人提名，采投票選舉方式；第五至第八任的總統候選人提名，卻采起立方式。

根據憲法增修條文第2條的規定，第九任總統、副總統選舉改由人民直接選舉產生。面對有史以來第一次的總統直選，與黨內提名方式的爭議，國民黨在第十四屆二次全國代表大會上透過，由全國代表大會代表以無記名單記法投票選出國民黨的總統、副總統候選人，然而最後經連署登記成為黨內提名的候選人者，則只有一組。到了第十任總統候選人的黨內提名，國民黨依然採用由黨代表以無記名單記法投票選出的方式。

（七）第七階段（2000—）：「黨員投票」和「民意調查」

2000年3月國民黨在總統大選中挫敗，促使本已接近定製化的黨內提名制度出現重大變革。2000年6月18日，國民黨「十五全」臨時會第三次大會透過了一項名為「從零出發，全面改造」的提案，其中指出：「為強化本黨組織凝聚、擴大群眾參與、爭取黨員向心，各項民選公職本黨提名人選，均

以黨員初選及民意調查方式產生為原則。」「總統、直轄市市長、區域立法委員、縣市長及直轄市市議員候選人之提名，結合黨員初選及民意調查二者，比重各為50%」；「民意調查應於黨員初選投票日前二個星期內開始進行，並於黨員初選投票日前完成，並同黨員初選投票結果於黨員初選結束當天一起公布結果，作為候選人提名的唯一依據，以結合黨意與民意，落實黨內民主的運作，建構一套具有公正性與正當性的提名制度。」2000年7月19日，國民黨中常會根據前述「十五全」臨時會改造案的原則，正式修正透過了新的「中國國民黨黨員參加公職人員選舉提名辦法」，國民黨的黨內提名方式至此邁入了一個新的階段。在新的提名辦法中，國民黨首度將民意調查納入其正式的提名機制中。

依據最新修正的「中國國民黨黨員參加公職人員選舉提名辦法」的規定，總統候選人的提名，由中央委員會依據「黨員投票」（占30%）與「民意調查」（占70%）的結果，決定提名名單，報請中常會核備後，提報黨的全國代表大會透過。區域「立委」、直轄市長、直轄市議員、縣（市）長、縣（市）議員候選人的提名，則由相關縣市黨部依據黨員投票（占30%）與民意調查（占70%）的結果，對於現任者，應同時參考其任內表現，並考量地區特性及選情評估等因素，提出建議名單，報請中常會核定。

國民黨新的提名辦法與民進黨1997年以後所採用的提名制度非常類似。原則上均是以「黨員投票」與「民意調查」二者來決定候選人的提名，並且均保留了「協調」、「徵召」產生候選人的空間。根據「中國國民黨黨員參加公職人員選舉提名辦法」第12條的規定，經協調產生建議提名人選者，可不辦理黨員投票與民意調查。此點與「民進黨的公職候選人提名條例」第9條中規定，各級黨部在辦理黨內初選前，應先以溝通協調方式產生提名人選，無法達成協議時再辦理初選，二者可說是非常的類似。而「中國國民黨黨員參加公職人員選舉提名辦法」第4條也規定，「必要時得辦理徵召提名」，這與「民進黨公職候選人提名條例」第11條的相關規定，也可說是非

常類似。臺灣臺灣的兩大政黨在提名制度上經過多年的轉折與變革後，竟然漸趨一致地發展出「先協調、後初選、不排除徵召」的提名原則，可說是殊途同歸，不謀而合了。

二、民進黨的提名制度

1986年建黨迄今，民進黨的提名方式並非一成不變的，而是前後經過了幾次變化。學者王業立將民進黨的提名制度劃分為以下三個階段：

（一）第一階段（1989—1993）：「黨內初選」

民進黨的提名制度受到其原本結構的影響（即為在野反對勢力聯盟），民進黨中央根本沒有決定提名人選的決定權，因此，「黨內初選制」就成為其不得不採取的方法。民進黨雖然以黨內初選為其主要候選人提名方式，但是為遵循「地方自主」原則，各項公職人員候選人均先以溝通協調方式產生，無法協調的才由選區黨員投票決定。理論上全國黨員代表大會2/3（現已改為3/5）以上的決議可否決地方黨部的初選結果，而由「中執會」另行徵召適當人選參選，但選區黨員初選投票仍是民進黨內最重要的提名方式。另外，登記提名的候選人不足提名名額或與提名數額同額時，須分別經投票黨員1/2以上同意，始得為提名的公職候選人（但經執委會協調同意者不受此限）。而黨部必要時得徵召黨員參選。至於在全國不分區代表方面，1991年的第二屆國大代表選舉，系由中執會以單記投票產生，每次投票產生5位；而在1992年的第二屆「立委」選舉提名中，本來計劃由黨代表投票決定，後因爆發賄選事件，遂改由全國黨員投票，依得票數目決定排名順序，每4位不分區「立委」中，保留1席給專家學者、1席給弱勢團體成員。

民進黨的黨員初選投票制度在實施過程中也出現了一些問題。由於黨員人數太少，地方黨部很容易被某些派系操縱，即出現所謂的「人頭黨員」問

題。所以，改革黨員初選提名制度便提上了日程。

（二）第二階段（1994—1996）：「二階段初選制」

民進黨從1994年開始實行「二階段初選制」，第一階段以黨員投票和幹部投票各占50%產生提名名額加額1/2的準候選人，如協調無結果，即舉行第二階段的公民投票；第二階段開放予非政黨黨員亦可參加投票，再依兩階段的投票結果決定候選人。但是，這一制度只適用於總統、省長、直轄市市長等單一席次的行政首長選舉，其他選舉的候選人提名，只須進行第一階段的投票。1995年7月10日至9月24日，民進黨進行第九任總統選舉的黨內提名，「二階段初選制」才算是正式登場。而臺灣不分區代表提名則採「三三三制」，將不分區名單排名順序分為政治人物、專家學者與弱勢團體三類，分組投票，分組比票，依序循環排名決定提名人選，亦由黨員投票與幹部投票各占50%產生。民進黨之所以會在各類公職人員的提名中加入「幹部投票」，原本企圖借此以解決「人頭黨員」問題，但效果不顯。於是，在1995年召開的全國黨員代表大會中，各種廢除或改革「幹部投票」的提案相繼出籠。

需要指出的是，實行「二階段初選」後，能夠透過溝通協調確定候選人的依然不進行初選，在第一階段初選後能夠協調出候選人的，也可不再進行第二階段初選。縣（市）議員、鄉（鎮、市）長、鄉（鎮、市）民代表會代表、村（裡）長選舉等的候選人提名，由民進黨縣市黨部及基層組織負責，大多實行的是溝通協調的提名辦法。

（三）第三階段（1997—）：「黨員投票」和「民意調查」

1996年6月，民進黨第七屆第一次全國黨員代表大會修正透過的公職候

選人提名條例的規定,除了廢除幹部投票制度外,並擴大公職候選人二階段提名的適用範圍。換言之,除了總統、副總統、省市長外,省市級以上的民代和縣市長,都將適用「二階段初選制」。而在兩個階段的提名過程中,公職候選人將分別由「黨員投票」和「公民投票」各占50%的比重產生。然而,1996年12月民進黨第七屆第一次臨時「全代會」,又再度將公職候選人提名辦法修改為「黨員投票」與「民意調查」各占50%的兩階段提名方式。1997年民進黨縣(市)長候選人與1998年的區域「立委」候選人的黨內提名作業,就採行過這個新版本的提名方式。

但民進黨實行「二階段初選制」後,由於黨員投票仍占重要地位,「人頭黨員」和派系操控選舉的現象依然存在,民進黨遂在2000年作出新規定,將黨員投票的比重由50%降低至30%,民意調查的比重則提升至70%。自2001年底的縣市長與第五屆「立委」選舉,至2008年的第七屆「立委」選舉與總統大選,民進黨在各項公職候選人的提名上,主要均採行30%「黨員投票」、70%「民意調查」的模式。雖然仍無法有效遏止「人頭黨員」的老問題,但這套提名模式似乎已成為黨內各派系的「最大公約數」。但是到了2008年的第七屆「立委」選舉提名前夕,由於「立委」席次減半,選制又改為單一選區制,再加上總統候選人的提名心結,黨內競爭激烈,派系對壘嚴重,後來爆發了「十一寇」、「排藍民調」等重大爭議,接著民進黨又遭逢「立委」選舉、總統大選兩次重大的挫敗,2008年7月20日第十三屆第一次「全代會」對於黨內提名方式做出重大修正,決議2009年縣市長候選人的提名,改採授權中執會以徵召黨員的方式參選。

三、新黨的提名制度

由於受到黨員人數和政黨規模的限制,新黨的黨內提名方式一直未完全制度化,通常是以臨時任務編組的方式處理黨內提名問題。雖然早期幾年號

稱是「柔性政黨」的組織形態，但囿於地方基層組織發展的限制，新黨在1998年以前，其提名方式仍具有精英化的色彩，而其中扮演最重要角色的，則是該黨「全國競選暨發展委員會」（以下簡稱「全委會」）。而1998年針對第四屆立法委員與直轄市市議員選舉而實施的「開放式初選」，可說是新黨提名方式的一大突破，但由於1998年底選舉的挫敗與政黨支持度的下滑，之後新黨的提名方式不得不又回到由「全委會」負責提名的方式。

1994年的省市長及省市議員選舉，是該黨第一次經由正式的提名方式所參與的選舉。而該年新黨候選人的提名人數與人選，完全由「全委會」決定。1995年的第三屆「立委」選舉，由於許多「全委會」的成員本身要爭取提名，於是又另外設立了一個由71人臨時所組成的提名委員會作為該黨的提名決定機構。根據1995年「新黨立法委員選舉提名辦法」第6條的規定，提名委員會委員由「全委會」的委員、列席「全委會」的顧問、正副祕書長、縣市級以上公職人員、社會賢達及公正人士所組成，由「全委會」召集人擔任召集人及會議主席。另外，根據該辦法第5條的規定，參加提名人應先經「全委會」審議透過後，再提報提名委員會。經提名委員會1/2委員出席，2/3委員同意，即正式成為新黨參加第三屆「立委」選舉的被提名人。至第九任總統候選人的提名時，由於新黨並無總統候選人的正式提名辦法，因此比照第三屆「立委」選舉的提名辦法，由「全委會」提名，提名委員會同意，以「徵召」的方式產生該黨的總統提名人。

1997年4月新黨全國競選暨發展委員會公布新的縣市長提名辦法。在該辦法中規定，在競爭性縣市地區，凡是黨員人數超過1萬以上者，應采黨內初選制度。黨員初選結果占提名比重的50%；全體公職人員大會投票結果占比重30%；而民意調查占比重20%，三者以同日舉行為原則。但是該辦法也規定，凡是登記參選者，都將先經「全委會」調查後討論，獲出席過半數同意者，才具有競爭提名的資格。「全委會」或各縣（市）競選暨發展委員會應舉辦一至二次民意調查，作為占提名比重20%的民調結果。在其他非采黨

員初選縣市方面，登記人選由「全委會」審查同意後，提交全體公職人員大會投票決定。在1/2以上出席，出席過半數同意即予以提名。如無人過半數，則就得票最多的前2名進行第二輪投票，以得票多者為透過。

　　1998年，新黨開始實行「開放式初選」。所謂「開放式初選」制度也就是讓有投票權的公民，不分黨派都可以參與新黨公職人員的提名投票。新黨採取這種方式的目的是擴大影響，爭取更多的選民支持。但1998年8月新黨所進行的為期1個月的「開放式初選」，卻不斷出現買票、「人頭黨員」充斥等現象。新黨在當年年底的選舉中遭受挫敗，顯示「開放式初選」並未達到預期目標。此後新黨不敢再嘗試「開放式初選」，這種制度的最大特色就是候選人不是參加一場選舉，而是許多場選舉，投注大量人力物力，但卻也可以大量動員選民參與新黨的活動，擴大新黨影響，有積極作用。不過，開放式初選本身也要冒很大風險。一方面消耗大量財力，使候選人提前進入狀況，投入大量精力；另一方面，也會受周圍環境的影響。在臺灣現在選舉文化惡質化，黑金橫行，各黨為爭選票不擇手段的情況下，採用此種開放式初選，實際無疑是一場豪賭。

　　鑒於以前「開放式初選」的失敗教訓與支持民眾的減少，至2001年底的選舉時，新黨又重新回到了原先黨內精英決定提名的方式。在對2001年底的選舉情況作出總體判斷後，新黨決定縣（市）長部分不提名參選。而在「立委」提名部分，則由新黨及社會客觀公正人士4至6人組成「提名委員會」負責提名。提名委員會的地位與新黨「全委會」平行。各選區提名席次，經「全委會」討論後由提名委員會決定。在有競爭的主要選區，采民意調查及提名委員會評鑑比重各半的方式決定提名。而在需辦理民意調查的選區，采逐次逐區的方式決定提名。報名參選者如後辦選區未獲提名，可繼續報名參選後辦選區以爭取提名。無適當人選的選區，得由提名委員會推薦徵召。而同額報名的選區，則由提名委員會評鑑同意提名。

從以上分析可知，自1993年新黨成立以來，新黨的黨內提名方式在總體上是高度的權力集中式。雖然在1998年一度實施過「開放式初選」，但卻造成相當程度的負面影響。而1998年的直轄市市長選舉與2000年的總統選舉，由於系單一席位選舉，身為小黨的新黨始終未被視為主要的競爭者，而新黨除了強調絕不缺席的「義務」外，在提名作業上也僅以「全委會」「徵召」的方式簡單進行。

四、親民黨與臺灣團結聯盟的提名制度

2000年3月成立的親民黨，成立後歷經了多次的公職人員選舉，然而，它沒有明確地對外宣布它的提名方式。據學者王業立的分析，親民黨在幾次公職人員候選人提名時，黨中央會組成一個提名小組負責提名相關事宜，因此該黨提名制度的集中性程度也是相對較高的。但是受到政治大環境及「立委」選舉制度改變的影響，到了2008年的「立委」選舉，該黨除了象徵性地在連江縣、山地原住民、平地原住民選區各提名1人參選外（僅在山地原住民選區當選1席），其餘區域「立委」候選人都是代表國民黨參選，不分區候選人親民黨也未提名。

而2001年8月12日成立的臺灣團結聯盟（簡稱「臺聯黨」），也歷經了幾次重要的公職人員選舉。根據該黨黨章第19條的規定：「本黨公職候選人之產生，由中央執行委員會審議，以多數決方式提名，推薦或徵召各項公職候選人。」至於中央執行委員會的組成，依該黨黨章第14條的規定：「本黨設中央執行委員會委員21人，任期3年。」第一屆除主席、「立委」為當然委員外，其餘由主席指派。第二屆起，黨主席為當然委員，另外1/3名額由主席指派，其餘2/3由民主程序產生。

臺聯黨黨章中的相關條文表明，該黨的提名制度是掌握在中執會手中的。而在第一屆21位中執委中，除當時13位現任「立委」外，其餘均由黨主

席指派,因此在提名過程中,黨主席具有相當影響力。另外在臺聯黨的提名過程中,除了黨章中的相關規定外,李登輝也扮演了關鍵性的角色。但無論如何,相較於國民黨與民進黨而言,臺聯黨提名制度的集中性程度是相對較高的。2008年的第七屆「立委」選舉,由於席次減半並實施單一選區制,臺聯黨雖然在區域部分提名13人參選,並提出不分區名單,但在區域「立委」部分無人當選,不分區「立委」部分該黨雖獲得3.53%的選票,但仍無法跨越5%的政黨門檻,因此在第七屆立法院中該黨並未當選任何席次。

五、政黨提名候選人制度的發展

首先,由以上的分析可以得知,臺灣目前幾個主要政黨的提名制度,彼此之間可說是有極大的差異,甚至同一個政黨在提名制度上,也曾歷經重大的變革與轉折。而經過多年的提名經驗與選戰勝敗後,目前兩個較大的政黨——國民黨與民進黨,卻不約而同的發展出以「黨員投票」與「民意調查」作為決定黨內提名的模式。若以「立委」選舉提名為例,國民黨與民進黨目前均使用「黨員初選」(30%)加上「民意調查」(70%);其他三個較小的政黨原則上是由黨中央掌握提名大權。從權力分布的角度而言,最基層的黨員能夠直接參與政黨的提名過程,當然是較符合「黨內民主」的要求;但政黨的提名,另外有70%是依靠理論上所有公民(不管是不是該政黨的支持者)都能共同參與的民意調查來決定,這卻又是另一項獨特的「臺灣經驗」。尤其是過去臺灣的「立委」選舉,是在複數選區下進行,在未表態率很高的情形下,許多參選人的民調支持度都很低且接近,在此情況下,以民調結果來決定提名與否,其實仍存在著極大可討論的空間。而臺聯黨與親民黨在提名制度上,就「黨內民主」的程度而言,當然不如民進黨與國民黨,但從西方民主國家的經驗來看,由黨中央決定提名的方式,其實也並不罕見。更何況,評估一個政黨提名制度的指標,並不是只有「黨內民主」一

項；或許對於各政黨本身而言，能否在下次選舉時，贏得更多席次的選舉結果，才是它在選擇何種提名制度時最重要的指標。

其次，在2000年以前的臺灣選舉中，較少看到政黨在候選人提名中的合作，2000年臺灣總統選舉之後，隨著親民黨、臺聯黨的出現和「藍」、「綠」兩大陣營的對抗日趨明顯，各政黨為了勝選，開始在候選人提名方面展開合作。2001年的縣市長選舉，成為政黨協商提名候選人的開端。政黨協商提名候選人，既要有共同的利益基礎，還要有相互信任的心理基礎，並需要必要的制度基礎。儘管因兩大陣營的對峙使「泛藍」政黨和「泛綠」政黨在各陣營整體利益取向上趨於一致，並可能營造出合作的空間，但是各黨都有自己的利益。各政黨協商提名候選人雖然有過一些成功的範例，但是並未形成固定製度，主要依靠的是各政黨祕書長或選舉操盤手之間的協商，以及各政黨高層之間的對話，缺乏各政黨認同的具體程序。尤其是國民黨、民進黨的黨內提名已普遍實行黨內初選加民意調查的方法，親民黨、新黨、臺聯黨則未能全面採用此種方法，提名程序的差異可能使國民黨、民進黨認為友黨提名候選人不具備當選所需的民意基礎，產生意見分歧。在未來的立法委員和總統選舉中，由於主要是單一席次選舉，「藍」、「綠」各政黨都不得不考慮政黨合作問題，相應的政黨協商提名候選人機制已經呼之欲出，兩大陣營各政黨如何在共同的利益基礎上建立互信基礎並給予制度保障，有待於我們進一步觀察。

再次，也有學者提出跨黨聯合提名的問題，這種方式也值得關注。所謂的「跨黨聯合提名」，係指在個別選區或某一個區域甚至在整個臺灣為範圍，有兩個或兩個以上的政黨，出於共同勝選乃至選舉後共組聯合內閣等的考量，而斟酌各自的實力來決定共同提名候選人（假設有甲、乙兩個政黨，而A為甲黨的黨員，而甲乙兩黨決定共同推薦其為候選人，則乙黨系禮讓而不提名，而甲黨則以其他或廣義的方式回報）。在縣市長選舉中，兩黨共組一隊人馬以應戰，或各自提名但於選舉投票日前才決定整合，均屬於此類。

第四節　政黨體制評議

綜觀臺灣的政黨及政黨體制，人們爭論的焦點仍然集中在臺灣現在的政黨體制究竟是多黨制還是兩黨制，抑或是一黨制？而從意識形態來區分的泛藍、泛綠兩大陣營，跟美國、英國兩黨制相比較，它們也不完全一樣。但無論怎樣，目前臺灣政壇上的的確確有著執政黨和反對黨的存在。那麼，該如何看待或評判臺灣的政黨體制呢？

一、關涉臺灣政黨體制的「泛藍」與「泛綠」

（一）「泛藍」與「泛綠」的分際

泛藍陣營是以國民黨－新黨－親民黨為代表，由認同和支持上述各政黨理念的民眾及社會力量組合而成的。「泛藍」因國民黨黨旗的顏色是藍色而得名。「泛藍」主張維持現狀（新黨支持統一），認同包含臺灣在內的中國。國民黨、新黨和親民黨三黨本是同根，只是由於李登輝時期國民黨內部的權力爭鬥而導致國民黨一分為三。雖然這三個黨在具體政策問題上存在很多分歧，在涉及政治利益時也難免紛爭，但它們還是分別地繼承和超越了「兩蔣時期」國民黨的政治傳統，因而在政治理念上大同小異，並不存在根本的分歧。國民黨、新黨和親民黨都堅持「三民主義」的基本政治理念，主張並推動優先發展經濟民生，繼而循中華民國體制漸進地深化和鞏固民主政治，都反對「臺獨」勢力分裂國家民族、撕裂臺灣社會並導致臺灣經濟停滯和邊緣化的做法。正是因為上述理念與行為方面的一致，三黨有著交互重疊的群眾基礎。

泛綠陣營是以民進黨－台聯黨－建國黨為代表，由認同和支持上述各政黨理念的民眾及社會力量組合而成的。「泛綠」則因其代表黨派——民進黨

的黨旗為綠色。「泛綠」拒絕一個中國原則，主張臺灣獨立「建國」，以「臺灣共和國」的身分加入國際社會。建國黨是1990年代激進「臺獨」分子不滿於民進黨務實處理「臺獨」路線而分離出去的政黨。台聯黨是以李登輝為精神領袖的政黨，是李登輝失去在國民黨中的政治地位後延續其政治生命的工具。民進黨、台聯黨和建國黨在分裂國家推動臺灣獨立的方向上是一致的，惟其因內外局勢不同對「臺獨」策略與步驟的理解還是存有一定的分歧。上述三黨也存在群眾基礎交叉的現象，但這一交叉又與泛藍三黨的情況有所不同。支持「臺獨」政黨的民眾有所謂深綠與淺綠之分，民進黨兼有深綠、淺綠的支持者，其他兩黨這方面的兼容性則相對較差。

（二）「泛藍」與「泛綠」的性質界定

1.「泛藍」、「泛綠」與西方政黨聯盟的區別

「泛藍」、「泛綠」是由幾個政黨聯合在一起的組織，這與西方國家的政黨聯盟有相似的一面，但仔細研究就會發現，它們與西方國家的政黨聯盟還是有著顯著的區別。首先，西方國家的政黨聯盟通常設有專門的政黨協調部門，而臺灣的「泛藍」、「泛綠」都沒有設有這樣的政黨協調部門。其次，西方國家的政黨之所以聯合起來，組成政黨聯盟，其目的是聯合競選執政；而臺灣「泛藍」、「泛綠」內部的各個政黨還是分別以各自政黨的身分競選執政，儘管在選舉的過程中它們之間也會有一些合作，但其目的並不在於聯合執政。再次，在西方國家裡，組成政黨聯盟的政黨通常是中小政黨，其力量有限，故組合起來共同競選、聯合執政；而在臺灣，組成「泛藍」或「泛綠」的政黨中卻不都是中小政黨，「泛藍」中的國民黨和「泛綠」中的民進黨，均是臺灣具有重大影響力的大黨，單從執政的角度來看，它們不需要聯合其他政黨來共同執政。當然，我們並不否認，在選舉過程中它們也需要其他中小政黨的支持與配合。以上幾個方面的分析表明，「泛藍」與「泛

綠」與西方國家的政黨聯盟有著顯著的區別，因而不能簡單地將它們界定為政黨聯盟。

2.「泛藍」、「泛綠」與兩黨制的區別

臺灣的「泛藍」、「泛綠」與西方國家的兩黨制也存在著較大的區別。首先，兩黨制是兩大黨處於主導地位而透過競選輪流執政的政黨制度，僅僅是兩大政黨的對抗，是一部分人參加的對抗，其影響力有限；而臺灣「泛藍」、「泛綠」則表現為社會兩大陣營的對抗，它們使整個臺灣社會撕裂為對抗性的兩部分，是臺灣絕大多數人（近乎所有人）參加的對抗，其影響力遠遠超過兩黨制的影響。其次，西方國家兩黨制中的政黨通常有自己的政黨章程（即黨章），並在黨章中明確規定本政黨的政治綱領、奮鬥目標、組織形式、活動原則、黨員紀律，以及入黨條件等內容；而臺灣「泛藍」或「泛綠」僅僅是基於共同或相近的政治理念而在選舉時組合起來的鬆散組織，它們沒有自己明確的組織章程，也沒有自己明確的政治綱領、組織形式和組織紀律等規定。透過以上比較可以發現，把「泛藍」和「泛綠」視為西方兩黨制下的兩黨，也是不科學的。

3.可界定為「類政黨聯盟」

泛濫與泛綠這兩種政治勢力，可以定位為「類政黨聯盟」。他們不具備真正的政黨操作，僅僅以共同的基本政治立場為聯繫的紐帶，並沒有完善的組織協調系統，甚至在某些具體政治議題上也存在著爭議。臺灣的政黨似乎完成了向選舉型政黨的轉型，但是泛藍和泛綠又只是僅僅以競選為指向。在民進黨和國民黨分別贏得「大選」上臺執政後，其泛藍和泛綠的其他「兄弟」政黨也沒有獲得相應的執政地位，其政黨聯盟性質也就無從認定。有人曾經把藍綠定位為「類政黨聯盟」，或許也是一種比較合適的定位。之所以為「類政黨聯盟」，是因為其具備了政黨聯盟的外在形式，因其在臺灣主要社會議題上的統一性，便有了共同的競選支撐，可以視為類似於政黨聯盟的

共同體。

二、政黨體制雖未定型，但兩黨制趨勢明顯

政黨政治雖然從制度上推動了臺灣的政治發展，而且還展現了一種程序化的政策形成過程，有力地開發了已有的政治資源，極大地活躍了僵化的臺灣威權體制，使得臺灣社會的開放性性格得以形成，但是臺灣的政黨仍處於不斷的組合與分裂之中，不確定性仍是其重要特徵之一。儘管如此，臺灣政黨政治的內容已充分表明，臺灣政黨體制應屬於西方型政黨體制。所謂的西方型政黨體制，即競爭型政黨體制，而非中國式的合作型政黨體制。臺灣的政黨體制是基於選舉而建立起來，並與選舉活動緊密相連，甚至可以說，選舉是臺灣政黨開展活動的主軸。因而，臺灣的政黨體制屬於典型的西方競爭型政黨體制。

臺灣的政黨體制雖然屬於西方政黨體制的類型，但與西方政黨體制又有區別。西方政黨體制分為一黨制，兩黨制抑或多黨制。在西方政黨體制上述類型中，臺灣政黨究竟屬於哪一種類型？筆者認為，其目前不屬於上述類型中的任何一種，其制度正處於演變、發展的過程中，尚未定型。換言之，原來的政黨體制已經解體，而新的政黨體制尚未最終形成。不過，我們應該注意到，雖然目前臺灣的政黨體制尚處於不定型的演化過程中，但卻呈現出了兩黨制的趨勢和特徵。

如果說2004年的臺灣立法委員選舉，已經使臺灣出現走向兩黨政治的趨勢，那麼2005年以後的「三合一」選舉，則強化了這一趨勢，並開始向兩黨政治過渡。特別是單一選區兩票制的實施，則有利於推動臺灣兩黨政治的基本定型。這是因為：單一選區兩票制易於形成兩黨制，這幾乎已成為政治學定律。眾所周知，單一選區兩票制有利於大黨，而不利於小黨。首先，從選票結構看，一部分立法委員由選民直接選出，另一部分則由選民將選票投給

政黨，由政黨按照得票順序推出自己的「立委」；其次，選區規模縮小，每個選區選民投兩票，一票投候選人，一票投政黨，由於每個選區只能產生1名立法委員，在主要兩個候選人競爭下，候選人必須獲得40%或50%以上的選票才能當選，而激進極端的候選人難以達到這樣的數量；第三，在單一選區兩票制下，鑒於5%的最低得票比率，激進小黨比較難以獲得席位和選民支持。這種選舉制度實質上在推動著或者說有利於兩黨制的形成。就每個選區的候選人而言，要達到40%或50%的選票，必須背靠著大黨；小黨候選人或無黨籍人士很難獲得如此高的選票比例，從而逐步形成兩大政黨激烈競爭的局面。小黨只能在政黨票中贏得一些選票，但不會很多。鑒於此，有學者指出，「立委」選制的變化等於是給第三黨下了「死亡通知書」。小黨候選人要當選，就必須獲得選區第一名，這種可能性幾乎沒有。「立委」減半，也勢必會進一步壓縮中小政黨和第三勢力的生存空間，從而加速臺灣兩黨政治格局的最終形成。「這些小黨的從政人員為了尋求政治出路，不得不投靠大黨，這就使其他政黨逐漸式微，客觀上推動了政黨的集中。臺灣兩黨政治的趨勢非常明顯。」也有學者認為，在臺灣實施單一選區兩票制的政治生態環境中，親民黨、新黨選擇與國民黨合併應是遲早的事，而一旦國、親、新合併，台聯黨也就很難迴避與民進黨合併的問題。政黨聯合的結果往往是政黨數目的減少，因此，臺灣目前合縱連橫、多黨競合的政黨政治體系似乎是即將走到盡頭。臺灣兩黨政治的格局初見端倪。

　　需要強調的是，臺灣的競爭型政黨政治發展的時間還很短，政黨活動缺乏規範化，而且同西方大多數資本主義國家一樣，把政治民主單純地理解為選舉，而忽視了民主真正的價值所在。在選舉過程中，金錢政治、貪汙腐敗等現象屢見不鮮。政黨也經常淪為有野心的政治家利用的工具，缺乏對複雜政治進行是非判斷的民眾也經常盲從和被誤導。這些表明，臺灣政黨政治是臺灣社會尚處於民主轉型中的政黨政治，是欠成熟的政黨政治，有待於在未來臺灣的政治發展中進一步去充實和完善。兩黨政治能否使臺灣走出政治亂

象，還需要進一步觀察。但是兩黨政治從基本定型到完全成熟，將是一個較長的過程，因為相應機制的建立和對立情緒的弱化，並不是在短期內能夠實現的。

第十五章　臺灣政治體制綜合分析

　　由於臺灣的政治發展涉及內外環境等複雜因素，再加上政治發展與經濟、社會、文化等結構有密切關係，特別是1990年代「憲政改革」以來，有部分學者將「統獨」議題與「憲政改革」相聯繫，從而使得臺灣的政治體制設計偏離了「科學主義」的軌道，且一直處於不確定的發展、變化狀態。對於目前臺灣的政治體制，學界褒貶不一。那麼，我們該如何正確看待或評價臺灣的政治體制呢？本章主要從政權組織形式和制度評價兩個方面來作分析。

第一節　臺灣政權組織形式之解析

一、臺灣政權組織形式的歷史演變

　　一般以為，1936年的「五五憲草」在中央政府體制的設計上傾向於總統制。對於1946年憲法規定的政權組織形式，學者看法不一。但多數學者認為，1946年憲法所設計的政權組織形式應屬於內閣制，但增添了一些總統制的特徵。按照1946年憲法的主要起草人張君勱的說法，其可被稱為「修正式內閣制」。其實，1946年憲法所設計的「修正式內閣制」從未在臺灣實行過一天。1949年後，臺灣進入戒嚴狀態，「臨時條款」賦予總統在「動員戡亂時期」近乎沒有限制的權力，特別是總統享有廣泛的緊急權力，總統可憑藉緊急權力建立「國安體制」，使得「內閣制」形同虛設。

　　1988年李登輝上臺後，由於其已經失去「兩蔣時代」政治強人的獨特魅力，便急欲透過在憲法中正式確認「總統制」以鞏固自己的權力。於是在臺灣隨後開啟的「憲政改革」中，臺灣的政權組織形式開始向「總統制」方向

傾斜。

1991年第一次「修憲」在廢除「臨時條款」的同時，保留了該「條款」關於總統在緊急狀態下的特權。其中規定，總統得經行政院頒布發布緊急命令，行政院在緊急狀態下已經被置於總統權力之下，在憲法上（憲法增修條文在法理上也是憲法的組成部分）露出了「總統制」的影子。第二次「修憲」後，政權組織形式開始向「總統制」方向傾斜，其中最重要的舉措是以預告「修憲」的方式宣布總統將由國民大會選舉改為由選民直選。第三次「修憲」不僅正式確立了總統直選的產生方式，而且對總統和行政院的關係作出了重大調整：行政院院長的副署權被大幅縮限，總統得向國民大會作「國情報告」，這些均進一步凸顯了「總統制」的特徵。第四次「修憲」對總統和行政院關係調整的最大舉措，是取消了立法院對行政院院長的人事同意權，行政院院長在事實上成為總統的幕僚長或政策執行長。在此之後的幾次「修憲」中，由於體制的變化，特別是第六次和第七次「修憲」中國民大會由「虛」到「廢」，使得總統負責的對象不復存在，並且總統、副總統之彈劾案和罷免案均改由人民以「公投」的方式加以複決，諸如此類的制度改革均使得「總統制」特色更加彰顯。

從以上分析不難看出，自1991年第一次「修憲」以來，臺灣共進行了七次「修憲」。每次「修憲」後，臺灣的政權組織形式都會朝著「總統制」的方向邁進一步。

為了清晰地展示臺灣政權組織形式的演變過程，可參考下表：

表15-1：歷次主要「制、修憲」所傾向的「中央政府」體制比較表

	名稱	理論上的中央政府體制	實際上的中央政府體制
制憲	五五憲草	理論上傾向總統制	從未實施，故無從評估。
	中華民國憲法	理論上傾向內閣制	從未實施，故無從評估。

續表

	名稱	「理論」上的中央政府體制	「實際」上的中央政府體制
「修憲」	「動員戡亂時期臨時條款」（第四次修正）	理論上傾向「總統制」，實際上是黨主席制	基於動員戡亂，而長期維持一黨統治的結果，故政治的重心在執政黨（中國國民黨）的黨主席。當中國國民黨黨主席擔任總統一職，則傾向總統制；當中國國民黨黨主席擔任行政院院長一職，則傾向內閣制，實際上是「黨主席制」。
	第七次「憲法」增修條文	理論上屬「雙首長制」，實際上傾向「總統制」	總統與立法院分由不同政黨掌控時，本制度的缺點極易顯現。此點可由民進黨黨籍總統陳水扁任命的多位行政院院長與反對陣營所掌握的立法院的衝突，可窺見端倪。

（資料來源：謝政道著：《中華民國修憲史》，臺北，揚智文化事業股份有限公司。）

由上可見，臺灣的政權組織形式，不僅一直在不斷的變動，而且還一直定位不明，因為它是一種政治協商的產物，雖原本存有「內閣制」的色彩，但從以往的實際運作情形來看，不論在「兩蔣時代」，抑或李登輝時代，均是在政治情境及人格特質的制約下，一直傾向於「總統制」的方向發展，而且這種發展的態勢目前仍在進行。

二、形式上為「雙首長制」

就目前臺灣的政權組織形式來說，其究竟是以行政院院長為核心的「內閣制」，還是總統與行政院院長分享行政權的「雙首長制」，抑或以總統為核心的「總統制」？一直是這些年來臺灣學界爭論的一個焦點問題。

若單單從理論上或形式上來看，臺灣的政權組織形式應該屬於「雙首長制」。所謂雙首長制，系學者引入法國「半總統半議會制」而命名的政權組織形式，意指該政權組織形式兼備總統制和內閣制特點。「雙首長制」又稱

「半總統制」或「混合制」。一般認為，該制度是介於總統制和內閣制之間的折中制度。該制度的基本特點是：（1）總統掌握實權，而不是虛位的元首；（2）總統與總理同為行政首長；（3）行政部門對國會負責。

1997年第四次「修憲」後，臺灣的政權組織形式在外觀上具有「雙首長制」的特徵，主要表現在以下幾個方面：

第一，總統享有行政院院長任命權和組閣權。根據第四個憲法增修條文第3條的規定，行政院院長由總統任命，且不須經立法院同意。總統享有行政院院長的完整任命權和組閣權。

第二，總統和行政院院長同為行政首長，共掌行政權。總統依憲法增修條文享有緊急處分權並得決定「國家」安全大政方針，可組織「國家安全會議」和「國家安全局」，行政院移請立法院覆議須經總統核可；行政院仍為「最高行政機關」，行政院院長負有普通的行政職權，有學者將總統和行政院之間的分工關係概括為總統享有特定、被動與緊急的行政權，行政院有一般、主動的行政權。

第三，行政院對立法院負責。第四個憲法增修條文第3條延續1946年憲法第57條的概括規定，規定行政院對立法院負責，但負責的形式有所變化。依1946年憲法，行政院移請立法院覆議的議案若再次被立法院透過，行政院院長應接受該議案或辭職，但第四個憲法增修條文第3條第2項僅規定行政院院長必須接受，沒有規定行政院院長必須辭職。

第四，立法院可對行政院進行不信任投票。依據第四個憲法增修條文第3條第3項的規定，立法院可以經1/3以上議員聯署對行政院院長提出不信任案，如經全體立法委員1/2以上贊成，行政院院長應於10日內提出辭職。第三個憲法增修條文所規定的「建設性不信任投票制度」被廢止。

第五，行政院得提請總統解散立法院。若立法院依不信任投票方式迫使

行政院院長辭職,行政院院長可以呈請總統解散立法院。由於臺灣特殊的總統選舉方式,容易形成總統和立法院多數席位分屬兩個黨派的局面,在此情況下,立法院對總統任命的行政院院長投不信任票而迫其辭職,必然遭總統經行政院院長的呈請而被總統解散。

三、實質上傾向於「總統制」

臺灣現行政權組織形式儘管在形式上具有「雙首長制」的某些特徵,但從實質內容上看,更傾向於「總統制」。主要表現在:

第一,行政院院長改由總統直接任命,不須經立法院同意,使得「行政向立法負責」徒具形式。按法國式半總統制的建制原理,行政應向立法負責。主要表現在:首相(或總理)作為政府首腦須由國會推選(或經國會同意)產生,並以獲得國會信任作為持續執政的前提(國會可隨時透過不信任案而倒閣,被倒閣的首相或總理得呈請虛位國家元首解散國會,進行改選以探求民意)。臺灣的憲法採用「修正式內閣制」,按憲法第57條的規定,立法院既不能立即「倒閣」,行政院也不能解散立法院,行政院之所以還能勉強地向立法院負責,全依賴於憲法第55條第1項規定的「立法院對於行政院院長的同意權」(相當於行政院院長就任的「信任投票」)。1997年「修憲」後,行政院院長由總統直接任命,且無須經立法院同意。這樣一來,憲法增修條文雖仍保留「行政院對立法院負責」等字樣,但這種負責已徒具形式。在實際政治運作中,立法院對行政院的制約極其有限,行政院院長實際上向總統負責。

第二,總統直接任免行政院院長,使其得以實質上指揮行政。「行政院院長由總統任命」,其意義不僅在於斬斷了「行政向立法負責」的關係,而且在於確立了總統掌握實質行政權的核心地位。在此以前,臺灣的政權組織形式之所以被稱為「半總統制」,主要是因其具備「總統與行政院分享行政

權」、「行政院向立法院負責」、「總統的存立與立法院無關」等特徵。那個時期，總統與行政院院長分享行政權的情形，大致處於一種「水平分工」的狀態。1997年「修憲」後，一方面增訂了「行政院院長由總統任命」的規定，另一方面繼續維持了1994年「修憲」時增訂的「總統發布依憲法經國民大會或立法院同意任命人員之任免命令，無須行政院院長之副署」的規定。這些規定確立了總統任免行政院院長的全權。總統與行政院院長之間的「水平分工」關係便微妙地轉化為「垂直分工」（委託授權）的關係。雖然1997年「修憲」後行政院依然存在，且在法律上仍為臺灣的「最高行政機關」，確實與「總統制」下所常見的「一人行政」有所不同。但總統制的建制原理即為「行政與立法分立」、「彼此利益分殊」，則只需「總統指揮行政」（如臺灣現制），即可稱之為「總統制」。

第三，行政院院長覆議失敗無須辭職，也證明現制傾向於「總統制」。關於憲法第57條第3款規定的法案覆議，憲法增修條文除增列立法院限期覆議的期限，並降低覆議表決門檻（由原出席「立委」2/3的「特別多數決」，降為全體「立委」1/2以上的「普通多數決」）外，並規定覆議失敗後，行政院院長只應接受該決議，無須辭職。在原憲法規定的「修正式內閣制」下，為求政局穩定，不致立即「倒閣」，其第57條第3款規定覆議失敗的行政院院長，可以選擇接受立法院的決議或辭職。現增修條文刪除原有「或辭職」三字，覆議失敗的行政院院長僅可立即接受立法院的決議即可，無須辭職。這一修改進一步證明：行政院院長只就其施政對總統負責，非對立法院負責，故而不必辭職。

第四，不信任投票欠缺制度誘因，乃形同虛設。配合總統直接任免行政院院長的規定，1997年「修憲」規定了立法院對行政院擁有「不信任投票」的權力，即立法院得經全體立法委員1/3以上連署，對行政院院長提出不信任案，並得以全體立法委員1/2以上贊成，透過不信任案，迫使行政院院長辭職。但行政院院長既然已由總統全權任免，不需經立法院同意，那麼，即使

迫使行政院院長去職,也不能確保總統將任命立法院所贊同的新行政院院長。況且,同一增修條文又規定,行政院院長於提出辭呈後,「並得同時呈請總統解散立法院」。表面上看,立法院可以正式「倒閣」,似是一大突破。但從實際上看,這種只許「捨身倒閣」,不許「挺身組閣」的反誘因設計,使得「不信任投票」機制幾乎全無意義。

第五,從臺灣總統與立法院的關係來看,總統與立法院的權力正當性分別來自於不同的選舉,分別對其選民負責,這與西方總統制下的總統與議員的選舉制度和責任制度是相同的;臺灣的總統所擁有的覆議核可權源自於總統制下的總統否決權,成為行政權牽制立法權的工具;在對總統的監督方面,立法院可對總統提出罷免案、彈劾案,與西方總統制下,國會可對總統彈劾,進行監督、制衡同理;立法院每年集會時,可聽取總統的「國情報告」,西方總統制下的總統也需要向國會陳述國情咨文。另外,從臺灣行政院與立法院的關係看,行政權與立法權界限分明,憲法有立法委員不得兼任行政官員的規定,也與西方總統制下的有關規定相符。

以上分析表明,臺灣所謂的「雙首長制」,雖其名為「雙首長」,但在事實上卻以總統為權力運作的核心。正因為如此,有學者指出,目前臺灣的政權組織形式是「貌似半總統制的總統制」,也有學者將臺灣的政權組織形式描述為「傾向於總統制」。筆者認為,這兩種表述都較準確地描述了目前臺灣政權組織形式的特質。

四、仍與「總統制」不同

儘管臺灣的政權組織形式在實質上傾向於「總統制」,或者正在向「總統制」的方向發展,但就其目前的性質來說,其目前還不是「總統制」。其與典型的「總統制」相比較,還有一些差別,主要表現在:

第一,雖然臺灣的政權組織形式傾向於「總統制」,但與典型的總統制

相比較，僅堪稱為「弱勢總統制」。所謂「弱勢總統」，並非指臺灣的當選總統僅需相對多數，而無需絕對多數，而是指臺灣的總統與典型總統制下的總統相比，其制衡國會的力量較小。

第二，臺灣的總統對立法院具有被動解散權。所謂被動的解散權，是指只有在立法院透過對行政院院長的不信任案後，總統方才擁有解散立法院的權力。這與典型總統制也有所不同，在典型總統制下，總統不能解散國會。

第三，在總統制的國家中，立法與行政二權相互分開，議會議員不得兼任內閣閣員。臺灣的立法委員雖然也不得兼任官吏，但與典型總統制又有兩點不同：（1）在總統制下，內閣閣員並無主動出席議會，陳述意見的權力；而臺灣現行憲法第71條規定：「立法院開會時關係院院長及各部會首長得列席並陳述意見」，這與總統制國家規定有所不同。（2）在總統制下，總統及內閣閣員均無提案權；而臺灣的現行憲法第58條規定：「……行政院院長、各部會首長，需將應行提出於立法院之法律案、預算案、戒嚴案、大赦案、宣戰案、媾和案、條約案及其他重要事項，或涉及各部會共同關係之事項，提出於行政院會議議決之」，即行政院有提出法案及預算權。

綜上所述，臺灣的現行政權組織形式既不是「半總統制」，也非「總統制」，而是介於總統制與半總統制之間的「獨特體制」，兼具「總統制」和「半總統制」的雙重特點。但這種體制又不是處於「總統制」與「半總統制」的中間地帶，而是偏向於或接近於「總統制」的一端。

從政治學的角度分析，如果臺灣的政權組織形式要發展到典型的「總統制」，仍需完成以下「修憲」工作，才能滿足「總統制」的要件：（1）總統必須以絕對多數制產生。（2）總統可以否決立法院透過的法案，但不能解散立法院；立法院要維持被總統否決的法案，必須2/3多數透過。（3）行政院院長向總統負責，而不必向立法院負責。（4）立法院無權對行政院院長提出不信任案，而行政院院長也無權提請總統解散立法院。

第二節　臺灣政治體制總體評價

一、正面肯定

　　臺灣在1980年代，由自由化而開啟民主化進程，從解除戒嚴、開放組黨、國會全面改選、省市長民選，乃至政黨政治的轉型、總統民選，臺灣的民主化進程也成為國際政治舞臺矚目與學術研究的焦點。實施政治轉型以來，臺灣的民主政治發展有目共睹。對於其政治體制，我們應持以客觀的態度來評判。我們既不能因為臺灣目前的民主狀況有些不足，就對其加以否定；也不能因為臺灣實行了民主體制，就對其民主誇大其詞、以偏概全。筆者認為，從轉型政治學的角度來看，臺灣透過「寧靜革命」而比較順利地完成了從威權體制到民主體制的「軟著陸」，應屬於轉型成功的典型個案。尤其是1996年臺灣領導人由直選產生，2000年政黨和平輪替，都是臺灣的民主政治不斷發展的結果，對此，我們應予以正視。當然，臺灣的某些政治人物利用民主政治來從事「分裂」活動，那是我們堅決反對的。但那不是民主體制本身的問題，是有人利用民主的侷限性而從事「非法」活動的問題，嚴格說來，是另外一個問題。我們不能因為臺灣的民主制度被臺灣一些別有用心的人利用過，就連其民主制度本身也加以否定。那樣的話，就不是客觀地看待問題了。

二、制度缺失

　　我們在肯定臺灣民主化成就的同時，也必須注意到，雖然臺灣的民主體制已經確立，但如果從成熟的民主制度所要達到的指數來看，或者與世界發達民主地區相比較，臺灣的民主體制還存在著大量的制度缺失，主要表現在：

（一）總統有權無責

「憲改」改革後，總統的權力不斷擴增。這一擴增主要表現在以下幾個方面：第一，總統直接任命行政院院長，而無須經過立法院同意；第二，總統經立法院同意任命的人員，無須經行政院院長副署；第三，總統享有被動性地解散立法院的權力；第四，「臨時條款」賦予總統的緊急處分權均在憲法增修條文中直接或變相保留下來；第五，總統有權主持「國家安全會議」，決定「國家大政」方針，閣揆及閣員必須參加「國家安全會議」。凡此種種表明：憲法及其增修條文規定的總統職權比以前更大，而其憲法所定義務責任（負責途徑方式）卻比從前更弱。特別是國民大會消亡後，總統已經沒有負責任的對象了（原憲法以國民大會為代表人民行使「政權」的機關，能選罷總統，則總統當然要向其負責。現在沒有國民大會，則總統向誰負責）。立法院只是治權機關，不應是總統的負責對象。按現行憲法增修條文，總統除了象徵性地向立法院提出「國情報告」以外，幾乎無任何其他直接責任義務性規定。從學理上說，直選總統應對選舉產生他的人民負責，但臺灣的憲法及相關法律上目前均沒有明確規定，更沒有關於總統向人民負責的方式、途徑等制度性規定。這不能不說是臺灣「憲政改革」後（特別是國民大會被廢止後）的制度缺失。

（二）對立法院的權力膨脹缺乏相應的制衡

首先，七次「修憲」下來，最大的贏家是立法院，它接收了國民大會、監察院的諸多職權。它可以不限任何理由地彈劾總統，不受總統只有「犯內亂或外患罪」才可以彈劾的限制；它可以隨時利用「倒閣權」及法案、預算審查權制衡行政院，又可以利用人事同意權制約總統所提名的三院人事任命。除了行政院院長呈請解散立法院外，立法院幾乎不受其他制約，與以前的立法院相比較，其權力大增。

其次，按照目前臺灣的政治體制，總統掌握行政院院長的任命權，而行政院院長向立法院負責。立法院對政策不滿，可對行政院院長提出不信任案，而行政院院長亦可提請總統解散立法院，並立即進行改選；若行政院院長不同意立法院的法案，只能經總統核可，於該決議案送達行政院10日內，移請立法院覆議。但只要立法院1/2維持原議，行政院院長就必須接受。從這三角關係可以看出，若是立法院存心刁難總統及行政院院長，只要完全按照自己的意志立法、透過預算，而不動用不信任案，則總統和行政院院長就完全沒有辦法應付。過去中國國民黨一黨執政，總統和立法院均由其掌握，這個問題並未顯現出來；後來民進黨人士當選總統執政時，中國國民黨卻仍據立法院多數席位，其間的失衡狀態就暴露無遺。

基於以上情形，人們擔心，「單一國會」的權力膨脹而又缺乏相應制衡的情況下，其是否會借此而遂行各種政治利益的勒索，並繼國民大會之後成為政治亂源而埋下未來的政治隱患，實踐將會說明一切。

（三）形式上的「五權體制」與實質上的「三權體制」之間的矛盾

經過七次「修憲」以後，臺灣所謂的「五權分立」體制事實上已經瓦解，取而代之的是保留「五權」外殼的「三權分立」體制。國民大會、監察院二者作為「三國會」中的兩個民意機關發生了根本變化，即國民大會消亡，監察院失去民意機關性質後僅為所謂的「準司法機關」。立法院成為「單一國會」。與此同時，立法院與行政院的關係發生重大改變，「倒閣」和解散機制建立，加上總統成為「國家元首」兼「政府首腦」。這種權力機制儼然「三權分立」體制。但是，為了掩蓋「憲政改革」所帶來的巨大變化，臺灣又保留了「五權分立」體制的外殼，保留了監察和考試兩院的名稱和機制。這樣一來，實際上的「三權分立」思路和運作，與形式上的五院並

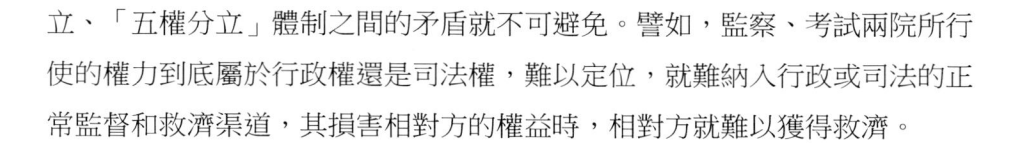

立、「五權分立」體制之間的矛盾就不可避免。譬如,監察、考試兩院所行使的權力到底屬於行政權還是司法權,難以定位,就難納入行政或司法的正常監督和救濟渠道,其損害相對方的權益時,相對方就難以獲得救濟。

(四)形式上的「雙首長制」與實質上的「總統制」之間的矛盾

「憲政改革」後,臺灣的立法與行政之間的關係,不如原先憲法所規定的那樣具有「內閣制」色彩。事實上,臺灣在「修憲」的過程中,圍繞著政治體制的設計一直存在著「內閣制」和「總統制」之間的爭論,各方「修憲」代表「角力」的結果,表面上是維持所謂的「內閣制」,但在事實上已傾斜於「總統制」了。這樣一來,使得臺灣的政治體制既有「總統制」的某些特點,也有「內閣制」的某些特點;反過來說,其既缺少「總統制」的某些特點,也缺少「內閣制」的某些特點。但學界的主流觀點認為,「修憲」後,臺灣的政治體制在形式上是「雙首長制」,但在實質上傾向於「總統制」。

具體說來,「憲政改革」後,臺灣「雙首長制」的形式仍然存在,行政院院長鬚代表行政院(而不是受總統指派或代表總統)向立法院提出施政方針及施政報告,行政院院長代表行政院有權拒絕或否決立法院透過的法律或預算(這一權力不屬於總統,總統仍僅有經行政院院長副署公布法律命令的權力)。行政院院長還可以提請總統解散立法院;立法院可以對行政院院長提出不信任案。這一切都說明是以行政院院長為「政府首腦」的。這樣一來,矛盾就不可避免了:原憲法設計的沒有實際實施行政權力和責任(主要只有協調五權關係和執行象徵性「元首」權力)的總統,透過「修憲」變成了「政府首腦」的直接行政上司,有著極大的人事任命權,實際上是「政府」的首腦;但行政院院長作為「政府首腦」的憲法設計仍然保留,甚至被

強化（除行政院院長由總統單獨任命這一點以外）。「雙重首長制」形式上保存了下來，實質上也相當大的程度上存在。總統要向立法院提出「國情報告」，行政院院長要向立法院提出「施政報告」二者到底有什麼差異？

（五）總統、行政院院長與立法院之三角關係錯綜複雜

就法理而論，憲法上有關行政與立法之間互動機制的設計，本來就存在著許多不確定性，確實有進一步釐清的必要；但臺灣「憲政改革」後，兩者之間的關係更加複雜。具體說來，總統直選後的第四次「修憲」，賦予總統較多實權，以滿足民眾對民選總統的期待。然而，總統職權的增加，直接影響到了立法院與行政院之間互動關係。就行政院來說，其到底是要向立法院負責，還是要向具有行政人事主導權的總統負責？在實踐中，出現了制度面與非制度面之間的嚴重不一致現象。第六次「修憲」為抗衡總統而賦予了立法院相關權限，不僅沒有理順行政與立法之間的關係，卻反而使兩者之間的關係，尤其是總統、行政院院長和立法院之間的三角關係更加錯綜複雜。

就目前臺灣行政與立法之間的制衡關係來看，極有可能形成以下政治體制。總統面臨一個反對黨占多數席位的立法院，而任命了一位多數立法委員支持的行政院院長，行政院院長可能基於反對黨的立場，而不出席「國家安全會議」，甚至拒絕執行「國家安全會議」的所謂「大政方針」；反之，總統若堅持任命一個較易控制的行政院院長，卻又可能面臨立法院的不信任案，雖然總統可憑藉解散立法院來回應；但是，憲法既然規定行政院院長向立法院負責，則何以立法院依憲法對行政院院長表示不信任，卻要面臨遭到被解散的命運？總統和行政院院長反倒不必和立法院一起接受選民的「仲裁」。其問題的關鍵在於，總統在實際上既然透過「國家安全會議」取代了「最高行政首長」的角色，則為何不能規定總統直接向立法院負責，而偏偏要行政院院長代其負責？反之，行政院院長在實際上既非「最高行政首長」

卻又如何向立法院負責？總之，任何政治體制設計的原則，必須考慮儘量避免發生僵局；尤其是必須考慮在萬一發生政治僵局的情況下，應有按照民主法制的路徑來化解的相應機制，而目前這種「總統有權無責、行政院院長有責無權」的體制，一方面將明知可能會發生的政治僵局植入憲法之中（如行政院院長向立法院負責，卻須執行總統的命令）；另一方面又幾乎缺乏按照民主法制的路徑來化解政治僵局的相應機制（如總統可單方面任免行政院院長及解散立法院）。如此的「修憲」結果，實為今後臺灣政治體制的運作埋下了「憲政危機」的隱患。

（六）缺乏政治僵局的化解機制

「憲政改革」後，臺灣立法與行政之間的關係，除了趨於複雜化以外，還有一個缺陷，那就是：兩者關係一旦陷入政治僵局，則缺乏化解僵局的機制。主要表現有二：

首先，在內閣制國家由於國會擁有倒閣權，因此只要政府不被國會中的多數所支持，國會即可透過不信任案迫使內閣辭職；在法國總統擁有主動解散國會權，因此，若出現僵局總統可解散國會，同時政府也可以提出附法案的信任案來推行政策。而反觀臺灣，總統沒有主動解散立法院的權力，只有被動解散權，即只有當立法院進行「倒閣」時，總統才能解散立法院。此設計雖然是壓縮了總統行使該項權力的空間，但有損於立法僵局的化解，因為該設計化解僵局的關鍵在立法院，若立法院不願「倒閣」，改採以其他方式如杯葛法案，或透過令行政院難以施行的法案來制裁行政院，而總統又無法即時解散立法院，以化解僵局，則僵局必將持續至總統或立法院改選。

其次，臺灣的總統選舉採用相對多數制，所以容易產生「少數總統」，民意基礎就會相對薄弱。由於透過選舉贏得總統職位十分不易，所屬政黨全力投入，花費大量資源，所以當選總統會論功行賞，透過直接任命行政院院

長進而組閣安排人事，施行總統的政策，不會顧及立法院的政治生態，不可能將權力交給多數黨，從而產生「少數政府」，帶之而來的便是立法院多數黨的杯葛，出現僵局，從而形成所謂的「分立政府」體制。目前，在總統擁有被動解散權的體制下，尚缺乏對「分立政府」下政治僵局的協調、化解機制。一旦選舉結果發生總統多數與立法院多數不一致的情形，將沒有任何機制可以提前結束這種共治的僵局，而必須等到下一次總統選舉或立法委員選舉才有可能使兩種多數趨於一致。

（七）「中央政府體制」規範不明，權責不清

行政院院長由總統任命，行政院院長勢必成為總統的幕僚長。但這種情形下，行政院要對立法院負責。於是，倘若行政院院長與總統不同黨時，則可能出現法蘭西第五共和國「左右共治」的情形，然而「左右共治」運作的順暢與否，其主要關鍵乃取決於兩位行政首長（行政院院長與總統）的主觀作為，而非客觀的制度安排；換言之，雙方或其中一方是否具有成熟而穩健的妥協性，便成為制度成敗的關鍵，故不論就學理或政治現實而言，「左右共治」的情形是極其複雜且不穩定的制度安排。

此外，即使總統與行政院院長同屬一黨，但立法院黨團若與總統分屬同黨異派時，行政院院長不論是否受到立法院多數席次的支持，總統皆可隨時單方面地任免行政院院長，而不必經立法院同意；且總統在免除行政院院長後，甚至可以不任命新的行政院院長，而由行政院副院長無限期地「暫行代理」；而暫行代理院長的行政院副院長與立法院之間的責任關係如何，也未作明確規範。至於行政院院長與立法院之間的關係，則由於行政院院長作為「最高行政首長」的法律地位在實際上已被總統所取代，因此立法院即使主張行政院院長應當對其負政治責任，也失去了實際意義，於是「倒閣」，完全違反責任政治的基本規範。何況，立法院雖有「倒閣」權，但總統可以先

發制人地解散立法院,由於行政院院長及總統均不必參加「大選」,而同立法委員一樣地訴諸選民考驗,若萬一在解散且「大選」後,反對黨仍占立法院多數席位,亦不去追究行政院院長及總統任何政治責任,這更促使總統有恃無恐地運用解散立法院的職權。

參考文獻

一、著作類（按照文獻作者的姓氏音序排列）

1.薄慶玖著：《地方政府與自治》（下），臺北，華視文化公司，1995年版；

2.陳滄海著：《憲政改革與政治權力——九七憲改的例證》，臺北，五南圖書出版公司，1999年版；

3.陳志華著：《中華民國憲法》，臺北，三民書局股份有限公司，2005年版；

4.陳新民著：《中華民國憲法釋論》，臺北，五南圖書出版公司，2001年版；

5.陳明通著：《派系政治與臺灣政治變遷》，臺北，月旦出版股份有限公司，1995年版；

6.董翔飛著：《中國憲法與政府》，臺北，作者自刊，2000年版；

7.法治斌、董保城著：《中華民國憲法》，臺北，臺灣空中大學印行，1997年版；

8.樊崇義、吳宏耀、種松志主編：《域外檢察制度研究》，北京，中國人民公安大學出版社，2008年版；

9.明居正、高朗主編：《憲政體制新走向》，臺北，財團法人新臺灣人文教基金會，2001年版；

10.高朗、隋杜卿主編：《憲政體制與總統權力》，臺北，「國家」政策研究基金會，2002年版；

11.高永光：《考試權獨立行使之研究》，臺北，考試院2000年度專題研究報告，2002年版；

12.耿雲卿著：《中華民國憲法論》，臺北，華欣文化公司，1982年版；

13.管歐著：《中華民國憲法論》，臺北，三民書局股份有限公司，1994年版；

14.[美]漢密爾頓等著：《聯邦黨人文集》，程逢如等譯，北京，商務印書館，1997年版；

15.華力進著：《政治學》，臺北，經世書局，1984年版；

16.黃嘉樹、程瑞著：《臺灣選舉研究》，北京，九州出版社，2002年版；

17.黃越欽著：《各國監察制度之比較研究》，臺北，翰蘆圖書出版公司，1998年版；

18.黃錦堂著：《地方自治法治化問題之研究》，臺北，月旦出版社股份有限公司，1995年版；

19.黃哲真著：《地方自治概論》，臺北，正中書局，1978年版；

20.侯志山編著：《外國行政監督制度與著名反腐機構》，北京，北京大學出版社，2004年版；

21.胡佛著：《憲政結構與政府體制》，臺北，三民書局股份有限公司，1998年版；

22.胡佛等著：《改革憲政》，臺北，業強出版社，1998年版；

23.胡佛著：《政治變遷與民主化》，臺北，三民書局股份有限公司，1998年版；

24.胡果文、周敏凱等著：《中外人事制度比較》，上海，上海社會科學

院出版社，1989年版；

25.洪葦倉編著：《中華民國憲法》，臺北，揚智文化事業股份有限公司，2008年版；

26.賀凌虛著：《孫中山政治思想論集》，臺北，臺灣大學三民主義研究所，1995年版；

27.荊知仁著：《中國立憲史》，臺北，聯經出版事業公司，1987年版；

28.姜士林等著：《國家公務員制度講座》，北京，中國廣播電視出版社，1988年版；

29.紀俊臣著：《精省與新地方制度》，臺北，時英出版社，1999年版；

31.李鴻禧等著：《憲法之縱剖橫切》，臺北，元照出版有限公司，2002年版；

32.李鴻禧著：《憲法教室》，臺北，月旦出版社股份有限公司，1994年版；

33.李炳南著：《憲政改革與國民大會》，臺北，月旦出版社股份有限公司，1994年版；

34.李炳南編著：《不確定的憲政：第三階段憲政改革之研究》，臺北，揚智文化事業股份有限公司，1998年版；

35.李惠宗著：《憲法要義》，臺北，元照出版有限公司，2008年版；

36.李惠宗著：《中華民國憲法概要——憲法生活的新思維》，臺北，元照出版有限公司，2008年版；

37.李衛平主編：《司法制度教程》，鄭州，鄭州大學出版社，2004年版；

38.林騰鷂著：《中華民國憲法概要》，臺北，三民書局股份有限公司，

2008年版；

    39.林紀東著：《中華民國憲法逐條釋義》（一至四冊），臺北，三民書局股份有限公司，1993年版；

    40.林紀東著：《比較憲法》，臺北，五南圖書出版社，1980年版；

    41.林谷蓉著：《中央與地方權限衝突》，臺北，五南圖書出版公司，2005年版；

    42.林志華著：《中華民國憲法》，臺北，三民書局出版有限公司，2005年版；

    43.林繼文編：《政治制度》，臺北，「中央研究院」人文社會科學研究所，2000年版；

    44.林水波、何鴻榮：《黨政關係健全化》，載《國政研究報告》，臺北，國政基金會出版，2002年版；

    45.林貽影著：《兩岸檢察制度比較研究》，北京，中國檢察出版社，1998年版；

    46.林勁、郭紅斌著：《當代臺灣政黨互動分析》，北京，九州出版社，2008年版；

    47.立法院法制局編著：《立法制度與原理》，臺北，立法院法制局印行，2004年版；

    48.立法院法制局編：《憲政制度與陽光法案之研究》，臺北，立法院法制局印行，2004年版；

    49.羅傳賢著：《立法程序與技術》，臺北，五南圖書出版有限公司，2001年版；

    50.劉孔中、陳新民主編：《憲法解釋之理論與實務》（第三輯下冊），

臺北,「中央研究院」中山人文社會科學研究所發行,2002年版;

51.劉錫斌:《臺灣地方自治制度研究》,北京,中國人民大學政治學博士學位論文,2005年;

52.劉國深等著:《臺灣政治概論》,北京,九州出版社,2006年版;

53.[法]孟德斯鳩著:《論法的精神》(上冊),北京,商務印書館,1997年版;

54.明居正、高朗主編:《憲政體制新走向》,臺北,新臺灣人文教基金會,2001年版;

55.彭懷恩著:《臺灣政黨論》,臺北,米羅文化有限公司,2005年版;

56.彭懷恩著:《臺灣政黨政治》,臺北,風雲論壇出版社,1994年版;

57.任德厚著:《比較憲法與政府》,臺北,三民書局股份有限公司,2002年版;

58.《孫中山全集》第一卷,北京,中華書局,1981年版;

59.《孫中山全集》第九卷,北京,中華書局,1986年版;

60.《孫中山全集》第七卷,北京,中華書局,1985年版;

61.薩孟武著:《憲法新論》,北京,中國方正出版社,2006年版;

62.薩孟武著:《中國憲法新論》,臺北,三民書局股份有限公司,1990年版;

63.史衛民著:《解讀臺灣選舉》,北京,九州出版社,2007年版;

64.施正鋒著:《臺灣政治建構》,臺北,前衛出版社,1999年版;

65.施正鋒著:《當代政治分析》,臺北,前衛出版社,1998年版;

66.蘇玉堂主編:《國家公務員制度講座》,北京,勞動人事出版社,

1988年版；

67.蘇永欽主編：《聯合政府：臺灣民主體制的新選擇》，臺北，財團法人新臺灣人文教基金會，2001年版；

68.蘇永欽主編：《國會改革：臺灣民主憲政的新境界？》，臺北，財團法人新臺灣人文教基金會，2001年版；

69.蘇永欽著：《走向憲政主義》，臺北，聯經出版事業公司，1994年版；

70.湯德宗著：《權力分立新論》，臺北，三民書局股份有限公司，1998年版；

71.湯德宗著：《權力分立新論》（卷一），臺北，元照出版有限公司，2005年版；

72.陶百川著：《比較監察制度》，臺北，三民書局股份有限公司，1978年版；

73.陶百川編：《最新六法全書》，臺北，三民書局股份有限公司，1998年版；

74.塗懷瑩著：《中華民國憲法與民主憲政制度》（上），臺北，作者自刊，1985年版；

75.塗懷瑩著：《現代憲法原理》，臺北，正中書局，1993年版；

76.田桂林著：《五權憲法原論》，臺北，憲政論壇社，1972年版；

77.王建民、趙會可、陳顯峰著：《臺灣政壇》（上冊），北京，九州出版社，2007年版；

78.王建民、吳宜著：《臺灣政壇》（下冊），北京，九州出版社，2007年版；

79.王業立著：《比較選舉制度》，臺北，五南圖書出版股份有限公司，2008年版；

80.王永祥著：《中國現代憲政運動史》，北京，人民出版社，1996年版；

81.吳庚著：《憲法的解釋與適用》，臺北，三民書局股份有限公司，2004年版；

82.吳文程著：《政黨與選舉概論》，臺北，五南圖書出版公司，1996年版；

83.謝政道著：《中華民國修憲史》，臺北，揚智文化事業股份有限公司，2007年版；

84.熊先覺著：《司法制度與司法改革》，北京，中國法製出版社，2006年版；

85.徐有守著：《考試權的危機》，臺北，臺灣商務印書館發行，2000年版；

86.徐鋒：《當代臺灣政黨政治研究》，北京，中國人民大學政治學博士後研究工作報告，2007年；

87.許劍英著：《立法院審查理論與實務》，臺北，五南圖書出版公司，2000年版；

88.許志雄著：《憲法之理論基礎》，臺北，稻禾出版社，1993年版；

89.許志雄等著：《地方自治研究》，臺北，業強出版社，1992年版；

90.楊敏華著：《中華民國憲法論》，臺北，智勝出版社，1993年版；

91.楊世雄著：《憲政改革中的理論與實踐》，臺，五南圖書出版公司，1998年版；

92.姚禮明著：《當代各國政治體制——中國港澳臺地區》，蘭州，蘭州大學出版社，1998年版；

93.張治安著：《中國憲法及政府》，臺北，五南圖書出版公司，1997年版；

94.張君勱著：《中華民國憲法十講》，臺北，洛克出版社，1997年版；

95.張榮林著：《中國憲法上監察權之研究》，臺北，臺灣商務印書館，1969年版；

96.趙永茂著：《中央與地方權限劃分的理論與實際——兼論臺灣地方政府的變革方向》，臺北，翰蘆圖書出版公司，1998年版；

97.曾憲義主編：《臺灣法概論》，北京，中國人民大學出版社，2007年版；

98.周世輔、周陽山著：《中山思想新詮——民權主義與中華民國憲法》，臺北，三民書局股份有限公司，1992年版；

99.周葉中、祝捷著：《臺灣「憲政改革」研究》，香港，香港社會科學出版社有限公司，2007年版；

100.周良黛著：《大法官會議憲法解釋與憲政制度之成長——釋憲案與立法權之調適》，臺北，時英出版社，1998年版；

101.周萬來著：《議案審議：立法運作實況》，臺北，五南圖書出版公司，2001年版；

102.朱諶著：《憲政分權理論及其制度》，臺北，五南圖書出版公司，1997年版；

103.朱諶著：《中華民國憲法與孫中山思想》，臺北，五南圖書出版公司，1997年版；

104.趙曉耕主編：《臺灣法律概論》，北京，中國國際廣播出版社，1997年版；

105.趙永茂著：《臺灣地方政治的變遷與特質》，臺北，翰蘆圖書出版公司，2002年版；

106.中國五權憲法學會編：《五權憲法論文集》（全三冊），臺北，帕米爾書店，1978年版；

二、法規類

1.《中華民國憲法》；

2.《中華民國憲法增修條文》（第一至七次）；

3.《動員戡亂時期臨時條款》；

4.《中華民國訓政時期約法》；

5.《中華民國憲法草案》；

6.《國民大會組織法》；

7.《國民政府組織法》；

8.《中華民國總統府組織法》；

9.《立法院組織法》；

10.《立法院職權行使法》；

11.《立法院議事規則》；

12.《立法院各委員會組織法》；

13.《中華民國國防法》；

14.《行政院組織法》；

15.《中央行政機關組織基準法》；

16.《行政院會議議事規則》；

17.《司法院組織法》；

18.《行政法院組織法》；

19.《公務員懲戒法》；

20.《大法官審理案件法》；

21.《考試院組織法》；

22.《監察院組織法》；

23.《監察院會議規則》；

24.《臺灣省各縣市實施地方自治綱要》；

25.《省縣自治法》；

26.《直轄市自治法》；

27.《地方制度法》；

28.《臺灣省政府功能業務與組織調整暫行條例》；

29.《總統副總統選舉罷免法》；

30.《公職人員選舉罷免法》；

31.《公務人員任用法》。

國家圖書館出版品預行編目(CIP)資料

臺灣政治體系運作的發展與分析 / 王英津 著. -- 第一版.
-- 臺北市：崧燁文化，2019.01

　面；　公分

ISBN 978-957-681-741-0(平裝)

1.臺灣政治

573.07　　　　　107023153

書　名：臺灣政治體系運作的發展與分析
作　者：王英津 著
發行人：黃振庭
出版者：崧燁文化事業有限公司
發行者：崧燁文化事業有限公司
E-mail：sonbookservice@gmail.com
粉絲頁　　　　　網　址
地　址：台北市中正區重慶南路一段六十一號八樓815室
8F.-815, No.61, Sec. 1, Chongqing S. Rd., Zhongzheng
Dist., Taipei City 100, Taiwan (R.O.C.)
電　話：(02)2370-3310 傳　真：(02) 2370-3210
總經銷：紅螞蟻圖書有限公司
地　址：台北市內湖區舊宗路二段121巷19號
電　話:02-2795-3656　傳真:02-2795-4100　網址：
印　刷：京峯彩色印刷有限公司（京峰數位）

　　本書版權為九州出版社所有授權崧博出版事業股份有限公司獨家發行電子書繁體字版。若有其他相關權利及授權需求請與本公司聯繫。

定價：900 元
發行日期：2019 年 01 月第一版
◎ 本書以POD印製發行